Enfermas de belleza

Enfermas de belleza

Cómo la obsesión de nuestra
cultura por el aspecto físico
hace daño a chicas y mujeres

RENEE ENGELN, PhD

HarperCollins *Español*

© 2018 por HarperCollins Español
Publicado por HarperCollins Español, Estados Unidos de América.

Título en inglés: *Beauty Sick*
© 2017 por Renee Engeln
Publicado por HarperCollins Publishers, New York, EUA.

En el epígrafe, «*The Armpit Song*» por Siwan Clark, publicada con permiso. Fragmento en el Capítulo 1, «*It's not your Job*» por Caitlyn Siehl, publicado con permiso. Capítulo 14, «*Milk and honey*» © por Rupi Kaur (Andrews McMeel Publishing).

Editora-en-Jefe: *Graciela Lelli*
Traducción y Adaptación del diseño interior: *www.produccioneditorial.com*

ISBN: 978-0-71809-617-5

Impreso en Estados Unidos de América
18 19 20 21 22 LSC 7 6 5 4 3 2 1

Para las chicas y mujeres que luchan, de todas
las formas que saben, por un mañana mejor.

Contenido

A veces estoy segura de que yo sola puedo contra el mundo,

pero antes...

Ay, Señor, tengo que hacerme las cejas

Y, ay Señor, tengo que depilarme las piernas

Y quitarme los poros y tonificarme la piel

y ponerme relleno en el pecho y cepillarme el pelo.

—*Siwan Clark, "The Armpit Song"*

Introducción

HACE CASI VEINTE AÑOS que di mi primer curso universitario, «La psicología de la mujer». A medida que iba conociendo a las jóvenes estudiantes de mi clase, quedaba impresionada y preocupada a partes iguales. Estas estudiantes me dejaron boquiabierta con su inteligencia y perseverancia, su humor y su constante voluntad de enfrentarse a ideas complicadas con la mente abierta. Pero algunas de las inquietudes que angustiaban a estas chicas con tanto talento me sorprendieron por su intensidad. Por descontado que les preocupaban cosas como las notas, la búsqueda de empleo o los problemas con sus parejas. Pero estas mujeres también pasaban una cantidad de tiempo alarmante preocupándose por su peso, su piel, su ropa y su pelo. Una estudiante admitió que un día se había saltado las clases simplemente porque se sentía «demasiado fea para que la vieran en público». Las demás mujeres de la clase aceptaron su explicación sin inmutarse. Sabían bien que, si eres una mujer quejándote de tu aspecto, siempre estarás en buena compañía. Tras tranquilizarla con las consabidas afirmaciones de que no era fea, le dieron unas palmaditas en la espalda, comprensivas.

Hace poco estuve con un amigo que da clases en una pequeña universidad del sur de los Estados Unidos. Sentados en la cafetería, nos pusimos al día de cómo nos iba en nuestras vidas y él empezó a contarme una anécdota sobre unos voluntariados en el extranjero que él organiza para universitarios. Un par de semanas antes de que uno de estos grupos saliera hacia un destino tropical, les pidió a sus estudiantes que reflexionaran sobre si estaban preparados para el viaje y lo dejaran por escrito en un diario de viaje. De las siete mujeres del grupo, cinco escribieron que no se sentían preparadas porque esperaban haber perdido algo de peso antes de irse. Parecían más preocupadas por el aspecto de sus cuerpos que por si habían reflexionado lo suficiente sobre el trabajo que iban a hacer durante el viaje. Ni uno solo de los chicos del grupo escribió nada de que su cuerpo «no estuviera preparado». Mientras mi amigo me contaba esta historia, me quedé literalmente boquiabierta unos instantes.

—No —respondí. No quería creérmelo.

—Sí —confirmó—. Cinco de siete.

—¿Y qué les escribiste tú como respuesta? —pregunté—. ¿Qué tipo de respuesta puedes darle a algo así?

Me dijo que no estaba del todo seguro de qué decirles; finalmente decidió asegurarles que la cultura a la que iban a visitar era muy tolerante y que no iban a criticarlas por algo así. Dudo que eso las consolara mucho. Incluso cuando viajamos, nunca acabamos de dejar atrás nuestra cultura, y es esa cultura la que llevó a esas mujeres a escribir lo que escribieron en sus diarios de viaje.

Hay demasiadas chicas jóvenes increíblemente decididas en algunos aspectos importantes de sus vidas pero que, a la vez, se desmoronan cuando están ante un espejo. Luchan con todas sus fuerzas para que las respeten, pero parece que, al menos en algunas ocasiones, darían todo lo que han conseguido sin pensárselo dos veces si a cambio pudieran rehacer su aspecto físico.

A veces me pregunto si yo y las mujeres adultas que conozco realmente somos tan distintas a esa estudiante que se saltó una clase tras mirarse en el espejo, o a esas jóvenes que no estaban listas para viajar porque no se sentían lo suficientemente delgadas. Quizá nunca nos hemos quedado en casa en vez de ir a trabajar por un caso grave de «feítis», pero ¿cuán a menudo hemos hablado entre nosotras de nuestros defectos físicos, unidas por lo horribles que son nuestras nuevas arrugas o los kilos de más que hemos ganado? ¿Cuánto tiempo extra pasamos cada día preparándonos para ir a trabajar comparadas con nuestros compañeros de trabajo masculinos? Cuando oí a una de las mujeres a las que más admiro decir a un grupo de estudiantes que ella se ponía cada día un pañuelo porque su cuello, con el paso de los años, «se había convertido en una visión horrenda», ¿por qué no nos pareció rara esa forma de hablar? ¿Por qué algunas de mis compañeras de profesión siguen preocupándose por la cantidad de guindillas con las que las valoran en una página de Internet que evalúa el atractivo físico de los profesores? Puede que ya no nos emperifollemos y posemos ante el espejo como hacen muchas jóvenes, pero lo que me preocupa es que solo sea porque ya hemos interiorizado ese espejo. Nunca lo hemos superado.

Durante los últimos quince años me he dedicado a estudiar el sufrimiento de mujeres y chicas en manos de la belleza y la imagen física. A menudo vuelvo a recordar esa primera clase que di y pienso en esa joven que no quería salir de su habitación porque se sentía demasiado fea. No me parece que sea un fenómeno aislado. Tampoco pienso que estuviera loca o que fuera demasiado presumida. Lo que sí creo es que esa chica estaba sufriendo. Sufría de la enfermedad de la belleza.

No debería sorprendernos la cantidad de mujeres que padecen esta enfermedad. Hemos creado una cultura que les dice a las mujeres que lo más importante que pueden conseguir es ser guapas. Y a continuación las machacamos con un estándar de belleza al que nunca llegarán. Después, cuando se preocupan por la belleza, les decimos que están siendo superficiales. O lo que es peor, ignoramos por completo su preocupación y les decimos que «cada uno tiene su propia belleza», y les acosejamos que se acepten a sí mismas tal como son.

He escrito este libro con la esperanza de ofrecer un camino a través de este miasma de mensajes que oímos sobre las mujeres y la belleza. Las mujeres de hoy en día —y las personas que se preocupan por ellas— se merecen una evaluación honesta y provocadora del papel que la belleza tiene en sus vidas, además de consejos científicos contundentes para saber cómo reaccionar y enfrentarse a una cultura enferma de belleza.

Además de mostrar investigaciones científicas, en este libro también contaré las historias de varias mujeres y de su lucha con la enfermedad de la belleza. Aunque todas vengan de trasfondos muy distintos, no son una muestra significativa de todas las mujeres. Simplemente son personas con una historia que contar y que han estado dispuestas a compartir conmigo. En concreto, son un grupo relativamente privilegiado, que van a cursar estudios universitarios o que ya lo han hecho. Además, ninguna de ellas es transgénero.

La mayoría de las entrevistadas me pidieron que cambiara sus nombres y los detalles que permitieran identificarlas, para proteger su privacidad y la de las personas que aparecieran en sus historias. Estos casos aparecerán marcados con un asterisco cuando aparezcan por primera vez. Aparte de algunos cambios para aclarar las historias y proteger la identidad de las protagonistas, no he modificado nada más.

Espero que al menos una de las historias de este libro te hable directamente. Independientemente de lo diferentes que seamos, estamos todas en el mismo barco. Las palabras de aquellas que ya han andado por el camino que emprendemos pueden ser una guía inestimable, y las de aquellas que se sienten solas o que no pueden seguir adelante nos pueden recordar que tenemos que cuidar las unas de las otras.

UNO

Esto es la enfermedad de la belleza

1

¿Seré guapa?

CUANDO HABLO CON niñas pequeñas, a menudo les hago la pregunta que solemos hacer tantos adultos. «¿Qué quieres ser cuando seas mayor?». Me encanta lo distintas que son las respuestas. Profesora. Científica. Astronauta. Veterinaria. Pintora. Presidenta. Pero, independientemente del tipo de vida con el que sueñen estas niñas, estoy segura de que hay muchas posibilidades de que haya dos cosas que desean ser con todas sus fuerzas: delgadas y guapas.

Las niñas empiezan a pensar en su cuerpo ideal a una edad sorprendentemente temprana. Un 34 % de las niñas de cinco años se autoimponen restricciones en su dieta «algunas veces». Un 23 % de esas niñas dicen que quieren que sus cuerpos se parezcan a los de las mujeres que ven en las películas y en televisión.[1] Para poner esto en contexto, algunos de los logros de desarrollo importantes a los cinco años son el uso correcto del tenedor y de la cuchara o la habilidad de contar diez objetos o más. Estamos hablando de niñas que todavía están aprendiendo cómo mover sus cuerpos pero que, por algún motivo, ya están preocupadas por su aspecto físico; ya quieren ocupar menos espacio.

Entre los cinco y nueve años, un 40 % de las niñas dicen que desearían ser más delgadas.[2] Al menos un tercio de las niñas de tercero de primaria indican que «siempre» tienen miedo de ponerse gordas.[3] A estas niñas no les preocupa su peso por motivos de salud. Les preocupa porque saben que ser guapas es importante para las chicas y que, en esta cultura, la delgadez es un componente clave de esta belleza.

Leigh*, una niña de siete años vivaracha, encantadora y muy curiosa, vino a mi oficina con su madre, quien había accedido a concederme una entrevista para este libro. Leigh decidió que también quería una entrevista conmigo, así que hablé primero con ella. La madre de Leigh se quedó en la habitación pero se sentó algo atrás, para que hubiera menos posibilidades de influir en las respuestas de su hija.

La silla en la que se sentó Leigh era demasiado alta para ella, así que pudo balancear las piernas tanto como quiso mientras charlábamos. La expresión de su cara cuando no hablaba era levemente escéptica, como si le costara decidir si la situación era aburrida, como ir al médico, o divertida, porque la dejé jugar con los juguetes que había sobre mi escritorio. Fuera como fuera, se lo tomaba con filosofía.

—Leigh —pregunté—, ¿cómo es una mujer bonita? ¿Cómo es una mujer muy guapa? ¿Puedes intentar imaginártela?

Leigh entrecerró un poco los ojos y asintió.

—Pues tiene el pelo largo y liso, y lleva mucho maquillaje. Y tacones altos. Y es delgada. Tiene los brazos y las piernas finos.

La descripción de Leigh parecía una lista de especificaciones para un *casting*. Tras enumerar detalladamente la delgadez necesaria para varias partes del cuerpo de esta mujer imaginaria, Leigh se detuvo.

—No sé lo grande que tiene la cabeza —me explicó, con el ceño fruncido por la concentración.

El momento fue adorable y triste a partes iguales. Adorable por la perplejidad de Leigh al intentar describir el tamaño de la cabeza de una mujer. Y triste porque, siendo tan pequeña, ya estaba convencida de que la belleza de una mujer podía plasmarse a través de una serie de medidas.

Le pregunté a Leigh si es muy importante que una mujer sea guapa.

—Bueno, te dicen cosas bonitas y eso —me dijo, sin casi levantar la vista del cubo de Rubik en miniatura con el que estaba jugando.

Muy pronto, en el desarrollo de muchas niñas, el deseo de ser bonitas ya les embarulla las ideas. Seguro que yo no era distinta cuando era pequeña. Recuerdo una ocasión en la que mis abuelos me llevaron a los jardines Cypress Gardens, en Florida, cuando yo tenía cinco años. Además de todas las flores espectaculares que suele haber en un jardín botánico, en Cypress Gardens también había varias mujeres jóvenes y atractivas contratadas para pasearse vestidas al estilo sureño americano, con sus parasoles, sus vestidos pastel con volantes y sus faldas voluminosas. Tengo un álbum con varias fotos donde se me ve de niña, en mi camiseta y pantaloncitos cortos, con los ojos entrecerrados por el sol y posando al lado de estas mujeres. Yo era demasiado joven para preguntarme por qué alguien querría contratar a una mujer solo para pasearse por ahí y estar guapa, o por qué no había ningún equivalente masculino en el parque para esas chicas. Demasiado joven para preguntarme, aunque se me pegara el pelo a la cabeza del sudor, cómo debería de ser llevar un pesadísimo vestido con una crinolina bajo el sol abrasador de Florida. Demasiado joven para preguntarme por qué todas las chicas eran jóvenes, y blancas, y delgadas.

Los tiempos han cambiado desde este episodio de mi infancia en Florida. La obsesión cultural con la belleza sigue ahí, pero las exigencias son incluso más elevadas. Hace poco, una amiga mía llevó a su hija de seis años a Disney World. Cuando la niña vio a Cenicienta y a Blancanieves, se quejó:

—Estas no son princesas de verdad. Son chicas normales vestidas de princesas. Y se nota porque son unas carapán.

Al principio, cuando oí la anécdota, no entendí bien lo que quería decir. Pensaba que quería decir literalmente que tenían pan en la cara. Pues resulta que quiere decir que alguien tiene la cara demasiado redonda o grande.

—¿Y eso dónde lo has aprendido? —le preguntó su madre.

—En YouTube —replicó la niña, sonriendo y encogiéndose de hombros.

Las niñas de hoy en día crecen no solo sabiendo que se exige que las mujeres sean bellas, sino que, además, el estándar es la casi perfección. Incluso cuando ven a una mujer contratada para ser una princesa se quedan pensando: «Bah. Las he visto mejores».

Por suerte, a pesar de ser consciente de estos estándares casi imposibles para ser una princesa perfecta, Leigh, a sus siete años, parece que está contenta con su aspecto.

—Leigh —dije, desviando momentáneamente su atención de unos imanes de juguete—, ¿qué pasaría si alguien preguntara qué aspecto tienes? ¿Qué dirías tú?

Leigh hace una mueca de concentración, suelta un largo «hmmmm» y responde.

—Bueno, no muy alta pero tampoco muy bajita. Tengo la altura de una niña normal de siete años, y tengo el pelo rojo rizado y los ojos verdes. Y hoy llevo un vestido azul oscuro y zapatos azul claro.

—Es una buena descripción —le digo a Leigh—. ¿Y cómo dirías que es tu cuerpo?

Leigh ya se ha animado a hablar, así que no se para a pensar.

—Pues mis brazos son delgados y mis piernas son muy fuertes y el tronco es normal.

—¿Te gusta tu cuerpo? —le pregunto.

Leigh asiente y me da una respuesta deliciosa.

—Sí, porque puedo dar vueltas a la pista y correr por ahí, y subirme por los sitios y saltar mucho. Y como nado y me impulso con los pies, pues tengo las piernas fuertes.

—¿Qué te parece más importante, ¿que tu cuerpo pueda hacer cosas o que sea bonito?

—Hacer cosas —responde, sin dudar ni un momento. La madre de Leigh sonríe desde detrás, con el alivio pintado en la cara.

—¿Y tú crees que siempre te sentirás así? —le pregunto.

Leigh se queda callada.

—No estoy segura —responde.

—Pues espero que sí —le digo.

—Y yo —dice Leigh, pero ahora tiene la cara clavada en el suelo y ha dejado de balancear las piernas.

Me pregunto qué le pasará a Leigh cuando entre en la difícil etapa de la adolescencia. Odio pensar que hay muchas posibilidades de que, cuando llegue ese momento, ya no aceptará tan bien su aspecto. Las estadísticas no son esperanzadoras. Un 90 % de chicas jóvenes no tienen ningún problema en decir una parte de su cuerpo con la que no estén contentas. Un 50 % expresa una «evaluación negativa global» de su cuerpo, según los investigadores.[4] La percepción que tantas chicas adolescentes tienen de «no ser lo suficientemente buenas» está estrechamente ligada con la decepción que sienten al mirarse en el espejo.

Enfermas de belleza

Tras investigar las batallas de las mujeres con la belleza durante años, puedo decir con certeza que las chicas y mujeres que luchan para sentirse cómodas en sus cuerpos no son una subcultura rara de Estados Unidos. No son una minoría vanidosa. Son nuestras hijas, hermanas, alumnas, amigas, compañeras y nuestros seres queridos. Son las líderes del futuro. Están cansadas de preguntarse si algún día serán lo suficientemente bonitas. Están enfermas de belleza.

La enfermedad de la belleza es lo que pasa cuando la energía emocional de una mujer queda tan ligada a lo que ve en el espejo que cada vez le resulta más difícil ver otros aspectos de su vida. Empieza a una edad sorprendentemente temprana, en cuanto a las niñas se les enseña que su recurso principal en este mundo implica ser agradable a la vista de los demás. Aunque principalmente oímos hablar de este problema sobre todo en referencia a las jóvenes, se trata de una enfermedad que afecta a mujeres de todas las edades. No es algo que dejas atrás con el tiempo. Tienes que librarte de ella con fuerza de voluntad y perseverancia.

La enfermedad de la belleza se alimenta de una cultura que se centra en el aspecto de las mujeres por encima de cualquier otra cosa que puedan hacer, ser o decir. Se refuerza con las imágenes que vemos y las palabras que usamos para describirnos a nosotras mismas y a otras mujeres. Las personas que avergüenzan a las mujeres por su aspecto físico alimentan esta enfermedad de la belleza. Aquellos que alaban a las mujeres y chicas solo por su aspecto físico hacen lo mismo.

La enfermedad de la belleza es dolorosa. Contribuye a la depresión y a la ansiedad que afecta a tantas mujeres, y anida en ellas. A nivel práctico, la enfermedad de la belleza roba el tiempo, la energía y el dinero de las mujeres, y las aleja de las personas que quieren ser y de las vidas que quieren vivir. Nos hace estar de cara al espejo en vez de estar de cara al mundo.

La enfermedad de la belleza no es una enfermedad literal. No saldrá en una radiografía o en los resultados de una analítica. Pero, como en muchas otras enfermedades, sí que podemos ver sus efectos, amplios y devastadores. Algunos son obvios, como los desórdenes alimenticios y la cantidad cada vez más elevada de operaciones de cirugía plástica. Otros son más sutiles, como las horas que puede pasarse una chica para conseguir el *selfie* perfecto y publicarlo en las redes sociales. Quizá un médico o un psicólogo no diagnosticarían la enfermedad de la belleza a su paciente, pero cualquier persona que trabaje con mujeres en el ámbito de la salud la ha visto. Todos la hemos visto.

Si eres una mujer, hay muchas posibilidades de que la hayas sufrido. Si alguna vez te has planteado quedarte en casa en vez de asistir a un evento importante porque pensabas que no estabas lo suficientemente guapa, eso era la enfermedad de la belleza. Si alguna vez te has distraído durante una reunión porque estabas comparando tu cuerpo con el de otra mujer de la habitación, eso es la enfermedad de la belleza. Si alguna vez no te has ido a nadar con tus hijos porque no te sentías capaz de enfrentarte al mundo en bañador, eso es la enfermedad de la belleza. Si sientes que no tienes suficiente tiempo y dinero, pero aun así dedicas ambas cosas abundantemente a acercarte más al ideal de belleza de nuestra cultura, la culpa es de la enfermedad de la belleza. Si quieres dejar de preocuparte por tu aspecto pero el espejo sigue atrayéndote con fuerza, entonces sabes lo que es esta enfermedad.

Sus síntomas están en nuestros pensamientos y comportamientos, pero esta enfermedad también se ha instalado en nuestra cultura. Una cultura enferma de belleza se interesa más por la *selfie* desnuda que se hace una actriz que por las cosas importantes que pasan en el mundo. Una cultura enferma de belleza siempre encuentra un modo de comentar el aspecto de una mujer, independientemente de lo irrelevante que sea para el tema del que se esté hablando. Es una cultura que enseña a las mujeres jóvenes que aprender a maquillarse bien es una habilidad más importante que aprender matemáticas o ciencias. Si estás luchando con esta enfermedad, no te eches la culpa a ti misma por sufrirla. Una cultura enferma crea gente enferma.

La tiranía del espejo

Tras poner un anuncio en las redes sociales para buscar mujeres a las que entrevistar, la hermana de Artemis* me puso en contacto con ella; le pareció que Artemis sería una candidata perfecta. Ser una mujer y crecer en esta cultura enferma de belleza significa que solo pensar en tu aspecto puede ser como un puñetazo en la boca del estómago. Artemis, una chica de diecisiete años en el último curso del instituto, conoce esa sensación a la perfección. Artemis es de herencia surasiática, pero tanto su madre como su padre nacieron en los Estados Unidos, así que ella se define como «simplemente americana». Va a un instituto en Cincinnati.

No pude conseguir que nos viéramos en persona, así que hicimos la entrevista por teléfono. La llamé a casa una tarde de agosto. Artemis se disculpó por no haber podido hablar conmigo antes. Acababa de volver de unas vacaciones con su familia y todavía estaba deshaciendo las maletas. El zumbido del aparato de aire acondicionado de mi oficina era la música de fondo de la entrevista.

—¿Por qué crees que tu hermana ha pensado que estaría bien entrevistarte sobre la imagen corporal? —pregunté.

Artemis replicó con ese tono sarcástico que los adolescentes esgrimen con precisión quirúrgica.

—Creo que puedo imaginármelo.

Se rio, pero no respondió directamente a mi pregunta. Artemis pasó gran parte de nuestra entrevista de pie ante un espejo de cuerpo completo, con el móvil apretado contra la oreja, catalogando y confirmando sus diversas preocupaciones sobre su aspecto. Mientras conversábamos, yo iba paseándome por mi oficina, intentando entender cómo esta chica adolescente y sana había acabado por sentirse tan infeliz con su aspecto.

La primera vez que Artemis recordaba haber advertido que la forma de su cuerpo era importante iba a séptimo grado. Su hermana le dio un vestido. Corto. Sin mangas. Artemis se lo probó y se puso ante un espejo.

—Recuerdo que me lo puse y pensé que, bueno, pues que no me quedaba bien. Porque yo no... Yo estaba demasiada gorda para ese vestido.

Artemis puso punto final a este recuerdo con un «ja» punzante, uno de los muchos que soltó durante la entrevista. Decía algo triste y después se reía. Hacía negras predicciones sobre su futuro y después volvía a reírse. Yo no estaba siempre del todo segura de dónde terminaban las risas irónicas y dónde empezaban las de verdad, si es que acaso empezaban.

Tras ese incidente con el vestido, Artemis empezó a pasar más y más tiempo dándole vueltas a la idea de que no era tan delgada como «todos los demás». Cuando se fija en las fotografías de ella misma cuando estaba en séptimo grado, se da cuenta de que ninguna persona con dos dedos de frente la podría haber considerado una niña gorda, a pesar de su convencimiento en ese momento de que estaba «enormísima».

No vemos la realidad tal cual cuando nos miramos en el espejo. En vez de ello, lo que vemos ha tomado forma a partir de años de influencia cultural, comentarios de familiares y amigos, y preocupaciones internas. Artemis parecía ser consciente, en cierta medida, de que sus percepciones estaban distorsionadas. Pero también le parecía injusto por mi parte que le pidiera que evaluara de forma realista su cuerpo. ¿Cómo iba a saber ella si realmente estaba gorda o no? Quizá no era técnicamente gorda, pero no le hacía falta pasar mucho rato en Internet para ver cómo se criticaba a personas con el mismo tipo de cuerpo que el de ella por ser demasiado gordas.

Aunque el ansia insaciable por la delgadez es un componente importante de la enfermedad de la belleza, estar enfermo de belleza no significa que tengas un desorden alimenticio. Los desórdenes alimenticios son mortales y más comunes de lo que nos gustaría, pero esta epidemia más amplia a la que nos enfrentamos es la batalla diaria de mujeres y chicas por sentirse bien con su aspecto. Aun así, la enfermedad de la belleza lleva a muchas mujeres a adentrarse peligrosamente en el territorio de la anorexia o la bulimia en su persecución de un cuerpo ideal. Las actitudes de Artemis sobre la pérdida de peso y los comportamientos que adoptó al respecto la sitúan sin margen de duda en esa zona peligrosa. Ha empezado a irse a dormir muy temprano para evitar cenar. A menudo está cansadísima por el hambre que tiene; siente que no le quedan fuerzas para hacer nada.

—Muchas chicas adolescentes que se preocupan tanto por su peso pueden acabar metiéndose de lleno en un desorden alimenticio. ¿Alguna vez te preocupa que eso te pueda pasar a ti? —le pregunto a Artemis.

En vez de responder a mi pregunta, Artemis me habla de una amiga que tuvo anorexia.

—Una de mis amigas es delgadísima. Está siempre haciendo ejercicio. Tiene un cuerpazo. Pero la verdad es que muchas veces ha tenido un desorden alimenticio. Todavía se está recuperando.

—Pero tú piensas que tiene un cuerpazo, ¿no?

Artemis prosigue con entusiasmo:

—Es que es tan delgada. Se le marcan los músculos. Yo siempre pienso «Uf, ¡ojalá tuviera ese cuerpo!». Ja-ja.

A Artemis le van muy bien las cosas. Saca buenas notas y está planteándose hacer una carrera científica. Tiene un buen grupo de amigos. Pero para ella no es suficiente, porque, según sus propias palabras, «el hecho de no ser delgada lo estropea todo».

Esta sombría afirmación es un ejemplo perfecto de la enfermedad de la belleza en acción. Es fácil ver de dónde ha sacado Artemis la idea de que la forma de su cuerpo es lo que la define como persona. Es comprensible que sienta que su cuerpo será juzgado sin piedad cada vez que ponga un pie fuera de casa. Una cultura enferma de belleza nunca deja que las mujeres olviden que su aspecto siempre puede ser evaluado por los demás. Vamos a verlo con algunas pruebas que he reunido de la cultura pop.

- En la entrega de los premios Óscar de 2013, el presentador de la ceremonia, Seth MacFarlane, abrió la gala con un número musical titulado *We saw your boobs* [Hemos visto vuestros pechos], dedicado completamente a catalogar películas en las que las actrices famosas aparecen desnudas de la cintura para arriba.
- El día después de que la Duquesa de Cambridge, Kate Middleton, diera a luz a su primer hijo, la prensa amarilla del Reino Unido la saludó con un artículo sobre cómo podía perder el peso que había ganado con el embarazo y «ponerse en forma». Tras el nacimiento de su segundo hijo, la criticaron ampliamente por tener demasiado buen aspecto tras el parto. Los periodistas y comentaristas sugirieron que mostrarse en público tan pronto después de dar a luz, perfectamente maquillada y con un peinado impecable, podría hacer daño a otras madres.
- Heidi Stevens, una periodista muy conocida del *Chicago Tribune*, escribió una columna entera dedicada a todas las personas que le dan su opinión sobre su pelo sin que ella lo pida. Mencionó un correo electrónico de un lector que le preguntaba «¿Cómo puede uno tomarse en serio algo escrito por alguien cuya fotografía la hace parecer una vagabunda, con el pelo grasiento, apelmazado

y sin peinar?». Tengamos en mente que ella ni siquiera es una periodista televisiva; escribe una columna en un periódico.

- El periódico *The New York Times*, que se proclama como el que «decide qué se publica y qué no», ha publicado recientemente un artículo donde se proclama que las mujeres ahora buscan tener un trasero más curvilíneo. El artículo sugería que algunos ejercicios concretos pueden llevar a lograr un trasero escultural, e iba acompañado por la fotografía de una joven enfundada en *spandex* en una pose de yoga ante una boca de metro, con el trasero en pompa captando toda la atención. Cuesta aguantarse la risa al imaginar un artículo parecido, pero para hombres.

- Con motivo de su doceavo aniversario de bodas, la bloguera Galit Breen publicó una bonita entrada en su blog sobre el matrimonio y las lecciones que había aprendido hasta ese momento. La entrada iba acompañada de una fotografía del día de su boda. El resultado fue un sinfín de comentarios rebosantes de odio sobre su peso. Uno de los comentarios sugería que la lección que su marido no había conseguido aprender era la de «no casarse con un ballenato».

- Cuando varias cadenas de televisión se negaron a emitir el concurso de Miss Universo en 2015 como protesta a algunos comentarios que había realizado Donald Trump, propietario del programa, la controversia recibió amplia atención mediática. Pero la atención se dirigía a los comentarios de Trump sobre los inmigrantes. Pocos se hacían una importante pregunta: a pesar de todo el progreso que hemos conseguido en las últimas décadas, ¿por qué nos parece que los concursos de belleza son una forma de entretenimiento popular completamente aceptable? ¿Por qué en nuestra cultura no resulta controvertido que se evalúe públicamente a una hilera de jóvenes desfilando en bañador o bikini?

Este enfoque centrado en el aspecto físico de jóvenes y mujeres es tan insistente que la revista *Slate* publicó un artículo con consejos sobre cómo no comentar sobre la apariencia de las mujeres. Quizá como muestra de reconocimiento de nuestra cultura enferma de belleza, el periódico *The Onion* publicó recientemente un artículo satírico donde se describía una iniciativa de la industria de la belleza diseñada para que las mujeres empezaran a preocuparse por otra parte de su cuerpo: las palmas de las manos. Muchos lectores y lectoras pensaron que se trataba de un artículo real. Las mujeres se quedaban mirándose las palmas de las manos, preguntándose si acaso estarían a la altura.

Vemos demasiado como para «tenerlo superado»

Artemis se quejó de que había ido ganando peso desde séptimo grado. Le dije que eso era normal. Que eso es algo que pasa durante la pubertad.

—Ahora mismo, ¿sientes que tienes sobrepeso? —le pregunté.

—Pues creo que sí. Ja. A ver, que no estoy obesa, pero que tengo mis bultos, vaya.

Artemis pronunció la última palabra con un deje de disgusto.

¿Bultos? No sabía exactamente qué quería decir Artemis con eso. ¿Rollitos de grasa? ¿Celulitis? ¿O los «adorables bultos de mujer» que describe Fergie en la canción *My Humps* de los Black Eyed Peas? ¿Se refería a sus pechos? ¿Se pensaba que estaba gorda porque le habían crecido los pechos? Investigué un poco más sobre el tema.

Artemis me dijo que ahora mismo tiene una talla S o M adulta. Cuando le dije que eso a mí no me parecía demasiado, respondió con un suspiro de exasperación. Casi podía verla poniendo los ojos en blanco ante mi absoluta incapacidad para entender lo que me decía. Intentó volverme a explicar el problema.

—Pues que me sobran michelines de grasa por los lados. Y en las piernas también. Pero bueno, sobre todo en los brazos.

Artemis me animó a buscarla en Facebook para que lo viera por mí misma. Sorpresa. Artemis no está «enormísima». Parece una chica adolescente sana. Tiene una cabellera larga y abundante, y una amplia sonrisa. No le encontré ningún rollo de grasa. Ni ningún bulto. Artemis mide algo más de metro cincuenta y, aunque está claro que posiblemente nunca tendrá el estilizado cuerpo de una modelo de pasarela, no me cabe en la cabeza que ningún médico pudiera decirle que necesita perder peso. Además de esto, también descubrí que Artemis está muy en forma. Hace una hora y media o dos horas de ejercicio al día. Sale a correr y juega al tenis y al fútbol.

Seguramente te puedes imaginar lo que pasó cuando le dije a Artemis que no me parecía que estuviera gorda. Desechó mis comentarios al momento.

—¡Ja! —apuntó—. Está clarísimo que estoy gorda.

—Así que si te miras en el espejo ahora mismo, ¿estarás convencida de que estás gorda? —quise saber.

—Sí, estoy convencida de que estoy gorda —confirmó, aliviada porque parecía que yo ya empezaba a entender lo que me decía. Y entonces, Artemis me dijo algo que se repite vez tras vez cuando hablo con chicas jóvenes. Quizá no me lo dicen con las mismas palabras, pero el sentimiento es siempre el mismo—. Es que como que lo tengo metido en la cabeza, ¿sabes? Ya sé que parece ridículo que piense que estoy gorda. Pero es que lo pienso. De verdad que lo pienso.

Parece que esa parte de su mente a la que todo esto le parece ridículo no sale a escena muy a menudo.

La obsesión de Artemis con cambiar la forma de su cuerpo era tan abrumadora que no pude evitar intentar ponerla a prueba. Pero su lógica adolescente resistió a todos mis intentos.

—¿Y no podrías intentar imaginar por un momento cómo sería estar contenta con tu cuerpo tal y como está? —le pregunté.

Artemis respondió explicándome una anécdota sobre la famosa canción de Meghan Trainor, *All About That Bass*. En ese momento yo todavía no había oído la canción, así que me la describió.

—Pues la cantante se pone a hablar de que no es necesario que estés delgadita. O sea, como que te motiva mucho. Es una canción muy buena, y yo, pues como que pensé que realmente tenía razón, que sí, que ahora vamos a volver a poner de moda lo de tener un buen trasero. ¡Voy a ponerlo de moda! Pero entonces vi el videoclip y la cantante estaba un poco gorda y yo, pues como que pensaba que vale, que quizá la chica todavía estaba pasable, pero que igualmente me gustaría estar más delgada que ella.

Artemis se imagina que tener un cuerpo delgado sería como llevar una armadura.

—Tengo un objetivo, y cuando llegue a ese objetivo, pues estaré bien. Cuando salga y la gente me mire yo pensaré: «Soy guapa. ¡Nadie me puede hacer daño!».

Artemis se dedica a «mirar obsesivamente a chicas delgadas» en Facebook. Se pone a mirar foto tras foto y se dice «Buf, para nada. Yo no soy así. Ojalá». Hacer esto la entristece, pero me cuenta que normalmente sigue haciéndolo hasta que consigue «arrancar la cara del ordenador».

Cuando empecé a estudiar este tema, a menudo oía comentarios sobre lo «estúpido» que era que las mujeres quisiéramos imitar un ideal de belleza cultural no realista. Una profesora incluso llegó a decirme que «las mujeres listas deberían tener todo esto superado». Es como si creyera que las mujeres podemos pulsar un botón mental y mágicamente pasar a creer que el ideal de belleza que vemos cientos de veces cada día es irrelevante para nuestras vidas. Pero, por supuesto, no es tan fácil. Pocas chicas y mujeres quieren ser delgadas simplemente porque sí. Lo que realmente pasa es que nos han enseñado que tener un aspecto concreto es el primer paso para conseguir lo que una quiera en la vida.

Las mujeres jóvenes de hoy en día se enfrentan a un seguido de contradicciones muy desconcertantes. No quieren ser *Barbies*, pero siguen sintiéndose como si tuvieran que parecerse a una. A muchas las enfurece el modo en que los medios de comunicación tratan a las mujeres, pero consumen con avidez esos mismos medios de comunicación que las menosprecian. Muchas se burlan del ideal de belleza absurdo de nuestra cultura. Hacen vídeos donde desvelan los trucos de Photoshop que hay tras las imágenes perfectas de las mujeres. Pero no pueden evitar querer emular esas mismas imágenes que critican. Saben que lo que ven no es real, pero siguen deseando ser así. Descargan aplicaciones en sus móviles para retocar sus *selfies*.

Muchas de estas mujeres hacen todo lo que pueden para rechazar los ideales de belleza poco saludables. Critican y cuestionan constantemente las imágenes que las rodean. Pero también son muy conscientes de lo que nuestra cultura en conjunto considera que es la belleza.

Uno de los primeros estudios que hice tras graduarme fue una reacción directa ante ese comentario de mi profesora de que desdeñar los ideales de belleza inalcanzables debería ser algo fácil para las mujeres inteligentes. Me pareció un argumento algo sospechoso. Si fuera así de fácil, no veríamos a tantas mujeres sufriendo tanto por este tema.

Así que les di las siguientes instrucciones a casi un centenar de chicas jóvenes en la Universidad Loyola Chicago:

Hay muchas investigaciones sobre cuál es el aspecto de la mujer «ideal» según los estándares de nuestra sociedad. Tómate un momento para pensar en cómo sería esta mujer ideal y descríbela. Ahora, intenta imaginar que tienes exactamente el aspecto de la mujer que acabas de describir. Piensa de qué formas crees que tu vida sería distinta si tuvieras ese aspecto. ¿Qué cambiaría?

Las respuestas fueron tan tristes que me planteé terminar el estudio antes de acabarlo. Una joven nos dijo que, si pudiera ser guapa, finalmente podría «centrarse en su talento y capacidades». Otra dijo que quizá «se sentiría feliz de verdad la mayoría del tiempo en vez de tener que fingir». Otra dijo que si pudiera ser como el ideal de belleza de nuestra cultura, «nunca habría tenido un desorden alimenticio con el que había hecho sufrir a todas sus personas queridas». Un 70 % de las mujeres de este estudio afirmó que los demás las tratarían mejor si encarnaran el ideal de belleza.

No tiene sentido criticar a las mujeres por querer algo cuando cada mensaje cultural que reciben les sugiere que ese algo es la clave de la belleza. Igual que Artemis, muchas mujeres creen que su aspecto es un sabotaje en toda regla a sus vidas, y que la única forma de arreglar esto es cambiar su apariencia.

Esta historia no es única, ni de lejos. Las innumerables mujeres que se miran en el espejo y que se pellizcan cada parte del cuerpo que no les gusta entenderán lo que dice Artemis. Saben lo que es estar enferma de belleza.

—¿Cuán a menudo piensas en tu cuerpo? —le pregunto a Artemis.

La respuesta es inmediata.

—Todo el día. Es una mierda. O sea, es como algo constante. Estoy cambiándome la ropa o algo y de golpe ya estoy como, «Ay, uf, tengo que adelgazar un poco». O quizá estoy por ahí con mis amigas y pienso en cuánto me gustaría estar tan delgada como ellas. Todo esto me impide hacer muchas cosas.

Artemis incluso llegó a decir que no podría ponerse a «trabajar en su cerebro» si no conseguía antes tener el cuerpo que buscaba tener. Mientras me decía eso, se reía.

—Te ríes de esto, pero me pregunto si realmente piensas que es gracioso.

Aunque me preocupaba que Artemis se pusiera a la defensiva ante este análisis, igualmente se lo dije.

—No —repuso, seria de repente—. No es gracioso. Duele. Mucho.

Después soltó otra risa, un poco a desgana.

La insistencia de Artemis de que su felicidad está completamente determinada por el tamaño y la forma de su cuerpo ha estrechado mucho su visión de futuro. Ni siquiera quiere pensar en hacerse adulta y todo lo que ello conlleva. Le sugerí que quizá, cuando fuera algo mayor, tendría otras cosas en las que pensar aparte de la forma de su cuerpo. Le pareció poco probable.

—Yo intento no pensar en qué pasará cuando sea vieja, porque siento que cuando sea vieja estaré gorda sí o sí, y no podré hacer nada para cambiarlo. Seguiré estando triste. Seré vieja y estaré gorda. Una combinación terrible.

Artemis se puso a imaginar qué pediría si un genio le concediera tres deseos. Los usaría para transformar su cuerpo de arriba abajo. Quiere un cuello «largo y bonito» y «piernas delgadas». No quiere tener caderas. Para nada. Dice que no las necesita. Quiere una nariz mejor. Y tener el pelo liso. Me dijo su altura y peso ideales y los introduje en una calculadora de IMC. Lo que ella quiere queda por debajo del peso recomendable. Es incluso demasiado poco como para que la pudieran contratar legalmente como modelo de pasarela en varios países.

—Si tuviera una varita mágica —le dije a Artemis—, no te haría más delgada.

—¿Qué? —exclamó Artemis, tan enfadada que por un momento me olvidé de que realmente no tenía ninguna varita mágica— ¡Que sí! ¡Si te lo pidiera, tendrías que hacerlo!

Incluso en el contexto de esta situación hipotética y absurda, Artemis estaba disgustada conmigo por no ayudarla a perder peso.

—No —proseguí—. Usaría mi varita mágica para cambiar el mundo de modo que la forma de tu cuerpo no fuera tan importante para ti.

Artemis no se lo tragaba. Dijo que, aunque al resto del mundo le diera igual lo delgada o no que fuera ella, a ella seguiría importándole. Yo seguí interrogándola sobre este argumento. La idea de que si fuera más delgada sería más feliz se la había dado la cultura que la rodeaba, ¿verdad? Algo tenía que haber plantado esa semilla en su mente. Así que yo podía arrancar esa semilla con mi varita mágica, ¿no? Artemis finalmente acabó concediendo que quizá, si pudiera volver atrás en el tiempo gracias a mi varita mágica y pudiera eliminar esa relación en su mente entre la delgadez y la felicidad, quizá algún día podría ser feliz.

—¡Qué raro sería! —declaró. Después rio con tristeza.

El espejo que se interpone en tu camino

La generación actual de chicas jóvenes es la mejor formada que ha habido jamás. Cuentan con una ambición sin límites y una determinación de hierro. Son mujeres que se ríen ante la idea de que sus capacidades no puedan ayudarlas a superar cualquier barrera. Tienen futuros brillantes por delante en los que todo es posible. Muchas han abrazado el feminismo, aunque no lo llamen así. Pero en su camino hacia cambiar el mundo, esta generación tiene que conseguir vadear un cenagal tóxico de mensajes sobre el cuerpo de las mujeres. Este cenagal alimenta una obsesión con el aspecto físico que empieza muy temprano y que se extiende con rapidez. Las distrae y las deprime.

Las mujeres no quieren quedarse en segundo plano, pero en una cultura que les enseña a valorar su belleza por encima de todo lo demás, muchas, como Artemis, suelen centrarse más en el espejo que en hacer realidad sus sueños. Ese espejo se convierte en una barrera que les recuerda que el mundo les permitirá ser poderosas, pero nunca tanto como para evitar que cualquier persona pueda comentar su aspecto físico o les insista en que «tienes que sonreír más, que así estás más guapa».

Hace algunos años recibí un correo electrónico de una mujer canadiense que vio una charla TEDx que di sobre la enfermedad de la belleza. Me confesó que, en una ocasión, casi decidió no asistir a una gala benéfica para una organización por el bienestar infantil porque le parecía que la ropa que llevaba la hacía parecer demasiado gorda. Tras replantearse este sentimiento en el marco de la enfermedad de la belleza, decidió que iba a dejar que su aspecto «solo fuera un telonero de mi yo de verdad». Esta decisión marcó una diferencia real en su vida y en las vidas de los demás. «Si no hubiera ido», me escribió, «no habría conocido a algunas personas increíbles. No habría comprado boletos para un sorteo benéfico para que niños en situación de pobreza pudieran ir a un campamento este verano. Ni habría ofrecido mi tiempo para ayudar a organizar el evento del año siguiente».

Como cultura, nos enfrentamos a una pérdida terrible cuando un grupo entero de ciudadanas prometedoras dedica tanto tiempo a preocuparse de si son bellas que se arriesga a dejar pasar otra generación sin ver el cambio que buscan en el mundo. Esta obsesión con el aspecto, esta enfermedad de la belleza, hace que las mujeres se giren hacia los espejos y le den la espalda a un mundo al que le supondría una enorme ventaja que dedicaran su esfuerzo y pasión a otras cosas. ¿Cómo podrían cambiar las vidas de las mujeres si tomáramos la energía y la preocupación que dedicamos a nuestro propio aspecto y las redirigiéramos hacia el mundo? Las mujeres tenemos cosas importantes que hacer. Y, como la poeta Caitlyn Siehl expresa de forma tan preciosa, ser bonitas no es una de estas cosas.

cuando tu niña
te pregunte si es bonita
tu corazón se romperá en mil trocitos
como una copa de vino al caer al suelo
una parte de ti le querrá decir
pues claro que sí, no lo dudes nunca
y la otra parte,
esa parte que te araña con sus
garras
querrá ponerle las manos en los hombros
y clavar la mirada en las profundidades
de sus ojos hasta que reflejen los tuyos
y decirle
si no quieres, no tienes que serlo
no es tu trabajo

Cuando entrevisté a Artemis para este libro, primero eligió el pseudónimo «Violet». Unos días más tarde, me envió un correo electrónico y me pidió que cambiara su nombre a Artemis. El nombre Artemis viene de la diosa griega de la caza, protectora de chicas y mujeres. Quiero pensar que ese cambio de Violet a Artemis tiene algo que ver con que ella haya encontrado una imagen más poderosa de quién puede llegar a ser, pero me es imposible saberlo. Y quiero pensar que Artemis crecerá fuerte y valiente, con los brazos abiertos de par en par para proteger a todas las chicas jóvenes que sufren como ella sufre ahora.

2

Como una mujer

LLEVO MÁS DE diez años enseñando un curso sobre la psicología de género en la Universidad del Noroeste, en Illinois. Para mí es una clase muy entretenida, en parte gracias a los fascinantes ejemplos de fenómenos relacionados con el género que inundan los medios de comunicación cada día. Cuando Caitlyn Jenner decidió hacer público que es una mujer transgénero, presté especial atención a la prensa, ya que pensé que podría basarme en las noticias para preparar tareas interesantes para mi clase. Parecía que todo el mundo tenía algo que decir sobre Caitlyn.

Dejando a un lado el montón de felicitaciones que le enviaron por Twitter y una cantidad también enorme de mensajes llenos de odio, la mayoría de los comentarios de la gente se basaban en el aspecto de Caitlyn. Algunos declararon que «salía espectacular» en su famosa portada de la revista *Vanity Fair*. Otros aprovecharon la oportunidad para preguntar: «¿Quién creéis que tiene más plástico en el cuerpo? ¿Jenner o su hijastra Kim Kardashian?». En el instante en que Caitlyn decidió identificarse como mujer, casi cada medio de comunicación sintió la necesidad de pronunciarse sobre su cuerpo. En las conversaciones sobre Jenner predominaban las preguntas sobre si era más o menos atractiva que otras mujeres. Como dijo el humorista Jon Stewart:

—Caitlyn, cuando eras un hombre podíamos hablar sobre tus capacidades atléticas o sobre tu visión para los negocios. Pero ahora que eres una mujer, lo único que nos importa de ti es tu físico.

En muchos aspectos, Caitlyn Jenner vive una vida que resultaría desconocida a la mayoría de las mujeres. Pocas tenemos un equipo de maquilladores y peluqueros, una casa en la playa de Malibú o un *reality show*. Pero sí que hay algo que todas las mujeres tenemos en común con Caitlyn Jenner. Sabemos lo que es vivir en un mundo donde el aspecto físico ocupa el primer plano, donde cualquier desconocido puede comentar la ropa que llevamos o la forma de nuestro cuerpo. Sabemos qué se siente cuando el aspecto que tenemos a menudo parece mucho más importante que nuestro carácter o nuestras acciones. Y tanto Caitlyn como nosotras sabemos que, hagamos lo que hagamos, nunca conseguiremos ser tan guapas como para gustar a todo el mundo.

No se puede hablar sobre la enfermedad de la belleza si no estamos dispuestas a reconocer el papel que juega el género. Hay hombres que sufren por su aspecto, y mucho. Pero este libro no se centra en los hombres. La influencia de la preocupación por la belleza en las vidas de las mujeres es tan amplia y profunda que, de media, mirarse en el espejo es una experiencia significativamente distinta para las mujeres que para los hombres. Puede que la enfermedad de la belleza no sea exclusiva de las mujeres, pero la mayoría de sus víctimas sí lo son.

Por ejemplo, recientemente hubo una polémica sobre unos peleles para niños que se vendían en una librería de la Universidad de Nueva York. Un empleado hizo una foto de las prendas y pronto se convirtió en una imagen viral. A la izquierda, un pelele morado para niñas tenía la frase «Odio mis muslos» en inglés. A la derecha, para los niños, había un pelele en amarillo y azul con una capa, con la inscripción en inglés «Soy súper». Los creadores del pelele que rezaba «Odio mis muslos» adujeron que era irónico: ya sean niños o niñas, los bebés saludables tienen unos muslos regordetes y blanditos. Pero a muchas personas no les pareció una coincidencia que el pelele con un mensaje de odio hacia sus muslos estuviera destinado a las niñas. La formación para sentir repugnancia hacia tu propio cuerpo forma parte de convertirse en una mujer, y empieza muy pronto.

Gabrielle*, una trabajadora social de treinta y tres años y madre de una niña de once, tuvo una experiencia poco común con las lecciones de belleza de su niñez. Gabrielle nació en Portugal y allí pasó la mayoría de su infancia, y después fue viviendo en varios sitios de Europa del Este hasta acabar estableciéndose en Florida antes de cumplir los treinta. Quedé con ella en una cafetería muy animada. Era una tarde soleada y el establecimiento estaba repleto de turistas y oficinistas tomándose el café de después de comer. Gabrielle entró con atuendo informal, unos tejanos y una camiseta ajustada, pero iba completamente maquillada y llevaba la melena, negra y larga, perfectamente peinada en unas ondas que normalmente solo se ven en las revistas. No pareció darse cuenta, pero varias personas giraron la cabeza a su paso cuando entró en la cafetería. Parecía una estrella de cine de esas que no sabes en qué película las has visto.

Yo no había previsto que el ruido de fondo de una batidora nos acompañaría todo el rato, así que Gabrielle y yo tuvimos que refugiarnos en una esquina y acercarnos para poder oírnos. Parecía una película de detectives, especialmente cuando Gabrielle sacó un álbum de fotos y me dijo:

—He traído algo para enseñártelo. Si no, no me creerías jamás.

Al crecer, los mensajes sobre la belleza y el género que recibió Gabrielle de su padre y su madre fueron completamente distintos. Su madre se dedicó a intentar romper el enlace entre la presión por ser bella y el hecho de ser mujer, o al menos intentó ignorarlo. El punto de vista de su padre era completamente opuesto, y animaba a Gabrielle a ver la belleza como una fuente clave del poder de las mujeres.

A la madre de Gabrielle, que trabajaba en el campo de la investigación médica, el maquillaje y las demás cosas «de chicas» le parecían una pérdida de tiempo. Cuanto más «femenino» fuera algo, más probabilidades había de que la madre de Gabrielle lo prohibiera. A Gabrielle no le dejó hacerse pendientes, jugar con *Barbies* o dejarse el pelo largo. Su madre priorizaba lo práctico por encima de todo lo demás, así que llevaba el pelo corto, se ponía gafas en vez de lentillas y no quería tener nada que ver con el maquillaje o los tacones. Hizo todo lo posible por hacer que Gabrielle siguiera su ejemplo y creciera creyendo que «la belleza está en el interior». Quería desesperadamente que su hija no se preocupara por su aspecto físico, y la única manera que encontró de hacerlo fue intentar que pareciera más un chico y menos una chica.

Cuando Gabrielle abrió el álbum de fotos que había traído a nuestro encuentro, lo hizo para enseñarme una fotografía de cuando ella tenía cinco años. Jamás la habría podido reconocer. Parecía un niño pequeño. Llevaba el pelo cortado a lo tazón, una camiseta roja y un mono. La imagen me pareció adorable, pero Gabrielle señaló la foto y meneó la cabeza para dejarme claro que a ella no se lo parecía para nada. Para ella, ese periodo de su vida estuvo marcado por sus súplicas para que su madre le dejara ponerse vestidos en vez de monos. Con cinco años, ella ya era lo suficientemente mayor como para saber que parecía un niño, y no le gustaba. Gabrielle recuerda una ocasión en la que era muy pequeña y había salido con su padre. Ella lloraba, cansada y frustrada porque quería volver a casa. Uno de los amigos de su padre intentó consolarla y le dijo:

—¡Los niños no lloran! Solo las chicas lloran. Los niños no tienen que llorar.

Gabrielle se puso a llorar aún más.

Gabrielle le rogaba a su madre que no le cortara el pelo.

—¡Pero si así se seca más rápido! —respondía su madre.

De niña, Gabrielle ansiaba tener un aspecto más típicamente femenino. Incluso me dijo que tenía la sensación de que podía identificarse un poco con los sentimientos que deben de tener las personas transgénero porque, cuando era pequeña, sabía que los demás la veían de un modo completamente distinto a la forma en que ella se sentía en su interior. Gabrielle le prometió a su madre que, cuando fuera mayor, se pondría pendientes y tacones y vestidos cada día, y que llevaría el pelo largo hasta las rodillas.

Para complicar aún más la situación, el padre de Gabrielle le transmitía un mensaje completamente distinto al decirle a su hija que las mujeres bonitas «pueden conseguir cualquier cosa que quieran». Él describía la belleza de las mujeres como un poder que debía alimentarse y utilizarse a voluntad. A lo largo de su infancia, el padre de Gabrielle le decía constantemente que «nunca sabes a quién puedes encontrarte cuando salgas de casa».

—¡Imagínate que ves al presidente! —le explicaba—. O puede que haya cámaras de televisión por ahí. ¡Puede que acabes saliendo por la tele sin darte cuenta!

La madre de Gabrielle le decía que el aspecto era algo superficial y su padre afirmaba que nada era más importante que estar guapa. ¿A quién acabó por hacerle caso? A su padre. De cabeza. Ella describió el proceso como «plantar una semilla que acabó por crecer». No fue ninguna coincidencia que Gabrielle se presentara a nuestra entrevista con un maquillaje digno de un plató de televisión. Al fin y al cabo, nunca sabes con quién te puedes encontrar.

En cuanto Gabrielle entró en la adolescencia y finalmente tuvo la libertad para empezar a cultivar un aspecto más femenino, los desconocidos empezaron a decirle lo bonita que era. Se sentía «sedienta» de este tipo de atención. Nunca la había recibido y no se cansaba de ella. Pero Gabrielle pagó un precio por entrar en ese mundo. Para cuando tenía trece años, ya estaba agonizando bajo las garras de la enfermedad de la belleza. La pubertad le había regalado unas caderas más anchas y ella decidió contraatacar reduciendo sus calorías a niveles peligrosamente bajos. A veces solo comía una manzana y un plátano en todo el día. Se saltaba la comida y utilizaba ese dinero para comprarse maquillaje. Ella quería ser «como en las revistas». Leía la *CosmoGirl* religiosamente. Estaba aterrorizada ante la idea de ponerse gorda. Su cuerpo empezaba a tornearse, pero las chicas de las revistas eran delgadísimas y rectilíneas. Cuanto más intentaba seguir el camino marcado para las mujeres, peor se sentía. Al incorporarse a la cultura femenina tradicional, sentía más presión para alcanzar los estándares de belleza en el momento en que menos capaz se veía de conseguirlo.

Las mujeres se sienten peor por su aspecto que los hombres

La psicología tiene un largo y desagradable historial de malinterpretación y exageración de los resultados de investigaciones en las diferencias de género. No me gusta demasiado la desafortunada metáfora de que los hombres son de Marte y las mujeres de Venus. Este tipo de pensamiento nos lleva a ignorar el hecho de que muchas de las diferencias de género son más leves e implican mucho menos de lo que imaginamos. Aun así, en lo referente a la enfermedad de la belleza, la diferencia entre ambos géneros es real y abismal. Y es algo constante; aparece una y otra vez en culturas de todo el mundo.

Intentemos verlo de esta forma: si yo dijera que una persona de los Estados Unidos está a punto de someterse a una cirugía para cambiar su aspecto y alguien supusiera que se trata de una mujer, tendría razón el 90 % de las veces. En los demás países, del 85 % al 90 % de los procedimientos cosméticos quirúrgicos y no quirúrgicos se hacen en mujeres. Si oímos que una persona joven sufre anorexia o bulimia y suponemos que es una mujer, acertaremos nueve de cada diez veces. Los desórdenes alimenticios y la cirugía plástica son temas complejos, pero unas diferencias de género tan marcadas son imposibles de ignorar. Todo esto nos fuerza a reconocer que las experiencias de mujeres y hombres en esta cultura son abismalmente distintas en aspectos significativos. Las mujeres y los hombres tienen unas vidas sistemáticamente distintas en lo referente a la enfermedad de la belleza.

Las mujeres hablan de su aspecto mucho más que los hombres, piensan en su aspecto mucho más que los hombres y están mucho más predispuestas que los hombres a actuar para alterar o mejorar su aspecto físico. Por algún motivo será que en esta cultura a nadie le sorprende escuchar a una mujer que diga que se siente fea y gorda. Aceptamos este tipo de infelicidad como parte de lo que implica ser una mujer. Hace casi treinta años, los investigadores acuñaron la frase «descontento normativo» para describir este fenómeno.[1] El término sugiere que hemos llegado a un punto donde se considera normal que las chicas o las mujeres estén profundamente decepcionadas con lo que ven en el espejo. Es la versión en chica de «cosas de hombres».

La lucha de las mujeres para sentirse cómodas en sus propios cuerpos no debería tratarse como ley de vida. Esta lucha no es el resultado de una fuerza inevitable. No nacemos así. Sabemos de dónde viene este dolor. Este dolor empieza cuando chicas y mujeres aprenden la lección que aprendió Gabrielle de adolescente. Aprenden que su valor principal reside en su belleza física. No enseñamos a chicos y hombres esta misma lección. El resultado final es que las mujeres a menudo sienten que se mueven en un mundo distinto al de los hombres, un mundo donde no pueden escapar del espejo. Y cuando tienen que enfrentarse a él, a las mujeres les suele gustar lo que ven mucho menos que a los hombres.

Hay una estadística que suele aparecer siempre que se hace una búsqueda en Internet sobre las preocupaciones de las mujeres con sus cuerpos. «Un 54 % de las mujeres preferiría que la atropellara un camión antes que ser gorda». Me llevó casi una hora y la ayuda de otra persona experta en corroborar datos para poder encontrar la fuente original de esta estadística que se cita tan a menudo. Es de la revista *Esquire*, un número de 1994. Desde luego que no se basa en un estudio científico riguroso, pero sigue siendo un dato muy significativo. Una vez lo comenté con las mujeres de una de mis clases y supuse que reaccionarían con sorpresa y horror. Pero en vez de ello, se dedicaron a hacerme preguntas sobre cómo sería el tipo de incidente. ¿Qué tamaño tiene el camión? ¿Y qué tipo de camión es? ¿A qué velocidad va? ¿Cuánto dolería el accidente? El miedo a perder la batalla por el cuerpo ideal era tan fuerte que el dolor y las lesiones les parecían menos amenazadores. La Gabrielle adolescente también habría elegido el camión; se habría plantado justo delante. Tenía miedo de que «nadie la querría jamás» si subía de peso, y estaba dispuesta a hacer todo lo que estuviera en sus manos para evitar ese destino.

En cuanto Gabrielle tuvo carta blanca para trabajar en el proyecto de su aspecto físico, lo convirtió en un trabajo a tiempo completo. Cuando se unió a las filas de mujeres y chicas que buscan que la imagen del espejo sea la misma que ven en las revistas, le abrió la puerta a una oleada de inseguridades que todavía hoy la arrastra. Gabrielle no quería parecer un chico, pero su intención tampoco era pasar tantas horas triste ante el espejo. Cambió, sin saberlo, una situación dolorosa por otra igual.

Un análisis de casi doscientos estudios publicados sobre la imagen corporal mostró que la diferencia de géneros en el descontento sobre el cuerpo de uno mismo está presente desde hace décadas, y parece ir creciendo a lo largo del tiempo.[2] Un informe reciente de la Organización Mundial de la Salud, titulado *Growing Up Unequal*,[3] entrevistó a 200.000 jóvenes de cuarenta y dos países diferentes. Me entristeció pero no me sorprendió leer que, entre las personas de quince años de cada país, las chicas tenían más tendencia que los chicos a decir que estaban «demasiado gordas». Este resultado se produjo a pesar del hecho de que, en realidad, los chicos tenían más tendencia que las chicas a tener sobrepeso. Ser una chica era un factor que predecía mejor si una persona joven iba a sentirse «demasiado gorda» que el hecho de tener un sobrepeso real.

Desgraciadamente, no hay demasiadas pruebas de que las chicas acaben dejando este descontento con su cuerpo a un lado cuando crecen y se convierten en mujeres. En vez de ello, como ejemplifica la historia de Gabrielle, la pubertad a menudo supone un golpe inesperado para las chicas. Como la pubertad normalmente aumenta la grasa corporal de las chicas, especialmente en las caderas y los muslos, se produce un efecto irónico. Este proceso de madurez física que convierte a las chicas en mujeres les concede un cuerpo que se parece menos al del ideal extremadamente delgado de nuestra cultura. Los resultados psicológicos de los cambios corporales asociados a la pubertad son un punto clave de la divergencia de géneros. Un estudio de más de cuatrocientos niños del suroeste de los Estados Unidos descubrió que la satisfacción de los chicos con su cuerpo en realidad mejora como resultado de la pubertad.[4] Los niños suelen ganar masa muscular y acercarse más a su cuerpo deseado, mientras que las niñas cada vez se alejan más de su ideal.

Por ejemplo, pensemos en los diseñadores de moda que contratan a chicas de incluso catorce años para desfilar por la pasarela con ropa para mujeres adultas. Ha habido un momento en el que nuestro ideal se ha alejado tanto del aspecto real de las mujeres que es más fácil encontrar el ideal en niñas que en mujeres adultas. Podría suponerse que el resurgimiento del énfasis en los cuerpos muy curvilíneos —como Kim Kardashian, Christina Hendricks o Beyoncé— conseguiría cambiar esa tendencia, pero no hay indicios de que eso vaya a pasar pronto.

Aunque el descontento con el propio cuerpo es uno de los mayores causantes de la enfermedad de la belleza, el sufrimiento con el aspecto físico de las mujeres no se limita a la forma o al tamaño de su cuerpo. Incluso si solo nos fijáramos en la satisfacción con el aspecto general y solo tuviéramos en cuenta cosas como la cara, la piel o el pelo, las mujeres siguen sufriendo más que los hombres. Una encuesta de más de 50.000 adultos indicó que las mujeres están menos satisfechas con su aspecto físico general comparadas con los hombres.[5] Este resultado se mantuvo para todas las edades, desde los dieciocho años hasta los sesenta y cinco, lo que sugiere que estas preocupaciones no se desvanecen con los años. De forma interesante, los datos no indican la posibilidad de que las mujeres se sientan menos atractivas que los hombres porque realmente lo son. A pesar del hecho de que las mujeres puedan sentirse más feas que los hombres, cuando los observadores puntúan el atractivo de fotografías de desconocidos, las mujeres consiguen mejor puntuación que los hombres.

Los psicólogos a menudo hablan de los sesgos por interés personal, que facilitan la tendencia humana general de pensar que somos mejores en cosas de lo que realmente somos. Por ejemplo, la mayoría de las personas consideran que «conducen mejor que la media», a pesar de que eso sea estadísticamente imposible. Del mismo modo, tanto hombres como mujeres tienden a sobrestimar su propia inteligencia. Pero, a la hora de evaluar el atractivo físico de uno mismo, el sesgo de interés personal aparece en los hombres pero desaparece en las mujeres. En un artículo sobre estas «ilusiones narcisistas», unos investigadores que examinaban a estudiantes universitarios de Texas descubrieron que los hombres sobrestimaban su atractivo y que las mujeres hacían lo contrario.[6]

La diferencia de género en la consideración del propio cuerpo va más allá del mero grado de satisfacción o descontento. Cuando los investigadores de la Universidad de Sussex entrevistaron a docenas de hombres y mujeres británicos,[7] descubrieron que las mujeres tendían a ver sus cuerpos de forma fragmentada. Describieron las partes de sus cuerpos como una serie de decepciones con alguna que otra excepción que «estaba bien». La mayoría de las mujeres suelen tener un catálogo entero de quejas sobre su aspecto y están listas para dispararlo en cualquier momento. Tengo la barriga muy fofa, mis muslos se tocan, mi piel tiene manchas, no me brilla el pelo lo suficiente. Cada parte se evalúa por separado, lista para la disección.

Cuando les preguntas a los hombres cómo se sienten respecto a sus cuerpos, tienden a evaluarlos en conjunto. Sienten que su cuerpo es una unidad, no una serie de componentes independientes que hay que cambiar o arreglar. Y lo que quizá es más importante, los hombres piensan mucho más sobre las capacidades de sus cuerpos. Cada hombre al que se entrevistó en el estudio anterior describió su cuerpo en función de lo que le permitía hacer, pero ninguna mujer describió su físico a partir de eso. Quizá casi sin advertirlo, esas mujeres habían interiorizado el mensaje de que su cuerpo es para exhibirlo, no para usarlo.

Los hombres y las mujeres también difieren en la experiencia emocional de estar en su propio cuerpo. En un estudio de la Universidad de Duke, se les pidió a varios hombres y mujeres que se probaran un traje de baño delante de un espejo. Estaban solos; nadie les observó para ver cómo les quedaba. Mientras que los hombres dijeron que se sentían «un poco ridículos» en el traje, las experiencias emocionales de las mujeres fueron mucho más intensas.

Cuando las mujeres se vieron en traje de baño delante de un espejo, se quedaron disgustadas y enfadadas. Incluso sintieron repulsa hacia su cuerpo.[8] ¿Cómo puedes sentir respeto por ti mismo como ser humano si sientes repugnancia por una parte tan importante de tu propia humanidad? Lo que sientes sobre el aspecto de tu cuerpo está ligado irremisiblemente a cómo te sientes sobre ti mismo, y esta relación entre la autoestima y la apreciación del propio cuerpo es más fuerte en las mujeres que en los hombres.[9] Por este motivo, cuando se quiere causar daño emocional a una mujer, se suele atacar su aspecto físico. Incluso Leigh, la niña de siete años del capítulo 1, lo sabe. Cuando le pregunté cuál era la peor cosa que se le podía decir a una chica, respondió:

—Pues que es gorda y fea.

Demasiado a menudo, para las mujeres, el cuerpo se convierte en un enemigo. Se convierte en algo que hay que domesticar y dominar. Gabrielle intentó domar su cuerpo con dietas de hambre y capas y capas de maquillaje. Otras mujeres se someten a tratamientos de belleza muy caros, cirugía estética o rutinas de ejercicio obsesivas: lo que sea con tal de acercarse un poco más al cuerpo que finalmente nos hará sentirnos lo suficientemente bien.

La belleza puede parecer poderosa, pero su poder es débil y temporal

Cuando la joven Gabrielle se sentía gorda y fea, acudía a sus padres en busca de consuelo.

—Siempre que me sentía insegura —me explicó—, por ejemplo, si no me veía guapa o si tenía acné o lo que fuera, primero iba a mi madre. Y ella siempre me decía: «¡Pero si eso no importa! Nada de eso importa».

Insatisfecha, Gabrielle acudía entonces a su padre.

—¡Pero si eres la más bonita del mundo! —le solía responder.

Gabrielle no se creía a ninguno de los dos.

Para cuando cumplió los quince años, las cosas habían cambiado. Se sentía más cómoda en su nuevo cuerpo adulto y descubrió que gustaba a los hombres adultos. Se sentían atraídos por ella, igual que ahora.

—Me di cuenta de que la gente se me acercaba. Yo no tenía que hacer nada de nada. Me daban este poder porque yo tenía un aspecto físico concreto. Era innegable. Y en cuanto tuve este poder, no quise perderlo.

Durante la universidad, Gabrielle empezó a trabajar en una serie de empleos que ella describe como «relacionados con el aspecto físico». Algún que otro trabajillo como modelo y de azafata en ferias.

—Me pagaban más que en Burger King —me explicó.

Y alimentaba su necesidad de saber que los demás la consideraban guapa. Como era de esperar, la madre de Gabrielle se quedó horrorizada ante estos trabajos.

—Es aburridísimo, solo haces de maniquí. Te están objetificando —le decía su madre, preocupada.

—¿Y qué tiene de malo? —quiso saber Gabrielle.

No llegué a conocer a la madre de Gabrielle, pero creo que sé qué es lo que la molestaba tanto de los trabajos de su hija. Todavía me siento tremendamente avergonzada por algunas de las cosas que hice para pagar el alquiler y la matrícula cuando iba a la universidad. Nada demasiado sórdido pero, además de servir copas y hacer de camarera en un restaurante del campus, de vez en cuando hacía lo que educadamente se definía como «relaciones públicas» para un distribuidor local.

Tenía que llevar un vestido de tirantes ceñido con una marca de cerveza y unos tacones desproporcionados, y mi trabajo consistía en estar de pie un par de horas mientras un montón de hombres que me doblaban en edad hacían cola para hacerse fotos Polaroid conmigo y otras dos chicas universitarias que hacían lo mismo que yo. Ninguna nos lo tomábamos demasiado en serio. Siempre era en algún pueblecito a algunos kilómetros del campus; era muy difícil que nos encontráramos con algún conocido. Además, por suerte, todavía quedaban muchos años para que llegara la fotografía digital y las redes sociales. Cobramos nuestros sueldos y seguimos adelante con nuestras vidas. Perdí el vestido de tirantes hace algunos años, cuando alguien me lo pidió para disfrazarse en Halloween y ya no me lo devolvió.

Todavía me sonrojo cuando pienso en lo alejado que está ese trabajo que hice en relación con los valores que tengo hoy en día. Pero no solo me avergüenzo. También siento enfado por no haber tenido un marco de referencia con el que cuestionar lo que estaba haciendo. Fue mi propia versión de las chicas vestidas al estilo sureño americano de Cypress Garden. Mi yo adolescente nunca se planteó dos veces las implicaciones que tiene este tipo de trabajo. Nadie hablaba demasiado de estos temas cuando yo era joven. Incluso si alguien hubiera objetado mi decisión de meterme en eso, yo seguramente hubiera reaccionado del mismo modo que la Gabrielle adolescente. «¿Y qué tiene de malo?», habría preguntado. Pero sí que me sentía ligeramente incómoda, sonriendo a la cámara, embutida en ese vestido ajustadísimo. Solo que no podía explicar exactamente por qué.

Pero hoy sí. Cuando pagamos a las mujeres para exhibirlas, transmitimos un mensaje muy importante sobre para qué sirven sus cuerpos. Aceptamos de forma implícita que tienen la función de decoración. Son un objeto pasivo. En el fondo, yo soy un ratón de biblioteca; me encanta leer. Pero, cuando estaba en ese vestido, mi intelecto desaparecía. No formaba parte de mí. No era algo significativo. Más allá de todo eso, mi cuerpo se convirtió en algo que existía para servir a otros. Era algo estático, fotografiado una y otra vez. En esos momentos, yo era una estatua bien pagada y que sabía sonreír. No era el ser humano completo que yo quería ser. No hay ningún poder real en ese tipo de pasividad.

A un nivel básico, incluso nuestro idioma refleja la idea de que los cuerpos de las mujeres son algo pasivo, mientras que los de los hombres son algo activo. Las raíces de la palabra *handsome*, la palabra que se usa en inglés como equivalente de «bello» para un hombre, implican «ser útil, práctico». Como dice el diccionario *Oxford English Dictionary*, el significado original de la palabra *handsome* era «adecuado, apto, inteligente». Pero la palabra *beautiful*, que es la que se utiliza para describir la belleza en las mujeres, suele definirse de forma general como algo que agrada a los sentidos o que es decorativo.

Esta diferencia lingüística queda reflejada en las vidas diarias de hombres y mujeres. Aunque los hombres también se enfrentan a presiones sobre su aspecto físico, viven en un mundo donde su competencia suele valorarse por encima de su aspecto. En esencia, pueden pasar de centrarse en el aspecto físico a centrarse en ser buenos en algo. El éxito en un ámbito les puede ofrecer un refugio contra las presiones sobre su aspecto físico.

Las mujeres no tienen ese refugio. Da igual lo bien que una mujer haga su trabajo; seguiremos hablando de su aspecto y le exigiremos que cuide más su apariencia de lo que le exigiríamos a cualquier hombre que desempeñe su misma función. Un ejemplo de esto fue cuando la Secretaria de Estado de los Estados Unidos, Hillary Clinton, recibió duras críticas por aparecer en público con gafas y poco maquillada. El hecho de que llevara un *scrunchie*, un coletero muy típico en los 90, se convirtió en un tema de conversación a nivel nacional. El presidente Obama se metió en un lío hace algunos años cuando presentó a Kamala Harris, Fiscal General de California, como «de lejos, la Fiscal General más atractiva del país». En primer lugar alabó su capacidad y seriedad, pero al añadir ese último comentario sobre su aspecto físico demostró que, aunque una mujer sea la persona más competente del mundo, también es importante que sea de buen ver.

Y no son solo los hombres los que se centran más el aspecto de las mujeres por encima de sus hechos: las mujeres tenemos el mismo comportamiento. Joy Behar, la copresentadora de *The View*, criticó a Donald Trump por insultar la cara de Carly Fiorina. Poco después, ella hizo exactamente lo mismo y dijo que la cara de Fiorina «parecía una máscara de Halloween». Las mujeres no solo se someten ellas mismas a estándares imposibles, sino que hacen lo mismo con las demás. En un artículo reciente del *New York Times* sobre «ropa moldeadora» —como, por ejemplo, Spanx—, una abogada de éxito afirmó que «ninguna mujer debería salir jamás de su casa sin llevar Lycra en los muslos. Si yo no quiero ver mi propia celulitis, ¿por qué querría ver la tuya?». Si nuestro desagrado por nuestro propio cuerpo se vuelve lo suficientemente fuerte, no debería sorprendernos descubrirnos de vez en cuando dirigiéndolo también hacia otras mujeres.

A las mujeres se nos enseña que la belleza es el poder más importante. Hoy en día, Gabrielle sigue luchando con fuerza para conservar este poder, pero siente vergüenza al hacerlo. Tilda de «superficial» su preocupación obsesiva por su aspecto, pero también sabe que los demás la tratan de forma distinta cuando se arregla para estar espléndida. Son más amables y están más dispuestos a ayudarla. Para ella, es una lucha entre dos fuerzas.

—Quiero liberarme de todo esto, pero mi ego se interpone. Sé que no debería preocuparme por la belleza, pero sigo haciéndolo. Quiero olvidarme de todo eso, pero no puedo. —Señala su cuerpo, se levanta el pelo y prosigue—. Sé que me haré vieja y perderé todo esto, pero quiero tenerlo tanto tiempo como pueda. —Puedes distinguir las voces de su madre y de su padre en ella cuando describe esta batalla interna—. Me siento bien cuando estoy guapa. El aspecto físico no debería ser importante, pero lo es.

No es raro ver artículos o libros que animan a las mujeres a aprovechar el poder que ofrece su belleza. Puede que no sea justo que a los demás les importe tanto el aspecto de una mujer, afirman estos autores, pero si este es el único tipo de poder que nuestra cultura está dispuesta a darte, pues aprovéchalo. No es ningún secreto que la belleza es algo así como una moneda de cambio para las mujeres. Realmente les confiere poder sobre los demás. Pero seamos honestos respecto a qué tipo de poder es este.

Para empezar, es un poder casi imposible de conseguir si no has nacido con él. Una de las frases favoritas de mi abuelo era «Nunca estés demasiado orgulloso de tu juventud o de tu belleza. No has hecho nada para ganártelas y no puedes hacer nada para conservarlas». También olvidamos demasiado a menudo que la belleza no es democrática. No la reciben aquellos que más la merecen. Por ese motivo, siempre habrá una injusticia inherente en el poder que la belleza confiere a las mujeres.

Además de todo esto, el poder de la belleza tiene una base poco firme. Solo existe si los demás están dispuestos a reconocerlo. Nunca es un poder propio, porque siempre corre a cargo de los demás. Y peor aún, es un poder con una fecha de caducidad sorprendentemente estricta, porque la relación entre juventud y belleza es casi universal. Es un poder que no puedes conservar. Es un poder que caduca en algún momento pasada la treintena, o quizá la cuarentena si tienes un entrenador personal, Botox y un estilista. Las mujeres deberían ser más poderosas con la edad, a medida que van adquiriendo habilidades, experiencia y sabiduría. Si ligamos nuestro poder a nuestra belleza, nos arriesgamos a perderlo juntamente con nuestra juventud. Es un poder grotesco que empieza a desvanecerse justo cuando las mujeres parece que empiezan a encontrar su lugar en el mundo. Es un poder retorcido que hace que las mujeres se sientan aterrorizadas de que «se les note la edad», mientras que los hombres pueden descansar tranquilos en su privilegio de ir pareciendo «cada vez más distinguidos» a medida que envejecen.

Gabrielle ha reflexionado mucho sobre el poder inmerecido que concede la belleza. Se pregunta cómo podrá negociar en un futuro sin contar con ese poder para atraer todas las miradas de una habitación. ¿Acaso le quedará algún poder a medida que su cuerpo envejezca y se aleje del ideal de la juventud? ¿Podrá enseñarle a su hija que no hay ninguna vergüenza en el cuerpo cada vez más viejo de una mujer?

—A veces me fijo en esas mujeres. Se les nota en la cara que llevan una tonelada de cirugía y tienen los pechos enormes. Y mi primera reacción es pensar «¿Pero quién se cree que es esta? ¿Por qué se ha hecho esto? Seguramente estaría mucho más guapa sin nada de eso». Pero después me asusto porque, a la vez, veo que una parte de mí sería capaz de hacer exactamente lo mismo. Un retoque por aquí, otro por allá y, sin casi darme cuenta, ya estoy metida de lleno. Así que intento ser consciente de todo esto y tener los pies en el suelo. Pero es complicado.

Es un proceso complicado para Gabrielle, quien recuerda todo lo que su padre le enseñó sobre la belleza. Ella rara vez sale de su casa sin antes maquillarse a conciencia. Hubo un tiempo en el que no se la veía desmaquillada, incluso en su propia casa. Me dijo que en los dos últimos años se ha vuelto más «valiente», porque a veces ha salido a hacer recados sin maquillarse antes. Pero Gabrielle sigue gastando más dinero en maquillaje que en cualquier otra cosa. Le lleva al menos treinta minutos al día maquillarse, y más si va «a salir por ahí». Le pedí que sumara todos esos minutos y que pensara en si le gustaría hacer otra cosa con ese tiempo. Gabrielle va a clase por las tardes para sacarse un máster y tiene una hija preadolescente, así que está bastante ocupada. La primera respuesta de Gabrielle fue:

—¡Dormir! Necesito dormir más —y después añadió algo que siempre le decía su madre—. Ella me repetía a menudo: «No hay tiempo para todo». Me decía una y otra vez que si me centraba en mi aspecto, no me podía centrar en mis cualidades internas. Y que me pasaba demasiado tiempo centrada en las cosas equivocadas.

Gabrielle apartó la mirada mientras reflexionaba en las palabras de su madre. Ahora ve cierta verdad en ellas.

—Si las mujeres no nos preocupáramos tanto por nuestro aspecto, podríamos aprovechar ese tiempo y energía mental en otras cosas, ¿sabes? Como en nuestro estado laboral, en luchar por un salario equitativo o en formarnos más.

Gabrielle sigue intentando tenerlo todo, pero está cansada. La lucha por mantener la belleza la desgasta.

Gabrielle intenta no transmitirle mensajes sobre la belleza a su hija de once años. Ahora, cuando ve revistas como *CosmoGirl*, las mismas que formaron sus propias ideas sobre las mujeres y la belleza, le parecen «repugnantes». A diferencia de su madre, Gabrielle no le prohíbe de forma deliberada las «cosas de chica» a su hija pero, a diferencia de su padre, tampoco las promueve. Quiere que su hija «sea como le apetezca ser». Pero Gabrielle oye que su hija dice cosas como que «¡Mamá tarda mucho para prepararse!» y «¡Mamá está obsesionada con el maquillaje!».

¿Cómo va a evitar que su hija caiga en el abismo de la enfermedad de la belleza si ella misma todavía no ha conseguido escapar de él? Gabrielle se pregunta si hay algo que los progenitores de una chica puedan hacer para protegerla de esto.

—Todo empieza cuando son muy jóvenes, cuando les decimos a las niñas pequeñas que tienen que ser guapas. Mi madre no lo hacía, pero el resto de la sociedad sí, y eso fue suficiente.

La enfermedad de la belleza es una barrera para la igualdad de género

Un amigo mío es programador informático y hace poco asistió a un congreso de trabajo. Era un congreso bastante típico en bastantes aspectos. Cada proveedor tenía su estand y su táctica para atraer la atención de los asistentes. Rifas. Bebida. Comida gratis. El congreso era en Chicago, donde el equipo de hockey de los Blackhawks es bastante famoso. Mi amigo se enteró de que su empresa había contratado al equipo Ice Crew de los Blackhawks para que estuviera en su estand con la esperanza de atraer a la multitud. Puede parecer gracioso pero, como «Ice Crew» quiere decir «equipo de hielo», yo supuse que eran las personas que llevaban las máquinas de la pista de hielo. Me pareció una idea bastante buena.

Pues resulta que las Ice Crew son el equivalente de las animadoras de fútbol americano para el hockey; se dedican a ir patinando por la pista en uniformes ceñidos para caldear el ambiente. Me quedé sin palabras cuando me enteré de quiénes eran. No me puedo ni imaginar cómo debían de sentirse el grupito de mujeres que trabaja en la empresa de mi amigo. O las pocas que asistieron a un congreso donde la mayoría de los participantes eran hombres. Esta anécdota en concreto no es un caso aislado. Microsoft y Xbox se metieron en problemas hace poco por contratar a bailarinas disfrazadas de colegialas ligeras de ropa —sujetadores blancos, minifaldas de cuadros, cosas por el estilo— para la fiesta de después de la conferencia.

Un 90 % de los ingenieros de *software* son hombres. La mayoría de las empresas de *software* más conocidas afirman que están trabajando para cambiar este desequilibrio y varias entidades sin ánimo de lucro tienen como objetivo animar a las chicas a interesarse más por la programación. ¿Es este el mundo en el que tienen que entrar estas chicas? ¿Acaso sus compañeros masculinos las tomarán en serio si la empresa paga a mujeres para que hagan de decoración en las convenciones profesionales?

Hemos educado a las jóvenes de hoy en día para que crean que pueden ser cualquier cosa, pero las sigue persiguiendo la idea de que tienen que ser guapas por encima de todo lo demás. Ya hace más de tres décadas que hay más graduaciones universitarias de mujeres que de hombres. Y aunque las jóvenes de hoy en día puedan parecer tener mucha confianza en sí mismas en las clases o en la oficina, demasiadas sufren ansiedad o depresión por el sentimiento de que su aspecto está siendo examinado constantemente. Y seguramente, en esta cultura enferma de belleza, tengan razón.

Cuando las preocupaciones por el aspecto físico distraen a las mujeres de los sueños que persiguen, se arriesgan a permitir que se les escapen de las manos los puestos de liderazgo que tanto han ansiado. Se arriesgan a perder su voz ante el bombardeo de imágenes que las asedian con el mensaje de que sus capacidades y esfuerzo no serán nunca nada más que la guinda en el pastel de su aspecto físico. El mundo necesita a estas jóvenes. Necesitamos que sean fuertes y saludables, abriendo el camino hacia un futuro que solo ellas pueden construir. Esta desesperación por ser bella no es solo una amenaza hacia la salud mental y física de las mujeres. Es también una barricada en el camino hacia la igualdad de género. No podemos seguir intentando escalarla individualmente. Tenemos que examinar su base detenidamente para saber cómo empezar a desmantelarla en un esfuerzo colectivo.

3

Yo, objeto

CUANDO EMPECÉ CON mis estudios de posgrado en Psicología, mi plan no era convertirme en profesora. Siempre supuse que acabaría trabajando en el ámbito clínico, quizá en un hospital o en una consulta privada. Mi intención era centrarme en mujeres con desórdenes alimenticios y en supervivientes de traumas. Solo tenía veintitrés años cuando empecé a formarme como terapeuta y a tratar a mis primeros pacientes en un consultorio de una universidad. Al ser yo tan joven, sin duda me faltaba mucha perspectiva en varios aspectos importantes, pero me esforcé mucho para entender a las jóvenes que venían a verme.

La primera de ellas fue una estudiante universitaria que no podía deshacerse de la sensación de no estar nunca a la altura. Me dijo que el trayecto hasta mi despacho le resultaba muy difícil, porque sentía que la gente «la miraba» siempre que iba por el campus. Cuando le conté este comentario a mi supervisor, me animó a considerarlo como un signo de paranoia.

—Quizá está empezando a desarrollar una psicosis —aventuró.

Nunca se paró a pensar en la posibilidad de que la gente realmente estuviera mirándola cuando se paseaba por el campus. En vez de ello, supuso que las experiencias de mi paciente formaban parte de algún tipo de desorden. Directamente se asumió que su sensación de que la observaban era el resultado de algún defecto mental debajo de ese amasijo de rizos que ella se ensortijaba en los dedos mientras hablábamos en nuestras sesiones semanales.

Cuando miro hacia atrás, la sensación de esa joven de ser observada por los demás y la reacción de mi supervisor me parecen indicios significativos de un problema mayor. Hay muchas mujeres que sufren debido al sentimiento de que constantemente las observan. No podemos limitarnos a ignorar ese sentimiento; es importante. Es la esencia de la enfermedad de la belleza. Podemos echarles la culpa a los neurotransmisores, a las hormonas, a los estilos de apego disfuncionales o a los patrones de pensamiento problemáticos tanto como queramos, pero si nos centramos solo en ese tipo de objetivos al intentar entender las experiencias de las mujeres, no podremos percibir la situación en su conjunto. Cualquier mujer enferma de belleza ha llegado a esa situación con mucha ayuda externa. Seguramente ha habido un conjunto de factores culturales que escapan a su control y que han ido presionándola y pinchándola constantemente.

Aunque ellas sean las que sufren, la causa del problema no está necesariamente en ellas. Es perfectamente razonable plantearse la idea de que la causa suele ser nuestra cultura enferma de belleza, una cultura que hace que las mujeres se sientan tan observadas y de forma tan constante.

Finalmente acabé por abandonar la consulta para centrarme en la enseñanza y la investigación. Pero a menudo pienso en mi primera paciente. Me pregunto cómo se debe de sentir ahora. Me pregunto si todavía siente «que la observan». Yo supongo que sí, y si tengo razón, es una más de tantas mujeres que se sienten así alrededor de todo el mundo.

Si queremos liberarnos de las garras atenazantes del espejo, tendremos que hacer una mirada panorámica a lo que les pasa a jóvenes y mujeres. Si queremos saber quién es el responsable de la obsesión de Artemis con perder peso y del miedo de Gabrielle por envejecer, o si queremos saber por qué a tantas de nosotras nos cuesta mucho sentirnos cómodas en nuestros propios cuerpos, debemos buscar la respuesta en nuestra cultura. Es muy fácil limitarse a echarle la culpa «a los medios de comunicación» por promover un ideal de belleza inalcanzable, pero el problema no es tan simple. En un mundo distinto, ese ideal de belleza para las mujeres no tendría tanta importancia. Ese ideal de belleza no poseería un poder tan devastador si no fuera porque hay otro fenómeno inherente a nuestra cultura. Pero antes de empezar a ver esta historia cultural a gran escala quiero hablar de Erin*.

ERIN ES UNA NEOYORQUINA BLANCA de veintiséis años. Estudia bellas artes durante el día y por las noches trabaja en un restaurante muy concurrido. Quedé con ella en ese mismo restaurante, en un momento con menos gente, antes de que empezara a llenarse y de que ella empezara su turno. Con solo echarle un vistazo a Erin ya sabes que es una artista. Juega con su aspecto y mezcla la masculinidad y la feminidad de formas inesperadas: un día lleva una llamativa cresta rosa y mallas ajustadas, al día siguiente aparece con un turbante con un estampado vivo, gafas retro y un vestido a topos. Hace cosas con el maquillaje que no sé ni cómo empezar a describir; a menudo parece que acaba de salir del vestuario de una obra de teatro. A Erin le encanta la idea de la belleza. Al fin y al cabo, es una artista. Pero también está enfadada con la forma en que el mundo parece definirla a partir de su aspecto.

Hay muchas cosas de Erin que me encantan. Es una caja de sorpresas; habla con suavidad pero jura más que un carretero. Erin es muy sensible ante las injusticias y, cuando se trata a alguien de forma abusiva, siempre está dispuesta a enfrentarse a quien sea. Tras hablar con Erin te quedas con la sensación de que hay alguien que te cubre las espaldas, como si tuvieras una guerrera que te protege como una madre.

Erin empezó hablándome de su hermana gemela, Meredith*. Los gemelos son fascinantes; es muy difícil no quedarse mirándolos. Y, para Erin, eso implicó que ella y su hermana recibieran el doble de atención por su aspecto físico. «Qué gemelas más guapas» era lo primero que les solía decir la gente cuando las veían a las dos. A nivel superficial, parece un comentario agradable. Puedes incluso suponer directamente que esto hizo que Erin creciera con mucha confianza en sí misma, sintiéndose bonita. Pero eso no es exactamente lo que pasó.

Un gemelo idéntico puede acabar actuando como un espejo. Cuando miras a tu gemelo, siempre estarás, de algún modo, mirándote a ti mismo. Intenté imaginarme cómo debió de ser todo esto para Erin cuando era una niña.

—¿Tú pensabas que Meredith era guapa? —le pregunté.

Erin frunció brevemente el ceño.

—Sí, pues claro que pienso que Meredith es guapa —respondió, como si cualquier otra respuesta fuera inconcebible.

Seguí en la misma línea.

—¿Y eso significa que tú pensabas que tú eras guapa?

La respuesta de Erin me sorprendió.

—Yo crecí pensando que Meredith era más guapa que yo —empezó—, porque ella siempre ha sido más pequeña que yo.

Parece que a Erin le da vergüenza reconocer esto, como si de algún modo no le estuviera siendo fiel a Meredith. Aclaró que, aunque pudieran parecer idénticas a ojos de los demás, ella no se sentía así.

—En mi familia tienen esa idea de que yo soy la gemela grande. Sí, es raro y vale, hace gracia porque somos gemelas idénticas, pero siempre he pensado que Meredith es más guapa que yo.

Erin pasó gran parte de su infancia sintiéndose como el patito feo al lado de su bella e idéntica gemela. Como Meredith era más menuda, Erin creía que su hermana era más guapa. En su familia llamaban a Erin «la gemela grande», lo que para Erin venía a ser «la gemela gorda» o «la gemela fea».

Erin empezó a preocuparse por su aspecto cuando tenía unos ocho años. En parte, eso se debía a una percepción cada vez más acusada de que el aspecto de Meredith era mejor que el de Erin porque Meredith era más delgada. Pero las gemelas se tuvieron que enfrentar a otro desafío. Entraron en la pubertad muy pronto. Muy, muy pronto. Para cuando tenían ocho años, a ambas les empezaron a crecer los pechos y sus padres las obligaron a ponerse sujetador. Antes de que Erin ni siquiera terminara primaria, el aspecto de su cuerpo empezaba a transformar su vida de formas perceptibles, y casi todas desagradables.

Los chicos empezaron a mirar a Erin y a Meredith de forma «rara». Ellas no querían atraer ese tipo de atención sexual, así que empezaron a vestirse como chicos para disimular los cambios relacionados con la pubertad de sus cuerpos. Llevaban las sudaderas de fútbol de su padre y camisetas anchas y sueltas. Empezaron a confundirlas con chicos en público. Lo único que querían Erin y su hermana era jugar a fútbol, ensuciarse, librar batallas campales y seguir haciendo todo lo que hacían hasta entonces. Pero el modo en que sus cuerpos se estaban desarrollando complicó todas estas actividades. Erin me contó que empezó a ser más consciente de estos cambios cuando jugaba con sus amigos.

—Me dolía —explicó—. Si me ponía a correr o a hacer cosas así, me dolían los pechos.

Pero jugar a lo bruto mientras le crecían los pechos no fue lo único que afectó a Erin; le empezaba a pasar otra cosa más preocupante.

—Cuando jugábamos —explicó—, los chicos se caían de una forma rara encima de mí para tocarme.

—¿A propósito? —pregunté, quizá más sorprendida de lo que debería.

—Sí —prosiguió Erin con algo de rabia al recordar esos momentos—. A propósito. Yo tenía muy presente cómo mi cuerpo interactuaba con los demás mientras jugábamos. Es difícil jugar cuando hay una parte de ti que está controlando todo el rato cosas como «Ay, a ver si se me han visto las tetas cuando me he inclinado». Yo tenía unos nueve años. Era muy raro.

Erin me dejó bien claro que, cuando ella y su gemela se vestían con ropa de chico, no tenía nada que ver con el desarrollo de algún tipo de identidad transgénero. Ella y Meredith se identificaban como niñas cuando eran pequeñas, y ambas se sienten mujeres hoy en día. Pero ocultar sus cuerpos parecía la única forma de poder seguir viviendo sus vidas como querían. Para cuando tenía nueve años, Erin ya estaba luchando contra la vergüenza que sentía por la forma de su cuerpo. Cada vez tenía más la sensación de que, si no ocultaba su físico, los demás pasarían a verla como algo sexual y ella tendría poco control sobre la respuesta de los demás hacia ella.

Esta lucha de Erin no es nada nuevo. En un artículo de los 70 sobre cómo se describe a las mujeres en el arte y el cine, una teórica del cine británica, Laura Mulvey, argumentó que la esencia de las mujeres podría describirse como «mirabilidad».[1] No es un término demasiado pegadizo, pero sí que refleja algo muy importante. Erin se sentía como si estuviera «en un escaparate» cuando caminaba por las calles de su barrio, y cuando estaba en la escuela, y cuando estaba fuera jugando con su hermana. Antes de cumplir los diez años, Erin entendió que ir por ahí dentro de un cuerpo de mujer conllevaba un cierto grado de «mirabilidad». Pero del mismo modo que mi paciente del principio de este capítulo, Erin no quería que nadie la mirara. Esa sensación de estar en un escaparate empezó a limitar su forma de vivir la vida.

Hace pocos años hice una encuesta por Internet a varios centenares de chicas de dieciocho y diecinueve años de todos los Estados Unidos sobre su imagen corporal y los problemas relacionados con ella. Más del 40 % de estas jóvenes afirmaron que «a menudo» o «casi siempre» tenían la sensación de que alguien estaba evaluando su aspecto físico. Se sentían como si estuvieran en una exhibición, como Erin. Esa sensación no es un indicio de neurosis o paranoia. Simplemente indica que esta persona presta atención al mundo que la rodea y se siente afectada por las lecciones que aprende sobre su propio cuerpo.

La experiencia social compartida de que te traten como a un cuerpo

En 1997, dos investigadoras, Barbara Fredrickson, de la Universidad de Míchigan en ese momento, y Tomi-Ann Roberts, de la Universidad de Colorado, publicaron una teoría que finalmente ofreció una panorámica sobre cómo el modo en el que nuestra cultura se centra en el aspecto de las mujeres y las chicas hace que estas se pongan enfermas.[2] La llamaron la teoría de la objetificación. La teoría de la objetificación es el marco de referencia en el que me baso para mi propia investigación sobre la enfermedad de la belleza.

La objetificación es, básicamente, que no te traten como a un ser humano real con sus pensamientos, sentimientos, objetivos y deseos. En vez de ello, se te trata como un cuerpo o como un conjunto de partes del cuerpo. Y lo que es peor, tu cuerpo solo es algo que existe para hacer feliz a los demás.

Pierdes tu esencia como sujeto, tu subjetividad, cuando alguien te trata como a una cosa, cuando solo se te considera útil si puedes agradar a alguien con tu aspecto físico. Podríamos definir la subjetividad como la realidad interna de cada persona. La percepción que tenemos de nosotros mismos. Los valores, las ideas y las cualidades que existen independientemente de lo que nos rodea. Y esto es lo que está en juego.

A la mayoría de las mujeres les es imposible escapar de la objetificación. Se convierte en una rutina que va haciendo mella en nosotras, poco a poco. Cuando el centro de atención es la forma de tus piernas, a nadie le importan tu intelecto o tus ambiciones. Si todos los que te rodean están intentando decidir si tu peso es aceptable, no les preocupará el tipo de persona que quieras ser o el tipo de trabajo que quieras hacer.

La objetificación puede explicar por qué el ideal de belleza para las mujeres resulta tan devastador. ¿Por qué motivo Artemis, Erin y Gabrielle, mujeres que han crecido y que viven en circunstancias muy distintas, sufren de forma parecida? La fuerza que hay tras sus experiencias es la objetificación, esa «mirabilidad» que hemos visto antes. El único motivo por el que el ideal de belleza tiene tanto poder es porque tanto chicas como mujeres saben que su aspecto físico será sometido a un escrutinio constante. Si no fuera así, no alcanzar ese ideal no sería algo tan terrible.

Casi ninguna mujer puede evitar la experiencia de que la traten como nada más que un cuerpo. Es una experiencia social compartida que todas las mujeres conocen. Da igual lo distintas que seamos o de dónde vengamos: todas sabemos lo que es ser objetificada.

El acoso callejero como objetificación

Una vez, dando clase, utilicé el término «mirada lasciva» para describir la objetificación. Una estudiante asintió y dijo:

—Sí, la mirada ascensor.

Nos hizo a todas una demostración con una compañera que se partía de la risa: empezó a escrutarla desde «el piso de arriba» del cuerpo, fue bajando poco a poco y luego volvió a subir la mirada hasta posarla en sus pechos. El resto de mujeres de la clase asintieron. Conocían esa mirada.

El término técnico que los investigadores usan es «mirada masculina». Es justo preguntarse por qué este término se refiere específicamente a los hombres. Al fin y al cabo, hay mujeres que miran a los hombres —y a otras mujeres— de este modo. Aun así, tras años de investigación sabemos que los hombres emplean esa mirada con más frecuencia que las mujeres, y que las mujeres tienen muchas más probabilidades de ser las receptoras de este tipo de mirada. Esta inspección visual se vuelve incluso más inquietante cuando va acompañada de un comentario, que puede ir desde el relativamente inofensivo «¡Guapa!» hasta el lenguaje sexualmente explícito.

Unos investigadores de la Universidad Estatal de Ohio hicieron una evaluación de cuán a menudo las mujeres reciben este tipo de comportamiento que las objetifica sexualmente.[3] Una de las preguntas era: «¿Cuán a menudo oyes comentarios sexuales groseros sobre tu cuerpo?». Cuando yo también incluí esta pregunta en la encuesta en línea para jóvenes que he mencionado anteriormente, más de un 70 % indicó que les habían hecho este tipo de comentarios. Erin se incluye en ese grupo.

Erin, neoyorquina de toda la vida, todavía vive en el mismo vecindario del centro de Brooklyn en el que creció. Erin se quedó aterrorizada cuando un desconocido la piropeó cuando ella solo tenía doce años e iba por la calle a comprar con su hermana. Un hombre las piropeó desde la ventana de un coche que pasaba. Ella no recuerda exactamente qué les dijo, solo la confusión y el miedo que sintió. Erin y Meredith ya habían dejado de esconderse bajo los jerséis de su padre y parecían mucho mayores de lo que eran.

Tras ese primer incidente, Erin se volvió extremadamente sensible al modo en que los hombres la miraban o a los comentarios que le hacían al pasar por su lado en la calle. Y, para empeorar más aún las cosas, Erin y su gemela crecían a buen ritmo. Como resultado, a menudo la ropa se les quedaba algo pequeña, lo que hizo que atrajeran incluso más la atención —aunque Erin apuntó que les habría pasado lo mismo aunque se hubieran paseado por las calles de Nueva York en un pijama holgado—. Ser joven y chica es suficiente; no hace falta que vayas vestida de ningún modo concreto.

El «acoso callejero», que es el término que se ha adoptado para este tipo de incidentes, es una de las formas principales de objetificación interpersonal. Hay muchos tipos de objetificación interpersonal, pero es interesante considerar más a fondo el acoso callejero porque es un microcosmos de los miles de experiencias de objetificación a los que se enfrentan las mujeres en sus vidas diarias.

El acoso callejero ha recibido bastante atención en los últimos años, en parte debido a un vídeo viral de 2014 de una mujer —la actriz Shoshana Roberts— que iba por las calles de Nueva York. A medida que iba caminando, una cantidad chocante de personas la acosaron y la piropearon. El proyecto fue una idea de Hollaback!, una organización que lucha contra el acoso callejero. Este vídeo provocó un debate nacional sobre el tema que todavía hoy sigue candente.

En una encuesta de casi cinco mil mujeres de los Estados Unidos realizada por la Universidad Cornell y Hollaback!, un 85 % de las mujeres indicaron que la primera vez que sufrieron el acoso callejero fue antes de cumplir los diecisiete años. Los resultados fueron similares para un estudio de seguimiento donde se incluyeron a mujeres de veintiún países más de todo el mundo. Cuando la editora del *Huffington Post* Alanna Vagianos pidió que las mujeres le contaran historias de la primera vez que recibieron este tipo de acoso —con el *hashtag* #FirstTimeIWasCatcalled—, cientos de mujeres respondieron enviándole sus propias experiencias desagradables de cómo desconocidos las trataron como objetos sexuales. Muchas, como Erin, tuvieron sus experiencias jovencísimas, con doce años.

Las reacciones más interesantes a ese vídeo viral de acoso callejero fueron las de esas personas que insistían en que la mayoría de los piropos se lanzaban con buena intención. Son para mostrar aprecio, ¡no para acosar o intimidar! Las mujeres deberían sentirse agradecidas por esta atención. Cuando las cuatro presentadoras del programa *Outnumbered* del canal Fox News decidieron argumentar a favor de los supuestos beneficios psicológicos del acoso callejero, Arthur Aidala, un famoso abogado de defensa criminal invitado al programa, hizo una demostración, muy ufano, de su forma de acosar a mujeres en la calle. Se levantó y aplaudió lentamente, como hace normalmente a las mujeres atractivas que ve por la calle.

Aidala claramente no veía nada problemático en su forma de actuar: un cumplido agradable que, en todo caso, era inofensivo. Jessica Williams, una corresponsal de *The Daily Show* en aquel entonces, rebatió de una forma genial los argumentos de Aidala. Tras explicar que la acera de una calle no es una pasarela de moda ni una alfombra roja, apuntó que «como ir a trabajar no es ni una actuación ni un desfile, no buscamos el aplauso de nadie».

Williams dio en el clavo al usar la palabra «actuación». Cuando la objetificación se convierte en un hecho rutinario, las mujeres y chicas aprenden que, hasta cierto punto, todo lo que hagan en público puede parecer una actuación. Aprenden a sonreír de antemano para que los desconocidos con los que se cruzan por la calle no les pidan que lo hagan. Luchan para encontrar esa frontera difusa entre ser lo suficientemente atractivas para que las acepten pero no tanto como para atraer atención indeseada y peligrosa.

Erin siguió sufriendo debido a esa frontera a medida que entraba en la preadolescencia. Ella y sus padres tuvieron muchas conversaciones sobre la ropa que Erin se ponía y que le resultaban muy confusas. Sus padres le decían que la falda que llevaba era demasiado corta o que la camiseta que llevaba era muy ajustada. Erin tenía el ceño fruncido mientras recordaba estas conversaciones. Me explicó que, a esa edad, realmente no entendía qué querían decir esos comentarios. ¿Demasiado ajustada para qué? ¿Demasiado corta para qué?

Una vez, una amiga le regaló una camiseta elástica y Erin estaba contentísima. Cuando bajó por las escaleras por la mañana con la camiseta, su madre «se volvió loca».

—Mi madre estaba muy enfadada por lo que me había puesto —me explicó— y me dijo que parecía una guarra. Nunca olvidaré que ese mismo día, más tarde, vino a verme a la escuela en medio de clases y me hizo salir, y me pidió perdón por hacerme sentir avergonzada de mi cuerpo.

—¿Y qué te dijo? ¿Cómo te lo explicó? —quise saber, intrigada por saber cómo una madre puede siquiera empezar a explicar las complejidades de la situación a una preadolescente.

Erin recuerda ese momento con claridad.

—Me dijo que el problema con esa camiseta no era que yo la llevara puesta, sino que si iba enseñando demasiado mi cuerpo, me exponía al peligro. «No quiero hablarte sobre estos peligros cuando solo tienes doce años», me dijo. «Quiero que puedas ser solo una niña, pero si llevas esta ropa, las personas van a tratarte como una mujer, y eso no es siempre bueno».

—¿Y puede que eso se te quedara grabado en la cabeza? ¿Que ser mujer puede ser algo peligroso?

—Sí —accedió Erin—. Desde luego.

Vamos a parar un momento a pensar en las lecciones que seguramente se le quedaron a Erin a partir de esta interacción. Aprendió que parecer una mujer, que ser una mujer, implicaba un problema de seguridad. Aprendió que la ropa que decidiera llevar podía ponerla en peligro, y que era algo que tenía que controlar con atención. Aprendió que tenía que pasar más tiempo preocupándose de cómo otros podían percibir su aspecto físico. Una lección terrible, pero que muchos padres y madres no pueden evitar transmitir a sus hijas. Como cualquier otra chica, Erin quería ser guapa. Pero aprendió que, si se pasaba de la raya, ese «guapa» podía pasar a ser «sexi», y ser sexi era peligroso.

Cuando le pregunté a Erin qué opinaba de la forma de actuar de sus padres al respecto, se mostró completamente comprensiva con la situación. Comentó que sus padres, por aquel entonces, no tenían los recursos que tienen ahora, y tiene toda la razón. No había ninguna organización como A Mighty Girl que animara a los progenitores a educar a sus hijas de forma saludable y para que estuvieran a gusto con sus cuerpos. Todavía faltaban más de diez años para que apareciera el famoso informe de la Asociación Estadounidense de Psicología sobre la sexualización de las niñas. Incluso los progenitores más concienciados y dedicados iban un poco a ciegas en estos aspectos.

¿Cómo le enseñas a tu hija que su cuerpo en desarrollo no tiene nada de malo, pero que aun así sigue teniendo que ocultarlo a veces si quiere estar a salvo? ¿Cómo le transmites a tu hija una actitud sana y positiva sobre la sexualidad si lo primero que aprende sobre su propio cuerpo en madurez reproductiva es que es algo que la pone en peligro pero que, a la vez, le da el poder de seducir a hombres adultos? Son aguas turbulentas y difíciles de navegar. A veces es complicado llegar a buen puerto y acabar teniendo un respeto y valoración sanos de nuestro cuerpo que, además, no dependan de la apreciación de los hombres.

Aunque los aspectos concretos de la historia de Erin hacen que sus vivencias sean únicas, sus experiencias generales no lo son. Sofía*, una chica de diecinueve años mexicano-estadounidense, vio mi anuncio para entrevistar a mujeres y aceptó reunirse conmigo mientras estaba en Illinois, visitando a unos amigos durante sus vacaciones de verano. Sofía parecía tímida cuando entró en mi oficina; rebullía en la silla y tironeaba de los bajos de sus *shorts*. Empezó hablando tan suavemente que me costaba oírla por encima del ruido de las obras de construcción que entraba por la ventana de mi oficina. Pero su voz pronto fue ganando volumen en cuanto empezamos a hablar de los piropos callejeros. Enderezó la espalda y su mirada se hizo más intensa. Sofía estaba enfadada y tenía mucho que decir sobre el acoso callejero.

—Porque, de verdad, lo peor es que no puedo hacer nada, literalmente nada —empezó—. ¿Puedo hacer algo para evitarlo?

Sofía no estaba realmente pidiéndome una respuesta; parecía que simplemente estaba lanzando la pregunta al universo en general. Aun así, la animé a seguir.

—¿Tú qué crees? —le pregunté.

Como sospechaba, Sofía ya tenía una opinión formada en su cabeza.

—Pues mira —me explicó—, a mí me parece que es algo que pasará siempre.

—¿Siempre?

—Por desgracia, creo que sí —afirmó, con un deje de fatalidad.

Aunque la estrategia que suele seguir Sofía es ignorar a las personas que le dicen cosas por la calle, me contó una ocasión en la que decidió no quedarse callada. Sofía estudia en una universidad de la Costa Este y ese día iba a un baile formal con su novio. Se había puesto tacones altos y un vestido bastante revelador; se sentía muy atractiva. Llevaba meses con ganas de ponerse el vestido. Cuando pasaron por delante de un grupo de albañiles, uno de ellos le gritó:

—Pero madre mía, ¡qué culamen!

Sofía se siente muy segura de su cuerpo, más que la media, pero ese comentario le dolió. A ella no le gustaba el tamaño de su trasero, así que la observación no le pareció para nada un cumplido, aunque esa hubiera sido la intención. La alegría de llevar su vestido nuevo dejó paso a la rabia, y empezó a sentirse acomplejada en vez de segura en sí misma. Como el albañil estaba en un tejado, a Sofía no le pareció peligroso responder. Sabía que al hombre no le daría tiempo de bajar del tejado lo suficientemente rápido, así que lo mandó «a tomar por culo».

—Me sentí muy bien al decirle eso —me explicó Sofía.

Pero no por ello volvió a sentirse tan bien como antes de que ese desconocido le lanzara ese comentario sobre el tamaño de su trasero. Ni tampoco cambió el hecho de que, durante el resto de la noche, no pudo dejar de sentirse preocupada por el aspecto que tenían sus nalgas en ese vestido. Fue un solo comentario, pero resonó en su mente durante horas.

Me sorprendió oír que el incidente pasó mientras Sofía iba por la calle con su novio. Ella se echó a reír.

—Sí, iba con mi novio —me confirmó—, y él no sabía ni cómo reaccionar. Creo que nunca había visto que piropearan a una chica por la calle antes.

—¿Y tú te pusiste en plan «Bienvenido a mi mundo»? —le pregunté, riéndome con ella.

—Sí —suspiró Sofía—. Cada día así.

Esta historia tiene un final relativamente feliz comparado con el incidente del helado que me contó Sofía. Empezó de una forma muy tonta. Una noche, a una hora bastante avanzada, Sofía estaba mirando la película *Barbarella*.

—Es una peli muy sesentera donde Jane Fonda es una novia que va por el espacio —me explicó.

Sofía quería un helado. Pero también le fascinaba el cuerpo espectacular que Jane Fonda lucía en la película. Así que estaba indecisa. ¿Podía comerse un helado? ¿Se lo merecía? Finalmente, Sofía se decidió. Salió de su piso y se fue calle abajo a una tienda abierta las 24 horas. Allí, uno de los clientes que estaba por la sección de congelados empezó a soltarle obscenidades. Le dijo que era muy sexi. Le explicó en detalle lo que le gustaría hacerle. Sofía agarró su helado y se fue a la caja para pagar e irse, pero el hombre la siguió y se puso detrás de ella mientras hacía cola, muy cerca. Sofía quería irse, pero antes tenía que pagar. Recuerda que estuvo pensando que no iba a dejar que un gilipollas la privara de su sándwich de helado después de pasarse tanto tiempo pensando en él. Así que siguió su protocolo general ante el acoso callejero, que era ignorar al hombre, como si no existiera. Ni le habló, ni lo miró. No quería darle la satisfacción de reaccionar ante sus provocaciones.

Sofía todavía recuerda que el helado costaba 2,33 dólares. El dependiente vio lo que pasaba e intentó ayudarla para que pudiera salir rápidamente de la tienda. Aceptó los dos dólares pero le dijo que no hacía falta que buscara los treinta y tres centavos. Sofía se fue. El hombre no la siguió. Sofía llegó a casa sana y salva y se pudo comer su helado. Pero después se sintió culpable por comérselo. Tenía la sensación de que, de algún modo, lo que le había pasado en la tienda era algo así como un castigo por su capricho.

—Fue un helado agridulce —recuerda.

Mientras me contaba ese incidente, yo veía que Sofía todavía no estaba segura de cómo tendría que haber gestionado la situación. Ella tampoco tenía claro si el dependiente le había hecho un favor o si también era culpable por no haber intervenido antes, o de una forma más firme. Se removió en la silla. Meneó la cabeza. Se encogió de hombros, como si dijera: «¿Y qué le vamos a hacer?».

Aunque el riesgo de una agresión sexual es muy real, el acoso callejero y los comentarios obscenos no solo son importantes porque hacen que las mujeres se sientan vulnerables. También son un recordatorio constante a las mujeres de que sus cuerpos están en una exhibición constante desde el momento en que salen de su casa. En las palabras de Erin, si eres una mujer que no quiere ser completamente invisible, tienes que pagar un precio.

—Me siento bajo escrutinio —describió Erin—. Un escrutinio constante. Cuando sales de tu casa, te observan en todo momento. Y puedes derrumbarte ante esa presión, y eso les pasa a muchas mujeres, por supuesto, y no las puedes culpar. También puedes entrar en el juego. O puedes ser como yo y estar cabreadísima constantemente. O puedes intentar que te dé igual.

No parecen opciones demasiado buenas para que las mujeres se enfrenten al escrutinio que lleva a la enfermedad de la belleza.

Cuando cumplió veintidós años, Erin decidió hacer un cambio radical que tuvo un efecto inesperado en sus experiencias con el acoso callejero. Erin acababa de romper con un novio que la había estado tratando mal y que controlaba cada aspecto de su vida, así que tenía la sensación de que necesitaba tomar medidas drásticas para recuperar la sensación de estar al mando de su propio destino. «¿Cómo puedo recuperar el control de mi vida?», se preguntó. Sus ganas de volver a llevar las riendas estaban estrechamente ligadas a la sensación que Erin tenía de que los demás se comportaban como si fueran los propietarios de su cuerpo. Me lo explicó:

—Cuando eres una mujer, es como que tu cuerpo lo es todo: tu cuerpo es lo primero que los demás ven y comentan, es lo primero sobre lo que cotillean y es lo primero de lo que los demás hablan si eres chica.

En aquel momento, Erin llevaba una melena larga y preciosa; se había dejado el pelo largo porque a su novio le gustaba así. Tras romper con él, Erin se afeitó la cabeza como una forma de recuperarse a sí misma. Completamente calva. Empezó a llevar camisetas anchas cada día, igual que ella y su hermana habían hecho durante ese periodo tan complicado de su infancia. Erin también se deshizo de su maquillaje, pero siguió un ritual para hacerlo. Esta parte de su historia me fascinó.

—¿Tiraste todo tu maquillaje a la basura? —le pregunté, algo incrédula.

—Pues sí. Les escribí cartas a mis cosméticos y luego me deshice de ellos.

—¿Le escribiste cartas a tu maquillaje?

Sonreí. Me encantaba que Erin hubiera mostrado tanto respeto por el simbolismo del momento.

Erin me describió la escena.

—Sí, así que... Escribí: «Sombra de ojos, no eres buena para mí. Me siento obligada a llevarte puesta aunque hagas que me piquen los ojos y se me salten las lágrimas, así que tenemos que despedirnos. Adiós, sombra de ojos». —Erin inclina la cabeza hasta tocar con suavidad en la mesa de mi oficina, como si estuviera dándole una bendición de despedida a esa sombra de ojos. Prosigue con su relato—. Les escribí cartas a todos mis cosméticos. «Podéis quedaros en mi casa una noche más, pero mañana os iréis». Los dejé esa noche en la mesa y a la mañana siguiente los tiré todos.

Así que ahí estaba Erin, sin un solo cabello en la cabeza y sin maquillar. También decidió evitar los espejos durante un tiempo. Esas

decisiones cambiaron la vida de Erin de algunas formas inesperadas. Detectó una reducción drástica en el acoso callejero. Al eliminar su aspecto más tradicionalmente femenino ya no estaba metida
en el juego. Los hombres ya no la veían como un objeto sexual. Para
Erin, su calvicie era una provocación poderosa y deliberada. Simplemente, estaba harta.

Erin describe ese periodo.

—Los años que estuve llevando un corte militar o una cresta fueron, desde luego, una actuación hostil. Sí, sí, lo tengo clarísimo. —
Asiente vigorosamente, reviviendo esa sensación de poder.

No todo el mundo apreció la decisión de Erin. Recuerda que, cada
vez que iba a algún lado, la gente le decía que «estaría tan guapa si
se dejara el pelo largo...». Pero lo que fue más interesante fue el
efecto de su cabeza afeitada en sus experiencias de acoso sexual.

—Lo que es rarísimo —explica Erin— es ya nadie me decía nada
por la calle. Cero comentarios. Cero acoso. Cuando llevaba la cabeza afeitada, los hombres me respetaban muchísimo. Era increíble. Porque no me veían como algo sexual. Ni siquiera estaba
en su «radar sexual». De repente todo el mundo me trataba como
a un ser humano.

Erin descubrió que la frontera entre que te acosen sexualmente
por la calle o no está en esos cinco o siete centímetros de largo de
tu pelo. Nada más. Ya han pasado algunos años desde que se afeitó
la cabeza y se despidió de su maquillaje. Erin ha vuelto a darles la
bienvenida a algunos cosméticos. También se ha dejado crecer el
pelo. Le pregunté sobre esa decisión.

—Me lo estoy dejando largo porque ya no tengo la sensación de
tener que estar tan a la defensiva —me respondió.

—¿Y vale la pena volver a tener melena? —me pregunté en voz alta.

Erin se quedó pensando.

—Yo todavía me hago esa pregunta, desde luego.

Vivimos en un mundo extraño, donde cinco centímetros de pelo pueden cambiar radicalmente la experiencia de una mujer. Pero esto concuerda con todo lo que sabemos sobre la objetificación. Cuanto más fácilmente se te pueda identificar como mujer, más objetificada serás. Cuanto más se te objetifique, tu cuerpo te parecerá más una pieza de museo y menos tu hogar, el lugar en el que vives.

¿La objetificación es siempre un problema?

En este momento puede que te preguntes: «¿Y qué problema hay si los hombres miran a las mujeres y de vez en cuando lo expresan?». Pues claro que los hombres heterosexuales se sienten atraídos por las mujeres con encanto. ¿Por qué no van a reflejar esa atracción a través de su mirada y sus palabras? O puede que pienses que a veces es agradable sentir que alguien aprecia el aspecto de tu cuerpo. ¿Qué tiene de malo?

Aquí hay dos ideas que merecen ser exploradas. La primera es que muchas mujeres, al menos en algunas circunstancias, se sienten halagadas por algunos tipos de atención que podríamos decir que es objetificación. Hay momentos en los que queremos que otros miren nuestros cuerpos y los aprecien. La segunda es la noción, a menudo citada, de que la objetificación es algo común pero que no tiene ningún impacto significativo en las vidas de las mujeres. Es fácil responder a este último argumento. Las consecuencias negativas de la objetificación de las mujeres están bien documentadas. La objetificación alimenta la enfermedad de la belleza de muchísimas formas. Pero trataré estos resultados en los siguientes capítulos. Por ahora vamos a abordar la primera idea, que es más compleja.

¿Cómo conciliamos la rabia que muchas mujeres sienten cuando les sueltan piropos indeseados por la calle y, por el otro lado, el subidón de autoestima que a veces acompaña a los cumplidos de un desconocido sobre nuestro cuerpo? ¿Por qué un comentario puede ser correcto y otro resultar amenazador o, al menos, incómodo?

Interesados por encontrar la respuesta a estas preguntas, en mi laboratorio llevamos a cabo un estudio en el que preguntamos a varias mujeres cómo se sentirían en distintas situaciones de objetificación. El contexto en el que sucedían iba cambiando. En un caso, tenían que imaginar que su pareja sentimental era quien miraba fijamente su cuerpo. En otros, era un desconocido. En algunos casos les describíamos una situación en la que un extraño les lanzaba un comentario sexual sobre su cuerpo, pero en algunos casos iban acompañadas y en otros caminaban solas. No resulta sorprendente que las mujeres expresaran reacciones emocionales especialmente negativas cuando los que las objetificaban eran desconocidos, y más si estaban solas cuando todo sucedía. Tiene sentido; les preocupa su seguridad. Aun así, aunque estas jóvenes afirmaban que el hecho de que los desconocidos les lanzaran piropos era una experiencia generalmente negativa, algunas admitían que también experimentaban ciertos sentimientos positivos.

Las experiencias de Sofía coinciden con los resultados de nuestra investigación. Ella reconoce que estos piropos tienen efectos negativos y positivos. Pueden hacer que te sientas guapa, pero también pueden asustarte, en especial si los comentarios se centran en actos sexuales o partes concretas de tu cuerpo. En algunas ocasiones, describe que estas situaciones la hacen sentirse como «si fuera una parte, no una persona». Otras veces, un «¡Guapa!» le alegra el día. Mentalmente responde «Pues claro que sí, ¡qué guapa estoy!».

La humorista Melanie LaForce capturó la complejidad de estos sentimientos en una de sus piezas recientes publicadas en *Thought*

Catalog,[4] donde escribió lo siguiente: «Cualquier persona que en algún punto se haya sentido poco atractiva puede apreciar sentirse atractiva. Desde luego, hay una diferencia entre sentir que un hombre te ve atractiva y tener la sensación de que te ve como a una hamburguesa ligerita de ropa, pero ambas cosas son parte de un mismo espectro. A algunas nos gustan estos momentos de hamburguesa, Y NO QUIERO QUE ME QUITÉIS MI HAMBURGUESA». La metáfora de la hamburguesa es perfecta en algunos sentidos. Una hamburguesa puede ser perfecta, pero demasiadas hamburguesas a lo largo del tiempo pueden tener un efecto acumulativo que acabará por amenazar tu salud. Algunas hamburguesas son deliciosas, pero con otras te puede doler la barriga. Pero nadie quiere una hamburguesa cuando han pedido otro plato, o cuando no han pedido ningún plato. Del mismo modo, a ninguna mujer le gusta que la traten como a un trozo de carne cuando lo que ella realmente busca es respeto, o comprensión, o que simplemente la dejen tranquila.

Pero hay algunas situaciones donde puede que algunas mujeres le den la bienvenida a la objetificación. Por ejemplo, un grupo de mujeres se están arreglando para salir hacia una fiesta con sus amigos o ir de copas. Ese ritual social a menudo implica crear de forma deliberada un aspecto que invita a los demás a mirarte de un modo sexual. Cuando era una veinteañera, mis amigas y yo hablábamos de «ropa para salir». No era ningún código secreto. Todas sabíamos lo que era la ropa para salir. Eran prendas más cortas de lo que normalmente nos pondríamos. O más ceñidas. O más escotadas. Eran prendas diseñadas para atraer la mirada de los demás. Que te miren de esa forma te puede hacer sentir sexi. Puede hacer que te sientas poderosa. Puede hacer que te diviertas. Pero recordemos que, en la objetificación, no todo es blanco o negro. Es un espectro continuo. Que te sientas bien en un punto del espectro no implica que no haya un punto donde te empieces a sentir incómoda o asustada. Y, lo que es más importante aún, aunque te sientas cómoda con algunos tipos de objetificación en algunas situaciones, eso no implica que no tenga un efecto negativo sobre ti. El hecho de decidir si queremos esa atención nos hace sentir poderosas. Pero, aunque podamos decidir mostrarnos como objetos sexuales en ocasiones, eso no implica que podamos evitar las consecuencias que se van acumulando cuantas más experiencias de este tipo tengamos. Y tener esta capacidad de decisión para mostrarnos de forma objetificada en ocasiones no nos sirve como protección ante todas esas veces en las que no se nos da la opción de decidir.

Invertir demasiado en tu propio atractivo puede dejarte increíblemente vulnerable ante las evaluaciones negativas de tu aspecto. Debemos ser sinceras sobre el hecho de que saber que nuestro aspecto físico está sometido a una evaluación constante puede hacernos sentir rehenes de las opiniones de los demás sobre nuestra apariencia. Por algo será que a las mujeres les duele mucho más que las tilden de feas que cualquier otro tipo de insulto.

Erin recuerda una ocasión en la que la acosaron en el metro. Un hombre le repetía incesantemente lo sexi que era. Erin le dijo que no estaba interesada. Le pidió «que la dejara en paz». Pero también se negó a irse a otro vagón. No quería tener que ceder su sitio. Durante el resto del viaje tuvo que aguantar a ese hombre diciéndole cosas como «Eres una zorra feísima. Pero fea, fea de cojones. No me puedo creer que estuviera hablando con un puto cardo como tú». La ironía de esta situación no es demasiado sutil. Un hombre se te acerca porque le pareces atractiva. Y cuando rechazas sus avances, te llama fea.

Si educas a las mujeres en la creencia de que lo más importante que tienen es su aspecto, por supuesto que los hombres —y las mujeres— saben cómo atacar donde más duele, donde pueden causar el mayor daño psicológico. Erin lo explica muy bien:

—Ahí es donde más daño haces, porque eso es lo más importante para nosotras. «Eres fea». Es el peor cuchillo que le puedes clavar a una mujer.

El punto de vista de Erin es idéntico al de Leigh, nuestra amiga de siete años. Incluso Leigh ya sabía que lo peor que le puedes decir a una mujer es que es gorda y fea. No es ninguna coincidencia que cuando las mujeres dicen cosas que a los hombres no les gustan, la respuesta no suele ser una crítica a sus ideas, sino a su aspecto físico. Este es el resultado lógico de ver a las mujeres como objetos en vez de como seres humanos.

Lo que pasa si eres siempre «la hamburguesa»

No es realista pensar que podemos vivir en un mundo donde el aspecto no importa. Hay momentos en los que la objetificación puede parecernos apetecible, y puede que nos sintamos poderosas cuando podemos usar nuestros cuerpos para ganarnos la atención y admiración de los demás. Pero la sensación de estar en un escaparate constantemente influye en la psicología de chicas y mujeres. Ser «la hamburguesa» a menudo tiene un coste, incluso aunque nos guste la idea de ser la hamburguesa de vez en cuando. Si los demás están constantemente centrados en nuestro aspecto físico, acabaremos por hacer nosotras lo mismo.

Imagínate que eres un villano malvadísimo que odia a las mujeres y que estás intentando desarrollar una estrategia para evitar que las chicas jóvenes alcancen todo su potencial. Pero necesitas una estrategia sutil, una forma de que parezca que las mujeres están eligiendo libremente caer en desgracia.

Solo tienes que seguir estos dos pasos. Primero, evalúa los cuerpos de las mujeres con una intensidad tan incesante que se sientan que están en un escaparate en todo momento. Después, relájate y espera a que las jóvenes interioricen esta perspectiva y aprendan a pensar en sí mismas como cosas a las que mirar en vez de como seres humanos completos, con objetivos y sueños que no tienen nada que ver con el tamaño de su cintura o la forma de sus pechos. Estos dos simples pasos provocarán esa voz de fondo que oyen tantas mujeres en sus cabezas y que está demasiado ocupada en preguntarse «¿Estoy guapa?» en vez de hacerse preguntas más importantes. Esa voz es la voz de la enfermedad de la belleza. Cuanto más la oyes, más empiezas a sentir que tu cuerpo es algo que existe por y para los demás en vez de ser el hogar en el que vives.

Por supuesto, no hay ningún supervillano que haya orquestado toda esta situación. No todo es blanco o negro, y no ganan unos y pierden los otros. Muchas mujeres están ocupadas haciéndose muchas preguntas importantes. Pero si miramos a nuestro alrededor, parece que estos dos pasos que hemos visto anteriormente se han implementado con bastante éxito.

Esto es el quid de la cuestión de un mundo que deja tan fácilmente a un lado la humanidad de las mujeres para centrarse en su aspecto. Las batallas de Erin con la enfermedad de la belleza evolucionaron de una forma radicalmente distinta a las de Artemis y Gabrielle. Aun así, todas estas mujeres son soldados en la misma guerra. Todas intentan encontrar una forma de vivir en sus cuerpos sin odiarlos, de ser parte de una cultura sin dejarse controlar por ella, y de tener la libertad de alejarse un paso del espejo y pasar más tiempo pensando en ser otras cosas que no sean estar delgada y guapa.

DOS

Esto es lo que la enfermedad de la belleza les hace a las mujeres

4

Tu mente en tu cuerpo
y tu cuerpo en tu mente

QUEDÉ CON ANA* en un Starbucks de un barrio residencial el verano después de que acabara su primer año de instituto. Su padre la llevó en coche y firmó una autorización para entrevistar a Ana, y después nos dejó solas en nuestra mesita en medio de un mar de hombres trajeados. Ana se identifica como latina multirracial, pero antes de conocerla todo el mundo asume que es blanca. Es más bien bajita, de constitución menuda, pero resulta imponente debido a una madurez y compostura poco usuales para su edad. Hace poco que Ana se tiñó el pelo de rosa chillón. Claramente complacida con el resultado, describe su peinado como «de un rollo que intimida», lo que la hace sentirse más atrevida.

Ana y yo no nos conocíamos antes de quedar en ese Starbucks. El nuevo curso escolar estaba a la vuelta de la esquina, así que intenté empezar nuestra conversación preguntándole a Ana si había pensado en qué se iba a poner en su primer día de clase. Me frunció el ceño. Tuve la sensación de que si Ana hubiera sido menos educada, habría puesto los ojos en blanco y me habría soltado algo como «Perdona, pero la verdad es que tampoco es que planee estas cosas por adelantado, ¿sabes?».

En vez de ello, me explicó que su estilo va con su estado de ánimo cada día, así que es una pérdida de tiempo planificar con antelación.

Pero sí que pasa mucho tiempo pensando en su estilo y en cómo se presenta al mundo. A Ana le apasiona la moda y le encanta experimentar con el maquillaje. Mira a menudo tutoriales de YouTube sobre nuevas técnicas de maquillaje y las practica con ella misma y con sus amigas. El día en que la conocí llevaba un maquillaje tan atrevido como su pelo. Le daba un toque cortante y escéptico.

Ana, a sus quince años, se define como feminista. Es muy precoz intelectualmente y de vez en cuando utiliza palabras como «opresión». También tiene una actitud inusualmente sana hacia su propio cuerpo para lo joven que es.

—Hay como una idea de lo que tiene que ser el cuerpo perfecto, pero eso no tiene por qué ser el cuerpo que yo quiero. Yo pienso que decir que quieres elegir tener un cuerpo perfecto es como... Pues como que desprecias tu propio cuerpo —me explica.

Ya he escuchado a otras mujeres decir cosas positivas de su cuerpo por el mismo estilo, pero no siempre estoy convencida. A menudo, cuando oigo esas opiniones, me suenan algo forzadas, como si dijeran más bien cómo les gustaría sentirse en vez de cómo se sienten realmente. Pero parece que Ana lo dice de verdad. Yo la creo. Y estoy muy contenta por ella. Hablar con una chica joven que se siente cómoda en su propia piel es un soplo de aire fresco.

A pesar de su confianza, Ana sigue encontrándose de vez en cuando en la cuerda floja de la belleza. Admite que le preocupa lo que los demás piensan sobre su aspecto, aunque le gustaría que eso no fuera así. El otro día se dio cuenta de que estaba pensando en que no debería salir de casa sin hacerse las cejas.

—¿Los demás te verían de otra manera si no te hicieras las cejas? —le pregunté—. ¿Tú qué crees?

Ana soltó una carcajada y respondió, con tono teatral:

—Bueno, desde un punto de vista técnico, ¡las cejas son lo que enmarca tu cara!

Me alegra que pueda encontrarle el humor a lo absurdo. Si vas a estar atada a unos ideales de belleza rígidos, reaccionar con una risa es probablemente bastante mejor que hacerlo con lágrimas.

Incluso aunque a Ana le encanta la moda y se divierte tiñéndose el pelo de los colores del arco iris, le preocupa que su aspecto sea lo que la defina. No quiere ser «una chica de esas». Ana es consciente de que hay una tierra de nadie entre las prácticas de belleza diseñadas para expresar tu estilo y las que sientes que tienes que hacer para resultar aceptable a los demás. Me explicó lo difícil que es «saber si quieres llevar maquillaje porque quieres llevar maquillaje o si lo haces porque sientes que tienes que hacerlo».

Aunque Ana quiere creer que todos sus comportamientos respecto a la belleza son formas de expresarse que ella elige libremente, también se pregunta si es posible tener clara la diferencia entre intentar verte guapa para ti misma en vez de para los demás. ¿Cómo sabes tú que tu idea de lo que es estar guapa es realmente tuya, si esa idea nunca se habría podido desarrollar sin la influencia de tu cultura enferma de belleza? Quizá el pelo rosa de Ana es una declaración de individualidad y confianza en sí misma. O quizá es un dedo corazón a los ideales de belleza populares. Pero Ana reconoce que también puede ser algo que, al fin y al cabo, atrae más atención de los demás hacia su aspecto y apariencia, y que provoca más comentarios.

Ana no quiere vivir en un mundo donde la gente se fija más en su aspecto que en lo que ella dice, pero teme que ese sea el caso.

—Es esa idea de que las mujeres somos como, bueno, pues como objetos. Y si no somos guapas ni bellas, ¿para qué vamos a servir? Es una forma terrible de pensar, pero de todos modos todo el mundo sigue exigiéndonos que estemos guapas en todo momento. —Y ahí es donde Ana da en el clavo. Inclina la cabeza a un lado, deja su bebida en la mesa y me mira a los ojos—. Me preocupa mucho. Me preocupa que yo misma me fije más en mi aspecto que en lo que digo.

Convertirte en tu propia supervisora

Lo que Ana describe se llama «autoobjetificación». Tanto las mujeres como las chicas jóvenes aprenden rápidamente que su aspecto requerirá y atraerá una atención casi ininterrumpida. Con el paso del tiempo, empezamos a interiorizar este hecho de que los demás nos están observando constantemente, o que pueden hacerlo en cualquier momento. Si otras personas examinan constantemente cómo te ves, al final terminarás por encargarte tú misma de hacerlo. Te conviertes en la observadora más exigente de tu aspecto físico y analizas constantemente tu propio cuerpo. Por este motivo, la autoobjetificación también podría describirse como una *vigilancia* o un *análisis constante* del aspecto físico.

La autoobjetificación es algo que nos va quitando trocitos de nuestra atención para que podamos controlar constantemente cómo estar más guapas para los demás. *¿Tengo que meter barriga? ¿Voy marcando mucho con estos pantalones? ¿Se me ve el grano de la barbilla? ¿Llevo el pelo bien?* Tener un monólogo interno no tiene nada de malo o de enfermizo. Es una característica importante de la conciencia humana. Pero intentemos ponerlo en contexto e imaginemos otros tipos de preguntas que podríamos hacernos como parte de un monólogo interno. *¿Estoy tomando la mejor decisión? ¿Qué soy capaz de aprender hoy? ¿Cómo me siento? ¿Qué necesito? ¿Qué necesitan las personas que me rodean?*

Recordemos que aquí hemos subido un escalón más: hemos pasado de una cultura que nos recuerda que nuestro aspecto está siendo observado a que ahora somos nosotras quienes analizamos constantemente nuestro propio cuerpo. Cuando explico lo que es el análisis constante del propio cuerpo a las mujeres, suelo poner el ejemplo de un espejo de cuerpo completo. Pongámonos en la situación. Estamos fijándonos en cómo nos queda la ropa, en el aspecto de nuestra piel, en si llevamos el pelo como nos gusta. La autoobjetificación es lo que pasa cuando actuamos como si siguiéramos delante de un espejo aunque ya no lo estemos. Sigue ahí, en nuestra mente. Porque mientras vamos paseándonos por ahí, nos sentamos en una mesa o estamos escuchando una conferencia, una parte de nuestra conciencia sigue analizando nuestro aspecto. Cuando estamos dando una presentación delante de un grupo, una parte de nosotras está sentada en primera fila, mirándote de arriba abajo, decidiendo si te ves bien. Independientemente de lo que estemos diciendo realmente. ¿Quizá llevas la falda demasiado ajustada? ¿Te has manchado los dientes con el pintalabios?

En Style.com reflejaron a la perfección —quizá sin hacerlo a propósito— esta idea de la autoobjetificación crónica en una campaña llamada «Runways Are Everywhere». Las imágenes de la campaña mostraban a varias modelos pavoneándose por diversos sitios cotidianos. Una imagen que recibió muchas críticas muestra a una modelo que no lleva nada más que un bikini y que está posando, atrevida, en una lavandería, al lado de una hilera de lavadoras. Piensa en el mensaje que transmite esa imagen. Como mujer, aunque estés tan tranquila en la lavandería, deberías asumir que tu aspecto está sometido al escrutinio público. Cada momento es un concurso de belleza.

Hasta cierto punto, la autoobjetificación puede actuar como un rasgo de personalidad, relativamente estable en las distintas situaciones. Algunas personas tienen más tendencia a la autoobjetificación que otras. Independientemente de cuál sea el contexto, de con quién estén o de cómo se sientan, están analizando constantemente su propio aspecto físico. Los investigadores de la Universidad de Wisconsin crearon un sistema de medición para este tipo de autoobjetificación con frases como «Durante el día, pienso en cómo me veo varias veces» y «A menudo me preocupo de si la ropa que llevo me queda bien».[1] Probablemente conocerás a personas que se mostrarán muy de acuerdo con estas frases; puede que tú seas una de ellas. Pero incluso alguien que no tienda a tener estos altos niveles diarios de análisis constante de su propio cuerpo puede sentirse empujado hacia la autoobjetificación en determinados contextos. Al ojear la portada de una revista o a partir del comentario de un compañero. No hace falta demasiado para que se materialice ese espejo mental.

Todavía recuerdo una de las primeras evaluaciones que recibí por mi trabajo como profesora, con mis veinticuatro años y cursando un posgrado. Enseñar era mi pasión y estaba nerviosísima ante los comentarios de mis alumnos sobre cómo lo había hecho. Quería que mis clases y mi persona les gustaran tanto a mis alumnos como a mí me había gustado hacerles de profesora. Ya hace mucho que he olvidado la mayoría de los comentarios de esas evaluaciones, pero sigue habiendo uno que parece que no voy a poder olvidar nunca: «Deberías ponerte más esa falda azul. Te queda muy bien». El comentario me dejó anonadada. Las evaluaciones eran anónimas, pero no pude evitar repasar mentalmente la lista de alumnos de esa clase e intentar adivinar quién se había dedicado a comentar mi falda en vez de mi forma de dar clase. ¿Se puede saber quién estaría pensando en mis piernas mientras yo estaba concentrada en la mejor manera de enseñar psicología? Lo peor de la situación es que la clase era «La psicología del género». Tuve la sensación de que debía de haber hecho algo mal como profesora si, tras un semestre entero abordando los matices del género, uno o una de mis estudiantes seguía pensando que un comentario así era aceptable.

Ese comentario todavía me molesta hoy en día, a pesar de que he recibido miles de evaluaciones de otros estudiantes desde entonces. Me acuerdo perfectamente de la falda en cuestión. Era de pana, azul oscuro. La llevaba con unas medias negras y botas. Ese único comentario tuvo un efecto que siguió influyendo en mi forma de enseñar durante el semestre siguiente, e incluso puede que después. Me sentía «observada» de un modo distinto a antes de leer ese comentario. Estaba descolocada. Cuando les hablé a los hombres de mi departamento de ese comentario le restaron importancia.

—Solo es un cumplido —me dijeron—. ¿Qué problema hay?

Pero la verdad, yo no tenía la sensación de que fuera un cumplido. A mi parecer, ese alumno o alumna podría haber escrito directamente «Te respeto tan poco como profesora que no voy ni a comentar nada sobre tu forma de enseñar; me limitaré a hacer una referencia a tu armario y a la forma de tu cuerpo»; el resultado habría sido el mismo.

No quería que mis alumnos se pusieran a pensar en mi cuerpo mientras enseñaba, pero ese no era el problema más serio. Lo más importante era que yo no quería estar pensando en mi cuerpo mientras estaba enseñando. Tengo una capacidad de atención limitada cuando estoy delante de una clase. No me interesa destinar ni una pizca de esa atención a analizar qué aspecto tiene mi cuerpo en cada momento. El problema de tener el cuerpo en mente es que dejas de pensar en otras cosas.

En su obra *Shrinking Women*, una pieza galardonada que presentó a un recital de poesía, la estudiante universitaria Lily Myers hablaba de su propio análisis constante de su cuerpo. En una descripción poética absolutamente fascinante de cómo aprendió que ser una mujer implica aprender a centrarte en cómo te ves, decía lo siguiente: «No sé qué requisitos tiene la carrera de Sociología porque me pasé toda la reunión informativa decidiendo si podía comerme otro trozo de pizza o no».

La enfermedad de la belleza te corroe la mente

Rebecca* y yo nos pusimos en contacto a través de una persona que asistió a mis clases y que me recomendó que la entrevistara.

Rebecca, una enfermera de veintisiete años, accedió a quedar conmigo en una pequeña cafetería muy *hipster* que quedaba cerca del hospital de Baltimore donde trabaja. Rebecca trabaja principalmente con pacientes de psiquiatría, así que para ella era un poco raro que se hubieran invertido los papeles y que ahora le tocara hablar en vez de escuchar. Pero no le costó nada sentirse cómoda y ambas monopolizamos nuestra mesa de la cafetería durante las casi dos horas en que Rebecca estuvo contándome su historia.

La enfermedad de la belleza estuvo relativamente ausente en la infancia de Rebecca.

—¿Tienes la sensación de que te gustaba tu aspecto cuando eras una niña? —le pregunté.

Rebecca se detuvo a pensar durante un momento, rebuscando entre los recuerdos de su memoria.

—Pues no creo que pensara demasiado en eso. No recuerdo estar pensando en qué aspecto tenía, ni en mi cara ni en general. No pensaba tampoco en la ropa que me ponía.

—¿Y qué ropa te ponías?

Rebecca sonrió.

—Pues lo que mi madre me dijera. No sé, ¿unas mallas y una sudadera del Rey León, por ejemplo?

La sonrisa de Rebecca era tan contagiosa que no puedo evitar sonreír yo también mientras escribo y recuerdo ese momento. Me imagino a Rebecca de pequeña, con su sudadera del Rey León que le llega hasta las rodillas, despreocupada y feliz. Pero la sonrisa de Rebecca se desvaneció rápidamente. Ese periodo de su infancia en el que su aspecto no tenía ninguna importancia parece demasiado breve comparado con los años que se pasó sufriendo. Para cuando empezó secundaria, Rebecca empezó a comparar cada vez más su aspecto con el de las demás chicas; no paraba de pensar en eso.

—¿Por qué crees que hubo ese cambio? —le pregunté—. ¿Por qué empezaste a centrarte en tu aspecto?

Todo empezó con los dientes: le crecieron sin orden ni concierto y pedían una ortodoncia a gritos.

—Así que fui al dentista —rememora Rebecca— y me empezó a hablar de arreglarme los dientes para que me quedara una sonrisa de estrella de cine. Recuerdo que eso me hizo advertir el hecho de que yo podía tener un aspecto concreto. «¿Quién tiene una sonrisa que te gustaría tener?», me preguntó el dentista. Había una chica de la escuela que me parecía muy bonita, así que le dije que quería tener una sonrisa como la de ella.

Rebecca tuvo un desarrollo más tardío. Fue la última en comprarse un sujetador, en depilarse las piernas y en «arreglarse el pelo». Tenía la sensación de ir a la cola en una carrera, aunque en ese momento tampoco es que le interesara demasiado participar en ella. Me describió cómo se sintió durante ese tiempo.

—Pensaba que como todo el mundo hacía eso, yo me estaba quedando atrás y también tenía que hacerlo.

Aunque a Rebecca nunca le había interesado el maquillaje, vio que sus amigas se maquillaban y pensó: «Ah, bueno, como las demás lo llevan, supongo que eso es lo que hay que hacer». Si las demás parecían centrarse más en su aspecto que ella, entonces Rebecca asumía que, sencillamente, debería preocuparse más de su apariencia.

Pero lo que realmente marcó un antes y un después fue empezar a ir al instituto. Empezó a oír que los demás comentaban su apariencia, lo que hizo que sus pensamientos se centraran en su cuerpo. A veces esos comentarios eran sutiles, cosas que oía decir a los demás. Otras veces eran cosas absurdamente «oficiales» y abiertas, como una vez en la que su novio de aquel entonces le contó algo que habían hecho sus compañeros de equipo.

—Se ve que habían creado a la chica perfecta a partir de las partes de cada chica que les parecía que era la mejor en cada categoría. La cara de esa chica es la más bonita, los pechos de esta son los mejores. Y me dijo que yo era la que había ganado el premio al mejor torso, es decir, el abdomen y el trasero.

Yo no pude evitar mostrar mi evidente disgusto.

—¿Y qué pensaste cuando te dijo eso? —le pregunté.

Rebecca es sorprendentemente sincera sobre la mezcla de sensaciones que la invadió.

—Me sentí halagada pero, a la vez, la idea me daba un poco de asco. Y el entrenador, que también era un chico joven, preguntó quién creían que sería la más guapa en el futuro y me eligieron a mí. Algo así como «Esta es la que mejorará más con el tiempo», o por el estilo.

—¿Y cómo te sentiste al saber que había un grupo de chicos que hablaban del aspecto que tenías?

Rebecca pensó que quizá ese tipo de comportamiento era algo normal. Se dijo a sí misma: «Vale, los chicos hablan de esas cosas».

—Yo creo que ahí es donde empecé a tener pensamientos sobre mí misma. Mi cara, mi cuerpo... Ahí es donde empecé a preocuparme.

Lo que Rebecca describe es un patrón clásico. Cuanto más sientes que los demás se fijan en tu cuerpo, más consciente eres de qué aspecto tienes ante los demás. Cuanto más se preocupan por las apariencias las personas que te rodean, más sientes que tú deberías hacer lo mismo. El cuerpo de Rebecca se convirtió en una colección de partes sometidas a la evaluación de los demás. Eso la llevó a pasar más tiempo haciendo ese tipo de análisis de sí misma. La objetificación se convirtió en autoobjetificación.

Aunque nos guste creer que dominamos la multitarea a la perfección, la verdad es que no es así. Si tu atención se dirige hacia tu aspecto, dejarás de prestársela a otras cosas. Rebecca lo sabe bien porque durante su adolescencia y tras bien entrada la veintena, una proporción significativa de su energía mental estaba dirigida a llevar cuenta con precisión milimétrica de lo que comía y de los ejercicios que hacía. Todo empezó a partir de sus clases de salud en su primer año de instituto.

Rebecca participaba en competiciones de natación; era una nadadora rápida y fuerte, con un cuerpo alto y musculoso. Los problemas empezaron cuando, como a muchos otros estudiantes del país, a Rebecca le midieron su porcentaje de grasa corporal como parte de la clase de salud. Los resultados indicaban que Rebecca estaba en la categoría «obesa». En esa misma clase, Rebecca aprendió que la cantidad «adecuada» de ingesta diaria era de 2.000 calorías. Nadie le contó que los atletas que participan en competiciones —y especialmente los nadadores— necesitan muchas más calorías. Nadie le dijo que esos tipos de pruebas de grasa corporal son muy poco precisos, especialmente para atletas. Y desde luego, nadie le enseñó a dudar de la validez de las categorías que se suelen usar para describir los distintos IMC.

Así que Rebecca empezó a preocuparse. En lo referente a su cuerpo, las cosas no acababan de cuadrarle del todo. Empezó a echar cada vez más y más cuentas: añadía ejercicio, restaba comida, contaba calorías y llevaba encima una libreta donde iba apuntando sus objetivos de alimentación. Su mente se convirtió en una hoja de cálculo donde las cantidades se actualizaban constantemente a medida que transcurrían sus días.

Cuando le pedí a Rebecca que me diera una estimación del espacio mental que ocupaba esa hoja de cálculo, la propia pregunta ya la sobrepasó. Solo recordarlo ya le implicaba un gran esfuerzo mental. Para poder darme un poco de contexto sobre lo inmersa que se encontraba en su hoja de cálculo mental, me describió una ocasión en la que vio a una mujer que tenía hábitos alimenticios normales.

—Me sentía como fascinada —empezó Rebecca—: «Pues vaya, solo come si tiene hambre, y si no tiene hambre, pues no come nada. Pero no porque no tenga que comer, sino porque no tiene hambre». Me picó la curiosidad. Y me dio envidia, porque me di cuenta de que ella no tenía ni que pensárselo.

—¿En qué crees que tu vida habría sido diferente si te hubieras sentido como esa chica? —le pregunté.

—Pues en que habría tenido más espacio mental —contesta Rebecca—. Como si hubiera tenido la mente mucho más libre para un montón de otras cosas.

Para Rebecca fue muy difícil dedicar su energía mental a cualquier otra cosa porque, como ella misma explica, «era una calculadora de calorías constante»:

—A lo largo del día iba mirando cómo subían y bajaban las calorías. De verdad, no podía evitarlo. Era como un vicio que no me podía quitar de encima.

Rebecca me contó una anécdota de cuando era adolescente y se fue de tiendas un día con su madre, que quería comprarse un bañador nuevo. La madre de Rebecca había ganado algunos kilos últimamente y le estaba costando encontrar un bañador que le gustara. Así, por encima, le comentó a Rebecca:

—Ay, es la primera vez en mi vida que siento que no me gusta mi cuerpo.

La cara de Rebecca reflejó una absoluta estupefacción con solo recordar ese comentario despreocupado que hizo su madre. Recuerda lo que le pasó por la cabeza:

—Yo me quedé pensando: «Increíble. ¿A los cuarenta? ¿A los cuarenta es la primera vez que te sientes descontenta con tu cuerpo? ¿Tanto has tardado?».

Todavía parecía asombrada por la situación; tenía una expresión de incredulidad pintada en la cara.

Es difícil no comparar las experiencias de Ana con las de Rebecca. Cuando le pregunté a Ana si le gustaba o no su cuerpo, repuso:

—Bueno, todos tenemos cosas que nos gustaría cambiar.

Pero después no se le ocurría nada específico que le gustaría que fuera de otra forma, cosa que me gustó oír. Ana dice que «tiene las cosas bastante controladas» en lo referente a su imagen corporal, pero que todavía se siente mal de vez en cuando tras ver imágenes mediáticas de cuerpos de mujer idealizados.

—¿Y qué haces cuando te sientes así? —le pregunté a Ana—. ¿Cómo te sacudes ese sentimiento de encima?

A diferencia de Rebecca, cuya respuesta ante las preocupaciones sobre su cuerpo fue catalogar y controlar todas las áreas que la desazonaban con extraordinaria dedicación, Ana dice que simplemente «se centra en otras cosas» cuando se siente mal.

—Parece una buena estrategia —le digo yo.

—Sí —asiente ella—. Sinceramente, tengo la sensación de que si me obsesiono con esos sentimientos, empeoran.

Ana tiene razón. Darle vueltas a nuestras ideas sobre nuestro propio cuerpo empeora cómo nos sentimos. El análisis constante de nuestro cuerpo tiene consecuencias desafortunadas para nuestras capacidades mentales. Es especialmente probable que interfiera con el rendimiento cognitivo si nos enfrentamos a una tarea complicada para la que tenemos que prestar toda nuestra atención. En otras palabras, en los momentos en los que necesitamos más concentración y centrar más nuestra atención es cuando este análisis de nuestro propio cuerpo tiene más posibilidades de alterarnos. Imaginemos las implicaciones que tiene esto para las mujeres y chicas en entornos de aprendizaje. ¿Cuánto se ven afectados los deberes, los exámenes y la capacidad de aprender cosas nuevas, importantes o emocionantes si estas chicas están distraídas por su evaluación constante de su propio cuerpo? Como describía Artemis, la chica de diecisiete años del capítulo 1, «Es como si tu mente estuviera partida en dos: una mitad se centra en tu cuerpo y la otra mitad, en las clases».

Varios investigadores han inducido a la autobjetificación en laboratorios pidiéndoles a varias mujeres que se probaran un traje de baño en privado, pero en una habitación con un espejo. Para la mayoría de las mujeres, el mismo acto de probarse un bañador fue suficiente para centrar su atención en la forma y el tamaño de su cuerpo. Pero, lo que es más importante, uno de estos estudios demostró que este sencillo acto de probarse un bañador provocó que obtuvieran puntuaciones más bajas en una prueba de matemática. El estudio recibió el acertado título *That Swimsuit Becomes You*, un juego de palabras en inglés entre «Qué bien te sienta el bañador» y «El bañador se ha convertido en ti misma».[2] En un estudio de bañadores distinto con el título *Body on my Mind*,[3] los investigadores descubrieron que las mujeres que se los probaron, de forma poco sorprendente, se sintieron avergonzadas de su propio cuerpo. Pero, incluso pasados diez minutos, tras haberse vuelto a vestir, seguían pensando en su cuerpo. Es fácil hacer que las mujeres empiecen a pensar en el aspecto de su cuerpo. En cuanto nuestra mente toma ese camino, es difícil cambiar el rumbo. En esos estudios nadie vio realmente a esas mujeres enfundadas en el traje de baño. Solo ellas se lo vieron puesto, pero fue suficiente.

La prueba de Stroop es un test que usan a menudo los investigadores en estudios centrados en los recursos mentales. No es complicada y las instrucciones son fáciles, pero para hacerla bien hay que concentrarse y dedicarle toda la atención. En esta prueba hay una larga lista de palabras y hay que identificar rápidamente, en voz alta, el color en el que están escritas. Parece muy fácil, y lo es, excepto cuando las palabras son nombres de colores que no coinciden con el color de la tinta. Por ejemplo, es muy fácil mirar la palabra «perro» escrita en morado y decir «morado». Pero la cosa se vuelve mucho más complicada si la palabra «amarillo» está escrita en color azul y tienes que decir «azul», porque nuestra mente querrá decir «amarillo». Sin querer, acabas leyendo la palabra. Hacer muchas de estas pruebas donde los colores y las palabras se contradicen es mentalmente agotador. Un estudio publicado en la revista *Psychology of Women Quarterly* demostró que, tras probarse un bañador, las mujeres sacan peores resultados en la prueba de Stroop, y esto se achacaba al hecho de que una porción de los recursos cognitivos se había desviado para dedicarla al análisis del cuerpo.[4]

Las mujeres que analizan su cuerpo constantemente parecen ser las más sensibles a este tipo de distracción mental y de la atención. Tiene mucho sentido. Pensémoslo así: si eres una persona que siempre está contenta, será bastante fácil hacerte reír con un chiste. Del mismo modo, si tiendes hacia el análisis constante de tu propio cuerpo, será fácil distraerte de cualquier cosa que estés haciendo y hacerte pensar en tu aspecto. Investigadores de la Universidad de Yale descubrieron que las mujeres que dedican muchos de sus recursos cognitivos al análisis constante de sus cuerpos también indicaban niveles más bajos de motivación y una confianza más baja en su capacidad para conseguir sus objetivos.[5] Si quieres que las jóvenes crezcan para poder marcar una diferencia en el mundo, esta confianza en su capacidad para lograrlo tiene un valor inestimable: es la creencia de que puedes conseguir lo que te propongas, de que podrás controlar tu propio comportamiento y dejar tu huella en el mundo que te rodea. No deberíamos tener que sacrificar nuestra concentración y atención, tan importantes, a cambio del análisis constante de nuestro propio cuerpo. Nuestras mentes tienen muchos sitios importantes en los que estar.

La ropa que te lleva puesta

Cuando tenía unos siete años de edad fui a una fiesta con mis padres. Me lo pasé muy bien: había pizza, helados y un montón de niños con los que jugar. Recuerdo que llevaba un vestidito morado que me había hecho mi abuela, con una blusa blanca con pliegues debajo. Cuando los demás empezaron a dar volteretas por el pasillo, yo salí corriendo alegremente hacia ellos para hacer lo mismo. Todavía puedo oír la voz del adulto que me llevó aparte y me dijo que no podía jugar así porque llevaba un vestido y tenía que portarme «como una señorita» porque «podría vérseme algo». Confundida y sintiéndome castigada, me senté en una silla yo sola, «como una señorita», mirando mientras los demás hacían cabriolas. Ese día aprendí una lección que aprenden muchas niñas pequeñas: que debemos asociar el «comportarse como señoritas» con sentarnos en los márgenes de la vida. Aprendí que tengo que prestar atención al modo en que los demás perciben mi cuerpo.

Este tipo de análisis disruptivo del cuerpo suele deberse a la tendencia de que las prendas para niña y mujer sean más restrictivas que la ropa para niño y hombre. Puede que una corbata sea incómoda, pero ni se acerca a lo restrictivos que son los tacones altos o las faldas de tubo.

Quizá este dato traicione que me hago mayor, pero una de las imágenes que siempre me viene a la cabeza cuando pienso en ropa que lleva a la autoobjetificación es la del famoso vestido verde que se puso Jennifer Lopez para los Grammy del 2000. No soy la única que recuerda ese vestido: cuenta con su propia página de Wikipedia y está expuesto en un museo de la moda. El traje, de Versace, tenía un pronunciado escote delantero en uve que le llegaba por debajo del ombligo y que a duras penas le cubría los pezones. Después de los Grammy se supo que Jennifer Lopez había utilizado cinta de doble cara —y un poco de buena suerte— para que el vestido no se le moviera durante la entrega de premios. Y yo todavía me pregunto: ¿recordará algo Jennifer Lopez de esa noche? ¿Se pudo centrar en los discursos, las actuaciones y en los amigos que la rodeaban? ¿Podía pensar en algo que no fuera comprobar si sus pechos todavía seguían estratégicamente tapados? ¿Y qué pasaba cuando se sentaba? ¿Tenía que meter barriga? ¿Es que puedes sentarte con un vestido así? ¿Cuánto debió de distraerla el hecho de llevar ese vestido?

Hace unos años yo estaba cenando en un pequeño restaurante italiano cerca de mi casa. Un grupo de unos diez adolescentes entró en el restaurante, vestidos de etiqueta. Por las fechas en las que estábamos, supuse que eran un grupo que había salido a cenar antes del baile de otoño que se celebra en los institutos de los Estados Unidos. No pude evitar fijarme en las chicas a medida que entraban y se sentaban. Estaban preciosas, de verdad. Pero llevaban unos vestidos increíblemente cortos. Tan cortos que me pregunté cómo iban a conseguir sentarse sin que el restaurante entero viera lo que no tenía que ver. Las mesas del restaurante no tenían mantel, así que no había manera de taparse una vez sentado. Estas jovencitas a duras penas pudieron probar la comida, porque tenían que estar todo el rato bajándose la falda del vestido. Las que llevaban vestidos palabra de honor tenían el doble de faena: tira de la falda del vestido abajo, súbete la parte de arriba. Come un bocado. Tira de la falda. Súbete el escote.

No hace falta que lleves un vestido palabra de honor o un escote hasta el ombligo para que la ropa que lleves te distraiga de lo que pasa a tu alrededor. Para las niñas, esta experiencia empieza sorprendentemente pronto. Tras observar varias clases de preescolar, un sociólogo de la Universidad de Míchigan advirtió que los vestidos interferían claramente con la movilidad de las niñas.[6] Pero no solo era una interferencia literal. Desde luego, un vestidito corto y con volantitos no te lo pone fácil para gatear por los túneles de juego de un parque. Pero más allá de este tipo concreto de interferencia, lo que puede restringir a las chicas incluso más es su conocimiento de cómo tienen que moverse cuando llevan vestidos o faldas. Saben que no deben levantar mucho las piernas, gatear por el suelo o poner los pies en alto. Los chicos no tienen ningún equivalente de «sentarse como una señorita». Este mismo investigador también advirtió que la ropa de las niñas a menudo las distraía de la actividad que estaban haciendo. Tenían que subirse las medias, tirar de ellas y ajustárselas. Los maestros intervenían más en el aspecto de las chicas que en el de los chicos: les arreglaban el pelo, les alisaban la ropa y les volvían a poner las cintas para el cabello.

Los investigadores de la Universidad Kenyon College han llevado a cabo un análisis detallado de docenas de disfraces populares para Halloween, de tarjetas del día de San Valentín y de figuras de acción dirigidas a niñas o niños.[7] Descubrieron que un 88 % de los personajes femeninos que se representaban en estos fragmentos de cultura popular llevaban puesta lo que los autores denominaban «ropa decorativa»: ropa que impide un movimiento activo. Solo un 13 % de los personajes masculinos llevaban ropa decorativa.

En 2014, Verizon lanzó un anuncio por Internet llamado *Inspire Her Mind*. En el vídeo se muestran diversas interacciones donde se ponen de manifiesto varias formas sutiles con las que los padres pueden hacer que las niñas pierdan su interés en el ámbito de la ciencia y la ingeniería. Una de las escenas del anuncio mostraba la forma en que se dice a las niñas —pero no a los niños— que no se ensucien cuando juegan. Aquí Verizon entendió una cosa muy importante. Cuando ataviamos a las niñas con esos vestiditos de muñeca, es más probable que les digamos que no se ensucien mientras juegan. Pero puede ser que a esa niña con ese vestidito le hubiera gustado examinar las plantas. O quizá hubiera querido investigar los insectos. Quizá habría podido reforzar habilidades motoras clave al gatear por debajo de algún obstáculo o al encaramarse para sortearlo. En vez de ello, está encadenada a su vestido con volantitos y tiene que centrarse en estar guapa ante los ojos de los demás. La forma en que vestimos a las niñas pequeñas puede ser el inicio de una tendencia de análisis constante del propio cuerpo que quizá le durará toda la vida. Ya a una edad muy temprana, las niñas aprenden que tienen que vigilar su apariencia y que el aspecto de su cuerpo con la ropa que llevan es más importante que el movimiento de su cuerpo con la ropa que llevan.

¿Acaso cambia este patrón cuando las niñas se convierten en mujeres? Muchas mujeres adultas no van gateando por los túneles de los parques. Y a las científicas nadie les dice «que no se ensucien la bata de laboratorio». Aun así, sigue habiendo algunos paralelos en la vida adulta. Deborah Rhode, autora de *The Beauty Bias*, nos habla de mujeres que son profesionales en sus campos y que llegan tarde a las reuniones porque han tenido que hacer cola para subirse a un taxi en vez de caminar. Puede que estas mujeres no lleven vestiditos de volantes que no deban ensuciarse, pero los tacones altos, que suponen una parte esencial del fondo de armario de una mujer profesional, a menudo hacen que ir andando a las reuniones se convierta en una empresa imposible.

Es más, incluso si esa mujer profesional llega a tiempo a la reunión, enfundada en sus tacones altos, todavía tiene que cruzar la recepción e ir por los pasillos con unos zapatos que hacen que caminar sea doloroso. Caminará más lentamente y con menos estabilidad que sus compañeros. Y, cuando llegue a la sala de conferencias, le dolerán los pies. Cada pocos minutos, el dolor que le sube por los dedos de los pies la distrae de la reunión durante unos instantes. Cambia de posición. Desconecta un momento de la reunión para arreglarse la falda y poner bien las piernas. Ya no estamos en preescolar. No hay ningún maestro que controle su aspecto ni que le ponga bien el vestido. Pero no pasa nada, ya se encarga ella misma de controlarlo. Tiene años y años de práctica. ¿Pero qué coste supone eso en su atención y sus pensamientos? ¿Qué coste representa para su salud psicológica? Estas son las preguntas que nos tenemos que hacer.

Mis estudiantes suelen burlarse de mí porque a menudo llevo pantalones de tipo cargo. Y es que no puedo evitarlo. Me encantan. Tienen tantos bolsillos y me dan tanta libertad de movimiento... Me han acusado de vestirme como Kim Possible, una heroína de Disney Channel, y he decidido que me lo tomaré como un cumplido, ya que se pasa el día de aventura en aventura. Hace algunos años yo estaba abriendo un paquete con unos pantalones de tipo cargo que me acababa de llegar de eBay y me puse a ensalzar en voz alta las virtudes de esta prenda. Uno de mis compañeros me oyó.

—Yo creo que las mujeres no deberían llevar estos pantalones —me dijo.

—¿Qué? ¿Por qué no? —le pregunté entre risas.

—Porque no —respondió—. No os quedan bien.

—¡Pero son muy cómodos! —contraataqué.

—Bah —replicó.

Yo soy una persona afortunada. Estoy en un trabajo donde puedo llevar puesto prácticamente lo que me apetezca. Nunca he llevado el equivalente adulto de un vestidito de volantes. Pero, como revela esta conversación con mi compañero, incluso en mi trabajo perfecto no puedo escapar de esta idea de que mi ropa debe basarse, hasta cierto punto, en si a los hombres les gusta o no. Eso sí, todavía llevo pantalones tipo cargo y, si me cruzo con ese compañero, le dedico una sonrisa de oreja a oreja.

La atención que prestamos a nuestros propios cuerpos está directamente relacionada con la moda femenina, igual que nuestra percepción de que tenemos que castigar a nuestros cuerpos para que adopten una forma aceptable. Como Joan Jacobs Brumberg explica en la brillante explicación histórica de su libro *The Body*

Project, a medida que la moda femenina se hacía más reveladora, hacía falta un control más intenso del cuerpo. En cuanto empezaron a mostrarse las piernas, estas tenían que tener un aspecto suave y sin pelo. A medida que la ropa se ceñía más al torso —no solo a la cintura—, todo el torso tenía que hacerse más delgado. Lo que parecía una mayor libertad en términos de ropa se convirtió, en realidad, en más restricciones. Sí, claro que puedes enseñar piernas y brazos. Puedes llevar tejanos. Pero ahora te tocará preocuparte del aspecto de tus brazos y piernas. Y ahora, esos tejanos que tanto te gustan marcarán la forma exacta de tu trasero. Tu libertad para llevar un bikini implica que tendrás que cuidar el tamaño de tus muslos.

Este análisis constante del cuerpo es un precio brutal que hay que pagar por la moda pero, como mujeres, lo pagamos constantemente y de docenas de formas distintas. No quiero que las chicas jóvenes se sientan avergonzadas de su cuerpo. No quiero que las llamen «guarras» cuando se pongan lo que los magnates de la industria de la moda han decidido que va a llevarse esa temporada. Deberían ponerse lo que les guste, con lo que se sientan cómodas. Pero ¿realmente se sienten cómodas? Deberíamos sentirnos con libertad de vestirnos como nos apetezca, pero también tener la libertad de estar en el presente, de vivir el momento. Si tenemos que estar analizándonos en todo momento, quiero que lo que analicemos sean nuestros pensamientos y sentimientos, nuestros deseos y objetivos, no nuestro aspecto.

Como ya he mencionado anteriormente, soy una persona con suerte en ese sentido. Tengo el privilegio de pasar la mayor parte de mi vida poniéndome exactamente la ropa que me apetece llevar. Muchas mujeres no tienen ese privilegio. Aun así, de vez en cuando me veo enfundada en unos zapatos que me aprietan pero ¡ay, son *tan monos*! O me veo embutida en un vestido que solo me queda bien si me siento bien tiesa y tengo los hombros rectos en todo momento.

Incluso cuando tenemos la sensación de que estamos eligiendo de forma consciente ropa que requiere este análisis constante de nuestro cuerpo, me pregunto realmente cuánta libertad tenemos en esa elección dentro de una cultura que prácticamente exige que las mujeres sean atractivas para que se las valore. En un mundo que se centrara más en lo que una mujer hace y no tanto en su aspecto, quizá acabaríamos por elegir otro atuendo muy distinto.

Preocuparnos por el aspecto de nuestro cuerpo limita cómo podemos usarlo

En un anuncio viral de la marca de higiene femenina Always, se preguntó a varias niñas y mujeres qué significa «correr como una chica». Sus reacciones me rompieron el corazón. «Correr como una chica», para ellas, implicó mostrar una falta de competencia física. «Correr como una chica» no significaba correr rápido o esforzándose al máximo. Lo importante era el aspecto que tienes al correr; otro ejemplo más de esta enseñanza que recibimos desde pequeñas de que las mujeres somos más decorativas que instrumentales. Me sentí agradecida por ese anuncio, porque llevó a debates muy interesantes sobre la desconexión que muchas chicas perciben entre la feminidad y la competencia corporal. La autoobjetificación es lo que impulsa esa desconexión. Del mismo modo que la prueba de Stroop es difícil cuando estás ocupado pensando en tu aspecto, cuando te centras en el aspecto de tu cuerpo es más complicado usarlo de forma efectiva.

La revista *Journal of Sport & Social Issues* publicó un test único sobre la relación que hay entre la preocupación por el propio cuerpo y cómo se usa para realizar una tarea. Los investigadores grabaron a varias chicas de entre diez y diecisiete años lanzando una pelota contra una pared lo más fuerte posible.[8] Más allá de los efectos previsibles de la edad y la práctica, las chicas con mayores niveles de autoobjetificación fueron las que lanzaron peor la pelota. Es difícil actuar si estás pensando en tu aspecto.

Cuando te autoobjetificas, adoptas un punto de vista externo sobre tu propio cuerpo. Parte del precio que pagas por ese punto de vista externo es la pérdida de la «conciencia interoceptiva». La conciencia interoceptiva es una sensibilidad natural hacia los estímulos provenientes de tu cuerpo y que te indican varias cosas como, por ejemplo, si tienes hambre, qué frecuencia cardíaca tienes o si tienes que descansar. Un estudio reciente de la Universidad Estatal de Kent[9] descubrió que, cuanto más se autoobjetifica una mujer, más complicado le resulta identificar estados internos con precisión como, por ejemplo, emociones, hambre o saciedad.

Rebecca, la nadadora, aprendió esta complicada lección de primera mano. Cuando estuvo trabajando como socorrista el verano después de su primer curso en el instituto, Rebecca tenía mucho tiempo libre y se dedicaba a leer la revista *Self* sentada al lado de la piscina. Ahora se da cuenta de que «nada de lo que hubiera en la revista *Self* se había escrito pensando en personas que nadan tres horas al día» pero, en aquel momento, se empapó de todos los consejos de dietética, ejercicio y belleza sin pensárselo dos veces. Cuando echa la mirada hacia el pasado, Rebecca dice que esa revista marcó el inicio de su «destrucción». Su hoja de cálculo mental se hizo más estricta y, además del entrenamiento que hacía como nadadora, empezó a salir a correr. Estaba en camino hacia una anorexia nerviosa; su aspecto era el de «un muñeco cabezón». Para el año siguiente, todavía estaba en el equipo de natación, pero las cosas no le iban demasiado bien.

Su rendimiento atlético estaba sufriendo a expensas de su obsesión con el peso.

—En mi primer año era muy buena nadadora; era muy rápida. Y después empecé a ser cada vez más lenta, así que me esforzaba todavía más, pero me iba peor. Yo pensaba que lo estaba haciendo todo bien. Entrenaba con todas mis fuerzas y tenía hábitos saludables. Seguía todas las reglas. Pero la idea de ganar peso me aterrorizaba. Cuando me dijeron que debería ganar algo de peso, yo reaccioné diciendo que no, que no, que eso era mala idea. Mala idea. Ganar peso es algo malo.

Yo no podía creer que los únicos consejos de dietética que recibió Rebecca vinieran de la revista *Self*.

—¿Y ningún entrenador o profesor de ciencias de la salud te habló de qué alimento necesitaba tu cuerpo para poder hacer deporte?

Rebecca respondió categóricamente.

—No, nunca.

Yo me pregunté cómo debía de haberse sentido Rebecca al entrenar tanto sin darle a su cuerpo el combustible suficiente. Rebecca me dijo que en aquella época le costaba analizar sus sentimientos.

—Era muy complicado entender qué pasaba, intentar desenredar tus sentimientos cuando estás entrenando con tanta intensidad todo el día —explicó—. Porque siempre estás cansada e irritada. Recuerdo que siempre tenía frío, mucho frío, siempre estaba mojada y fría.

Erin —la estudiante de arte del capítulo 3— también me habló de una relación directa entre la autoobjetificación y las limitaciones de lo que podía y no podía hacer con su cuerpo. Después de la pubertad se sentía dolorosamente consciente del aspecto de su cuerpo con cada movimiento. Sabía que le rebotaban los pechos y eso la avergonzaba muchísimo. Cuando ella y su hermana empezaron a vestirse como si fueran chicos para ocultar su cuerpo en desarrollo, Erin recuerda que esa decisión consiguió alargar un poquito más su infancia. Yo le pregunté qué había conseguido a cambio de decidir presentarse al mundo como si fuera un chico.

Erin sabe exactamente qué obtuvo: poder pensar más en lo que sí podía hacer su cuerpo.

—Me sentía más cómoda así, simplemente utilizando mi cuerpo. Mis brazos y piernas siempre iban por donde querían y yo era muy activa, como solo puedes ser cuando eres pequeño, cuando usas tu cuerpo con total libertad. Y seguí siendo así hasta que llegué al instituto y la sensación de sentirme fea se empezó a hacer cada día más fuerte, y terminé por no querer que nadie me viera.

—¿Y tú crees que los chicos siguen conservando esa libertad con su cuerpo? —le pregunté.

Erin menea la cabeza, enfadada.

—Es un tema del que hablo mucho con mis amigos. Es que, mira, solo tienes que mirar a un tío sentado en el tren. Les importa una mierda si su cuerpo ocupa demasiado, si invaden el espacio de los demás o te molestan, o si están tocándote. Les da igual. Y me dan una envidia...

No es que a Erin le apetezca ser una maleducada y no quiera dejar pasar a los demás cuando va por la calle, o que tenga ganas de ocupar dos asientos en un tren abarrotado. Simplemente, al ver estos comportamientos sentía que eran más pruebas de que su cuerpo era menos libre de lo que debería, y que las limitaciones que sentía tenían algo que ver con el hecho de ser mujer. Cuando entró en la veintena, Erin empezó a hacer krav magá, un tipo de autodefensa de alta intensidad física. En algunos aspectos, el krav magá le devolvió un poco de esa libertad corporal y la sensación de seguridad que había perdido después de la pubertad. La hizo sentirse una tía dura. Y quizá logró recuperar esa libertad, pero fue una libertad con un regusto de rabia y resentimiento.

Recuperar el espacio mental

Rebecca ya no sufre para recuperar su libertad corporal del mismo modo que Erin. Hoy en día, Rebecca nada por placer y para hacer ejercicio, y disfruta de esa libertad, de deslizar su cuerpo a través del agua. Pero todavía lucha para conseguir recuperar su espacio mental. Durante años y años, el contador mental de calorías de su mente absorbía una cantidad importante de su energía vital. Calculó que podía haber llegado a ser hasta de un ochenta por ciento en su punto álgido. ¿Y hoy en día?

—Un treinta o cuarenta por ciento —afirma. Después frunce el ceño y toma un sorbo de té—. No, un treinta —acaba decidiendo, con énfasis.

Rebecca me explicó que todavía no acaba de entender cómo sería recuperar todo ese espacio mental.

—Todavía lucho mucho con las comparaciones y me siento fascinada por las personas a las que les da igual la alimentación o el ejercicio.

—¿Cómo crees que son las vidas de las mujeres así? —le pregunté. Rebecca parecía triste al responder.

—Pues me imagino que mucho más libres, ¿sabes? Menos encajonadas en lo que tienen que hacer y lo que no. Yo ya estoy mejor, pero sigo preocupándome por esas cosas. Sigue siendo un tema que me ocupa bastante la mente.

Ahora las cosas le van mejor a Rebecca. Está felizmente casada con un hombre que la acepta y que la apoya. Su trabajo la llena y le gusta. Pero no tiene la sensación de que la batalla haya terminado, aunque haya recuperado algo de su espacio mental. Hasta cierto punto, su enfermedad de la belleza se ha limitado a cambiar de aspecto, pero se manifiesta inesperadamente de otras formas. Especialmente, y a pesar de ni siquiera haber cumplido los treinta, Rebecca piensa mucho en lo que supone envejecer y en cómo cambiará su aspecto físico. Rebecca aborda estos pensamientos con una mezcla de pánico y asco. Se le ve en la cara: no quiere pensar en eso, pero tampoco puede evitarlo. Casi parece que el universo le esté gastando una broma. Tras todos esos años de contar calorías como una loca, ahora su mente ha encontrado otra cosa de la que preocuparse. Ahora teme a las arrugas y a las canas. Si todas sus amigas deciden hacerse cirugía plástica para retardar los signos de la edad, ella se pregunta si será lo suficientemente fuerte como para no hacerlo también.

—Es como si estuviera empezando a vivir con este miedo. A veces me siento descontenta, pero entonces me doy cuenta de que puede que en ese momento mi cuerpo esté en su mejor punto, y que a partir de ese momento solo podré ir a peor. Y entonces, me pongo a pensar: «Si ahora mismo no me siento contenta con mi cuerpo, ¿cómo voy a estar durante el resto de mi vida?». La verdad es que no me apetece pensar en eso.

Ya he perdido la cuenta de la cantidad de mujeres que me han dicho cosas por el estilo. «¿Y si ahora es el mejor momento de mi cuerpo y ya solo puede ir a peor?». Cada vez que lo oigo me invade la rabia. La enfermedad de la belleza tiene el terrible poder de doblar sus apuestas: ataca a las mujeres que ya están preocupadas por su aspecto y les dice que, con la edad, no harán más que empeorar.

—Es muy interesante lo que dices, Rebecca, eso de que «¿Y si ahora es el mejor momento de mi cuerpo y ya solo puede ir a peor?». Yo pienso mucho en eso, en este mundo donde las mujeres llegamos a nuestro mejor momento y lo dejamos atrás tan jóvenes. Ni siquiera has llegado a cumplir los treinta años y ya te sientes como si fueras de mal en peor. ¿Y qué pasa? ¿Qué pasa si este es el mejor momento de tu cuerpo?

Rebecca dice que lucha mucho con la respuesta a esa pregunta.

—No quiero fijarme solo en mi aspecto exterior —empieza—. O sea, sí, es importante, pero a nivel de valores, no me parece que sea importante, así que me molesta mucho que empiece a obsesionarme.

—¿Y qué quieres que sea importante para ti a medida que te haces mayor? —le pregunto.

Rebecca se sienta bien recta.

—Mi carácter y mis relaciones con los demás. Mis valores, no mi aspecto.

Las convicciones de Ana, nuestra estudiante de instituto con el pelo rosa, están en la misma línea que las de Rebecca en lo referente a centrarse en el aspecto físico de las mujeres. Ana está muy enfadada con la cultura que nos rodea porque transmite el mensaje a las chicas de que «lo único por lo que valemos es por lo atractivo que es nuestro cuerpo o por lo guapas que estamos». Siente resentimiento por las fuerzas que empujan a las mujeres jóvenes a criticar el aspecto de otras mujeres. Me lo explica:

—Hay un ciclo de que, cuanto más juzgas a los demás, más juzgada te sientes y más centras tu atención en tu físico.

—¿Y piensas que algún día llegaremos a un punto donde no importe tanto qué aspecto tenemos?

Ana es realista.

—Pues espero que sí, pero hacen falta muchas cosas para cambiar lo que la sociedad considera que es importante y valioso.

No parece demasiado esperanzada.

A Ana le quedan tres años más de instituto por delante. Le pregunto si cree que será capaz de seguir fiel a sus valores durante todo el instituto, si cree que podrá «seguir siendo ella misma».

Me da una repuesta meditada y medida:

—Espero no cambiar en el sentido de no obsesionarme con tener un aspecto concreto para los demás. Espero seguir teniendo confianza en mí misma por mí, no por lo que opinen los demás.

Puede que sea imposible cuantificar la cantidad de recursos mentales que las mujeres perdemos por estar constantemente controlando nuestro cuerpo, pero no necesitamos un número exacto para saber que son demasiados. No podemos defender realmente lo que nos importa si nuestros pensamientos están atrapados en el espejo. Necesitamos recuperar algo de ese espacio mental para las cosas que nos importan más que la belleza.

5

Es una vergüenza

HACE ALGUNOS AÑOS estaba dando una presentación sobre la autoobjetificación en una sala llena de psicólogos. Yo estaba hablando de cómo la autoobjetificación lleva a que las mujeres se sientan más acomplejadas por su cuerpo, y qué podemos hacer para reducir esto. Un colega de profesión me interrumpió.

—Espera —me dijo—, quizá es una cosa buena que las mujeres se sientan avergonzadas por sus cuerpos. Quizá *deberías* sentirte mal por ganar peso. Eso quizá evitaría que realmente engordaras más.

He oído distintas variaciones de esta pregunta desde entonces, aunque pocas veces de una forma tan educada. Hace poco recibí un montón de correos electrónicos de personas enfadadas conmigo como respuesta a una página de opinión que escribí en el *New York Times* sobre la decisión de Facebook de eliminar su emoticono «Me siento gordo». Mis argumentos básicos fueron que hablar sobre sentirse o ser gordo y tratar de forma despectiva el cuerpo de alguien no son conductas positivas para las mujeres, y que nos equivocamos al asumir que avergonzar a los demás por el cuerpo que tienen puede motivarlos a adoptar comportamientos más saludables. Los autores de estos correos que despotricaban contra mí —todos hombres— me echaron la bronca por sugerir que hablar de forma despectiva del cuerpo de alguien es una mala idea. Defendían que sentirse avergonzado es un antídoto necesario a la epidemia de obesidad de hoy en día. Uno incluso llegó a sugerir que todas las chicas francesas son delgadas —cosa que, por cierto, no es verdad— porque la cultura francesa humilla a conciencia a las mujeres gordas. Otro propuso la idea de que el mismísimo futuro de los Estados Unidos dependía de que las mujeres siguieran acomplejadas por sus cuerpos. Al sugerir que las mujeres no deberían sentirse mal sobre sí mismas en todo momento, yo estaba poniendo al país entero en peligro, ¡literalmente! Eliminé todos esos correos electrónicos sin responder pero, si tuviera más paciencia y motivación para tratar con los troles que avergüenzan a las mujeres por su cuerpo, este capítulo sería mi respuesta a cada uno de ellos.

Ya hemos dejado claro que tener el aspecto físico presente en la mente puede interferir con tareas cognitivas o con nuestra forma de usar nuestro cuerpo. Pero la autoobjetificación también supone un duro golpe en el bienestar mental y emocional de mujeres y chicas, principalmente por el poder que tiene para llevarlas a avergonzarse de su cuerpo. El ciclo funciona así: primero te pones a pensar en tu aspecto físico lo que, a su vez, te lleva a pensar en el cuerpo ideal de las mujeres. ¿Y cómo no va a ser así, si la mayoría de nosotras vemos cientos de imágenes de este ideal cada día? En cuanto ese ideal se te mete en la mente, es difícil evitar compararlo con tu propio cuerpo. Y, como el ideal de belleza queda fuera del alcance de casi todas las mujeres, tras compararte seguramente terminarás en el bando de los perdedores. Esa derrota, la sensación de que tu aspecto no está donde *debería*, es lo que te lleva a avergonzarte de tu cuerpo. La enfermedad de la belleza se alimenta de tus complejos. Cuanto más énfasis pongas en tu aspecto físico, más tendencia a sentirte avergonzada por tu aspecto tendrás. Esto puede llevarte a un repugnante bucle psicológico que se retroalimenta, donde los complejos te llevan a pensar en tu aspecto físico y eso, a su vez, hace que te avergüences más de él.

La vergüenza es una emoción complicada. Es el sentimiento de no estar a la altura, de que tus imperfecciones han quedado expuestas ante los ojos críticos de los demás. Se entremezcla con las normas culturales y las expectativas sociales. Te deja sintiéndote muy cohibida y prestando extremada atención al modo en que los demás te ven. Vergüenza es lo que siente Gabrielle cuando sale de casa sin llevar maquillaje. Es lo que siente Artemis cuando se mira en el espejo de cuerpo completo de su habitación. Es lo que siente Sofía cuando los hombres de la calle le lanzan comentarios sobre el tamaño de su trasero. Si lo más importante que tienes que hacer en este mundo es complacer a los demás con tu aspecto físico y no estás a la altura, es un fracaso muy grave. La vergüenza que acompaña a esta sensación de fracaso puede devastar hasta a la mujer más fuerte.

A lo largo de sus vidas, las mujeres indican que cada vez sienten vergüenza de forma más frecuente y más aguda que los hombres. Y, cuando hablamos de la vergüenza por el cuerpo, esta diferencia se acrecienta todavía más. Investigadores de la Universidad de Wisconsin descubrieron que, para cuando cumplen trece años, los complejos físicos son comunes en las chicas y que ellas los experimentan a niveles significativamente más altos que los chicos.[1] Un estudio publicado en la revista *International Journal of Eating Disorders* demostró que, cuando las mujeres universitarias pasaban unos minutos viendo anuncios de revistas donde había imágenes idealizadas de las mujeres, sentían más vergüenza por su propio cuerpo.[2] Y este incremento se produjo incluso cuando el contenido de los anuncios no estaba directamente relacionado con la belleza. Solo ver una imagen del ideal de belleza femenino es suficiente para recordarle a una mujer que no está a la altura. Puede que solo haga falta que eche un vistazo.

Los complejos y la vergüenza no son lo mismo que la culpabilidad. La culpabilidad suele estar directamente relacionada con un comportamiento específico. Te hace intentar pedir disculpas, no querer desaparecer. A menudo puedes librarte del sentimiento de culpa cuando arreglas la situación. La vergüenza es algo más general; duele más y sale de lo más hondo. No es por algo que hayas hecho, sino por ser quien eres. Deshacernos de los complejos es muy difícil, y estos pueden abrirle la puerta a la ansiedad, la depresión y los desórdenes alimenticios.

Mary Katherine —aunque prefiere que la llamen M.K.— es una madre y ama de casa blanca de cuarenta y seis años. Conoce esta sensación de avergonzarse por su cuerpo como la palma de su mano. Sus años de lucha con la ansiedad, la depresión y la bulimia son un testigo del poder de la vergüenza para ir despojando a una mujer de su bienestar. Entrevisté a M.K. en su elegante casa de un barrio residencial, rodeadas de las fotos enmarcadas de sus cuatro hijos —dos de los cuales ya son un poco más mayores y estaban ya en la escuela—. Para darnos privacidad, el marido de M.K. se llevó a sus dos hijos más pequeños a otra habitación cuando yo llegué. Los alegres gritos de los niños, enfrascados en sus juegos, fueron la música de fondo de nuestra conversación.

Igual que Gabrielle, M.K. me había traído algunas imágenes para ilustrar mejor su relato sobre su experiencia con la enfermedad de la belleza. Poco después de arrellanarme en uno de sus cómodos sofás, me tendió un libro de recuerdos de su infancia. No era un álbum de fotos normal. En vez de ello, había una página para cada curso escolar. En cada una de ellas había un lugar para una imagen y unos espacios en blanco para apuntar algunos datos concretos. M.K. me explicó que, si miraba el libro, me sería muy fácil detectar dónde empezó a «tener problemas». Algunos de los datos que había que rellenar en cada página eran la edad y la altura.

La página de preescolar de M.K. era adorable, pero no había nada remarcable. Las cosas se empezaban a poner interesantes en la página de primero de primaria. Debajo de una imagen de una pequeña M.K. en un vestidito a topos blancos y rojos con mangas abullonadas, vi que el peso que alguien había apuntado en el recuadro correspondiente era de 22 kilos. Pero, en algún momento, la joven M.K. había intentado, sin demasiado éxito, borrar los 22 kilos y convertirlos en 20. Algunos cursos después, M.K. había escrito 36 kilos para después tachar el 6 y sustituirlo por un 0. Para cuando tenía catorce años, M.K. apuntó que medía 1,67 y que pesaba 52 kilos. En paréntesis, al lado de los 52 kilos, había escrito en letras sinuosas: «Demasiado».

—¿Por qué crees que volviste y cambiaste los 22 kilos por 20 kilos? —le pregunté a M.K.

—No lo sé. A ver, ¡solo tenía siete años! Alguien debía de haberme hecho un comentario negativo. Yo era muy delgadita, pero algo debía de pasarme para querer ser aún más menuda.

—¿Recuerdas cuándo decidiste volver y cambiar los números?

M.K. menea la cabeza y se encoge de hombros.

—No, no. No, pero lo hice yo. Desde luego que fui yo. Segurísimo. —Apunta a su letra infantil como prueba irrefutable.

La enfermedad de la belleza es un tema complicado, con todo tipo de factores. Pero muchas de las mujeres con las que hablé tienen recuerdos grabados a fuego de algún incidente específico que fue el primero que las hizo dirigir su atención a su propio aspecto físico. Para Rebecca fue el momento en el que midieron su índice de masa corporal en clase de salud. Para Erin, cuando le dijeron que tenía que llevar un sujetador con solo ocho años. Para Artemis, fue un vestido que no le cabía. Para M.K., fue un día cuando iba a octavo grado.

—Recuerdo perfectamente lo que llevaba puesto. Íbamos a salir hacia la iglesia y mi padre, que estaba sentado en el sofá, me dijo que me diera la vuelta. Y me dijo que no le gustaba el aspecto de mis piernas; se me veían las pantorrillas demasiado grandes. Y así fue más o menos cuando empezó todo, ¿me explico? Había algo en mí que no estaba bien y así se quedó para siempre.

Pensando en esos momentos, M.K. describe las piernas que tenía entonces como «piernas como palillos». Pero decidió no llevar pantalón corto durante todo ese verano porque le parecía que sus piernas eran demasiado gordas. La obsesión que empezó con sus piernas acabó por extenderse a todo su cuerpo. Le duró casi dos décadas.

Hiciera lo que hiciera, sus padres seguían lanzándole comentarios sobre su cuerpo.

—Mi madre me dijo que tenía el cuerpo de una mujer de cincuenta años —rememoró M.K., con cara de repugnancia.

Quizá lo normal sería pensar que estas historias ya han dejado de sorprenderme, pero parece que siempre consiguen dejarme boquiabierta por la conmoción.

—¿Tu madre te dijo eso? —le pregunté.

M.K. le ha dado tantas vueltas al comentario desde entonces que parece que ya no sufre por su impacto emocional.

—Sí —me responde—. Me dijo que tenía la cara tan gorda que nunca iba a gustarle a nadie. Y siempre comentaban lo que estaba comiendo. Yo solía contraatacar: «A la gente tendría que gustarle por quien soy. A los demás les debería gustar por mi interior». Pero no paraban de soltarme mierda constantemente sobre mi aspecto físico.

Le pregunté a M.K. si pensaba que sus padres hacían comentarios como ese porque estaban preocupados por su salud o por su aspecto físico. Ella no tiene ninguna duda de que sus padres estaban centrados en su aspecto, no en su salud. Y cuando le pregunté a M.K. por qué creía que estaban tan preocupados por su físico, vi el primer destello de enfado en ella.

—Ay... —empezó, respirando profunda y audiblemente—. Creo que eran personas que se sentían miserables y que se veían poca cosa, así que tampoco apreciaban mucho a sus hijos. Y claro, los demás solo ven la superficie, así que independientemente de cómo fueran las cosas realmente, si mantenían una buena fachada quedaban como unos buenos padres con su familia perfecta. Mi madre me hizo pesarme en una balanza delante de ella cuando yo tenía quince años. Yo pesaba 60 kilos y ella, 61 y medio. Primero se subió ella y luego yo. Me obligó. Y entonces empezó: «Tú tienes quince años. Yo tengo cuarenta y he tenido cinco hijos. ¿Se puede saber qué problema tienes?».

Poco después de ese comentario de su madre, M.K. empezó a dejar de comer y a utilizar laxantes de forma desmedida. En un momento determinado llegó a perder diez kilos de su otrora complexión saludable y estaba, como se describe ahora ella, «ridículamente delgada». Su padre, que en general le prestaba muy poca atención, finalmente se fijó en ella. Le dijo que «estaba muy bien con todo ese peso que había perdido», así que esta relación entre la delgadez y el afecto quedó grabada en la mente de M.K.

Ambos padres de M.K. siguen vivos; ella dice que su «conciencia católica» la hace seguir hablando con ellos a pesar de todas las heridas psicológicas que le han causado. Su padre sufre de párkinson, ya muy avanzado. Hace poco se enfadó con M.K. porque fue a visitarlo y no estuvo mucho rato con él. M.K. le pidió disculpas, pero él se negó a perdonarla. M.K. perdió los estribos.

—¡Yo a ti te perdono cosas! —exclamó ella.

—¿Qué? —preguntó su padre, quien no tenía ni idea de qué tendría que perdonarle su hija.

M.K. me dijo que en ese momento le soltó a su padre todo lo que había guardado tanto tiempo.

—¡Me llamabas gorda cuando era adolescente! —dijo ella, llorando.

—Pues porque lo estabas —respondió él, impertérrito.

Ese comentario lanzó a M.K. en una caída en picado. Volvió a casa, comió dos semanas sin parar y ganó cuatro kilos y medio.

—Con solo cuatro palabras, mi padre me volvió a meter de lleno en todo eso.

La humillación cultural única de la obesidad

Para las mujeres, el ideal de belleza cultural ha cambiado un poco en cosas como el tamaño del pecho, la altura o el color del pelo. Pero la delgadez sigue siendo una constante. Incluso las mujeres a las que se considera exponentes de un ideal de cuerpo más «curvilíneo» suelen tener un vientre plano y ni una pizca de celulitis. Si te desvías del ideal de delgadez, a menudo te enfrentas a la hostilidad y la ridiculización.

Un ejemplo de esto es el debate que se creó alrededor de la película de 2014 de Scooby-Doo, *Frankencreepy*. En la película, la usualmente esbelta Dafne cae presa de una terrible maldición que, mágicamente, hace que pase de tener una talla 34 a una 40. Vamos a ignorar el hecho de que una talla 40 no es una talla grande, y que la imagen de «la Dafne gorda» no era para nada la que equivaldría a una 40. Aquí hay una idea incluso más traicionera. La maldición de Dafne fue un castigo por admirar su cuerpo de talla 34. Un castigo por su vanidad. ¿Qué lecciones enseña esta película a las chicas jóvenes?

1. Solo eres bonita si tienes una 34.
2. No admires tu cuerpo de talla 34 ni te sientas bien en él, o tu vanidad será castigada. Los demás son los únicos que pueden aprobar tu cuerpo. Tú no. Jamás.

3. Si sucumbes ante la vanidad, se te castigará de la peor forma imaginable para una mujer: vas a ganar peso.

El peso que ganes te hará parecerte —como lo describe Tom Burns de *The Good Men Project*— a «Violet Beauregarde de *Charlie y la fábrica de chocolate*», incluso aunque tener una talla 40 te dejaría más delgada que la mujer americana promedio.

Los niños de nuestra cultura aprenden muy temprano a asociar la grasa corporal con una gama de características negativas. En un estudio de la Universidad Williams College, los investigadores les contaron a niños de entre tres y cinco años unas historias donde un niño se portaba mal con otro.[3] Después, los investigadores les mostraban a los niños imágenes de otros niños, unos más delgados y otros más regordetes, y les preguntaban qué niño era el que se había portado mal con el otro. Los niños del estudio asumían que el niño más gordo era el niño malo. También era menos probable que quisieran jugar con un niño regordete. Los niños con sobrepeso del estudio tenían *incluso más* tendencia a relacionar la obesidad con la maldad, un resultado preocupante que sugiere que, incluso a tan temprana edad, estos niños ya habían interiorizado una lección terrible sobre su propio valor.

Los padres a menudo refuerzan la noción de que la grasa corporal es algo de lo que avergonzarse cuando critican sus propios cuerpos o los de los demás delante de sus hijos. En un estudio con niñas de nueve años publicado por la revista *Obesity Research*, los científicos descubrieron que los niños cuyos padres se centraban en tener un cuerpo en forma y en perder peso tendían más a estereotipar a las personas gordas.[4] Estos estereotipos sientan una base para los prejuicios y la discriminación en todo tipo de entornos del mundo real.

El prejuicio por el peso corporal está ampliamente extendido, y las investigaciones muestran de forma constante que las mujeres son víctimas de este tipo de prejuicios con mucha más frecuencia que los hombres. Un estudio de la facultad School of Human Resources and Labor Relations de la Universidad Estatal de Míchigan descubrió que es dieciséis veces más probable que una mujer informe de discriminación por su peso en su lugar de trabajo que un hombre.[5] Aunque tanto hombres como mujeres pagan un precio si se les percibe como personas gordas en el entorno laboral, el precio que pagan las mujeres es mucho más elevado.

Los investigadores a menudo examinan el prejuicio por el peso corporal diseñando situaciones de contratación donde ofrecen información del peso o de la forma del cuerpo de los hipotéticos candidatos. Los científicos de la Universidad de Wisconsin y de la Universidad del Norte de Iowa descubrieron que tanto hombres como mujeres mostraron menor deseo de trabajar con personas gordas que con personas delgadas, especialmente si la persona gorda es una mujer.[6] Comparados con los candidatos gordos, las candidatas gordas tienen menos probabilidades de ser recomendadas para la contratación.[7] Un estudio de la Universidad de Misuri que siguió una metodología similar descubrió que los candidatos electorales con sobrepeso también están en desventaja, pero solo si son mujeres.[8] El mismo patrón es visible en los estudios de relaciones románticas. En un estudio de los estudiantes universitarios de la Universidad Estatal de Indiana, las mujeres con más peso tenían muchas menos posibilidades de salir con alguien en comparación con sus compañeras con un peso dentro de la media. Pero, en el caso de los hombres, el peso no influía en las probabilidades de salir con alguien.[9]

En especial para las mujeres, el fracaso de no lograr ser delgadas se considera un profundo defecto de carácter que indica vagancia, gula o falta de disciplina. Cuando M.K. consiguió finalmente atreverse a decirles a sus padres que tenía un desorden alimenticio, la primera respuesta de su padre fue:

—¿Y por qué no puedes controlar lo que tienes en la nevera?

Como si ella no *se esforzara* lo suficiente.

Un profesor de la Universidad de Nuevo México capturó este tipo de creencia cruel a la perfección cuando publicó el siguiente tuit: «Queridos doctorandos obesos: si no tenéis la suficiente fuerza de voluntad para dejar de comer carbohidratos, tampoco la tenéis para sacaros la tesis doctoral #eslaverdad». Además de ser un tuit estúpido, también es incorrecto, como quedó demostrado con maestría por la mujer que decidió crear una página en Tumblr con el título *Fuck yeah! Fat PhDs!* donde docenas de mujeres que estaban lejos del ideal de belleza de delgadez mostraron con orgullo su doctorado. Por supuesto, dada la incansable obsesión de nuestra cultura por los cuerpos de las mujeres, el hecho de estar delgada tampoco es una garantía de que nadie vaya a humillarte por tu cuerpo. Muchas personas también están más que dispuestas a avergonzar a las mujeres por ser demasiado delgadas: así de estricto es el rango en el que los cuerpos de las mujeres son aceptables. Aun así, las mujeres que se llevan la peor parte de esta humillación son aquellas con un peso por encima del que nuestra cultura supone el ideal para el cuerpo femenino.

No hay ningún buen motivo para humillar el cuerpo de una mujer

Aquellos correos electrónicos a favor de avergonzar a las mujeres por su cuerpo que he mencionado al inicio de este capítulo podrían tener más sentido, quizá, si hubiera algún tipo de prueba que respaldara esta afirmación de que sentir vergüenza por el propio cuerpo altera el comportamiento para que sea más saludable. Si alguien no es el tipo de persona que quiere ser, sentir vergüenza, en teoría, podría suponer un aviso y ayudarle a replantearse sus comportamientos. En una situación así, la vergüenza supondría una adaptación. Pero el proceso difiere de la realidad de tres formas clave.

En primer lugar, el ideal de belleza es inalcanzable, así que no es ni justo ni adecuado esperar que alguien sienta vergüenza por no estar a la altura. Tú no eres la fracasada; es el sistema el que está amañado. En segundo lugar, sentir esta vergüenza en general no empuja a las mujeres hacia ese ideal. De hecho, a menudo las aleja de él. En tercer lugar, acercarse al ideal de belleza no garantiza tener salud y, en algunos casos, puede incluso disminuirla.

En el capítulo 7 veremos en más profundidad el primer punto, lo inalcanzable que es el ideal de belleza femenino. Así que, por ahora, vamos a centrarnos en los otros dos puntos. Porque incluso si crees que puede llegarse al ideal de belleza, la vergüenza es una forma desastrosa de intentar alcanzarlo. La vergüenza que sientes cuando no estás a la altura de este ideal en concreto no resulta nada útil. Solo te daña.

La vergüenza no es una dieta

Aunque M.K. afirmó que «ha mejorado muchísimo» en lo relativo a la imagen corporal, también me dijo que no ha habido un solo día en su vida en el que se haya sentido cómoda de verdad en su cuerpo. Algunos días son peores que otros. En los días malos, con solo ver por el rabillo del ojo su cuerpo desnudo en el espejo al salir de la ducha la invade una oleada de vergüenza por su físico. Su respuesta automática ante esta vergüenza es pegarse un atracón de comida. Al alternar ciclos de comer sin control y purgas con dietas extremas, el peso de M.K. ha fluctuado muchísimo, con un rango de casi cuarenta y cinco kilos. Durante años intentó «borrar» la vergüenza por sus comilonas con el abuso de laxantes. Pero M.K. dejó de tomar laxantes cuando tenía veinticinco años por el miedo de que el daño que le estaba haciendo a su cuerpo pudiera impedirle poder tener hijos algún día. En ninguna ocasión la vergüenza de M.K. por su propio cuerpo la motivó a tomar decisiones sanas para su cuerpo. La vergüenza no es una dieta.

Vamos a empezar desmontando la idea de que la vergüenza por tu cuerpo es el camino hacia el cuerpo ultradelgado femenino ideal. De todas las investigaciones que se han realizado sobre la obesidad, no hay ni una sola prueba de que humillar a alguien por ser gordo le haga actuar para adelgazar. De hecho, es todo lo opuesto.

Un estudio de investigación de la revista *Journal of Health Psychology* demostró que, cuantos más comentarios negativos reciben las chicas jóvenes sobre su peso, menos probable es que hagan ejercicio.[10] En otro estudio de más de cinco mil adultos de todos los Estados Unidos, los resultados demostraron que sufrir estigmatización y discriminación por el propio peso se asocia con una mayor probabilidad de comer de más y de consumir alimentos precocinados con más frecuencia.[11] Estos mismos patrones también se detectan en los estudios con niños. Varios laboratorios independientes han confirmado que, entre los niños, el hecho de que se burlen por el peso de uno predice una mayor probabilidad de que se peguen atracones de comida.[12] Del mismo modo que los adultos que sufren la estigmatización por obesidad, los niños que sufren las burlas de los demás por su peso muestran menos interés en el deporte y realizan menos actividad física en general. De un modo parecido, un estudio de 2016 de más de 2.000 adolescentes de Minnesota demostró que los adolescentes que se sentían peor por sus cuerpos hacían menos ejercicio y tenían menos probabilidades de comer fruta y verdura.[13]

No es inusual que las mujeres se marquen grandes propósitos cuando están sumidas en plena crisis de vergüenza por su cuerpo.

Quizá alguien se ha reído de ellas por su peso, o han sufrido un rechazo amoroso. O quizá ya no pueden abrocharse esos tejanos que antes les quedaban tan bien. La primera reacción puede ser «Pues me pongo a dieta. Nada de carbohidratos. Iré al gimnasio cada día. Nada de postres». Las reacciones así tienen dos problemas. En primer lugar, no suelen llevar a ningún cambio saludable de comportamiento a largo plazo. En segundo lugar, llevan a otros comportamientos que dirigen a las mujeres al peligroso camino de los desórdenes alimenticios, porque cuando una siente que no llega al estándar alimenticio, demasiado a menudo la reacción es hacer absolutamente cualquier cosa para acercarse a ese ideal de delgadez.

Los desórdenes alimenticios son un tema serio. La anorexia es el desorden con el mayor índice de mortalidad de los enumerados en el Manual diagnóstico y estadístico de los trastornos mentales,[14] el manual de referencia de los psicólogos. Las consecuencias a corto y largo plazo de la anorexia y de la bulimia son muy numerosas —como la erosión dental, la ruptura estomacal o esofágica, los desequilibrios electrolíticos, las arritmias y la pérdida de densidad ósea, por poner algunos ejemplos—. Los comportamientos bulímicos son chocantemente comunes entre las jóvenes. Un estudio de la Universidad de Minnesota de 2009 descubrió que casi la mitad de las mujeres universitarias indicaban que hacían purgas o que se pegaban atracones al menos una vez a la semana.[15] Nunca he pasado un curso sin que se me hayan acercado estudiantes a comentarme su preocupación por otros compañeros o compañeras que mostraban este tipo de comportamientos. Los atracones, las purgas y las dietas de hambre intermitentes casi se han convertido en la norma, animadas por la miríada de anuncios que nos dicen que tenemos que concedernos caprichos y, a la vez, que cuanto más pequeño sea nuestro cuerpo, mejor.

En situaciones de sufrimiento emocional solemos actuar para intentar sentirnos mejor, incluso aunque eso implique concedernos una mejora anímica a corto plazo a cambio de unas consecuencias a largo plazo menos apetecibles. Puede que esta inyección de ánimos tome la forma de una tarrina entera de helado o de una bolsa de patatas fritas que alivia el dolor emocional de forma temporal pero que, después, desencadena una espiral de vergüenza. Te sientes mal respecto a tu cuerpo, así que comes algo para sentirte mejor, y ahora te sientes incluso peor por tu cuerpo. Esta es una de las vías a través de las cuales sufrir estigmatización por el peso propio puede dirigir directamente a los atracones.

Los psicólogos saben desde hace mucho tiempo que la vergüenza puede ser el desencadenante de comportamientos bulímicos. En un estudio publicado en la revista *International Journal of Eating Disorders*, los investigadores mostraron a un grupo de mujeres que sufrían bulimia imágenes de sus comidas favoritas.[16] Después, se les pidió que pasaran unos minutos recordando una ocasión en la que se sintieran tristes mientras los investigadores les ponían música melancólica de fondo. Esto es lo que se llama «paradigma de inducción emocional»: el objetivo era que estas mujeres se sumieran en un estado de ánimo negativo. Cuando las mujeres ya se sentían tristes, los investigadores les volvieron a mostrar diapositivas de sus comidas favoritas. Cuando estaban tristes, las mujeres prestaron incluso más atención a las imágenes de comida e indicaron que sentían más ansia por comerla. En otras palabras, las dificultades emocionales pueden hacer que sea más complicado mantener unos hábitos alimenticios saludables.

Le pregunté a M.K. qué opinión tenía sobre esta idea de que «sentir vergüenza por el propio cuerpo es una dieta». De acuerdo con las investigaciones que acabamos de ver, ella también relaciona el sentir vergüenza por su cuerpo directamente con los atracones, y describe esta vergüenza como «la peor forma de intentar perder peso». Para M.K., su primer impulso cuando se siente avergonzada es comer en vez de salir a caminar o prepararse una comida sana. En este estado, M.K. siente que no tienen ningún motivo para cuidar de su cuerpo.

—Cuando te sientes avergonzado y deprimido —explicó M.K.— no te levantas de un brinco cada mañana y sales a caminar antes de comer avena con arándanos para desayunar. Lo que haces es irte a comerte una rosquilla porque sientes que no tienes ninguna esperanza. La vergüenza y los complejos no tienen ninguna relación con la esperanza.

También hay que decir que no todo el mundo se pega un atracón cuando no se siente contento con su cuerpo. Hay quien reacciona de otros modos. Algunas personas deciden dejar de comer una temporada, saltarse las comidas o reducir su ingesta de calorías de forma drástica. Paradójicamente, esto a menudo hace que las personas que hacen dieta estén *más* obsesionadas con la comida. Cuando tienes hambre, te es difícil concentrarte en cualquier otra cosa. Pensemos en el doble revés que supone: tu atención ya está limitada debido al análisis constante de tu cuerpo y, además, añadimos el hambre a la mezcla, lo que te provoca más distracción.

Una mujer de treinta y seis años con la que hablé calculó que llevaba a dieta entre un tercio y la mitad de su vida. Me explicó que una de las peores partes de hacer dieta era que le hacía pasar más tiempo pensando en la comida. Aunque no es alguien a quien le guste cocinar, me dijo que tenía la sensación de que se pasaba casi todo su tiempo planificando sus comidas y preparándolas.

—A veces incluso me pongo a pensar en lo que voy a comer cuando debería estar trabajando. Si tengo que asistir a algún evento, me preocupo de lo que comeré ahí.

Las distracciones que sufría M.K. por sus ganas de perder peso eran incluso más extremas. Cuando estaba en el instituto, sus padres no tenían ni idea de que su hija sufría un desorden alimenticio. M.K. coordinaba la toma de laxantes para que las repetidas y dolorosas veces que tenía que ir al lavabo sucedieran en mitad de la noche. Pero me explicó que esta coordinación no era una ciencia exacta. Las mañanas siguientes a estos incidentes, M.K. no podía concentrarse, presa del miedo ante la idea de sufrir un «accidente» y analizando constantemente su cuerpo para ver si tenía retortijones o si le sonaba el estómago. La mayoría de las personas sufren antojos por alimentos concretos, pero uno de los factores que diferencian a las personas a las que les apetece comer algo y toman una cantidad razonable y las personas que se pegan un atracón es que es más probable que estas últimas se hayan sometido previamente a algún tipo de restricción dietética. En otras palabras, los recortes drásticos en la ingesta de calorías aumentan la probabilidad de que se produzca un atracón de forma posterior. Esto puede deberse a la frustración asociada a la restricción, al modo en que esta restricción te hace hipersensible a la comida o, incluso, a los cambios metabólicos asociados a las dietas. Además de la distracción que provocan el hambre y los antojos, este tipo de reducción drástica de calorías se asocia a los cambios de humor. Y como si los cambios de humor no fueran suficientes, una investigación del Institute of Food Research británico descubrió que las mujeres que siguen dietas de pocas calorías también mostraban un rendimiento cognitivo reducido y obtenían puntuaciones inferiores en memoria, atención y tiempo de reacción en comparación con otras mujeres que no seguían una dieta.[17]

Lo que sí no parece que produzcan las dietas son cambios permanentes a largo plazo en el peso corporal.[18] En una investigación dirigida por la Universidad de California en Los Ángeles donde se revisaron los resultados a largo plazo de las dietas con restricción calórica, la conclusión fue que las dietas tienden a ser insostenibles y que, además, no llevan de forma consistente a unos mejores resultados de salud.[19] En docenas de estudios publicados, los autores descubrieron que muy pocas personas mantienen esa pérdida de peso. La mayoría recuperan rápidamente el peso perdido, y muchas de ellas recobran incluso más del que han perdido a través de la dieta.

En respuesta a un escándalo por los retoques digitales para hacer que su cuerpo se viera más delgado para la portada de la revista *Flare*, la actriz Jennifer Lawrence respondió a las personas que la avergonzaron por su peso. En una entrevista con la directora ejecutiva de Yahoo!, Marissa Mayer, Jennifer Lawrence preguntó:

—¿Y qué quieren que haga? ¿Pasar hambre cada día de mi vida para hacer felices a los demás?

Una revisión en profundidad de las investigaciones sobre la pérdida de peso sugiere que, para la mayoría de las personas, la única forma de conseguir un peso significativamente inferior a través de la dieta es estar dispuesto a pasar hambre cada día.

Confundimos demasiado fácilmente la delgadez con la salud

Incluso aunque el ideal de cuerpo femenino fuera alcanzable, e incluso si avergonzar a las mujeres las ayudara a lograrlo, humillarlas seguiría sin ser una buena forma de hacer que estuvieran más sanas. No hay absolutamente ninguna necesidad de que se te marquen las costillas, de tener un vientre perfectamente plano o de que no te rocen los muslos para estar sana. Nos engañamos a nosotros mismos si creemos que siempre se puede saber si alguien está sano a partir de su aspecto físico. En un estudio de más de 5.000 adultos dirigido por el instituto de medicina Albert Einstein College of

Medicine, los investigadores llegaron a una dura conclusión: en los Estados Unidos hay muchas personas con un peso «normal» —más o menos un 24 %— que mostraron tener una salud metabólica y cardiovascular pobre, y que hay muchos individuos obesos —alrededor del 32 %— con una salud metabólica correcta.[20] Los éticos del campo de la medicina han esgrimido contundentes argumentos para defender que los médicos no deberían centrarse en la pérdida de peso cuando tratan a pacientes obesos. Centrarse en esta condición lleva, demasiado a menudo, a que se acentúe la vergüenza que estos pacientes ya sufren y a que eviten buscar la atención médica necesaria. En vez de ello, los doctores deberían centrarse en mejorar los indicadores directos del bienestar físico y psicológico de sus pacientes. Pasar de centrarse en una variable relacionada con el aspecto físico —como el peso— a fijarse más en indicadores absolutos de salud es una recomendación que está en la línea de todo lo que ya sabemos sobre los peligros de la autoobjetificación.

Gracias en parte a la naturaleza generalizada de nuestra cultura enferma de belleza, mucho de este supuesto énfasis en la «salud» suele ser una preocupación por la estética pobremente disimulada. En 2015, investigadores de la Universidad Estatal de los Apalaches y de la Universidad Estatal de Kent publicaron un análisis de las frases de portada de las revistas *Women's Health* y *Men's Health* entre 2006 y 2011 —un total de 108 portadas—.[21] De las frases de portada más destacadas de la revista *Women's Health* —es decir, las que tenían el mayor tamaño de letra—, un 83 % hacían referencia al aspecto físico o a la pérdida de peso. Además, las frases de *Women's Health* tenían más tendencia a enfatizar el aspecto físico que las de *Men's Health*. Ninguna de las frases destacadas de las dos revistas se centraba directamente en la salud, a pesar de que el título de las revistas contenga la palabra *health* [salud].

Todas las investigaciones anteriores dejan claro que no puedes saber si alguien goza de buena salud basándote solo en su peso corporal, pero que aunque así fuera, francamente no hay ninguna excusa para la humillación por el peso. La «salud» nunca debería ser un requisito para ser amado o para que se te trate con dignidad y respeto. Las mujeres que no están a la altura de los rígidos ideales de salud de nuestra cultura no le deben al mundo ninguna demostración de su tasa metabólica o de su salud cardiovascular para que las traten bien o para probar que «están tan bien como una mujer delgada».

Creo que ahora queda claro el motivo de mi incredulidad cuando recibí estos correos electrónicos de desconocidos donde argumentaban que hace falta humillar más a las personas con sobrepeso en nuestra cultura. Tanto la discriminación basada en el peso como la obesidad han seguido creciendo a lo largo del tiempo, y no hay ningún indicio de que una impida la otra. Me producen un profundo escepticismo las personas que afirman que intentan «ayudar» a las mujeres avergonzándolas por su peso o por la forma de su cuerpo, o quienes dicen que humillan a las mujeres porque se preocupan por su salud. No creamos ni por un instante que cualquier mujer que lucha con problemas de peso en esta cultura tiene alguna duda acerca de cómo luce su cuerpo comparado con el ideal de belleza. Nunca hay necesidad de mostrarle esta diferencia. No le hacemos ningún favor. Ella es perfectamente consciente de todo esto, de verdad. Dada la desenfrenada ansia que tenemos en los Estados Unidos para humillar a las personas con sobrepeso, ¿cómo puede haber alguien que se imagine que la obesidad es el resultado de que, simplemente, no hacemos que las personas gordas se sientan lo suficientemente mal? Por favor.

Para aquellos que excusan su participación en esta humillación diciendo que les preocupa la salud de las mujeres, humildemente les sugiero que hagan algo que realmente las ayude. Colaboren como voluntarios en algún consultorio médico cercano. Hagan un donativo a Médicos Sin Fronteras. Apoyen las investigaciones y las legislaciones que protegen la salud de las mujeres. La crueldad no es una intervención médica. No es más que un intento arrogante y erróneo para intentar subir la propia autoestima.

Esto es lo que tengo que decirles a todo aquellos que crean que debemos animar a las mujeres a sentirse avergonzadas por su cuerpo para promover la pérdida de peso. Incluso si todos los datos empíricos que hemos visto no terminan de convencer, ¿por qué motivo querría alguien realizar una intervención de salud que no se centra en cuidar del cuerpo de uno mismo y en tratarlo bien, sino en odiarlo? ¿Por qué alguien querría que las mujeres odiaran una parte tan importante e íntima de sí mismas? En vez de esto, lo que necesitamos es sentirnos como en casa en nuestros cuerpos; tan cómodas que cuidar de ellos sea algo que nos salga de forma natural y automática. Uno no cuida de aquello que odia.

La deprimente realidad de la humillación por el aspecto físico

Humillar a las mujeres por su aspecto físico no las acerca a un ideal de belleza poco realista, y aunque fuera así, ese ideal no debería confundirse con la salud. Pero hay todavía otro motivo de preocupación por el dolor que provoca esta forma de actuar. La vergüenza tiene una asociación muy alta con un estado emocional depresivo diario y con depresión clínica más severa. No podemos ignorar esta consecuencia tan importante del análisis constante del propio cuerpo.

Los científicos llevan estudiando la depresión el tiempo suficiente como para saber que no puede achacarse a una única causa.

Las hormonas, la genética, las vivencias, el temperamento y la forma de pensar... Todo esto influye. Pero este cambio hacia la depresión que se da en la adolescencia parece tener algo que ver con la percepción que tienen las chicas adolescentes de sus propios cuerpos y con la frecuencia en que piensan en ellos. Un estudio de diez años de duración de más de 1.000 niños descubrió que tanto chicas como chicos empiezan secundaria con tasas de depresión similares pero que, para cuando cumplen quince años, el número de chicas deprimidas es el doble que el de chicos.[22] Un dato importante es el que arrojó un estudio de la Universidad de Winsconsin de casi 300 chicas donde se demostró que la diferencia en autoobjetificación entre chicos y chicas aparece antes que la diferencia en depresión.[23] Se trata de una buena prueba de que el aumento en el análisis constante del propio cuerpo que acompaña de forma típica a la pubertad debe considerarse un factor de riesgo clave para el desarrollo de la depresión en niñas y jóvenes. Un estudio de la Universidad del Norte de Illinois y de la Universidad de Dakota del Norte descubrió que las niñas con sentimientos más negativos respecto a su cuerpo tenían más tendencia a pensar en el suicidio.[24] La imagen corporal era un predictor incluso más fuerte del comportamiento suicida que otros factores de riesgo, como experimentar sentimientos de desesperación o depresión.

Entre las universitarias, la autoobjetificación está asociada con todo tipo de estados de ánimo negativos,[25] y está directamente relacionada con síntomas de depresión.[26] Un estudio dirigido por la Universidad de Toronto siguió a chicas adolescentes durante cinco años y descubrió que, si las chicas no analizaban su cuerpo y se autoobjetificaban tanto, los índices de depresión disminuían.[27] En otras palabras, si es posible reducir la cantidad de atención que las jóvenes dedican al aspecto de sus cuerpos, puede que los índices de depresión también disminuyan.

La relación entre la depresión y el análisis constante del cuerpo probablemente tenga sentido para la mayoría de nosotros. La autoobjetificación lleva a la rumiación, que es la tendencia a centrarse en la propia angustia psicológica. La rumiación es un modo de pensar repetitivo, donde los mismos pensamientos y situaciones negativos aparecen en un bucle que parece imposible de interrumpir. Es un predictor extremadamente fuerte de depresión, y las mujeres la sufren más que los hombres. Pero, aunque hay diferencias entre la rumiación general de hombres y mujeres, hay una diferencia de género muy grande en lo referente a la rumiación sobre el aspecto físico y la imagen corporal. Hay demasiadas mujeres expertas en este tipo de rumiación.

Cuando vuelvo a pensar en mi primera paciente de psicoterapia, me decepciona no haber sabido lo suficiente en ese momento como para poder ayudarla de una forma más significativa con su sensación de que los demás la observaban. En vez de eso, me centré directamente en sus síntomas de depresión, sin advertir que el modo en que percibía su propio cuerpo era lo que alimentaba a ese monstruo en particular. Nunca podré saberlo con seguridad, pero es posible que la mejor forma de ayudar a esa chica hubiese sido abordar los complejos que pudiera tener sobre su cuerpo. Para M.K., el análisis constante de su cuerpo que empezó cuando comenzó secundaria, provocado por un comentario despreocupado sobre el tamaño de sus piernas, ha sido lo que ha avivado las llamas de sus desórdenes alimenticios, su depresión y su ansiedad durante años. M.K. utilizó el término «espacio mental» al hablar sobre el impacto que la enfermedad de la belleza ha tenido sobre sus recursos mentales. Me gusta ese término. Refleja a la perfección la noción de recursos cognitivos limitados y las concesiones a las que llegamos cuando una porción tan importante de nuestra capacidad mental está dedicada a pensar en nuestro aspecto.

M.K. me habló de un espejo de cuerpo completo que tenía en su habitación. Se ve reflejada en él cada vez que se sienta a ponerse los zapatos por la mañana. A pesar de todo el progreso que ha hecho para aceptar su cuerpo, echar un vistazo a ese espejo a menudo la lleva a catalogar partes de su cuerpo que le gustaría cambiar. Cuando le pregunté si alguna vez se había planteado deshacerse de ese espejo, me dijo que tiene la sensación de que ha progresado lo suficiente como para dejarlo donde está.

—No creo que me haga falta hacerlo —me explicó—. Antes solía dedicar un noventa por ciento de mis pensamientos al hecho de estar gorda, y ahora quizá es qué, ¿un diez por ciento?

No está del todo segura del porcentaje, pero sí sabe que ha logrado recuperar una proporción sustancial del espacio mental robado.

—¿Y cuántos años de tu vida has pasado en la zona del noventa por ciento? —le pregunté.

M.K. clava la mirada en el techo y echa cálculos mentalmente.

—Ay, Dios —dice, conmocionada por la respuesta—. ¿Unos quince?

Le pido a M.K. que imagine cómo podría haber sido su vida si no hubiera sacrificado el 90 % de su espacio mental al análisis constante de su cuerpo durante tantos años.

—¿En qué habría cambiado tu vida si hubieras tenido todo ese espacio mental para ti? —le pregunté—. ¿Qué habrías hecho?

Lo veo en su lenguaje corporal, lo oigo en su voz. Para M.K., pensar en el camino que podría haber seguido es extremadamente doloroso.

—Habría tenido autoestima, y eso lo habría cambiado todo en mi vida entera —empieza—. Habría pensado que valgo para algo, en vez de que no soy nada. Pienso que mis relaciones con los hombres habrían sido muy distintas.

—¿De qué forma crees que habrían sido distintas? —le pregunté.

La voz de M.K. se tiñe de disgusto.

—Antes me acostaba con otras personas solo porque quería gustarles. No valoraba mi cuerpo para nada, así que lo iba regalando. Nunca pensé que le gustaría a nadie lo suficiente como para esperarme. Y pensar que nadie querría esperar lo suficiente como para tener sexo conmigo, como para esperar a conocerme, es lo más triste del mundo. Así que le daba mi cuerpo a todo el mundo, ¿sabes? —M.K hace una mueca de dolor cuando termina la frase—. Si hubiera tenido un concepto mejor de mí misma... No puedo ni decirte lo muchísimo que me gustaría volver atrás como soy ahora. Ojalá pudiera volver atrás.

M.K. no puede volver atrás, por supuesto. Pero está claro que ha decidido que ya no va a dejar que la enfermedad de la belleza tenga su vida secuestrada. M.K. me explica un poco mejor lo que quiere decir:

—Puedes estar metiéndote Botox todo el día, pero seguirás teniendo arrugas y canas. No puedes evitarlo. ¿Sabes? Algún día voy a mirarme en el espejo y la carne me colgará por todas partes, pero es lo que tiene hacerse mayor. Vaya, en resumen, que lo que quiero es sentirme cómoda en mi propio cuerpo ahora mismo.

Así que M.K. sigue con su lucha pero ganando más batallas de las que pierde, haciendo que sus experiencias sirvan tanto para lanzar una advertencia como para dar esperanza. Su experiencia nos muestra el coste de la autoobjetificación. Nos enseña que debemos tomarnos todo este análisis constante del propio cuerpo como un tema serio, porque tiene consecuencias serias. Desemboca en una vergüenza por el propio cuerpo que paraliza. Convierte el ejercicio en una carga y la comida en una batalla. Es un precursor importante de la depresión seria en chicas jóvenes e incluso está asociado con la ideación suicida. Nos hace estar enfermas de belleza.

Pero la enfermedad de la belleza no es solo una fuerza que ataca al bienestar mental y emocional de las mujeres. También nos roba literalmente, porque a menudo nos arrebata dos de nuestros recursos más preciados: el tiempo y el dinero.

6

Tu dinero y tu tiempo

A MI AMIGO Bill le encantan los datos estadísticos. Suele aparecer de repente en mi oficina para enseñarme alegremente algún descubrimiento o técnica nuevos. Un día se presentó agitando un trozo de papel, muy emocionado por unos descubrimientos que había generado mediante una técnica llamada «empirismo *dustbowl*». Me ahorraré los detalles estadísticos y lo explicaré de forma sencilla. Bill había examinado unas 1.000 frases de pruebas de personalidad que habían realizado más de 100.000 participantes de todo el mundo. Mediante un programa, había intentado encontrar las frases que mejor podían predecir si la persona que realizaba la encuesta se identificaba como hombre o como mujer. El término «empirismo *dustbowl*» quiere decir que no le interesaba el motivo por el que un elemento concreto se relacionaba con el género de la persona que realizaba la encuesta; solo quería saber qué elementos se relacionaban con el género y hasta qué punto. Es como salir a cazar sin tener en mente ningún animal en concreto. Sales a ver qué te encuentras. Lo que Bill encontró reflejaba de forma elegante la diferencia por género del coste de la belleza.

Bill clavó el dedo en su papel para que me fijara en uno de los elementos que mejor identificaban el género de la persona que realizaba la prueba: «He pasado más de una hora pensando en qué ponerme». Las mujeres tienden mucho más a estar de acuerdo con esta frase que los hombres.

—Mira esto —me dijo—. Me ha parecido que podría interesarte.

De todos los rasgos psicológicos e intereses que podrían diferenciar a hombres y mujeres, el tiempo que pasan pensando en qué ponerse era uno de los más relevantes. Debo aclarar que este resultado no significa que todas las mujeres pasan horas y horas pensando en su fondo de armario o que los hombres nunca se preocupan de qué van a ponerse. Claro que no. Pero es otra prueba contundente que arroja luz sobre lo mucho que las vidas de las mujeres se ven afectadas por las preocupaciones por la belleza.

Cuando Bill me mostró este dato, suspiré.

—Muy interesante. Y bastante triste —repuse.

Bill se mostró de acuerdo. Después se fue por el pasillo, de vuelta a sus análisis de datos, y yo volví a sumirme en mis pensamientos sobre el precio de la enfermedad de la belleza. Además de pagar un precio en términos de la reducción de libertad corporal, recursos cognitivos y salud mental y física, las mujeres de hoy en día, de forma literal, pagan por la enfermedad de la belleza con su propio dinero y tiempo. Pagamos y pagamos.

JESS*, UNA JOVEN BLANCA DE treinta y tres años, directora de una empresa mediana de tecnología de Minnesota, se escapó del trabajo a la hora de comer para reunirse conmigo en un restaurante cercano y comentar el coste de la enfermedad de la belleza. Nuestra camarera nos instaló amablemente en una mesita al lado de la ventana, desde la que pudimos contemplar una fina nevada mientras hablábamos y comíamos gofres y pollo rebozado. Jess ha pensado mucho sobre los costes de «guardar las apariencias» como mujer. Pasó cinco años en una empresa de consultoría líder en su sector, un entorno de mucha presión donde el aspecto físico siempre parecía más importante de lo que debería. Incluso ahora Jess se ve dedicándole más tiempo a su aspecto del que le gustaría. Hace poco que ha vuelto al trabajo tras tener su primer hijo, así que ahora, para ella, cada minuto es valiosísimo. Giró la pantalla de su móvil para mostrarme una fotografía de un bebé sonriente.

Jess tardó más que la mayoría en entrar en el desfile de belleza diario al que se enfrentan tantas mujeres. Creció en un pueblecito de clase trabajadora. El centro comercial más cercano quedaba a varias horas de distancia, y todavía no se estilaba demasiado la compra por Internet. Las salidas de compras eran inusuales y poco frecuentes. De todos modos, Jess estaba más centrada en conseguir logros académicos, así que gracias a sus esfuerzos ganó una beca para una famosa universidad solo para mujeres.

A Jess le encantaba el ambiente de esa universidad y, hasta cierto punto, se sentía con libertad para no tener que pensar demasiado en su aspecto. La «mirada masculina» de la que hablamos en el capítulo 3 era, sencillamente, inexistente en muchas de sus experiencias diarias. Pero de vez en cuando, debido a sus raíces pueblerinas, Jess se sentía un poco perdida en lo referente al conocimiento sobre belleza que las demás mujeres parecían poseer automáticamente. Esa sensación la invadió con fuerza cuando fue a una fiesta de su entrenadora de atletismo. Allí había otros estudiantes de otras universidades, tanto hombres como mujeres, y todo el mundo sabía que una invitación a casa de la entrenadora era un gran honor. Jess me explicó cómo se preparó para la fiesta.

—Pues yo estaba así como, bueno, vale, pues me pondré mis pantalones caquis favoritos y mi mejor jersey. Pero, cuando llegué a la fiesta, fue la primera vez que pensé «Ay, madre mía, no tengo ningún vestido». Todas las demás mujeres llevaban vestido o falda. Así que de golpe me di cuenta de que no tenía ni idea de cómo iba todo eso, de cómo vestirme como los demás.

Jess todavía recuerda la vergüenza que sintió al advertir esto.

—Yo... Me sentía como que no encajaba. —Menea la cabeza al recordar esa noche—. Y estaba un poco avergonzada por lo que me había decidido poner y me sentía estúpida por haber pensado que iba bien vestida; en general, estaba muy incómoda. La verdad es que me costó mucho pasármelo bien en la fiesta porque estaba todo el rato pensando «Ay, doy mucho la nota con lo que llevo puesto, he tomado una mala decisión». De verdad que pensaba que iba muy mona antes de llegar a la fiesta, y me había equivocado tanto... «Pero, a ver, ¿se puede saber qué me pasa? ¿Por qué no soy capaz de entender cómo va esto?», pensé.

Cuando le pregunté a Jess si se acuerda de lo que llevaban puesto los chicos de la fiesta, se ríe.

—Pues tejanos y camisa. Ya sabes, el uniforme de los hombres desde que se inventaron los tejanos y las camisas. Estoy segura de que ni tuvieron que pensar en lo que se iban a poner. Se lo pusieron y ya.

Me emocioné bastante con la historia de Jess. De vez en cuando todavía me encuentro en situaciones donde me siento igual que se sintió ella esa noche. A menudo tengo la sensación de que me he perdido algún tipo de instrucción, alguna formación específica para mujeres sobre qué llevar, cuándo y cómo. Estoy segura de que hay muchas más mujeres que se sienten como yo. Pero lo que me gusta más de la historia de Jess es que tiene muy claras cuáles fueron las consecuencias de sentir que su aspecto no acababa de encajar. Esa sensación le robó la capacidad de disfrutar de una fiesta donde tendría que habérselo pasado en grande. A medida que se iba encontrando con más situaciones parecidas, Jess empezó a sentir que tenía que invertir más tiempo y dinero en conseguir «el *look* correcto».

Cuando ya le quedaba poco para su graduación, empezó a hacer entrevistas para trabajar como consultora. Llevar la ropa, las joyas, el peinado y el maquillaje adecuados empezó a parecerle todavía más esencial, pero seguía sintiéndose un poco perdida. Sabía distinguir si una mujer «iba bien arreglada», pero no necesariamente se veía capaz de imitar su aspecto.

Igual que en la fiesta, las entrevistas de trabajo parecían otro caso donde los hombres no tenían que tomar tantas decisiones. No tenían que ser tan conscientes del aspecto que tenían o esforzarse tanto para asegurarse de ir con el estilo que se esperaba de ellos. Jess se puso a catalogar la lista de cosas en las que tienen que pensar las mujeres.

—¿Qué te haces en el pelo? ¿Te lo rizas? ¿Lo dejas liso? ¿Un recogido? ¿Quizá llevas demasiado maquillaje? ¿Dónde está el punto justo? ¿Pendientes largos o perlas? ¿Pantalón o falda? ¿Tacones o zapatos planos?

Los hombres que trabajan en el sector de Jess sencillamente no tienen que tomar tantísimas decisiones. Tal y como explicó, solo tienen que elegir si llevar traje chaqueta o no.

—No es que tengan mucho margen de error, sabes —me dice, poniendo los ojos en blanco—. Las mujeres no tenemos ese equivalente, ningún tipo de «uniforme».

Le pregunté a Jess si le gustaría que las mujeres tuvieran un «uniforme» para el lugar de trabajo igual que el de los hombres.

—¡Me encantaría! —exclamó—. Me quitaría un peso enorme de encima.

En cuanto la contrataron como consultora, las exigencias sobre su aspecto se hicieron aún más estrictas. Su empresa, como otras muchas, le daba mucha importancia a la imagen personal. En la formación inicial de la empresa había una clase de etiqueta. Y, aunque en la clase había hombres y mujeres, parecía que todo se centraba más en estas últimas. Al fin y al cabo, puede que los trajes de hombre sean caros, pero no hay que romperse mucho la cabeza. Y no llevar la chaqueta o la corbata es una modificación bastante básica para los entornos menos formales. Encima, los hombres no tienen que comprar demasiados trajes ni zapatos para tener un vestuario de trabajo completo. Las cosas no son tan fáciles para las mujeres.

El profesor de etiqueta les dio algunas directrices de lo que las mujeres podían llevar al trabajo. Jess me lo explicó.

—No puedes limitarte a «llevar ropa». Dijo que tenemos que llevar «un conjunto».

Reconocí con sinceridad que no tenía ni idea de qué quería decir eso. ¿Qué hace que algo sea «un conjunto»?

—A ver, te cuento —empezó Jess, recitando como un loro lo que le habían enseñado—. Un conjunto de mujer está compuesto al menos de tres elementos. Unos pantalones y una camisa no son un conjunto. Si le añades un collar interesante o un cinturón bonito, eso sí que es un conjunto.

Eché un vistazo a mis tejanos y a mi camiseta de manga larga. No llevaba un conjunto.

—Tres cosas cuestan más que dos cosas —le indiqué a Jess.

—¡Llevar tres cosas sale mucho más caro! —confirmó.

Le pregunté a Jess si ese día ella llevaba un conjunto y me dijo que sí. Sacó las piernas de debajo de la mesa para enseñármelas. Llevaba una falda oscura y un jersey blanco, pero eran un conjunto porque se había puesto unas medias estampadas con la falda.

Jess tiene que pasarse un buen rato pensando en lo que tiene en el armario y en cómo combinarlo.

—¿Y eso te gusta? —le pregunté—. ¿O te resulta cargante?

Jess responde con rapidez.

—Antes lo odiaba. Y ahora también.

Ella ahora utiliza un sistema por Internet llamado Stitch Fix con el que le mandan conjuntos y le dicen cómo combinarlos y ponérselos. Pero la verdad es que no le produce ningún placer.

—Es un estándar caro y es complicado estar a la altura —apunté.

—Pues sí. Desde luego —respondió Jess—. Especialmente si cuentas los bolsos y joyas y hacerse las uñas. No puedes ir por ahí con un bolso que se cae a trozos.

Toda esta charla me hizo sentirme agradecida por no tener que trabajar en un entorno que exige dedicarle tanto tiempo y dinero a la belleza. Eché un vistazo a mi propio bolso, que casi podría describirse como «harapiento» y que había metido bajo la mesa, despreocupadamente. Se había quedado encima de un charquito de nieve derretida y parduzca.

La belleza no sale barata

Aunque la brecha salarial entre hombres y mujeres ha disminuido desde los años 70, las mujeres que trabajan a tiempo completo siguen ganando sustancialmente menos que los hombres con la misma jornada. Del mismo modo, es más probable que las mujeres estén en los puestos más mal pagados de los distintos sectores y empleos. También es menos probable que las empresas les ofrezcan seguros de salud o planes de ahorro para la jubilación, y ambas cosas tienen un efecto considerable en el bienestar económico de una persona. Y, en la misma línea, es mucho más probable que una mujer viva en pobreza que un hombre. Los economistas y legisladores pueden pasarse el día entero debatiendo los motivos detrás de estas desigualdades —discriminación, distintos intereses en trayectoria profesional, cuidado de los hijos y responsabilidades familiares...—, pero independientemente del origen de estas diferencias, es un hecho básico que, de media, las mujeres aportan menos dinero a la casa que los hombres.

Aunque muchas mujeres —y algunos hombres— se manifiestan claramente en contra de esta brecha salarial, muy a menudo tampoco tenemos presente la brecha que hay en el tiempo y el dinero que se invierte en la belleza. Tendemos a ver la preocupación por nuestro aspecto físico como algo aparte de nuestras preocupaciones laborales, o imaginamos que los problemas que vemos en el espejo no tienen ningún efecto en los problemas que queremos solucionar del mundo que nos rodea. Pero el tiempo y el dinero son importantes. Son fuentes esenciales de poder e influencia, y también una fuente principal de libertad. No tenemos ningún problema en hablar de algunos tipos de costes y de su importancia: atención sanitaria, cuidado de los hijos o alojamiento. Así que no hay ninguna razón por la que no tengamos que prestarle su debida atención al coste de la belleza.

Quiero dejar esto muy claro: no estoy defendiendo que las mujeres tengan algún tipo de obligación moral de deshacerse de todos sus gastos y prácticas relacionados con la belleza. Además de resultar una idea poco realista en muchas circunstancias, también es algo que a muchas mujeres no les gustaría hacer. Y yo soy una de estas mujeres. Por ejemplo, me gustan los pintalabios. No quiero tener que dejar de comprar o llevar pintalabios, aunque tampoco me gusta que me obliguen a llevarlo —ya sea de forma oficial o implícita—. Pero, igual que la mayoría de los comportamientos humanos, nuestras decisiones en materia de belleza están dentro de un espectro continuo. Si no nos ponemos a pensar en profundidad en las consecuencias de nuestras elecciones individuales en materia de belleza, ¿cómo vamos siquiera a saber si son las mejores elecciones para nosotros? El riesgo está en no pensar en el coste de la belleza, en permitir que estos costes se conviertan en una parte integral de nuestra vida sin decidir realmente en qué queremos o no queremos invertir nuestro tiempo y dinero.

Hace algunos años, una amiga mía muy cercana, profesora de lengua, estaba preparándose para salir con un grupo de sus estudiantes a una tienda donde te hacían las cejas. Era una ocasión para estrechar los lazos entre estas jóvenes, y les gustó la idea de que algunas profesoras también se apuntaran a la salida. Varias profesoras estábamos comiendo juntas en una mesa del comedor, y mi amiga me invitó a unirme a la aventura de las cejas. Rechacé su oferta tras darle las gracias.

—No me apetece tener otra de estas «cosas de belleza» en mi lista —le expliqué.

El ambiente se caldeó un poco en la mesa tras mi respuesta. A las estudiantes les apetecía muchísimo esta salida, me respondió; no era que nadie las estuviera obligando a hacerse las cejas. Y no era nada caro. Solo diez dólares. ¿Por qué no quería ir? Yo seguí en mis trece, pero quizá acabé sonando demasiado crítica con la idea, sin querer.

La verdad es que no tenía ningún problema con esa salida y, de hecho, estaba bastante segura de que me lo habría pasado muy bien si hubiera ido. Tampoco tenía ninguna intención de avergonzar a estas jóvenes por querer hacer este tipo de salida. Soy una firme defensora de que las mujeres tenemos que juzgarnos menos las unas a las otras, no más. No pretendía decirles que no tendrían que arreglarse las cejas. La cosa aquí era que yo estaba tomando una decisión consciente y deliberada para mí misma.

En ese momento, de verdad que no tenía ni idea de qué era eso de «hacerse las cejas». No me preocupaba que no fuera a gustarme. Más bien lo contrario. Me preocupaba que sí me gustara. Y si me hubiera gustado, si hubiera tenido la sensación de que mi cara se veía mejor tras la experiencia, «hacerme las cejas» pasaría a ser algo que tengo que hacer con regularidad como mantenimiento básico de mi aspecto. No quería añadir nada más a esa lista. No quería alimentar esa parte de mí que ya analiza constantemente mi aspecto físico en una docena de formas distintas. Esa parte de mí está demasiado ocupada intentando lograr que pida cita en la peluquería de forma regular. Ahora no quiero que se ponga a preocuparse de mis cejas. Quizá otras mujeres sí le darían la bienvenida a otro ritual de belleza. Puede que tuvieran el tiempo y el dinero para esta novedad, y quizá el evento les parecería positivo. Y esto no supondría ningún problema, en absoluto. Pero yo sabía que para mí, en ese momento, habría sido una elección equivocada.

Del mismo modo que creo que está mal criticar a las mujeres por el tiempo y el dinero que dedican a la belleza, también me parece que es incorrecto criticar a aquellas que deciden no tener estos gastos. Estas dos críticas son dos caras distintas de la misma moneda inútil. Nunca olvidaré una vez en la que estaba en el vestuario de un gimnasio y oí a una mujer decirle a su amiga:

—Fíjate qué guarras son esas. No me puedo creer que no se depilen.

Estaba hablando de unas mujeres de mediana edad que no se habían depilado el vello púbico. Sus palabras sugerían claramente que decidir no hacerlo era algo vergonzoso. Si cambiáramos nuestra cultura, aunque fuera solo un poquito, y pasáramos menos tiempo hablando del aspecto de las mujeres y pensando en él, todas seríamos más libres para decidir cuánto tiempo y dinero queremos invertir en belleza.

Jess dijo que muchas veces cae en la trampa de juzgar a las mujeres de su empresa directamente según lo que lleven puesto. Le pedí que me diera algún ejemplo.

—Bueno, por ejemplo, hay una mujer...

—¡Vaya sonrisa de culpable que se te ha puesto! —reí.

—Bueno, es que lo que voy a decir no está bien —confirmó Jess—. No es bonito. Bueno, pues esta mujer va siempre muy bien arreglada. Pero ayer se presentó en la oficina con mallas, botas y una camiseta de la empresa.

Cuando Jess la vio con esa ropa, se dio cuenta de que estaba pensando: «¿Pero se puede saber qué hace esta?». Y entonces se detuvo, recordándose que quizá esa mujer había tenido una mañana complicada. Quizá se había tenido que poner lo primero que encontrara para poder salir a trabajar aquel día.

—Es muy feo que la juzgue así —explicó Jess—, pero a la vez, me fue imposible no darme cuenta.

Es una verdad básica que la forma en que nos presentamos a nosotros mismos, especialmente en el lugar de trabajo, influye en la forma de tratarnos de los demás. Lo que estoy defendiendo no es una prohibición del gasto en belleza, sino simplemente una reflexión y revisión honestas. No sugiero que cerremos los ojos al efecto real que tiene ir arreglado en nuestras interacciones diarias. Puede que dejar de seguir ciertas prácticas de belleza implique un coste significativo. Pero, de nuevo, aquí no todo es blanco o negro. Vale la pena pararse a pensar si quizá podemos dedicar a otras cosas el tiempo y el dinero que invertimos en la belleza, y qué efecto puede tener esto en las vidas de las mujeres. También necesitamos hablar con sinceridad sobre el coste real de algunas prácticas de belleza y qué concesiones hacemos para pagar este precio.

En la Universidad del Noroeste de los Estados Unidos doy un curso llamado «Psicología de la belleza». En una actividad que hacemos en clase, les doy a los estudiantes hojas en las que tienen que apuntar cuánto dinero dedican en su búsqueda de la belleza. La excepción que les permito es la ropa, ya que es complicado cuantificar qué parte de tu armario cuenta como esencial y qué cuenta como relacionado con la belleza. También les digo a los estudiantes que no tienen que incluir la suscripción al gimnasio o a clases para mantenerse en forma, porque puede resultar complicado marcar la línea entre hacer ejercicio para cambiar tu aspecto y hacerlo para estar bien de salud. Finalmente, también les digo que excluyan los elementos básicos de higiene: el jabón y la pasta de dientes no cuentan pero, por ejemplo, los productos blanqueadores o jabones especiales de belleza, sí. Les animo a que piensen en todo el resto de los gastos relacionados con la belleza que puedan tener. Maquillaje, manicura, cortes de pelo, mechas, productos para el cabello, productos dermatológicos no médicos, cera, cuchillas, crema de afeitado, lociones. Todo. Y tras recibir mis instrucciones, mis estudiantes se ponen a hacer sus listas. Incluyen todas las cosas relacionadas con la belleza en las que se gastan dinero; indican cuánto vale cada una y cuántas veces al año tienen que pagarlas.

Pruébalo en casa. Puede resultar bastante revelador. Cada año hago yo misma el ejercicio junto a mis estudiantes, y siempre acabo desagradablemente sorprendida ante mi resultado.

Las estimaciones de mis estudiantes sobre sus gastos en belleza van de un extremo al otro. El total de una joven fue de casi 5.000 dólares al año. Y estamos hablando de estudiantes a tiempo completo. No están ganando un salario de jornada completa. Un chico joven calculó que gastaba unos 50 dólares al año. Se corta él mismo el pelo y saca el champú, las cuchillas y la crema de afeitar de las muestras gratis que dan en el centro de estudiantes, explicó.

Yo creo que casi todos estos estudiantes se quedaron cortos en sus estimaciones. Es complicado pensar en todo aquello en lo que te gastas el dinero. Quizá sería más preciso llevar la cuenta de las compras y gastos del día a día durante un año —o, quizá, repasando todos los armarios y cajones del baño para calcularlo todo de golpe—. Pero, independientemente de lo imprecisas que sean estas estimaciones, muchas mujeres se quedaron estupefactas por las cantidades que les salieron y, además, un poco irritadas por lo marcadamente inferiores que eran las cifras de los hombres. Aunque la diferencia entre géneros cambia un poco cada vez que doy esta clase, las mujeres, de media, gastan tres veces más que el hombre promedio. Cuando les pregunté a mis estudiantes si les parecía justo que las mujeres, que ya tienden a ganar menos dinero que los hombres, tuvieran que gastar tanto en su aspecto físico, se resistieron.

—Quizá —sugirió una joven— esto se equilibra porque los hombres nos invitan a nosotras a bebidas.

Pues se necesitarían muchas bebidas para conseguirlo.

A James Cave, un escritor del *Huffington Post*, su editor le pidió que pasara un mes «poniéndose en la piel de su novia» —es decir, comprando todos los «productos de aseo» que ella compra en un mes. Cave se quedó asombrado ante la amplia gama de productos de belleza que su novia usaba en su día a día, especialmente porque él la consideraba una chica que no se arreglaba demasiado. Exfoliaciones, cremas, antiojeras, rímel, corrector, colorete, desmaquillador... Era una lista mucho más larga de lo que había previsto, y el coste acabó por subir mucho. Resulta poco sorprendente que muchos de los comentarios que recibió el artículo apuntaban que la mayoría de los productos de la novia de Cave «no eran necesarios». Entiendo ese argumento. No hay ninguna ley que obligue a las mujeres a usar crema antiarrugas, y el rímel no es tan necesario como las compresas. Pero las personas tras estos comentarios no advierten algo muy importante. A muchas mujeres estos productos les parecen necesarios, y ese sentimiento es un resultado directo de la cultura en la que vivimos. La organización sin ánimo de lucro Renfrew Center Foundation descubrió en una encuesta de unas 1.300 mujeres que casi la mitad se sienten poco atractivas o inseguras cuando van sin maquillaje. Una cultura enferma de belleza deja a las mujeres con la sensación de que necesitan esos productos —u otros— solo para parecer mínimamente aceptables al mundo exterior. Salir por la puerta sin rímel les puede parecer lo mismo que salir sin pantalones.

Puede que no se obligue de forma literal a las mujeres a maquillarse —aunque para algunos puestos de trabajo, sí—, pero si todas las chicas de tu alrededor van maquilladas y todas las que ves en cada anuncio, programa de televisión o película llevan maquillaje, quizá es un poco simplista limitarse a burlarse del asunto y decir que «nadie te obliga a comprar esos productos». Y eso es lo que comentaba Ana, en el capítulo 4. Es realmente complicado distinguir entre los productos que realmente quieres comprar y usar, y lo que solo tienes la sensación de que necesitas comprar.

Dejar de maquillarse no es tan fácil como nos quieren hacer creer estos comentarios. Solo hay que preguntárselo a cualquier mujer que haya salido sin maquillaje y a la que automáticamente le hayan preguntado «¿Te encuentras bien? Tienes cara de cansada». O pregúntale a cualquier mujer que se haya reído tras oír hablar de la «belleza natural» de una famosa porque sabe que ese aspecto natural probablemente ha implicado al menos una hora de trabajo de un maquillador profesional y de productos especiales de los que la mayoría de nosotros ni siquiera hemos oído hablar. Amy Schumer apareció hace poco en un vídeo que señalaba de forma muy graciosa todas estas ironías. En el *sketch*, se le acerca un grupo de chicos y le cantan una canción llamada *Girl, You Don't Need Makeup*. No paran de decirle lo perfecta que está nada más levantarse de la cama. La animan a desmaquillarse, así que Schumer se limpia la cara para quitarse el maquillaje. Pero, después de hacerlo, los chicos se quedan estupefactos y empiezan a desdecirse frenéticamente. La frase final de la canción es «No te quites el maquillaje. Llévalo cuando duermas y cuando vayas a nadar».

Dada la presión que tenemos para que «guardemos las apariencias», no debería resultar sorprendente que las cuentas bancarias de las mujeres se desprendan de grandes sumas de dinero que van a parar a las arcas de la industria de la belleza. Las mujeres son las responsables del 85 % del gasto en productos de belleza. Las investigaciones de mercado calculan que los cosméticos produjeron unos beneficios de 60.000 millones de dólares en los Estados Unidos en 2015, de los cuales más de 8.000 millones se destinaron solo al maquillaje. Mientras que más de la mitad de los hombres entrevistados por YouGov indicaron que no usaban ningún producto al prepararse por las mañanas, la empresa de cosméticos Stowaway recientemente indicó que, de media, cada mujer cuenta con cuarenta productos cosméticos distintos.

La página de finanzas personales Mint.com calcula que la mujer media gasta unos 15.000 dólares en maquillaje a lo largo de toda su vida. Un informe reciente de la YWCA dejó muy claro que el dinero que se emplea en belleza es dinero que se podría haber invertido en otras cosas.[1] Según sus cálculos, si una mujer ahorrara los 100 dólares al mes que normalmente gasta en belleza, pasados cinco años tendría suficiente para pagarse la matrícula de un año en una universidad pública.

Todos necesitamos comprar ropa, pero hay claramente un punto en el que la compra de ropa pasa a ser un gasto relacionado con la belleza en vez de una necesidad real. Cuando Jess empezó en su primer puesto de trabajo, una de sus compañeras acabó por tener una conversación muy seria con ella sobre sus gustos en moda. En palabras de la propia Jess, esta compañera tuvo que echarle una mano para «subir un poco el nivel».

Se iban de compras juntas y ayudaba a Jess a elegir ropa y accesorios. En cuanto Jess hubo interiorizado estos estándares de moda y se acostumbró a comprar en tiendas más caras, empezó a salir de compras sola. De vez en cuando se llamaban por teléfono:

—Ay, madre mía, ¡he tenido un pequeño accidente cuando he ido de compras a Nordstrom!

«Accidente» era un código secreto entre ellas para decir que se habían gastado demasiado dinero en una tienda. Y entonces a la otra le tocaba la tarea de convencer a la compradora de que el accidente era aceptable, porque esa ropa era necesaria para trabajar.

Dada la cantidad de mujeres que hacen dieta para cambiar su aspecto físico, también es justo considerar que parte del dinero que se dedica a los planes dietéticos es también una inversión en belleza. La gran mayoría de las personas que se someten a una dieta son mujeres, y la industria dietética está más que dispuesta a llevarse el dinero que han ganado con tanto esfuerzo —aproximadamente unos 20.000 millones al año—[2] a cambio de un rayito de esperanza y pocas pruebas de efectividad a largo plazo.

La cirugía cosmética y los procedimientos relacionados son otra área clave del gasto en belleza: recordemos que más del 90 % de estos procedimientos se realizan en mujeres. Las intervenciones cosméticas y los procedimientos menos invasivos, como inyecciones de Botox y de relleno intradérmico, se han hecho tan populares y con tanta rapidez que es difícil contar con cifras actualizadas y precisas. Según la American Society for Aesthetic Plastic Surgery, desde 1997 el número de cirugías estéticas hechas en mujeres en los Estados Unidos ha aumentado en un 538 %. En 2015 se gastaron más de 1.000 millones de dólares solo en aumentos de pecho.

La última vez que fui al dermatólogo para una visita rutinaria vi anuncios para todas estas operaciones de estética: Botox, relleno intradérmico, reducción de grasa por criptólisis no invasiva, reducción de arrugas por radiofrecuencia, rejuvenecimiento de la piel con láser, liposucción y rejuvenecimiento del párpado inferior y superior. A pesar de que yo estaba a mitad de escribir este libro, ver todos estos procedimientos me hizo advertir una lista cada vez mayor de defectos faciales en los que ni siquiera me había parado a pensar antes de entrar en la consulta. Este tipo de publicidad resulta cautivadora. Cuando percibimos la belleza como un poder tan fuerte en las mujeres, es evidente que muchas estarán dispuestas a pagar lo que sea para conseguir una porción.

Mujeres de todo el mundo pagan el coste de la belleza

Los Estados Unidos tienen fama de ser un hervidero de presiones estéticas, como si fuéramos los más vanidosos del mundo. Esta reputación va acorde con la presión que ejerce el individualismo americano, con énfasis en la mejora constante de uno mismo y la noción de que siempre hay una versión mejor de nosotros mismos oculta en nuestro interior, esperando que la dejemos salir. Oprah Winfrey, una de las mujeres más influyentes y de más éxito del mundo, se vio envuelta en un debate donde la criticaban, merecidamente, por una afirmación que respaldaba esta noción. En un anuncio para Weight Watchers, un programa para adelgazar, decía lo siguiente: «Dentro de cada mujer con sobrepeso se encuentra la mujer en la que sabe que puede convertirse». Como si una mujer con sobrepeso no pudiera jamás ser suficiente tal y como está.

Para las mujeres, esa versión «mejorada» de ellas mismas que quiere salir al exterior es casi siempre una versión más delgada y bella; una versión que no sale barata. Una lluvia incesante de publicidad nos dice que lo único que tenemos que hacer para liberar esta versión más bella de nosotras mismas es gastar más dinero. El rímel perfecto podría cambiar tu vida. Esa crema de arrugas puede detener el paso del tiempo. Perder cinco kilos podría cambiar de raíz nuestras relaciones sentimentales y liberarnos de todas nuestras neurosis.

No debemos olvidar que las empresas promueven la enfermedad de la belleza para aumentar sus ingresos; les interesa especialmente que no estemos contentas con nuestro aspecto. Sus ganancias van directamente ligadas a su habilidad para hacerte creer que sus productos te acercarán más a este ideal de belleza.

Más allá del individualismo al estilo americano, hay otro motivo por el que los Estados Unidos colaboran de una forma especial al mal de la belleza de las mujeres. Los publicistas y la industria del ocio de los Estados Unidos han jugado un papel principal en la exportación de un ideal de belleza blanco y altamente occidentalizado al resto del mundo. Desde cremas para aclarar la piel —que se calcula que facturarán 23.000 millones de dólares para 2020— hasta la cirugía de doble párpado —la cirugía plástica más común en varios países de Asia Oriental—, las mujeres de todo el mundo pagan para imitar el ideal de belleza que vendemos, y ese ideal no sale barato.

Mientras me documentaba para este libro, también quería poder hablar con mujeres con una perspectiva internacional sobre la enfermedad de la belleza. Hice correr la voz a través de las redes sociales y Jaimie* se puso en contacto conmigo. Jaimie tiene un punto de vista privilegiado y muy interesante sobre la presión de la belleza, ya que ha vivido tanto en los Estados Unidos como en Corea del Sur. Nació en Alabama cuando sus padres estaban sacándose un posgrado, pero la familia volvió a Corea del Sur cuando Jaimie estaba en primaria. Después Jaimie fue a la universidad en los Estados Unidos y se quedó para hacer un posgrado en diseño gráfico. Pude hablar con ella justo cuando terminó los estudios y estaba haciendo las maletas para volver a casa, a Corea. Nos sentamos entre cajas a medio llenar un caluroso día de verano.

Cuando Jaimie está en Corea no se siente lo suficientemente coreana. Y cuando está en los Estados Unidos, no se siente norteamericana del todo. Incluso el seudónimo que ha elegido refleja este sentimiento de no ser ni una cosa ni la otra. Jaimie es el nombre que da cuando pide un café en Starbucks en vez de su nombre coreano, para que los dependientes no se equivoquen al escribirlo en su vaso. Al estar a caballo entre dos culturas, Jaimie ha quedado especialmente vulnerable a las presiones estéticas de ambas culturas, tan diferentes entre sí.

Jaimie empezó a pensar en la belleza cuando nació su hermanita pequeña. Con seis años, Jaimie no acababa de entender por qué su abuela estaba tan preocupada por el aspecto de su nietecita recién nacida; la describía como «una bebé que no es guapa». Varios familiares se pusieron a comparar a Jaimie y a su hermanita. Decían que Jaimie había sido un bebé precioso, principalmente porque Jaimie les parecía «medio americana» —aunque, en realidad, lo que querían decir era «medio blanca»—, a pesar de que tanto su padre como su madre eran coreanos. Pero decían que la hermanita de Jaimie «parecía extranjera». Aunque la pequeña Jaimie sabía que le estaban lanzando un cumplido, recuerda que estas comparaciones provocaron sus primeras experiencias de sentirse acomplejada por su aspecto.

Le pregunté a Jaimie por esta percepción que los demás tenían de que ella fue un bebé muy guapo porque parecía medio americana.

—¿En qué rasgos crees que se fijaban?

Jaimie sabe exactamente a qué se referían esos comentarios.

—Creo que principalmente se fijaban en mis ojos. Sí, se nota que son asiáticos, pero los tengo grandes y con doble párpado. Nací así.

Jaimie habla del pliegue que se forma en algunos párpados cuando están abiertos. Muchas personas de Asia Oriental no tienen este pliegue, pero es un rasgo que se considera muy deseable. Hay una cinta adhesiva especial para los párpados a la venta para crear ese efecto de forma temporal. Muchos deciden someterse a una cirugía para crear el pliegue de forma permanente.

—¿Y tú no te tuviste que operar? —le pregunté a Jaimie.

—No —Jaimie sonríe—. No, no me operé. A veces les digo a mis amigos en broma que me ahorré algunos cientos de dólares por haber nacido así.

La hermana pequeña de Jaimie no tiene párpado doble, pero le gustaría tenerlo. Jaimie me explica que a veces su hermana, cuando se levanta, está muy contenta porque, cuando está muy cansada, se le hinchan los ojos tanto que parece que tiene párpado doble durante un rato.

Le pregunto a Jaimie por qué cree que su abuela estaba tan preocupada por el aspecto de ella y de su hermana. Jaimie cree que esa preocupación tenía que ver con el hecho de que fueran chicas.

—Es una mujer muy tradicional. Muy centrada en los hombres. Así que para ella, lo más importante es tener hijos. Le supo muy mal que yo no fuera un chico. Y cuando se enteró de que yo iba a ser una niña, empezó a preocuparse por mi matrimonio.

—¿Le preocupaba qué tipo de hombre podrías atraer para casarte con él? —le pregunté.

—Sí —prosiguió Jaimie—. Y la mejor forma de atraer a un hombre es ser guapa, supongo. Así que por eso le importaba tanto mi aspecto y el de mi hermana.

Jaimie lo dice como si fuera un hecho objetivo. No es raro en su mundo oír que el valor de una mujer se define solo por el tipo de marido que puede conseguir, y que tener un aspecto concreto es la forma más clara de lograr quedarse con el mejor marido. Este es uno de los marcos de referencia a partir de los que podemos entender un poco el tiempo y dinero que dedican a la belleza tantas mujeres. Si crees que conseguir un buen hombre es la única forma que hay de llegar al éxito y si crees que los hombres se consiguen básicamente a partir de lo guapa que eres, el dinero que dedicas a la belleza te parecerá una muy buena inversión. Jaimie me contó que, en Corea, a menudo hay rifirrafes entre ambos géneros porque «las mujeres tratan a los hombres como si fueran carteras y los hombres tratan a las mujeres como si fueran trofeos». En otras palabras, explica, muchas mujeres sienten que pueden ofrecer su belleza a cambio de cosas, así que muchos hombres se sienten con total libertad para evaluar y comentar la belleza de las mujeres.

Jaimie me dijo que muchos estudiantes coreanos participan en citas a ciegas informales.

—Yo tengo muchos amigos chicos —me dice—. De vez en cuando se ponen a enseñarse las fotos de las chicas con las que han tenido citas a ciegas y las puntúan por su aspecto. Y a veces sueltan comentarios del estilo «A ver, siendo así de fea se me pasan las ganas de pagarle ni siquiera el postre o el café. No lo vale».

Jaimie cree que algunas de las diferencias de género en la preocupación por el aspecto físico se deben a un fenómeno cultural más amplio.

—A mí me parece que en Corea la competitividad es mucho más fuerte —me explicó.

—¿Competitividad para qué? —le pregunté.

—Para todo —respondió Jaimie, y se inclinó más hacia mí para dar más énfasis a sus palabras—. Corea es mucho más pequeña que América, y yo creo que por eso todo el mundo sabe lo que hacen los demás y todos quieren saber en qué universidad se ha metido el hijo de tal o la hija de tal. Y desde que estás en primaria te ponen a prueba, examen tras examen. Las universidades coreanas están dentro de una clasificación. De mejor a peor. Así que todos queremos entrar en la universidad de Seúl, y pasa lo mismo con el aspecto físico. Todo el mundo quiere ser el más atractivo.

Y para complicar todavía más las cosas, Jaimie apunta que antes de que la cirugía plástica se convirtiera en algo tan común, la única forma de ser guapa era nacer así.

—Pero ahora —dice— puedes ponerle remedio; todo el mundo puede ser guapo. Y creo que por eso todo el mundo se hace la cirugía plástica.

Para muchos resulta una sorpresa saber que los Estados Unidos no es el país donde se hacen más cirugías plásticas por habitante.

En vez de ello, Corea del Sur es la que va a la cabeza durante los últimos años. Cuando Jaimie está en Corea, la obsesión por la cirugía plástica le resulta abrumadora. Es lo primero que advierte cuando llega a casa. Anuncios en los autobuses, en las paradas de bus, en la radio, en las vallas publicitarias. Mires donde mires encontrarás publicidad de cirugía cosmética. Jaimie dice que a menudo ve autobuses o paradas de bus cubiertos completamente de anuncios de cirugía plástica, con fotos del antes y después de la operación en el lugar más prominente. Dado todo este énfasis, no es sorprendente que entre una quinta parte y un tercio de las mujeres de Seúl se hayan sometido a cirugía plástica. Jaimie no es una de ellas. Todavía no.

Jaimie advierte que la opinión general sobre la cirugía plástica entre los coreanos ha cambiado marcadamente desde que ella era pequeña. Cuando era una niña, al saberse que una mujer se había sometido a cirugía plástica todo el mundo lo comentaba disimuladamente: «Ay, ¿y por qué se lo habrá hecho? ¿No está contenta tal como está?». Ahora las mujeres hablan abiertamente de sus operaciones. Cuando Jaimie llegó a los Estados Unidos, se incorporó a un grupo de otros sesenta estudiantes internacionales coreanos. Jaimie era una de las cuatro mujeres de ese grupo que no se había operado para tener un párpado doble.

—Y como hay tantas personas que se hacen esta operación, cada vez es más barato hacérsela —explica Jaimie—. Puedes hacerte una por unos mil dólares. Aun así, es una suma importante para la mayoría de las mujeres.

Pero, como ya sabemos, Jaimie ya tiene párpado doble: nació con él. Le pregunté si, de no haber nacido con párpado doble, se habría planteado operarse para tenerlo. Jaimie vacila un poco. No está del todo segura. Pero luego me aclara que no es porque en general no le gustaría someterse a una cirugía.

—Si me planteara operarme de algo, creo que me plantearía algo más relacionado con mi cuerpo que con mi cara —me aclara—. Porque no estoy satisfecha con mi cuerpo. Desde luego que me plantearía hacerme una liposucción. Y quizá arreglarme las tetas.

—¿Te gustaría tener unos pechos más grandes? —le pregunto.

—Sí, eso, tetas más grandes. —Pero después me deja claro que los pechos solo serían el principio—. Es que te podría hablar de esto horas y horas. No estoy contenta con mi cuerpo. Tengo los muslos enormes comparados con la parte de arriba del cuerpo. Nunca llevo pantalón corto ni falda en verano porque me siento muy incómoda por mis piernas, de verdad que es terrible. A veces me deprimo mucho. Especialmente en verano.

Jaimie se ríe al decir esto, una risa triste y resignada. Aunque ella define la obsesión de Corea por la delgadez de las mujeres como algo «repugnante», sigue sintiéndose atada a esos ideales. Soltó con despreocupación que se había estado «matando de hambre» a sí misma durante un tiempo en la universidad: aguantaba tanto como podía sin comer nada y, si tenía la sensación de que se iba a desmayar, se comía un yogur. Perdió peso, pero se puso muy enferma y decidió no seguir con su régimen. Recuperó todo el peso de nuevo, lo que suele pasarle a la mayoría de las personas que hacen dieta, y ahora le cuesta todavía más mantener el peso que tenía antes de ponerse a jugar con la inanición.

Jaimie sigue viéndose gorda aunque su madre, que es nutricionista, le dice que está perfectamente sana tal y como está.

Cuando Jaimie le contó a su madre lo poco que le gustaba su propio cuerpo, esta se quedó desconcertada.

—¡Yo no te he criado así! ¿Cómo puede ser que hayas acabado de esta manera? —le preguntó a su hija.

Jaimie me explicó que, aunque su madre la había educado de una forma, el *k-pop* —música pop coreana— también había influido en ella. El *k-pop* fue lo que le enseñó cómo tiene que ser la belleza de una mujer en su cultura. Si esa belleza es algo saludable o no es irrelevante. Jaimie me lo explicó:

—O sea, mi madre me dice: «¡No deberías escuchar todo eso!». Pero aun así, es difícil ignorar esas cosas cuando vives en el mundo real.

Jaimie me habló de un grupo de *k-pop* llamado Girls' Generation. Son un grupo de nueve mujeres y están a la cabeza de todas las listas y clasificaciones desde que Jaimie estaba en el instituto. Jaimie me animó a que las buscara en Internet para que pudiera hacerme una idea de cuáles son las expectativas de belleza para las mujeres coreanas, así que le hice caso. Parecen maniquíes, casi todas con la misma forma idéntica. Todas son extremadamente delgadas y de largas piernas. Encontré debates en sitios web de *k-pop* donde se discutía si alguna de las componentes del grupo no se había sometido a cirugía facial significativa.

No puedo quitarme de la cabeza la imagen de Jaimie mirando a un póster de ese grupo pop y pensando para sí: «Pues dejaré de comer. Me haré una liposucción. Me operaré las tetas. Me estrecharé el tabique de la nariz. Haré lo que haga falta». Jaimie me dijo que una de las cosas que quiere conseguir es tener un cuerpo del que realmente se sienta contenta. Aunque tenga que pagar por él.

Tic, tac

Fui criada por una madre soltera con más pilas que el conejo de Duracell. Era una laureada maestra de primaria que se dedicaba a su profesión con ganas y que trabajaba incondicionalmente con algunos de los estudiantes menos privilegiados de su sistema escolar. Mi madre solía llevarnos en coche a mi hermano y a mí a la escuela cada mañana, un poco antes de que empezaran las clases, y después ella se iba a su escuela. Cuando empecé a reflexionar en el precio de la belleza, me puse a pensar en las distintas mujeres a las que conozco y en qué supone en sus vidas el tiempo que tienen que dedicar a las presiones por la belleza. En el caso de mi madre, el recuerdo más obvio era el de los viajes matutinos en coche para ir a la escuela.

Mi madre se llevaba su bolsa de maquillaje al coche y se ponía el rímel, el pintalabios y demás cosméticos en los semáforos e incluso, en algunas ocasiones, cuando el coche estaba en marcha. De vez en cuando, también se pintaba las uñas mientras conducía, con las manos extendidas sobre el volante. Nunca tuvimos ningún accidente como resultado de sus maniobras con el maquillaje aunque, si me pongo a pensarlo, tengo la sensación de que tuvimos suerte. Cuando le pregunté a mi madre si le sabría mal que incluyera este recuerdo en un libro, bromeó:

—Bah, creo que ya es demasiado tarde como para que me retiren tu custodia por ser una madre temeraria. El crimen ya ha prescrito.

Mi yo más joven le preguntó a mi madre en una ocasión, mientras íbamos en el coche a toda velocidad y ella se pintaba la raya de los ojos:

—¿Por qué tienes que maquillarte mientras conducimos?

Pero quizá una pregunta más interesante habría sido, aunque en ese momento no fuera consciente de ello, «¿Y por qué tienes que ponerte maquillaje?».

Una cantidad bastante elevada de las mujeres adultas a las que entrevisté para este libro también me dijeron, sin darle demasiada importancia, que alguna vez se maquillaban en el trayecto al trabajo. Este comportamiento es difícilmente único. Pero es un ejemplo perfecto de la cantidad de presión que las mujeres sienten para dedicar un tiempo cada día a centrarse en su físico. Esta inversión en tiempo puede ser incluso más problemática que los costes financieros. Algunas mujeres tienen mucho dinero. Ninguna crema antiarrugas les restará capacidad para suplir sus necesidades básicas o las de sus seres queridos. Pero no conozco a ninguna mujer que no desee con ansia tener más horas en su día. Estamos constantemente presionadas por nuestro tiempo.

Un estudio del tiempo diario de la Universidad de Maryland de más de 1.000 hombres y mujeres descubrió que los hombres tienen mucho más tiempo «libre» o de ocio que las mujeres.[3] Ese tiempo libre equivalía a 164 horas más al año, el equivalente de cuatro semanas de vacaciones pagadas de un empleo a jornada completa. Las mujeres también tienden más que los hombres a indicar que «siempre van con prisa». Es complicado encontrar buenos estudios científicos que estimen el coste en tiempo específico de esta búsqueda de la belleza, pero un estudio menos formal realizado por la revista *Today* descubrió que, de media, las estadounidenses dedican unos cincuenta y cinco minutos al día a arreglarse. Esto acaba suponiendo dos semanas enteras al año. Una encuesta de la revista *Women's Health* abordó este dato con un tono de sorprendida incredulidad. ¿Y cuál fue su respuesta al problema de que la belleza robaba demasiado tiempo a las mujeres? Consejos para ahorrar tiempo, como pasar de usar una crema normal para manos a un bálsamo que dura más.

Una encuesta de una investigación publicitaria británica decía que, de media, las mujeres pasan casi dos años de sus vidas maquillándose. Pero cuidado con este cálculo: el patrocinador de la encuesta era una empresa que vendía un espray hidratante, y lo promocionaban haciendo hincapié en la cantidad de tiempo valiosísimo que podría ahorrarles a las mujeres muy ocupadas. ¡Ni siquiera hay que frotar! ¡Solo tienes que rociártelo!

Tras calcular cuánto dinero dedican a la belleza, les pido a los estudiantes de mi clase «Psicología de la belleza» que sumen la cantidad de tiempo a la semana que dedican a su aspecto físico. No es raro que la diferencia entre hombres y mujeres sea de entre dos y cinco horas a la semana.

—¿Y qué hacéis con todo ese tiempo extra? —pregunté a los hombres.

Jugar a videojuegos y dormir fueron las respuestas más usuales. Las mujeres de la clase se quedaron embobadas pensando en la idea de poder dormir unas horas más.

Hora de belleza en la oficina

Jess, la directora de una empresa de tecnología que he presentado al principio del capítulo, me dio pruebas concretas del tiempo añadido que sus compañeras femeninas dedicaban al aspecto físico. Normalmente pensamos que las mujeres dedican su tiempo a la belleza en privado, delante del espejo del baño —o, ejem, el espejo retrovisor—. Pero en este caso, Jess presenció una diferencia pública de género en el tiempo dedicado a la belleza. Cuando estaba trabajando para una empresa emergente, tenían la costumbre de tomar un cóctel a las cuatro de la tarde de cada día. Jess me contó que a las tres y media clavadas, todas las mujeres se iban al baño a retocarse el maquillaje.

—¿Así que te tienes que llevar el maquillaje al trabajo? —le pregunté.

La mayoría de días, a mí me cuesta incluso acordarme de llevarme la comida.

Jess se rio ante mi estupefacción.

—Tienes que llevar maquillaje y el producto para el pelo que sueles usar. No te miento: algunas incluso se llevaban las tenacillas. Y entonces se iban al baño de la empresa y se rizaban el pelo. Así que no solo tienes que emperifollarte para ir a ese evento, cuando realmente deberías poder levantarte del escritorio e ir directamente, sino que también tienes que llevar al trabajo todo tipo de accesorios. Y durante esa media hora no puedes ir a ninguna reunión. No puedes hacer nada realmente productivo durante ese rato que estás dedicando a arreglarte.

Yo todavía estoy intentando procesar lo que me dijo.

—¿Y qué hacen los hombres durante esa media hora? —le pregunto.

—¡Pues trabajar! —exclama Jess, para dejar claro lo ridícula que le parece esta diferencia de género—. Ellos siguen trabajando. No supone ningún cambio para su día a día normal. Así que, en cierto modo, eso nos hace ser menos productivas y tener menos éxito. Porque estás dedicando parte de tu horario laboral a estar guapa.

La cultura de esta empresa en concreto no era muy usual; la mayoría de la gente no tenemos una *happy hour* diaria. Pero se puede percibir el mismo tipo de diferencia entre géneros en casi cualquier entorno laboral. Vamos a plantearnos un lugar de trabajo completamente distinto como ejemplo: un telediario. Pensemos en cuánto tiempo extra le lleva aplicarse el maquillaje a una presentadora en comparación con un presentador. En el mismo contexto, vamos a imaginar el ejercicio añadido que supone la vestimenta de los presentadores del telediario. Un traje de hombre tapa mucho más que un vestido de tirantes ajustadísimo —al parecer, el uniforme nacional de las presentadoras—. Uno de estos dos atuendos se adapta fácilmente a distintos tipos de tamaños y formas de cuerpo; el otro, no. También podemos preguntarnos cuándo fue la última vez que vimos a una presentadora con canas y compararlo con la cantidad de presentadores con el pelo gris que vemos. Los costes en tiempo de estas diferencias de género son reales y significativos. Como describe la ex presentadora de telediario Christine Craft: «Las presentadoras pueden estar en el telediario tanto tiempo como los hombres. Pero, eso sí, necesitarán dos *liftings* faciales por cada uno que se haga su compañero».

Hace poco el casino Harrah's fue demandado por una de sus camareras, muy apreciada y de larga trayectoria en la empresa, a la que despidieron cuando se negó a cumplir con una nueva política que obligaba a las mujeres a maquillarse. Esas directrices, que la empresa denominó *Personal Best*, solo exigían a los hombres que llevaran el pelo corto, las uñas limpias, cortas y sin abrillantar, y nada de maquillaje en la cara. Por el contrario, todas las mujeres que trabajaban sirviendo bebidas tenían una larguísima lista de exigencias de cuidado de su aspecto, y todas exigían una inversión de tiempo y dinero. Tenían que llevar base de maquillaje, colorete, rímel y pintalabios. Tenían que llevar el pelo «cardado, rizado o peinado», y «suelto, sin recoger, en todo momento». En cualquier trabajo donde el aspecto de cara al público sea mínimamente importante, las mujeres necesitarán más tiempo y dinero que los hombres para estar listas para el trabajo.

Jess, la chica que me contó la historia del *happy hour*, no acaba de saber qué estará dispuesta a pagar por la belleza a medida que envejezca. Me habló de una antigua compañera de habitación de la universidad con la que sigue en contacto.

—Ella está cada día más guapa —me comenta Jess—. ¡No tiene ningún sentido! ¿Se puede saber qué está haciendo para que le siente tan bien? De verdad, está rejuveneciendo, literalmente.

—¿Habrá vendido su alma al diablo? —le digo, riendo.

—Segurísimo —contesta Jess entre risas—. Estoy convencida. La cirugía plástica, las operaciones de nariz, las pestañas postizas y todas esas cosas que te puedes hacer. Siempre que lo he visto en otra gente me ha parecido exagerado y desmedido; me resulta poco atractivo. Pero en ella no.

—¿Se lo está haciendo bien?

—Sí, se lo está haciendo bien —confirma Jess—. Y de una forma tan sutil que me hace pensar: «Ay, pues quizá tendría que planteármelo». Y es muy raro, porque va en contra de todos mis principios, es como si mi cuerpo entero me gritara «¡No! ¡Tú nunca harías algo así!».

—¿Y por qué no? —le pregunto—. ¿Qué principios te lo impedirían?

Jess se queda callada un momento, intentando ponerle palabras a su respuesta.

—Pues porque deberías sentirte orgullosa de ser quien eres —empieza—. Envejecer no debería ser ningún motivo de vergüenza. Aprendes más de ti misma, tu vida cambia. O sea, mira, sí que estuve haciendo ejercicio cuando nació mi bebé para quitarme el peso que había ganado con el embarazo, pero no me obsesioné, no fue como: «Ay, me voy a operar la barriga y me voy a hacer algo para las estrías». O sea, a ver, las estrías te las ganas. Las canas te las ganas. Y las arrugas. Y no quiero sentirme jamás avergonzada de eso. Pero, a la vez...

La voz de Jess se va apagando. Se encoge de hombros.

—Dejas la puerta abierta, ¿no? —le pregunto.

—Exacto —contesta con aire resignado—. Algo así.

Buscar un equilibrio deliberado

Dada la cantidad de alabanzas que reciben las mujeres cuando se esfuerzan por alcanzar el ideal de belleza cultural, es poco sorprendente que sea complicado decir cuáles son las prácticas de belleza que elegimos libremente y cuáles no tanto. La mayoría de nosotros nunca ha sabido lo que es vivir en un mundo donde nuestro aspecto físico no sea algo fundamental. ¿Quién sabe qué tipo de elección podríamos hacer si las cosas fueran de otra forma? ¿Qué podría resultarnos más importante si viviéramos en un mundo donde nuestro aspecto físico no fuera una moneda de cambio económica y social tan relevante? En vez de ridiculizar a las mujeres por gastar «innecesariamente» en productos de belleza, quizá deberíamos centrarnos en los factores que hacen que las mujeres se sientan obligadas a gastar su tiempo y dinero en su interminable misión para gustarse un pelín más ante el espejo.

En uno de los cursos que doy les pongo a mis alumnos un trozo de un documental llamado *Mansome*. Una parte del documental sigue a un hombre de treinta y tantos años que está abiertamente obsesionado con su aspecto físico. No puede librarse de la idea de que es posible convertirse en un hombre diez con su físico y que, si tuviera algo más de tiempo, más productos y más tratamientos médicos, podría conseguirlo. Se hace masajes faciales y manicuras. Se arregla las cejas. Utiliza mil y un productos de belleza. Se pasa horas en el gimnasio. Se mira mucho en el espejo. Mis alumnos, mientras veían esta parte del vídeo, a veces intentaban contener la risa, a pesar de que queda claro que el hombre lo está pasando mal. Tenemos que preguntarnos por qué es gracioso o ridículo que un hombre pague un precio tan alto por la belleza, pero nos parece normal cuando es una mujer la que lo hace.

Cuando les pregunto a las jóvenes de mi clase «Psicología de la belleza» si les gustaría que les devolvieran parte de su dinero y su tiempo invertidos en belleza, siempre responden que sí. Que quede claro: hay mujeres a quienes les gustan el maquillaje y los centros de belleza. No estarían dispuestas a sacrificar este tipo de gasto; les gusta dedicarle su tiempo. Pero aquí no tenemos que pensar en términos de «todo o nada».

A muchas mujeres les gustan algunas prácticas de belleza y las hacen sentir más poderosas. Pero, en el caso de otro tipo de prácticas, no parecen tanto una elección como una obligación cultural. Algunas de estas prácticas y productos son muy, muy fáciles de seguir; están al alcance de nuestra mano. Pero, si somos conscientes de que el tiempo y el dinero son recursos valiosísimos, quizá podemos plantearnos invertir menos cantidad en belleza. Sopesemos la opción y preguntémonos: ¿dónde me apetece más invertir mi tiempo y mi dinero? Quizá queramos pasar ese tiempo con nuestra pareja o con amigos y familiares. Quizá nos gustaría ahorrar ese dinero para irnos de vacaciones, o quizá nos apetezca donarlo a una organización benéfica que nos importe. Quizá quieras apuntarte a clases para aprender algo nuevo o empezar un nuevo *hobby*. El objetivo aquí debería ser que nuestros valores más importantes marquen nuestras elecciones en la vida, no un conjunto de expectativas culturales que no hemos pedido.

Mientras sigamos viendo a las mujeres como objetos, no habrá la necesidad de cuestionar la obligación o el atractivo de las distintas prácticas de belleza. Y si las niñas pequeñas aprenden que los demás examinan constantemente su aspecto físico, la consecuencia es que acabarán por convertirse en mujeres dispuestas a pagar el precio que sea por la belleza.

Aunque los adolescentes son todavía minoría entre los pacientes de la cirugía plástica, decenas de miles de cirugías estéticas —incluyendo aumentos de pecho, rinoplastias y liposucciones— se hacen en chicas de dieciocho años o menos cada año en los Estados Unidos. Cuando el libro *Pretties* de Scott Westerfeld describió una imagen de un mundo postapocalíptico donde todo el mundo se somete a cirugía plástica a los dieciséis años para estar a la altura de un ideal de belleza muy rígido, la idea no parecía tan descabellada. En una de mis partes favoritas del libro, Tally, la protagonista, habla de un sueño que ha tenido sobre una princesa. La princesa, encerrada en su torre, queda fascinada por lo que ve a través de la ventana. Westerfeld escribe: «Cada vez empezó a pasar más tiempo mirando por la ventana y menos tiempo mirándose en el espejo, como suele pasar con las chicas problemáticas». Si queremos que nuestras niñas crezcan y sean personas revolucionarias que quieran salir al mundo y convertirlo en un lugar mejor, tendremos que crear una cultura que no les permita obsesionarse con su propio reflejo. El autoanálisis constante del propio aspecto acarrea numerosos costes. Es un precio demasiado alto.

TRES

Cómo los medios de comunicación alimentan la enfermedad de la belleza

7

Los malvados medios de comunicación

CUANDO ESTABA EN segundo de la universidad trabajé como camarera en un bar local. Como trabajo era muy divertido y una buena manera de pagarme el alquiler —aunque me suponía tener que llegar a las dos de la madrugada a casa, pegajosa por la bebida que me había caído encima y oliendo peor que un cenicero—. Todos los bármanes eran hombres y me trataban como a una hermana pequeña; incluso me daban palmaditas en la cabeza o me alborotaban el pelo. Una tarde, cuando me presenté a trabajar, vi que alguien había recortado un calendario de modelos en bikini y había empapelado toda la zona para empleados de detrás de la barra con esas imágenes, pegadas con cinta adhesiva en los viejos paneles de madera.

Quizá hoy en día este tipo de comportamiento acabaría por salir en las redes sociales y se criticaría duramente a la persona a quien se le hubiera ocurrido la idea, pero eran otros tiempos. No dije nada a nadie sobre esas fotos. En parte porque tampoco tenía unas expectativas demasiado elevadas para un ambiente de trabajo en un bar que siempre estaba a rebosar. Pero sobre todo me quedé callada porque tampoco sabía qué decir o hacer. De hecho, ni siquiera había sabido decir si lo que había pasado era algo realmente incorrecto. Solo sabía que esas imágenes me hacían sentir avergonzada y vulnerable de una forma que no podía describir exactamente. Me hicieron ver a los demás camareros, que consideraba mis hermanos, de otro modo, y me pregunté cómo debían de verme ellos a mí en realidad. Cuando iba tras la barra para llevarme una bandeja de bebidas esas fotos eran como un bofetón en la cara, y cada vez que volvía a meterme entre los clientes para servirles me sentía un poco peor.

Nunca hablé de las fotos con las demás camareras —todas mujeres—, pero me imagino que yo no era la única que se sentía incómoda. Las fotos desaparecieron al día siguiente. No sé quién las quitó o por qué. Ojalá hubiera sido yo, pero todavía me faltaban años para atreverme a actuar de esta forma.

Poco después del incidente del calendario vi una película de Jean Kilbourne llamada *Still Killing Us Softly: Advertising's Image of Women*. Me quedé hipnotizada. En esa película, Kilbourne entretejió con maestría imagen tras imagen hasta componer una impactante descripción de cómo los medios de comunicación cambian sistemáticamente la forma en que las mujeres se sienten respecto a sí mismas. Supo plasmar la incomodidad que muchas mujeres sienten al ir hojeando las páginas de una revista de moda o al ver cómo la enésima modelo, sin un solo poro en la cara, intenta venderles un rímel en un anuncio de televisión. Me ayudó a entender por qué aquella noche me sentí de aquella manera en el bar, y me confirmó que seguramente habría otras mujeres que se sintieron igual que yo.

La película me encantó. Fue la primera vez que abrí los ojos al papel que tienen los medios de comunicación en la promoción de la enfermedad de la belleza. Ahora nos resulta normal poder exigir responsabilidades a los medios de comunicación, ya que es una práctica muy extendida, pero de hecho es un fenómeno relativamente reciente. En muchos aspectos, las versiones iniciales de esa película —que ya va por su quinta edición— fueron las que lanzaron a la palestra las críticas a las imágenes de las mujeres en los medios de comunicación.

Si buscas a alguien o algo a quien echarle la culpa de que tantas mujeres se sientan fatal cuando se miran en el espejo, las imágenes de mujeres en los medios de comunicación populares son, con mucho, el objetivo más fácil. Ya sean las modelos de *fitness* en bikini promocionando batidos para perder peso o los anuncios retocadísimos de cosmética para venderte una sombra de ojos que te cambiará la vida, todo parece decir a gritos: «¡Estoy diseñado para que pierdas tu autoestima!». El famoso artista callejero Banksy describió con elegancia el poder de los anuncios para modificar la percepción de uno mismo: «Desde los autobuses que pasan van lanzando comentarios a la ligera en los que insinúan que no eres lo suficientemente atractivo» afirmó, y «Aparecen en la tele para hacer que tu novia se sienta insignificante». Pero, lo que es más importante, Banksy advirtió que todo este acoso es especialmente efectivo porque los anunciantes «tienen acceso a las tecnologías más sofisticadas que el mundo ha visto jamás».[1] Es una cantidad de poder enorme en manos de personas que, mayoritariamente, están mucho más interesadas en que te desprendas de tu dinero que en mejorar cualquier aspecto de tu vida.

Recibo muchos correos electrónicos a la semana de estudiantes de secundaria, bachillerato y universidad de todo el país que trabajan en proyectos sobre las imágenes mediáticas de las mujeres y quieren saber mi opinión. No es que sus profesores les hayan dado este tema: simplemente, a las jóvenes de hoy en día les parece algo tan relevante e importante que lo exploran con frecuencia cuando les dan la oportunidad de investigar algo que les interese.

Cuando empecé a estudiar las relaciones que las mujeres tienen con sus cuerpos, las imágenes mediáticas femeninas eran el sospechoso número uno. Por aquel entonces, Internet todavía estaba en pañales —tenía que ir recortando imágenes de las revistas para mi investigación, porque no podía buscar imágenes en Google— pero, incluso sin Instagram ni Facebook, no podías ir a ningún sitio sin encontrarte con fotos retocadas de modelos delgadísimas y de pelo reluciente vendiéndote algo. Por supuesto que estas imágenes no solo están en los anuncios; también las ves en los programas de televisión, películas y otros formatos. El término que los investigadores utilizan para describir este tipo de representación es «imágenes idealizadas de mujeres en los medios de comunicación».

Las imágenes idealizadas de mujeres en los medios de comunicación no son ni mucho menos el único objetivo importante en lo referente a nuestra cultura enferma de belleza, pero su absoluta ubicuidad implica que no podemos subestimar su impacto. Tampoco podemos fingir que lo que vemos en los medios de comunicación no da forma a nuestros pensamientos y comportamientos. Puede que sea tentador pensar que nuestra mente está a resguardo tras un muro protector, a salvo de la influencia de las arremetidas de los medios de comunicación, pero la cosa no va así. Todos nos vemos afectados por estas imágenes. Tienen una influencia traicionera, y no hay ninguna barrera mágica para mantenerlas a raya.

Sin el formidable poder de los medios de comunicación inundándonos ojos y oídos con imágenes de un estrecho rango de belleza femenina, sería imposible imaginar un mundo donde los estándares de belleza para las mujeres se hubieran distorsionado tanto. Es inconcebible que la obsesión cultural por el tamaño del cuerpo de las mujeres hubiera crecido con tal intensidad sin que la publicidad lo hubiera respaldado. El descontento de las mujeres con la belleza no se podría haber extendido tanto si no lo hubiera alimentado un incesante desfile de modelos raquíticas intercalado con anuncios para productos dietéticos y soluciones milagrosas para «áreas problemáticas». El ambiente de la belleza para las mujeres no tiene nada de natural. Pero esto no siempre ha sido así. Y no podríamos haber llegado hasta este punto sin una intervención significativa de los medios de comunicación. En lo referente a su influencia sobre la enfermedad de la belleza, las imágenes mediáticas de mujeres conllevan tres problemas serios. En primer lugar, no son realistas ni representativas, así que distorsionan nuestra percepción del aspecto que tienen las mujeres de verdad. En segundo lugar, van siempre invariablemente de la mano de imágenes de éxito, romance y felicidad, lo que refuerza de forma constante la noción de que un tipo específico de belleza es la clave para una buena vida. Y finalmente, lo que es más importante, las mujeres de esas imágenes suelen estar objetificadas sexualmente, lo que refuerza nuestra tendencia de ver a otras mujeres y a nosotras mismas como cosas. Cada una de estas tendencias de los medios de comunicación se ha relacionado con multitud de resultados psicológicos negativos en chicas y mujeres.

¿En qué mundo vivimos?

Vamos a empezar con la crítica de las imágenes mediáticas de mujeres que ya conoce casi todo el mundo: estas imágenes no son realistas. «No ser realista» implica distintas cosas en este contexto. En primer lugar, el aspecto de las mujeres de la mayoría de estas imágenes mediáticas es una excepción estadística: jóvenes, inusitadamente altas, con la piel clara, el pelo reluciente y atractivos rasgos faciales. Incluso aunque estés en Nueva York o en Los Ángeles, casi nunca verás a una mujer parecida a las que aparecen rutinariamente en las vallas publicitarias, en los anuncios de televisión y en las revistas. No es que esas mujeres no existan: sí que existen, pero son extraordinariamente infrecuentes. Una vez un compañero me dijo que las mujeres que veía en los medios de comunicación no le parecían distintas a las que veía en su día a día. Casi me caigo de la silla de la risa. Así de potentes son los medios de comunicación que nos rodean. Literalmente, pueden hacernos olvidar qué aspecto tiene la vida real.

Mira con atención a tu alrededor la próxima vez que vayas caminando por un sitio lleno de gente. Si te fijas bien, verás a mujeres con una miríada de tamaños y formas de cuerpo, colores de pelo, facciones y edades. Es fácil olvidar el panorama real del aspecto de las mujeres, porque el rango de lo que vemos en los medios de comunicación es muy estrecho.

Aunque tener un ideal de belleza femenino no es nada nuevo —cada cultura y periodo histórico ha tenido el suyo—, el estándar actual está marcado por lo absurdamente inalcanzable que es para casi todas nosotras. Y esta distorsión se hace más evidente en la forma y el tamaño del cuerpo: muy delgado y de largas piernas. Tener grandes pechos y un trasero redondeado también es necesario, pero no se permite tener celulitis visible. De forma más reciente, el requisito de tener una musculatura visiblemente tonificada se ha añadido a este estándar ya de por sí absurdo. Es difícil señalar a una sola mujer real que pueda encarnar de forma simultánea cada uno de estos requisitos. Ni siquiera las famosas, admiradas por su belleza general, pueden cumplir con todos esos criterios. A una actriz a la que alaben por su cuerpo curvilíneo los productores le seguirán exigiendo que pierda peso. A una modelo de pasarela ultradelgada y de largas piernas se la criticará por ser demasiado huesuda. A una entrenadora de *fitness* famosa se la ridiculizará por sus formas, no lo suficientemente redondeadas. Incluso los cuerpos que más se acercan a «un cuerpo diez» nunca podrán sacar matrícula de honor.

Las mujeres no han elegido este ideal de locos. Simplemente es la influencia a la que se nos ha expuesto desde bien pequeñas; se filtra en nuestras mentes incluso aunque no queramos.

A medida que el peso medio de las mujeres ha ido aumentando durante las últimas décadas, los iconos de la belleza femenina como las modelos, las concursantes de Miss América y las chicas de las páginas desplegables de la revista *Playboy* han ido haciéndose más y más delgadas. La situación en la televisión tampoco es distinta: un análisis de los personajes femeninos principales en dieciocho comedias del horario de máxima audiencia descubrió que un 76 % de las actrices que las interpretaban quedaban por debajo del peso medio.[2] Otro estudio distinto de los programas de las principales cadenas de televisión —donde se incluyeron más de 1.000 personajes principales, 56 programas y 275 episodios— descubrió que uno de cada tres personajes femeninos principales tenía un peso inferior al mínimo recomendado.[3] Como punto de referencia, menos del 3 % de las mujeres adultas de los Estados Unidos están por debajo del peso mínimo recomendado.

Las imágenes de las revistas siguen el mismo patrón. Dos investigadores de la Universidad Estatal de Arizona diseñaron un estudio para ver cómo influyen en las mujeres las imágenes de modelos de un peso dentro de la media. No pudieron encontrar este tipo de fotografías en las revistas de belleza populares, así que tuvieron que buscar en materiales «de tallas grandes» para encontrar modelos con un peso promedio.[4]

De forma poco sorprendente, la evidencia más clara de estos patrones proviene del sector del modelaje. Investigadores de la Universidad Saint Mary's analizaron datos de los sitios web de agencias de modelos y descubrieron que más de un 80 % de las modelos estaban por debajo o muy por debajo del peso recomendado, de las cuales alrededor del 20 % cumplían los requisitos de peso para considerarse anorexia nerviosa.[5] Estos son solo algunos de los datos de la investigación y todos apuntan a la misma conclusión general: en lo referente al tamaño de cuerpo de una mujer, lo que vemos en los medios de comunicación guarda muy poco parecido con lo que vemos en la vida real.

Las imágenes mediáticas de las mujeres son abrumadoramente inalcanzables debido a todo el trabajo que hay tras su creación; trabajo que es en gran parte invisible para el espectador. Este tipo de imágenes casi siempre tiene detrás a un equipo de maquilladores y peluqueros, pinzas para la ropa ocultas y ventiladores colocados estratégicamente. Pero el proceso no termina tras la sesión de fotos controlada al milímetro: después esas imágenes también se retocan y manipulan gráficamente. En otras palabras, empezamos por mujeres que ya son una rareza estadística y hacemos que pasen de ser poco comunes a ficticias. En algunos casos, las mujeres que aparecen en los medios de comunicación se crean directamente desde cero, juntando partes del cuerpo de aquí y de allá hasta formar una personificación del ideal.

Gracias en parte a las campañas de concienciación sobre los medios de comunicación y a los usuarios de redes sociales que tienen muy clara esta realidad, ya es un conocimiento básico el hecho de que casi todas las imágenes de mujeres que vemos en los medios de comunicación están retocadas. No conozco a ninguna mujer hoy en día a la que pueda sorprender la idea de que las fotografías pasen por Photoshop. Todas sabemos que es así. Pero eso no evita que los anunciantes se vuelvan cada vez más absurdos en sus manipulaciones: editan la foto de una modelo para que quede tan delgada que su pelvis es más estrecha que su cabeza, quitan una parte de un brazo y se olvidan de volver a incorporarla, alisan las axilas hasta que no queda ni una arruga de piel, aumentan los ojos y labios hasta que la mujer parece salida de un cómic japonés, reducen una cintura que

algunas ocasiones. Las normas no escritas para la belleza de las mujeres a menudo me confunden y, del mismo modo que Jess, la directora de una empresa de tecnología de la que he hablado en el capítulo 6, con frecuencia me gustaría que hubiera algún tipo de uniforme para las mujeres para no tener que dedicar tanta energía a saber qué normas hay en cada situación.

Sasha también se ríe. Pero tengo la sensación de que habla en serio, hasta cierto punto. Una parte de ella todavía quiere parecerse a esas imágenes de la revista *CosmoGirl*. Quiere saber el secreto. Quiere estar entre las elegidas.

Un mensaje que cala hondo

El profundo deseo de Sasha de alcanzar los estándares de belleza de la cultura dominante y su vergüenza al no ser capaz de hacerlo no son algo inusual. Los científicos saben desde hace décadas que el tipo de imágenes que he descrito afecta a las mujeres de formas preocupantes e importantes. El efecto más claro y estudiado es el que produce en la estima corporal de las mujeres. Un análisis de veinticinco estudios distintos publicados sobre el tema descubrió que la exposición a imágenes mediáticas con un ideal de delgadez lleva a las mujeres a sufrir un mayor descontento con su cuerpo.[8] Pero el descontento con el cuerpo no es el único resultado preocupante de este tipo de imágenes. La investigación también las relaciona con mayores niveles de sentimientos de depresión e ira, además de una disminución en las emociones positivas y la autoestima —especialmente entre adolescentes, un grupo que ya está en riesgo—.

Las imágenes de las mujeres en televisión pueden tener un impacto incluso mayor que las imágenes estáticas. Un estudio de la Universidad de Illinois descubrió que la percepción de las estudiantes

universitarias del cuerpo ideal de la mujer estaba asociada a la cantidad de televisión que veían.[9] Cuanta más veían, más deseaban tener
pechos mayores y cinturas y caderas más reducidas. Independientemente del tamaño actual de tu cuerpo, es más posible que sientas
que tienes sobrepeso si miras mucha televisión, porque casi todas las
mujeres que ves en los programas de televisión son extremadamente
delgadas. Los programas como *Extreme Makeover* o *Bridalplasty* su-
ponían un bofetón especialmente duro de humillación corporal, ya
que los participantes de cada programa iban «ganando» operaciones estéticas para que sus cuerpos se acercaran un poco más al ideal
cultural. Un estudio de más de 2.000 universitarias descubrió que
aquellas que pasaban más tiempo mirando programas de telerrea-
lidad centrados en operaciones estéticas estaban más descontentas
con su cuerpo y comían de forma más desordenada.[10]

Una de las investigaciones más convincentes al abordar la influencia de los medios de comunicación en la imagen corporal de
las mujeres la realizó la profesora de la Escuela Médica de Harvard,
Anne Becker, en Fiji.[11] Fiji era una cultura especialmente interesante en la que estudiar estos temas porque, en el momento de
empezar la investigación, tener un cuerpo voluminoso era algo deseable en el país. Una persona rolliza se consideraba estéticamente
bella y, a la vez, reflejaba una red social fuerte que se preocupa por
el individuo y que lo alimenta bien. Becker escribió que, durante
las comidas, es normal que los familiares te animen a comer más:
«Come, come, que así te pondrás gorda». Las chicas de Fiji se habrían quedado muy perplejas ante las preocupaciones de Sasha con
su cuerpo. Y si le hubieran podido decir algo, seguramente la habrían animado a ganar algo de peso.

A principios de los 90, simplemente no había ninguna norma cultural en Fiji que animara a las mujeres a adelgazar a través de dietas
o ejercicio. La anorexia y la bulimia eran completas desconocidas.

Becker estudió a chicas adolescentes de una provincia de Fiji que disfrutaba por primera vez de un acceso generalizado a la televisión, en 1995. La mayoría de los programas disponibles eran occidentales y, por ejemplo, las telenovelas australianas y el programa *Beverly Hills 90210* [*Sensación de vivir*] original se hicieron muy populares. Los papeles no oficiales de chicas guapas o populares los desempeñaban actrices como Jennie Garth o Shannen Doherty. No eran chicas exageradamente delgadas para los estándares de los EE. UU., pero sus cuerpos no guardaban ningún tipo de similitud con el ideal físico de Fiji. Becker y los demás investigadores recopilaron datos de chicas adolescentes para utilizarlos como referencia solo unas pocas semanas después de que la televisión llegara a la provincia. Tres años más tarde, volvieron y recopilaron datos de un nuevo grupo de chicas adolescentes. En el conjunto de datos que habían recogido la primera vez, ninguna chica indicó haberse provocado el vómito para perder peso. Tres años después, un 11 % de las chicas lo había hecho. Tras haber tenido televisión durante unos tres años, un 74 % de las chicas adolescentes de Fiji indicaron que se sentían demasiado gordas. Antes de la televisión, ni siquiera habría tenido sentido preguntarles a estas chicas si se sentían demasiado gordas.

¿Por qué había cambiado de forma tan drástica la percepción de estas chicas sobre sus propios cuerpos el hecho de ver televisión? Pues porque tenía la misma influencia sobre ellas que sobre las mujeres de los Estados Unidos o de cualquier otro sitio con tanta exposición a este ideal físico de delgadez. En primer lugar, cuanto más consuma una mujer este tipo de contenidos de los medios de comunicación, más tendencia tendrá a interiorizar el ideal de belleza que promueven. En otras palabras, si ves ese ideal cada vez que giras la cabeza, es más probable que acabes aceptándolo, incorporándolo como algo tuyo. Y aceptar este estándar de belleza no solo es algo desalentador, sino que puede ser peligroso. La interiorización del ideal mediático de delgadez es uno de los predictores más potentes del desarrollo de desórdenes alimenticios, una asociación que quedó claramente demostrada en el estudio de Fiji.

Una segunda forma en la que este tipo de imágenes hace que las mujeres se sientan insuficientes es la comparación social. La comparación social es un proceso en el que todos participamos, del mismo modo en que Sasha comparó su pelo con el de las modelos de revistas y su cuerpo con el de sus compañeras de ballet. Nos motiva saber en qué posición estamos respecto a distintas características; forma parte de la naturaleza humana. Algunas veces tenemos información objetiva, como una puntuación en un examen. Pero para la mayoría de las características que más nos interesan no tenemos este tipo de datos. En su lugar, nos basamos en comparaciones informales con los demás para saber cuál es nuestro puesto en la clasificación. Si quieres saber lo amable que eres, seguramente pensarás en personas que conoces y que ves en los medios de comunicación, y así te puedes hacer una idea de tu amabilidad en relación con la que tienen ellos. Si quieres saber cuál es tu atractivo físico, haces lo mismo.

Como muchas mujeres ya pasan gran parte de su tiempo preocupándose de su aspecto físico, y como las imágenes mediáticas idealizadas de mujeres están disponibles en cualquier lugar, las comparaciones sociales con estas imágenes son casi inevitables. Si una chica está en el supermercado a punto de pagar y allí ve una portada de revista con una famosa de belleza inalcanzable, le resultará increíblemente difícil evitar percibir la clara diferencia que hay entre ella y esa mujer.

Como gran parte de los ideales de belleza para la mujer que transmiten los medios de comunicación son inalcanzables, con las comparaciones sociales las mujeres tienen un sinfín de oportunidades para sentir que no están a la altura. Las comparaciones sociales tienden a suceder rápidamente y de forma automática, así que es muy difícil evitarlas, incluso con un esfuerzo consciente. Cuando estudiaba mi posgrado me interesaba saber cuán a menudo las mujeres caían presa de estas comparaciones al ver estas imágenes mediáticas de mujeres. Les pedí a más de 200 universitarias que apuntaran todos los pensamientos que les vinieran a la cabeza mientras miraban anuncios de revistas dirigidas a mujeres. En algunas de las imágenes solo se veían productos, como un anuncio de pintalabios de Clinique donde se veía un tubo de brillo de labios que se derramaba sobre un fondo blanco minimalista. En otros, como un anuncio de bañadores Calvin Klein y una crema hidratante de Clarins, aparecían modelos. Las comparaciones sociales como respuesta a las imágenes de modelos fueron extremadamente comunes: más de un 80 % de las mujeres hicieron al menos una. Con solo leer la lista de comparaciones que escribieron estas mujeres se te parte el corazón:

- *Ojalá tuviera un vientre plano perfecto como el de ella.*
- *¿Por qué yo no puedo estar así de delgada?*
- *Yo creo que sería feliz si tuviera unos muslos así de finos.*
- *Madre mía, qué guapa es. ¿Por qué yo no puedo ser así de guapa?*
- *Es el sueño de cualquier hombre. Ojalá fuera ella.*
- *Comparada con esta modelo, me siento como una elefanta gorda.*
- *Me hace pensar en todas las cosas de mi cuerpo que odio. Me hace sentir que debería cambiar mi aspecto físico.*

Mirar los anuncios también llevó a las mujeres a crear una lista de deseos sobre su propio aspecto y una lista negra de los defectos que percibían en ellas.

- *Odio mis caderas, tengo demasiado pecho, no tengo el vientre lo suficientemente plano.*

- *Ojalá tuviera otro color de ojos.*
- *Estoy demasiado gorda.*
- *Odio tener pecas.*
- *Necesito algo más de color en la piel.*
- *Tengo los muslos muy gordos.*
- *Ojalá tuviera un pliegue en el párpado.*
- *Tengo demasiado acné.*
- *No soy lo suficientemente guapa.*
- *Mis pestañas no son lo suficientemente largas.*
- *Mi cuerpo es feo.*

Tras trabajar con un equipo de asistentes de investigación para codificar todos los pensamientos que enumeraron las mujeres de este estudio, descubrimos que aquellas con mayores niveles de descontento con su propio cuerpo fueron las que hicieron más comparaciones sociales. Cuando ya te sientes vulnerable por tu aspecto físico, tu tendencia es buscar constantemente más información sobre tu apariencia. Y esto crea un círculo vicioso de odio por tu cuerpo.

Aquellas personas con dificultades para sentirse bien con sus cuerpos también muestran lo que se llama un «sesgo atencional» en respuesta a las imágenes mediáticas de las mujeres. Su mirada se ve atraída hacia los cuerpos de las mujeres delgadas y, al mirar imágenes de ellas mismas, no parecen ser capaces de despegar los ojos de esas partes del cuerpo que más odian. En un estudio de mi laboratorio, primero preguntamos a más de 80 mujeres lo satisfechas que se sentían con distintas partes de su cuerpo. Después les pedimos que miraran imágenes de modelos femeninas delgadas de catálogos mientras estaban sentadas ante un oculómetro. Un oculómetro, o dispositivo de seguimiento ocular, utiliza luz infrarroja para ofrecer indicadores extremadamente sensibles del lugar al

que se dirige tu atención visual. Cuando se les mostraban imágenes de modelos femeninas, las mujeres de nuestro estudio tendían
a mirar inmediatamente a esas áreas del cuerpo de la modelo que
coincidían con la parte de su propio cuerpo que menos les gustaba.
En otras palabras, si una mujer se sentía descontenta con sus propios muslos, sus ojos tendían a dirigirse directamente a los muslos
de la modelo. Este patrón, que sucedía de una forma tan rápida que
era probablemente inconsciente, contribuye de forma indudable al
proceso de comparación social.

Al crecer, Sasha sentía con claridad los efectos de las comparaciones sociales relacionadas con la belleza en su vida. Como hubo
demasiadas ocasiones en las que no estuvo a la altura del ideal de
belleza, Sasha acabó por concluir que ser guapa era algo que, sencillamente, no le estaba permitido. Decidió abandonar esta carrera
de belleza en la que nunca se había sentido capaz de competir.

—Es como que me desentendí —me explicó—. Y decidí empezar a
tener un papel distinto en mis dinámicas con mis amigas.

Cuando le pregunté cuál era este papel, respondió al instante.

—Yo era la segundona —me dijo, encogiéndose de hombros—. Sabía
a la perfección cuál era mi papel, y lo desempeñé con muchas amigas
distintas en secundaria y en el instituto. Siempre era la segundona.

Y Sasha también sabía exactamente cuál era el significado de
«ser la segundona».

—Pues que yo no era la guapa, sino la típica chica maja y graciosa.
Y tenía buena mano para ayudar a mis amigas a conseguir lo que
querían, ya fuera un novio o sacar un diez en un examen. Siempre
se me dio bien ayudar a los demás a brillar y a convertirse en la persona que querían ser.

Por una parte, todo esto suena bien. Ayudar a los demás, tener
un buen sentido del humor... Todo eso son cualidades admirables.
Pero si escuchas con atención lo que dice Sasha, la verdad es que no

parece algo tan bonito: como no pudo tener el tipo de belleza que le vendían los medios de comunicación, decidió ser invisible. Sasha confirmó mi idea.

—Fue para compensar —admitió—. Me convertí en una persona secundaria en la vida de muchas personas en vez de brillar en mi propia vida, porque pensaba que ese era mi papel. Yo quería que los demás me consideraran atractiva. Solo que ya sabía que eso jamás pasaría. Y yo... Yo tenía la sensación de que, en secreto, todo el mundo sabía que yo era distinta y que sentían un poco de pena por mí. No me gustaba que me tuvieran lástima.

Cosas perfectas

En 2009, *WAD*, una revista de cultura y moda francesa, celebró su décimo aniversario con una cubierta donde se veía una imagen, al parecer realista, de una mujer desnuda y tumbada sobre el estómago, con una vista completa de su espalda, piernas y trasero. Pero era una mujer especial, porque en realidad era un pastel. En la imagen se veía cómo le cortaban una porción de pastel de una nalga. ¡Feliz cumpleaños! Aquí tienes un pedazo de nalga, literalmente. Si quieres ver esta obra de arte, puedes buscar en Internet «WAD cake woman cover». Y lo que era incluso más absurdo, la mujer-pastel era tan delgada que se le marcaban las costillas. Ella podía ser un pastel, pero no podía comer nada de pastel.

Vamos a intentar hacer un ejercicio mental para poner todo esto en perspectiva. Imaginemos la portada de una revista donde se ve el cuerpo desnudo de un hombre, hecho de pastel, y al cual le están cortando un pedazo del trasero. Probablemente nos resulta una imagen desagradable o graciosa de un modo distinto al de la imagen original. Es más fácil convertir a una mujer en un objeto sexualizado, en parte porque las imágenes mediáticas han sido muy eficaces a la hora de acostumbrarnos a esta noción.

Tenemos que preguntarnos por qué este tipo concreto de decisión artística se hace tan a menudo con los cuerpos de las mujeres y casi nunca con los de los hombres. Es imposible responder a esta pregunta de forma honesta sin reconocer la naturaleza del género específico de la objetificación. No es que nunca pensemos en los hombres como objetos; por supuesto que sí. Aun así, presentar los cuerpos de los hombres de una forma descaradamente objetificada no es lo usual. Pero los cuerpos de las mujeres, sí.

Las mujeres no se objetifican sexualmente en todas las imágenes mediáticas, pero sí que sucede lo suficientemente como para que sea fácil encontrar ejemplos. Una de las formas más obvias se da cuando se transforma visualmente a una mujer en un objeto real —un mueble o una botella de cerveza—. Además de esto, a menudo las imágenes muestran solo partes del cuerpo de una mujer: una pierna por aquí, un pecho por allá. Un ejemplo clásico es un anuncio de Marc Jacobs donde aparecen las piernas de Victoria Beckham, la ex Spice Girl, sobresaliendo en un ángulo extraño de una bolsa. Lo único que se ve es una bolsa de la tienda de Marc Jacobs en blanco y negro de la que salen dos piernas, delgadas como palillos, que se desparraman por el lateral como si la compra se estuviera saliendo. Solo sabemos que se trata de las piernas de Victoria porque nos lo dice el anunciante.

Además de crear ideales poco realistas y de distorsionar nuestra idea de cuál es el aspecto real de las mujeres, las imágenes mediáticas de las mujeres también infligen otro tipo de daño. Son una de las principales fuentes de objetificación sexual de las mujeres, y transmiten de forma constante que nuestros cuerpos existen para que los demás los utilicen y evalúen a su antojo. Ver a mujeres como objetos en el imaginario mediático es un recordatorio de lo a menudo que solo se valora a las mujeres por sus cuerpos. El mensaje de estas imágenes es claro: existes para que te miren. De una forma todavía más sutil, algunas de estas imágenes se captan de una forma que, con solo mirarlas, se nos fuerza a ponernos en el punto de vista de alguien que está haciendo esta objetificación.

Las personas preocupadas por este asunto se indignaron especialmente por un anuncio relativamente reciente de Dolce & Gabbana. La ira que encendió la imagen corrió como la pólvora.

En el anuncio se ve a un hombre sin camisa que tiene sujeta a una mujer, semidesnuda, contra el suelo, agarrándole los brazos por encima de la cabeza, mientras otros tres hombres observan la situación de cerca. La mujer es claramente el punto focal de la imagen, pero a duras penas parece presente. Tiene la mirada perdida en la distancia, casi como si estuviera disociándose. No parece querer estar ahí. Y, mientras tanto, es observada por unos hombres que parecen listos para turnarse y tener sexo con ella. La tendencia de mostrar a las mujeres como si no estuvieran completamente presentes, como si miraran al espacio en vez de ver lo que las rodea —incluso cuando lo que pasa a su alrededor parece muy importante o peligroso— resulta demasiado común.[12]

Tanto España como Italia prohibieron este anuncio cuando surgieron quejas de que, además de denigrar a la mujer, también parecía mostrar una violación grupal. La imagen no se prohibió en las revistas de los EE. UU., pero incluso si no viste la imagen a dos páginas, posiblemente pescaste el anuncio en Internet, ya que censurar una imagen suele atraer incluso más miradas hacia ella.

Hace poco, la página de Tumblr «The Headless Women of Hollywood» ha atraído la atención de las redes sociales. En ese sitio aparecen docenas de pósteres de películas donde se muestra de forma prominente el cuerpo sexualizado de una mujer, pero sin que se vea la cabeza: otro ejemplo más de la objetificación de la mujer en el imaginario mediático. Es casi como si Hollywood hubiera olvidado que las mujeres tienen cara.

La tendencia de imágenes de mujeres sin rostro no es nada nuevo, y no está limitada a los carteles de películas. Cuando vemos imágenes de hombres, hay más posibilidades de que les veamos la cara. E incluso cuando las imágenes muestran tanto la cara de los hombres como de las mujeres, tienden a mostrar más de la cara de los hombres. Esta tendencia se ha documentado en varios tipos de revistas de alrededor del mundo, en periódicos, ilustraciones, programas de televisión de máxima audiencia e incluso en dibujos de aficionados.[13] Un análisis reciente descubrió que, incluso en sus propios perfiles de las redes sociales, cuando las mujeres deciden presentarse al mundo prefieren mostrar más su cuerpo y menos su cara.[14] Para demasiadas personas, ver el cuerpo de una mujer ya les da toda la información que quieren saber de ella. Una serie de estudios de la Universidad de California en Santa Cruz demostró que, cuando vemos imágenes donde se ven más las caras de las mujeres que sus cuerpos, asumimos que las mujeres de las imágenes son más inteligentes, asertivas y ambiciosas.[15] En otras palabras, mostrar o no la cara no es solo una simple decisión artística. Tiene consecuencias serias en nuestra forma de ver el carácter y el potencial de una mujer.

Percibir a las mujeres como objetos puede suceder tan rápida y automáticamente que ni siquiera somos conscientes de ello. Los psicólogos cognitivos saben desde hace tiempo que procesamos las imágenes de objetos de una forma distinta a las imágenes de humanos. Para los humanos, tendemos a usar lo que se llama un procesamiento configural. Para reconocer una cara específica, no solo necesitamos ver los ojos, la nariz y la boca, sino que nos hace falta ver de qué forma se relacionan espacialmente estos distintos componentes. ¿A qué distancia está la nariz de la boca? ¿Dónde está un ojo respecto al otro? Como resultado, las imágenes de humanos tienden a ser más difíciles de reconocer cuando las invertimos verticalmente, lo que se llama efecto de inversión. Por otro lado, los objetos —como, por ejemplo, una casa— son fácilmente reconocibles incluso cuando están invertidos. En un estudio creativo publicado en la revista *Psychological Science*, los investigadores les mostraron a los participantes imágenes sexualizadas tanto de hombres como de mujeres, donde todos aparecían en ropa interior o trajes de baño.[16] Según predice el efecto de inversión, a los participantes les costaba reconocer a hombres invertidos verticalmente. Pero, por el contrario, en las imágenes sexualizadas de las mujeres los participantes no experimentaban este efecto de inversión. Estas imágenes se reconocían igual de fácilmente, estuvieran invertidas o no. Las mujeres sexualizadas se procesaban literalmente del mismo modo que procesamos las imágenes de objetos.

Las consecuencias de la exposición a las imágenes objetificadas de mujeres

Los científicos sociales tienen diversos argumentos para explicar por qué hay esta tendencia a objetificar a las mujeres en las imágenes mediáticas. Quizá hemos evolucionado para estar más interesados en el aspecto de las mujeres. Quizá los publicistas se limitan a darnos lo que queremos. Quizá es sexismo puro y duro. Pero independientemente del motivo por el que pensemos que las mujeres se suelen mostrar de formas objetificadas sexualmente, las consecuencias son desconcertantes.

Incluso la exposición breve a la objetificación puede tener un efecto medible en nuestra forma de pensar en las mujeres. Por ejemplo, en un estudio, los investigadores mostraron a varios hombres uno de dos tipos de vídeos.[17] En el grupo donde se los exponía a la objetificación, los hombres veían escenas de películas donde se mostraba a las mujeres de formas sexualizadas o degradantes —por ejemplo, una escena era un *striptease* de la película *Showgirls*—. En el grupo de control, un grupo distinto de hombres vio dibujos animados de un festival de animación. Después, a ambos grupos de hombres se les dijo que iban a participar en un estudio separado de toma de decisiones. Durante este «estudio de toma de decisiones», los hombres leyeron un artículo sobre una chica universitaria que fue violada por un hombre tras tener una cita con él. Los hombres que vieron las imágenes de películas donde se objetificaba a las mujeres tenían más tendencia a decir que la chica que sufrió la violación probablemente disfrutó del sexo y que, «al fin y al cabo, acabó llevándose lo que de verdad quería». En otro estudio de laboratorio distinto, los investigadores descubrieron que, al comparar a un grupo de hombres que jugaron al *Comecocos* o a *Los Sims* y a otro que pasó veinticinco minutos jugando al videojuego sexualizado llamado *Leisure Suit Larry*, en este último grupo los hombres puntuaron el acoso sexual a mujeres como más aceptable.[18] Además, los hombres del segundo grupo reconocieron más rápidamente palabras en inglés como «zorra», «puta» y «guarra» en una tarea de identificación de palabras, lo que sugería que el imaginario objetificante del juego los preparó para pensar en las mujeres en estos términos.

Pero las imágenes objetificantes no solo aumentan nuestra disposición para ver a las mujeres de una forma negativa; también disminuyen el grado en que las consideramos seres humanos capaces y hábiles. En un estudio de la Universidad del Sur de Florida[19] se pidió a universitarios y universitarias que escribieran acerca de Sarah Palin —que en ese momento era candidata a vicepresidenta— o sobre la actriz Angelina Jolie. A la mitad de los participantes en el estudio se les pidió que «escribieran sus opiniones e impresiones sobre el aspecto de esta persona». Esta era la condición de objetificación. A la otra mitad se les pidió que escribieran sobre la persona que se les asignase, sin instrucciones específicas sobre el aspecto físico. Después, todos votaron varios aspectos de la persona sobre la que habían escrito. Independientemente de si habían escrito sobre Palin o Jolie, si a los sujetos se les había pedido que se centraran en el aspecto, la puntuación que les concedían como seres humanos competentes era inferior. Esto implica muchas ataduras para las mujeres. Vivimos en una cultura que nos exige que nos centremos en nuestro propio aspecto físico y que nos promete que los demás también lo harán. Pero las conclusiones de este estudio implican que, cuanto más piensen los demás en tu aspecto físico, es menos probable que te vean como una persona competente.

Otro estudio realizado por psicólogos de Princeton y Stanford arroja todavía más pruebas de los peligros de ver a las mujeres como objetos. Estos investigadores descubrieron que los hombres que veían imágenes sexualizadas de las mujeres las asociaban más rápidamente con verbos de acción en primera persona —uso, hago, agarro—, pero asociaban más rápidamente las imágenes de mujeres no sexualizadas con verbos de acción en tercera persona —usa, hace, agarra—.[20] Interpretémoslo así: una cosa es algo que uno puede utilizar —yo la controlo, yo la uso, yo la agarro—, mientras que, si se trata de un ser humano, será él o ella quien tendrá el control de sus acciones —ella controla, ella usa, ella agarra—. Cuanto más sexualizada se muestra a una mujer, más tendencia tienen los demás a verla como el objeto de una acción en vez de como el actor de la acción. Cuanto más nos parece que una mujer es un objeto, más difícil nos resulta imaginarla haciendo cosas en vez de ser la receptora de acciones, y más complicado nos es verlas como un ser humano completo.

EN TODA NUESTRA ENTREVISTA, SASHA no habló específicamente de la objetificación. El hecho básico de que las imágenes mediáticas que consumía se parecieran tan poco a ella era algo que la sobrepasaba, por lo que no sentía demasiada necesidad de cuestionarse nada más allá. Pero el hecho de que Sasha estuviera —y, hasta cierto punto, siga estando— tan preocupada por el modo en que los demás ven su aspecto físico nos lleva a pensar que las lecciones generales que transmiten estas imágenes han dejado huella en su forma de pensar. Al fin y al cabo, si no crees que tu aspecto es algo de vital importancia, no te pasarás demasiado tiempo preocupándote por cómo lo evalúan los demás. Esa perspectiva en tercera persona es uno de los residuos que dejan a su paso las imágenes objetificantes de mujeres. Sasha, como casi todas las mujeres jóvenes con las que he hablado, ha tenido que trabajar de forma activa para intentar desprenderse de ese espejo interno. Y ha tenido éxito hasta cierto punto, pero el espejo sigue ahí.

Sasha cambió bastante en los años después de suscribirse a la revista *CosmoGirl*. Para cuando llegó a los últimos años de su adolescencia, empezó a intentar deshacerse de todas estas imágenes.

—Hubo un momento en el que me di cuenta: «Pues vaya, ninguna de estas personas se parece a mí. Por eso me es tan difícil todo esto». Pero seguí leyendo esas revistas durante un tiempo. Y después llegué a un punto en el que dejé de leerlas. Me deshice de ellas.

Sasha recuerda este proceso como una decisión deliberada.

Reflexiona sobre cómo se sintió en ese momento:

—Yo me sentía como que esa no era la realidad que yo quería para mí. No es sana. Quizá también había un poco de «yo nunca podré ser así», pero también me sentí como que esto no valía la pena, no era real, y que estaba contenta de haberlo visto más pronto que tarde. Ese ideal. Yo nunca... Nunca iba a llegar ni a acercarme a esa norma. Así que llegué a un punto que ya me puse en plan «todo esto es mentira, pura basura».

Me hizo muy feliz oír a Sasha llamar a las cosas por su nombre: basura.

—Sí. Llega un punto en el que ya te tienes que enfadar —repuse.

Sasha se mostró de acuerdo conmigo, pero quiso aclarar que todavía le queda mucho para sentir que ha ganado la batalla.

—Sí. Así que eso es lo que yo digo. Que es basura. —Se detiene y elige las palabras con cuidado—. Pero, aun así, sigo sintiendo que hay cosas de todo esto que siguen frustrándome. ¿Sabes lo que quiero decir? Me pasé muchos años intentando estar a la altura de esta idea.

¿Cómo puede ser que alguien tan interesante e inteligente como Sasha acabara por creer que tener el aspecto de una modelo en una revista podría cambiar su vida de una forma tan drástica? No hay que ir muy lejos para encontrar respuesta a esa pregunta. Las imágenes mediáticas de las mujeres casi nunca existen de forma aislada. Van de la mano de los productos y los estilos de vida que asociamos con el bienestar. Si vemos una imagen de dos cosas juntas con frecuencia, es un condicionamiento clásico básico, de manual: empezaremos a asociar una idea con la otra. Además de asociar el ideal de belleza con el dinero, el éxito, la admiración y el amor, los medios de comunicación más populares relacionan a menudo las desviaciones de este ideal con los resultados negativos en la vida o, directamente, con el ridículo. Por ejemplo, un análisis de más de 1.000 personajes de diez programas de televisión populares de máxima audiencia revelaron que los personajes femeninos delgados tenían relaciones románticas con mucha más frecuencia, mientras que era mucho más probable que una mujer no tan delgada fuera, toda ella, un motivo cómico.[21] Si consumimos este tipo de contenidos con frecuencia, terminaremos por no ser capaces de separar el éxito real en la vida de nuestros sentimientos respecto a la imagen que refleja el espejo.

Sasha decidió que su destino no era conseguir que todo el mundo se girara a mirarla al verla pasar por la calle. Pero tener eso claro fue, en cierta forma, liberador. Le permitió poder detenerse a pensar más en sus valores y creencias. Se autodefinió como feminista en cuanto fue «lo suficientemente mayor como para saber qué quería decir esa palabra». Y como no tenía el privilegio de ser blanca o de tener una reluciente melena lisa, se volvió más sensible en general a los problemas de trato de favor. Me dijo que se sentía contenta de haberse sentido siempre un poco fuera de lugar:

—Esto me obligó a meterme en situaciones donde todo el mundo era un poco distinto en algo. Aquí fue donde empecé a ganar algunos de los valores que más me representan y algunas de las cosas que más me importan hoy en día.

Cuando a partir de su respuesta le pregunté qué es lo que le parece importante hoy en día, pareció sorprendida. Es una de esas preguntas que no les hacemos lo suficiente a las personas jóvenes. Se detuvo un momento a pensar y después respondió:

—Siempre he considerado que es muy importante que seas fiel a tu yo real. Valoro mucho a la persona que hay detrás de la fachada.

Sasha me dijo que ha llegado muy lejos, porque ahora puede ir sin llevar el pelo recogido y sentirse cómoda igualmente. Quiso demostrármelo y se soltó el recogido. Se pasó los dedos por el pelo y se dio la vuelta en la silla para que pudiera ver los mechones que le tocaban el cuello. Cuando terminamos la entrevista, le pregunté a Sasha si quería elegir ella su pseudónimo para este libro; le expliqué que hay personas a quienes les gustaría haberse llamado con un nombre concreto, distinto al suyo. Un pseudónimo puede ser una forma divertida de ponerte ese nombre.

—¿Tú tienes alguno? —quise saber.

Sasha miró al suelo.

—Cuando era pequeña —me dijo—, me habría gustado llamarme Kimberly. Había una chica algo mayor que yo a la que admiraba mucho y que se llamaba así, Kimberly. Tenía una melena rubia y preciosa. Es nombre de chica blanca.

—¿Todavía te gustaría ser una Kimberly?

—No —me aseguró—, ahora ya sé que no. Pero sí que me hubiera gustado ser una Kimberly durante mucho tiempo.

La frase se quedó flotando en el aire durante unos instantes mientras Sasha jugaba con la comida que tenía en el plato. Pero entonces levantó la mirada, sonrió y asintió. Mientras escribo esto, me viene a la mente una imagen de Sasha ante una hoguera de las revistas que la maltrataron y engañaron cuando era una niña. La veo, al fin, liberando a su autoimagen de las garras de las revistas. Sé que a muchas mujeres les gustaría apuntarse a esa hoguera metafórica. El tipo de imaginario mediático del que hemos hablado en este capítulo es potente, pero me consuela saber que el deseo de las mujeres de liberarse del ideal que promueven estas imágenes también lo es.

guapa» era mucho más frustrante. A María le parecía injusto que solo pudiera mejorar su aspecto físico hasta cierto punto.

—En ese periodo de tiempo me sentía feísima, y sí, también tenía la sensación de que era así como injusto —recuerda María—. Yo pensaba: «¡No puedo hacerlo mejor! En todas las demás cosas que veo y que quiero cambiar, puedo cambiar. Pero en esto, no».

Además de todo eso, la invadía la frustración de no saber exactamente qué estándares había para ese concurso implícito de belleza, o quién los marcaba.

—Recuerdo que en varias ocasiones, cuando estaba en primaria, castigaban a algunos compañeros porque hacían una clasificación de quién era la más guapa de la clase o algo así. Y recuerdo que quería ser una de las chicas de la lista. Es un recuerdo muy nítido.

Le pregunté a María si al final entró en la lista. Se lo pensó durante un momento.

—Creo que más tarde sí. La lista fue cambiando. Cuando éramos un poco mayores, ya en secundaria, creo que estaba en la lista. Pero por lo que recuerdo, mi sensación general siempre era algo como: «Bueno, quizá no estoy entre las dos primeras, pero a lo mejor estoy bastante bien». Y también recuerdo haber pensado: «Vale. No soy Molly, no soy Brooke, pero no estoy mal». Solo me acuerdo de tener así como una percepción general de la posición en la que estaba yo.

—¿Y a ti ya te estaba bien? —le pregunté; mi voz transmitió claramente mi incredulidad.

—En ese momento, recuerdo haber pensado que era una tontería. No me parecía una buena idea. Desde luego que pensé: «Esto es una chorrada y es terrible que hagan algo así», pero después me sentí bien con la evaluación que me dieron.

María expuso esto como un hecho, desprovista de emoción.

Para mí, la práctica de que los chicos clasifiquen abiertamente a sus compañeras me parece más que una chorrada. El hecho de que lo hicieran me parece más importante que saber si María entró en la lista o no.

—¿Así que esos chicos de tu clase, porque sí, tenían el poder de decidir si cumplías los requisitos para estar en la lista o no? —seguí indagando.

A María la situación no le parece tan ofensiva como a mí.

—Sí, exacto, ellos eran quienes lo decidían —me confirmó—. Pero si esos eran los criterios, pues yo quería ser la mejor, ¿sabes? ¿Que si esa clasificación me parecía una tontería? Pues sí, claro. Pero, ya que hay una clasificación, quiero estar entre las cinco mejores. ¿Sabes lo que te quiero decir? Es algo así como que, si existe un estándar, pues más me vale ser la mejor.

María sabe que esta forma de pensar no ha hecho más que intensificarse hoy en día, gracias a las redes sociales. Compara esas clasificaciones de su tiempo en primaria con el número de seguidores que tienes en Twitter o la cantidad de «me gusta» que recibes en una foto.

—A ver, ¿que si estos datos son una tontería? Sí. Pero como todos los demás pueden ver el número, ¿me apetece que vean que soy la que más seguidores o «me gusta» tiene? Pues sí, también.

Para ella es pura lógica.

¿Qué consumimos en las redes sociales y en qué cantidades?

En 2015, un estudio de Pew Center descubrió que un 92 % de los adolescentes de los EE. UU. pasan tiempo en línea cada día, y gran parte de ellos usan más de una red social. En la franja de edad entre los dieciocho y los treinta y cuatro años, una de cada cinco personas indica que pasa seis o más horas al día en las redes sociales.

Aunque tanto hombres como mujeres pueden ser usuarios intensivos de las redes sociales, las mujeres pasan más tiempo en ellas que los hombres.

La televisión, las películas y las revistas habían reclamado el trono de sicarias de la enfermedad de la belleza, pero las redes sociales están arrebatándoles la corona poco a poco. Las redes sociales suponen un mortífero dos en uno al combinar las interacciones interpersonales con las imágenes. Estar expuestas a las imágenes de un ideal femenino de belleza pasadas por Photoshop ya es suficientemente malo. Pero pensemos en cómo se magnifica el impacto de una imagen cuando proviene de uno de tus propios amigos, o cuando viene acompañada de una serie de comentarios donde se analiza cada detalle del aspecto de esa mujer. Hasta cierto punto, no importa si esos comentarios son negativos o positivos. Independientemente de si alguien escribe «¡Qué bombón! ¡Estás espectacular!» o «Gorda y fea», el mensaje que se nos transmite es que comentar sobre el aspecto de una mujer es importante o, al menos, algo entretenido. Y ya sea una cosa o la otra, no es nada malo. Si nos pasamos el día mirando imágenes de mujeres y leyendo comentarios centrados en el aspecto de las demás, ¿cómo no vamos a acabar creyendo que nuestro aspecto también está bajo un escrutinio similar?

Las revistas y los programas de televisión tienden a mostrar solo un tipo de ideal de belleza, y los medios sociales actúan de la misma forma. Las imágenes sexualizadas de las mujeres son el pan de cada día en Internet, igual que los anuncios de programas para perder peso o para hacerse la cirugía plástica. Un análisis de veinte sitios web altamente populares entre los adolescentes de los Estados Unidos descubrió que la mayoría de los anuncios en esos sitios eran de cosméticos y productos de belleza.[1] Se consideró que casi un 30 % de esos anuncios dirigidos a los adolescentes pretendían enfatizar el propio aspecto físico, y un 6 % de los anuncios eran de productos de pérdida de peso —por ejemplo, un anuncio titulado «Trucos para perder grasa de la barriga»—, aunque fueran sitios diseñados claramente para chicas jóvenes. En los canales de las redes sociales tenemos poco control sobre los anuncios que se nos muestran, y no hay ninguna duda de que, con sus estrategias centradas en el aspecto físico, los anunciantes tienen en el punto de mira a las mujeres. En mi página personal de Facebook, marqué como inadecuado un anuncio de dieta ofensivo —donde se veía un dibujo de una mujer esquelética en bikini y se proclamaban las dudosas virtudes de unas pastillas de pérdida de peso— al menos una docena de veces hasta que dejó de aparecer en mi página.

Además de las plataformas de redes sociales, utilizadas ampliamente, las comunidades de belleza y pérdida de peso proliferan en Internet, con lo que se nos ofrecen más y más formas de pasar tiempo pensando en nuestro aspecto o en cómo cambiar la forma de nuestro cuerpo. Dos de estas comunidades donde esto se ve más descaradamente son las páginas de *fitspo* [de la palabra inglesa *fitspiration*, inspiración para estar en forma] y de *thinspo* [*thinspiration*, inspiración para estar delgado]. Las páginas web de *thinspo* suelen estar repletas de una serie previsible de modelos raquíticas y de frases de inspiración para fomentar dietas de hambre como, por ejemplo, «Cada vez que le dices "No, gracias" a la comida, le dices "Sí, por favor" a la delgadez». Los sitios web de *fitspiration* están aparentemente centrados en la salud y la forma física, con imágenes de abdominales marcados y afirmaciones de que una puede conseguir el cuerpo de una modelo de *fitness* con solo esforzarse más, como: «Venga, sentadillas. ¡Que las nalgas no se ponen redondas solitas!». Un análisis de 2016 de sitios web de *thinspiration* y *fitspiration* descubrió que no había demasiada diferencia entre unos y otros. Las páginas de *fitspiration* no son más que primas cercanas y disimuladas de *thinspiration*. Ambas parecen humillar

8

Redes (anti)sociales y obsesiones en línea

CUANDO VEO EL mundo que me rodea, saturado de *selfies* y que va al ritmo de las redes sociales, le doy las gracias a mi suerte por haber nacido cuando nací. Internet empezó a asomar la cabeza cuando yo ya estaba en la universidad, e incluso entonces no tenía demasiado contenido ni era especialmente interactiva. Pero, lo que es más importante, la fotografía digital no se extendió hasta bien entrada mi vida adulta. Antes de esto, hacer una fotografía de alguien era mucho menos frecuente. Revelar una foto implicaba esfuerzo, tiempo y dinero. Con la excepción de los fotógrafos profesionales, la mayoría de las personas solo llevaba una cámara encima si estaban de vacaciones. Antes de los *smartphones*, nuestras vidas eran mucho más libres en algunos aspectos esenciales. Para entonces, te arreglabas para el día en el que te tocaba la foto del cole. Pero ahora, para demasiadas chicas y mujeres, cada día es el día de la foto. Y tenemos que darles las gracias por todo esto a las redes sociales.

Es verdad que las fuerzas culturales que nos hacen sentir como si estuviéramos siempre en un escaparate ya estaban en marcha mucho antes de la era de las redes sociales y la fotografía digital.

El acoso callejero existía igual, y tampoco es que las imágenes mediáticas de las mujeres fueran mucho más realistas o estuvieran menos objetificadas hace veinte años. Especialmente para las mujeres jóvenes, incluso antes de las redes sociales, la vida diaria también estaba repleta de recordatorios de que la principal divisa cultural de una mujer es su aspecto físico. En más de una ocasión, cuando yo estaba en la universidad, tuve que pasar por delante de una fraternidad universitaria en el campus y ver cómo varios hombres levantaban carteles con números para puntuar a las mujeres que pasaban por delante. Horrible. Pero ¿a que podría haber sido mucho peor si estuvieran armados con las cámaras de sus móviles y cargando las fotos y puntuaciones a un hilo de Reddit o una cuenta de Instagram?

Uno de los mayores problemas de una cultura enferma de belleza es el sentimiento que acaban teniendo las mujeres de que tienen que estar pendientes de cada detalle de su aspecto físico en todo momento. Si encima sabemos que siempre hay una cámara lista para captar esos detalles, la presión no hace más que subir. María, una mujer de veinticinco años que conoceremos más adelante en este capítulo, describió este ambiente «casi como si estuvieras rodeada de paparazzi». El uso de la palabra paparazzi ya es revelador. No solo las mujeres nos sentimos presionadas para parecernos a las modelos y superestrellas, sino que podemos incluso experimentar un tipo de ansiedad que antes estaba reservada solo para las celebridades.

Una de las formas más básicas en las que la imagen en línea influye en las mujeres es activando el proceso de comparación social del que hemos hablado en el capítulo 7. Las personas que nos rodean siempre nos parecerán un estándar de comparación más relevante que las famosas o las modelos; un estándar que es más complicado ignorar. Además de todo esto, las imágenes de nuestros compañeros suelen parecer más realistas de lo que realmente son. Es fácil olvidar que muchas de estas imágenes también son el resultado de una pose estudiada, se han elegido entre varias docenas —o centenas— de fotos y han pasado por Photoshop y filtros. Las fotos que muchas mujeres publican hoy en día se crean con los mismos trucos que modelos y fotógrafos llevan décadas usando. Terminamos comparando nuestro yo real y nuestra vida real con las vidas y las personas inventadas que los demás nos muestran. Es muy difícil escapar a la presión de compararse y de evaluar nuestras vidas en función a los demás.

MARÍA ES UNA MUJER BLANCA de veinticinco años con una larga melena oscura, ojos chispeantes y una sonrisa encantadora. Tras pasar la mayor parte de su vida en el Medio Oeste de los Estados Unidos, María acabó por mudarse a la ciudad de Nueva York para trabajar como periodista. Se graduó en la Universidad del Noroeste, donde yo enseño, pero nunca coincidimos cuando ella era estudiante. Aunque la historia de María con la enfermedad de la belleza empieza antes de que las imágenes de las redes sociales la atraparan, en la actualidad María codirige un sitio web dedicado a mostrar la discrepancia entre lo que mostramos en las redes sociales y lo que realmente pasa en nuestra vida real.

Hablé con María por teléfono durante casi una hora, mientras yo iba andando lentamente en círculos por mi apartamento. Podría haber deducido que es escritora solo a partir de la conversación que tuve con ella. No se limitaba a responder a mis preguntas; me contaba historias. María entretejía fragmentos de su infancia, adolescencia e inicio de la edad adulta en un solo relato, complejo y profundo, de su enfermedad de la belleza. Últimamente ha reflexionado bastante sobre sí misma, intentando descubrir cómo y por qué se convirtió en la persona que es hoy en día. Gran parte del concepto que tiene María de sí misma se basa en comparaciones con los demás, una tendencia que empezó a desarrollar antes de que las redes sociales tuvieran un papel importante en su vida.

María tenía alrededor de ocho años cuando empezó a preocuparse sobre cómo era su aspecto en comparación con otras chicas. Estaba en una clase de danza y vinieron unos representantes de una empresa de ropa de baile. Buscaban a modelos para su catálogo, así que miraron un rato a las niñas mientras bailaban y después eligieron a unas cuantas. María no fue una de ellas. Recuerda ese momento como una de las primeras veces en que se dio cuenta de que había ciertos parámetros que se usaban para medir la belleza. Se dijo a sí misma: «Ah, vale. No soy tan guapa como esas otras niñas que querían». Le supo mal. Se puso a pensar por qué no la habían elegido. ¿Quizá era porque, al sonreír, se le veían demasiado los dientes? Llegó a la conclusión de que las demás niñas tenían los dientes más rectos.

María me dijo, con una gratitud y una compasión palpables, que sus padres nunca habían puesto énfasis sobre el aspecto físico. Ser guapo o guapa no era una prioridad en su familia. En vez de ello, se centraban en otras cosas, como los logros académicos. Pero igualmente, la pequeña María era extremadamente sensible a la percepción que los demás tenían de ella. También era una persona con una determinación férrea y empezó a sufrir el dolor del perfeccionismo desde una edad muy temprana. María quería ser la mejor en todas las cosas que hacía. Así que, en cuanto le quedó claro que los demás evaluaban su aspecto físico, pensó: «¡Vaya! Otra cosa más de la lista de cosas que se me tienen que dar bien». Ser guapa se convirtió en otro ámbito en el que sentía la presión de tener que ser excelente.

En otras áreas de su vida, María sentía que tenía bastante control sobre su rendimiento. Si quería obtener mejores notas, solo tenía que estudiar más. Si quería ser mejor en el fútbol, siempre podía practicar más. Pero intentar ser excelente en el ámbito de «ser ya es diminuta hasta quedar en un cuerpo que sería incompatible con la vida humana. Una tendencia reciente y especialmente triste es contratar a modelos extraordinariamente delgadas y, posteriormente, retocar la imagen para borrar sus protuberantes costillas y clavículas, con lo que acaban transmitiendo la impresión —falsa y potencialmente peligrosa— de que un cuerpo peligrosamente delgado puede seguir pareciendo sano.

Y este es el ideal de belleza al que nos enfrentamos. Es bastante poco probable —si no físicamente imposible— que haya algo que te lleve a convertirte en ese ideal, ya sea hacer cientos de sentadillas, contar meticulosamente las calorías que ingieres, maquillarte a fondo o incluso someterte a cirugía plástica. Debemos recordar que el ideal de belleza para la mujer que promueven los medios de comunicación es inalcanzable a propósito. Nuestros ojos se sienten atraídos por esas imágenes precisamente porque no las vemos en la vida real y los anunciantes son conscientes de ello. La vulnerabilidad que resulta de ver estas imágenes perfeccionadas es lo que impulsa gran parte del comportamiento consumista femenino. Los anunciantes necesitan que sintamos que no estamos a la altura de este ideal, porque entonces nos plantearemos comprar productos para intentar acercarnos un poco más a esa perfección. A menudo veo a muchas mujeres burlarse de lo que dicen los anuncios de belleza. «Vaya chorrada». Pero si se quedan mirando a la modelo de la imagen el rato suficiente, lo siguiente que sale de sus bocas suele ser algo como: «Pero ¿y si funciona?». Y esto es, quizá, lo más triste del ideal de belleza mediático: no solo lo ampliamente aceptado que está, sino la eficacia con la que los anunciantes nos convencen de que ese ideal, de hecho, sí que se puede conseguir.

Un análisis de los números de la revista *Seventeen* durante un intervalo de más de diez años reveló una fijación con crear «problemas con el propio cuerpo» en las mentes de las chicas, con una lista de partes y zonas del cuerpo que hay que controlar y situaciones donde el cuerpo de la protagonista se convierte en una pesadilla.[6] Estos tipos de revistas de belleza —y sus equivalentes centrados supuestamente en la salud— crean de forma sistemática dos conjuntos de características: unas para un cuerpo deseable y otras para un cuerpo indeseable. Piernas largas: bien. Piernas cortas: mal. Vientre plano: bien. Michelines: mal. Lo más indignante es que muchas de estas mismas revistas también contienen artículos que animan a chicas y mujeres a «empoderarse» y a luchar contra esos mismos ideales del cuerpo que promueven en otras páginas.

Otro aspecto no realista de las imágenes mediáticas de las mujeres es su absoluta incapacidad de representar la diversidad real de las mujeres que hay en el mundo. «Aniquilación simbólica» es un potente término que captura hasta qué extremo llega la ausencia en los medios de comunicación de los miembros de distintos grupos. Las mujeres de más peso sufren aniquilación simbólica, pero también las mujeres de color o las mujeres mayores. Un análisis reciente de revistas populares para mujeres centradas o bien en moda y belleza —como *Elle* o *InStyle*— o bien en salud y bienestar —por ejemplo, *Women's Health* y *Fitness Rx*— descubrió que un 90 % de las modelos femeninas en las revistas eran blancas y que un 80 % tenían menos de 30 años.[7] Es doloroso no poder mirar las imágenes mediáticas y encontrar a alguien que se parezca remotamente a ti. Puede hacernos sentir indeseables e invisibles.

Sasha*, una mujer de veinticinco años que trabaja en el sector del *marketing*, sabe qué es sentirse invisible e inadecuada por culpa de las imágenes mediáticas de una cultura dominante. Su historia con la enfermedad de la belleza empezó pronto. Uno de los progenitores biológicos de Sasha era de raza negra y el otro, birracial. Cuando era una bebé la adoptaron dos personas blancas. Sasha se describe a veces como negra y a veces como birracial pero, según sus propias palabras, a ella nunca la confundirán con una chica blanca.

Sasha y yo quedamos en una pequeña crepería algo apartada cuando ella salió de trabajar. Tras la mala experiencia que tuve con una grabadora que me borró una entrevista entera, puse tres grabadoras distintas encima de la diminuta mesita, entre nuestros platos. Sasha se rio al verme hacer eso. Ella hace entrevistas y dirige grupos focales en su trabajo, así que conoce bien los peligros de la tecnología, por lo que me animó a activar también la grabadora de mi móvil para tener una copia de seguridad de mis copias de seguridad. Hablamos mientras comíamos; nuestra mesa acabó pareciendo una exposición de productos electrónicos.

Los hermanos de Sasha son blancos. En el pueblo en el que creció y las escuelas a las que asistió las personas eran casi exclusivamente blancas. Fue la única persona de color de su curso durante muchos años de su infancia. La falta de diversidad en su día a día influyó, sin duda, en su percepción de sí misma. Pero en lo que más se centra Sasha cuando piensa en su infancia no es en que todos sus compañeros de clase fueran blancos, sino en que casi todas las mujeres que aparecían en los medios de comunicación que ella veía de adolescente eran blancas. Nunca se vio reflejada en esas imágenes.

Los recuerdos más tempranos que Sasha tiene de preocuparse por su aspecto físico empiezan alrededor de los cinco o seis años. Empezó a explicármelo:

—Recuerdo muy bien a mi madre intentando pensar en formas de peinarme. Era una lucha diaria decidir qué peinado hacerme.

Le pregunté quién pensaba la pequeña Sasha que era el culpable de eso. Sacudió la cabeza y rio.

—Pues creía que el problema era mi pelo, cien por cien. Sí, desde luego. Yo estaba convencida de que el problema era mi pelo, no que mis padres no supieran cómo peinármelo. Y más tarde, cuando empecé secundaria, de repente me entraron unas ganas terribles de tener el pelo liso. Hacía todo lo que podía. Durante años, mis padres pagaban unos 300 dólares para que pudiera ponerme extensiones y hacerme trenzas, para poder llevar el pelo por aquí y poder hacerme una coleta. —Sasha se gira y se toca en mitad de la espalda para mostrarme lo largas que eran sus trenzas—. Yo lo único que quería era hacer una coleta normal. Solo eso.

Sasha frunce el ceño mientras me explica esa parte de su infancia, como si todavía estuviera pasando por ella, intentando entender qué pasaba. Me di cuenta de que había utilizado la palabra «normal» para describir el tipo de coleta que quería hacerse. Cuando le pregunté cómo era una «coleta normal», pronto quedó claro que lo que quería decir con «normal» era «de persona blanca». Sasha no quería llevar «un pompón» en la cabeza. Recuerda a la perfección cómo se sentía.

—A ver, está claro que a mí no me quedaba el pelo igual que a las chicas que ya lo tenían liso de por sí. Y recuerdo que me sentí muy incómoda cuando fui consciente de eso. Fue como que en un momento concreto, me di cuenta: «Ay, soy distinta en ese aspecto».

Esta angustia relacionada con su pelo se intensificó en cuanto Sasha empezó a hacer clases de ballet. Tanto ella como sus compañeras tenían que recogerse el pelo en un moño.

—Tenía que ponerme muchísima gomina para que me quedara liso hasta el moño. Había algunas profesoras que siempre se metían conmigo porque mi pelo no era así, como... —Sasha se aprieta la cabeza con las manos y las desliza hacia atrás, como si estuviera alisándose el pelo para recogérselo.

—¿No lo suficientemente tieso? —le pregunto.

Sasha da unas palmadas en la mesa para remarcarlo.

—Exacto, no lo suficientemente tieso. Y yo me sentía como si estuviera haciendo algo mal. Me sentía, especialmente en ese entorno, siquiera asoma la cabeza. Nos olvidamos de que mucho de lo que vemos ahí tiene exactamente la misma intención persuasiva que la publicidad tradicional. Kim Kardashian no se dedica a publicar *selfies* picantes para entretenernos. Está fomentando su marca personal para que la sigamos consumiendo.

Incluso los contenidos de las redes sociales sin una intención persuasiva directa pueden influir en nuestro modo de pensar. María reflejó esta sutileza a la perfección cuando me describió a las personas que aparecen en sus redes sociales, con una vida de anuncio exhibiendo su glamuroso día a día. Cada foto de una mujer en bikini que ves en Internet —incluso aunque sean tus amigas— transmite un mensaje de lo que significa ser una mujer y qué es importante para nuestra cultura. Puede que los contenidos que publican amigos y familiares no estén intentando vendernos algo de forma explícita, pero siguen dando forma a tu realidad e influyendo en tus valores. Criticamos con facilidad a las revistas de moda por las imágenes de mujeres poco realistas y objetificadas, pero cuando tus amigas publican este tipo de imágenes de ellas mismas, esta reacción suele enmudecerse.

Cómo ser perfecta... en tus *selfies*

Las redes sociales casi siempre son muy visuales y se centran en la presentación de uno mismo ante los demás. Se anima en especial a chicas y mujeres a basarse en su aspecto físico para manipular las impresiones que los demás puedan formarse sobre ellas en el mundo en línea. Al ver los patrones que siguen los «me gusta» y comentarios que van recibiendo, las chicas jóvenes pronto aprenden qué fotos gustan más a los demás. Hay chicas adolescentes y preadolescentes que eliminan frenéticamente las fotos que no reciben suficientes «me gusta»; ya publicarán otra mejor otro día. Tanto chicos como chicas tienden a estar de acuerdo en que solo las chicas tienen que preocuparse de recibir «me gusta» en sus fotos; si un chico se preocupara de este tipo de cosas, los demás se reirían de él. Este es otro indicio más de la fuerte relación que hay entre la autoobjetificación y la feminidad. Controlar lo que los demás piensan sobre tu aspecto es una tarea que suele asignarse mucho más a chicas y mujeres en vez de a chicos y hombres.

Hace algunos años, en mi laboratorio sentimos curiosidad sobre las plataformas de Internet donde los usuarios publican fotos de sí mismos para que desconocidos puedan evaluar su aspecto físico. Analizamos más de 200 publicaciones en una de estas plataformas, el hilo de Reddit «Am I ugly?». Las mujeres a las que entrevistamos tenían mucha más tendencia a indicar que, tras publicar su foto en este hilo y leer los comentarios que les dejaban los demás, se sentían mucho más disgustadas y negativas en relación con su aspecto físico que antes de la publicación, independientemente de si recibían comentarios negativos o positivos. Es importante saber que tanto hombres como mujeres publican en este hilo concreto de Reddit. Un hombre que publique allí su fotografía puede experimentar un poco el tipo de comentarios que recibimos las mujeres cada día de nuestras vidas. Pero solo sería una ínfima parte de la experiencia real. A las mujeres nos lanzan este tipo de comentarios en todo momento, queramos o no, y esto tiene efectos predecibles en nuestro comportamiento.

Piensa en la frecuencia con la que, tras hacerse una foto informal con sus amigos y amigas, una chica o mujer pide que la repitan tras ver el resultado. El mismo comportamiento resultaría extraño en un hombre. No resulta sorprendente que las mujeres tiendan mucho más que los hombres a desetiquetarse de una foto en una red social porque no les gusta como salen. También es mucho más probable que chicas y mujeres editen sus imágenes en Internet con aplicaciones como Facetune o Perfect365. Incluso las niñas de doce años indican que editan sus fotos con frecuencia, no solo para tener una piel más bonita u ocultar el acné, sino incluso para cambiar la forma de su cara o el tamaño de sus ojos o nariz.[4] Recordemos que crear la foto perfecta para publicarla, además de una inversión psicológica, también lleva su tiempo.

Publicar fotos de uno mismo a menudo se convierte en un ejercicio de autoobjetificación que empieza de una forma alarmantemente temprana. Un estudio de la Universidad de Indiana de las imágenes de perfil de las cuentas en las redes sociales de adolescentes encontró que casi la mitad de las niñas habían posado con ropa sugerente —por ejemplo, muy escotada— o parcialmente vestidas —por ejemplo, en traje de baño o posando de tal manera que no se viera si llevaban ropa o no—. Hasta un 73 % de las chicas adolescentes posaron inclinando la cabeza seductoramente de forma deliberada.[5]

Este proceso vertical mediante el cual los estándares de belleza profesional van introduciéndose también en la vida diaria de las personas se ve intensificado por las celebridades que cuelgan en sus redes fotografías que no solo han sido retocadas, sino que son el producto del trabajo de un equipo de maquillaje y peluquería. Por supuesto, en la *selfie* informal que se toma una famosa en el espejo del lavabo no se percibe todo este trabajo entre bastidores. Como prueba de lo usual que es ya la edición de las fotos que hay en Internet, las listas de «peores retoques» ahora contienen la misma cantidad de imágenes de las redes sociales como de anuncios producidos de forma profesional.

Tenemos más control sobre el aspecto que mostramos en Internet que el que podemos tener en la vida real. Podemos elegir la foto que más nos guste de las cien que hemos tomado. Podemos pensar qué luz y pose nos hacen salir mejor. Podemos poner filtros.

Podemos pasarlas por Photoshop. Pero cuanto más veamos una versión de nosotras mismas que realmente no existe, más desconocida nos parecerá la mujer que veamos reflejada en el espejo y menos satisfechas estaremos con ella. Porque ahora no estamos comparándonos con las modelos o con nuestras amigas. Empezamos a compararnos de una forma especialmente devastadora: nuestro yo real contra nuestro yo inventado.

María habla con claridad sobre el hecho de que las redes sociales tienen un papel de peso en sus sentimientos sobre su aspecto físico.

—Si no hubiera tantas fotos de mí misma en Internet y si no hubiera tantas ocasiones en las que me hacen fotos —me explica—, seguramente me sentiría de una forma completamente distinta. Una de mis mayores motivaciones para estar guapa y perfecta, y pensar qué aspecto quiero tener y todo eso, ha sido salir guapa en las fotos. Para mí era un motivo importante.

En el instituto, María solo tenía que pelearse con Facebook. Pasaba mucho tiempo mirando las fotos y los perfiles de otras personas para saber quiénes eran, qué puesto ocupaban en la jerarquía social y por qué. Evaluaba su aspecto físico y catalogaba en qué eran mejores o peores que ella. Pero por aquel entonces Facebook no tenía tanta obsesión con las *selfies*. Tenías que mirar álbumes y álbumes para encontrar fotos de tus amigos. Para cuando María llegó a la universidad, Instagram ya había hecho su aparición, listo para potenciar todavía más la enfermedad de la belleza.

—Estoy muy contenta de que Instagram no fuera demasiado importante cuando era más joven —se ríe, pero sin demasiado entusiasmo—. Yo creo que me habría vuelto loca. Si me pongo a pensar en algunas de las chicas a las que todos teníamos como las más guapas del instituto... Uf, si me pongo a pensar en cómo me habría sentido si hubiera tenido que mirar sus cuentas de Instagram, creo que me habría sentado fatal. Lo tengo clarísimo.

A María nunca le gustaba cómo salía en las fotos. Rápidamente encontraba algún defecto fatal que hacía que casi todas sus fotos fueran horrendas —incluso aunque sus amigos y amigas le juraran que no tenían ni idea de qué defecto les estaba hablando—. La asaltaban pensamientos inquietantes: «Ay, no, me acaban de etiquetar en unas fotos. Uf, mejor voy y veo cómo salgo». La afligía la idea de que hubiera fotos de ella por ahí, de no poder controlar las imágenes de ella que veían los demás.

—Recuerdo que en la universidad tenía muy en cuenta qué fotos me hacían —me comenta—. Especialmente cuando la gente, para los bailes formales y cosas así, contrataba a un fotógrafo. Lo odiaba, de verdad. Con toda mi alma. Es que era como si estuviera rodeada de *paparazzi* y yo pensaba: «Ay, yo quiero ir y pasármelo bien, pero no quiero que me tomen todas esas fotos». Yo creo que esto influyó mucho, pero mucho, en mi salud mental en muchos aspectos, y uno de ellos era la sensación de que siempre tenía que estar lista para las cámaras, aunque no me apeteciera.

—¿Siempre tenías que estar preparada para la foto? —le pregunté.

—Sí —repuso María—. Quería salir bien en las fotos. Pero si hubiera podido, hubiera preferido no salir en ninguna de las fotos. No sé si tiene mucho sentido lo que digo.

Pero tampoco es que la decisión estuviera en sus manos.

—Es que te van a hacer fotos siempre, cada vez que salgas, de verdad —me dijo.

Se puso a recordar una temporada donde se tomó un respiro de esta obsesión con las fotos en las redes sociales. María estudió la carrera de Periodismo y se pasó un año como editora del periódico de su universidad. Era una responsabilidad muy exigente, especialmente porque a la vez tenía que seguir cursando todas las asignaturas de su curso. Aunque este trabajo le dejaba muy poco tiempo para relajarse con sus amigos o dormir, supuso una inesperada liberación; un sorprendente comodín. Le permitió escapar de la presión de las fotos.

Al pensar en aquellos meses de locura, la invade la melancolía.

—Tengo la sensación de que la temporada que tuve mejor salud mental en la universidad fue, de hecho, cuando estuve de editora en el periódico. Y es sorprendente, porque también fue la época en la que menos dormí y en la que viví de forma muy poco saludable. Pero lo que resultó muy bueno para mi estado mental fue que siempre estaba rodeada por las mismas personas, así que me daba igual mi aspecto. No me importaba nada. Estaba completamente concentrada en el trabajo. Lo único que me importaba era el periódico. Así que todo lo demás es como que desapareció. Y tenía un aspecto terrible. De verdad, cuando recuerdo esos tiempos, estaba feísima. Me ponía cualquier cosa cada día y no me arreglaba el pelo, y estaba muy fea. Pero ni pensaba en todo eso.

—¿Para ti era una liberación no tener que pensar en tu aspecto? —quise saber.

A María le gustó mi definición.

—Desde luego —afirma—. Yo estaba en plan: «Gente, de verdad que lo siento pero no tengo tiempo para ponerme guapa, estoy demasiado ocupada con esto», ¿sabes? Como durante esos seis meses tampoco salí, nadie me hizo fotos. Y yo estaba contentísima con el cambio. Fue como una bendición no tener que preocuparme por todo eso.

Yo quise ver ese concepto más en profundidad.

—Así que, como querías ser una superestrella del periodismo, ya no tenías tiempo para tonterías como esas, ¿no?

—Exacto. Para mí era casi como una medalla. Siempre me ponía pesada: «Ah, ya veo que van arregladísimos todos, pero yo no he tenido tiempo porque bueno, ya saben, estaba ocupada con el periódico y eso». Como si les dijera: «Yo ya soy demasiado seria como para preocuparme por este tipo de cosas, pero bien por ustedes, por tener un aspecto tan estupendo». Así me sentía.

Yo sigo fascinada por la escapatoria que supusieron estos meses para María.

—Parece como si fuera una liberación, ¿no? Como si estar ocupada te diera permiso para escaparte de todas esas normas. Como si tuvieras siempre la excusa a punto.

—Exacto, sí, es eso al cien por cien —responde María—. Es como si me hubiera borrado de la competición. Yo creo de verdad que aproveché todas las ocasiones que se me presentaron para soltar esa excusa.

Fue como si María reconociera que ella, y quizá cada mujer, llevara a cuestas la carga de «ser guapa» como si fuera su trabajo. Y durante esos meses podía decir: «Lo siento, tengo otra responsabilidad. No puedo hacer ambas cosas, así que ahora mismo no tengo por qué estar guapa». Así de fuerte es la enfermedad de la belleza: las mujeres nos sentimos como si necesitáramos algún tipo de justificante para que se nos permita abandonar, aunque sea de forma temporal, la competición por ser bella. Yo me lo imagino como si fuera un papel que reza: «Por favor, firme en la línea siguiente para indicar que María no tiene que estar guapa hoy porque tiene cosas importantes que hacer».

Los troles del cuerpo

Cuando era pequeña, a mi abuelo le encantaba contarnos a todos los nietos el cuento de *Los tres cabritillos*. El malo del cuento era un trol feísimo que amenazaba con comerse a los cabritillos, que lo único que querían era cruzar el puente del trol. Cuando mi abuelo contaba la historia, ponía una voz de ultratumba para imitar al trol; el cuento me aterrorizaba y me encantaba a partes iguales. Hoy en día, los troles de los cuentos no tienen nada que ver con los troles de la vida real que acechan por Internet, ansiosos por hacer trizas la autoestima de las mujeres. Aunque el ciberacoso no distingue entre géneros, los objetivos del ciberacoso relacionado con el aspecto físico suelen ser especialmente chicas y mujeres. Ya sea en el mundo real o virtual, las palabras que más a menudo se utilizan para herir a las mujeres están relacionadas con su aspecto físico. Es sabido que la habilidad de destrozar la imagen de las mujeres es un arma muy potente y, a menudo, es la primera que los troles de Internet eligen en su arsenal para atacarlas. Incluso las publicaciones que no tienen nada que ver con el aspecto físico vienen salpimentadas con comentarios sobre el cuerpo de la mujer que los escribe. Y no son solo los hombres quienes hacen esto. Las mujeres también les hacen esto a otras mujeres.

En un estudio de un grupo focal, varias chicas adolescentes de Suecia se quejaron de la variedad de comentarios que recibían a través de las redes sociales donde se ridiculizaba su aspecto físico.[6] La mayoría de los ataques se centraban en la forma y el peso de su cuerpo, pero también en sus pechos, su pelo o su piel. Un grupo de investigadores de Yale y de la Mancomunidad de Virginia recopiló 4.500 tuits durante un solo periodo de cuatro horas que contenían la palabra *fat* [gordo o gorda en inglés].[7] Los tuits negativos, desdeñosos y que estigmatizaban la obesidad se dirigían con mucha más frecuencia a mujeres que a hombres, y aquellos tuits donde se relacionaba de forma explícita el hecho de contar con más peso con ser poco deseable sexualmente, como por ejemplo «Odio imaginarme a chicas gordas teniendo sexo» o «A todas las gordas que van de sensuales poniéndose poca ropa: dejen de hacerlo», solo se dedicaban a mujeres. Hasta cierto punto, en Internet ya hay una humillación constante de las personas obesas, pero esto no impidió que un grupo de antifeministas promovieran recientemente un festival de ridiculización en línea, con su propio *hashtag*, que duró una semana entera. De nuevo, predictiblemente, las víctimas de las burlas fueron casi exclusivamente mujeres. Y, como de costumbre, los tuits iban acompañados de varios comentarios que defendían la equivocada idea de que la vergüenza es la dieta más efectiva.

En un artículo reciente, titulado «Trolls just want to have fun», investigadores de Canadá hicieron una encuesta de las características de personalidad de más de mil usuarios de Internet y descubrieron que aquellos que actúan como troles en la red cumplían los parámetros para considerarse «sádicos cotidianos».[8] Causar sufrimiento emocional a los demás hace literalmente *felices* a estas personas. La mayoría de los troles están dispuestos a atacar a cualquier persona con cualquier insulto. Es revelador que tantos elijan insultos que humillan el cuerpo de las mujeres a las que quieren hacer sufrir. También refleja y promueve la idea de que las mujeres tienen la responsabilidad de ser agradables visualmente para cualquier hombre que pose los ojos en ellas.

Amy Schumer dio un discurso en una gala de la fundación Ms. Foundation for Women donde explicaba el poder que tienen los troles para hacer que las mujeres dirijan de nuevo la atención al espejo y se queden dudando de su propia valía. En su discurso hacía la siguiente reflexión: «Cuando leo uno de estos comentarios negativos en Twitter me entran ganas de levantar las manos y decir: "Vale, vale. Sí, has acertado. Me has descubierto. No soy guapa. No estoy delgada. No me merezco hacer oír mi voz. Me pondré un burka y me meteré a camarera en una crepería. Todo mi valor como persona se basa en mi aspecto". Pero después me digo: "¡Y una mierda! Soy una mujer con ideas y preguntas y cosas por decir"».

El precio psicológico de las redes sociales

En diversos estudios de mujeres entre la adolescencia y la edad adulta, un uso elevado de las redes sociales se ha visto relacionado con:

- Una mayor interiorización de un ideal de belleza delgado.
- Una mayor autoobjetificación.
- Comparaciones sociales más frecuentes.
- Mayores niveles de desórdenes alimenticios.
- Un deseo mayor de someterse a cirugía plástica.
- Una inversión mayor en el propio aspecto.
- Síntomas de depresión superiores.

En un estudio de poco más de 100 mujeres en el Reino Unido, los investigadores les asignaron de forma aleatoria un encargo durante diez minutos.[9] Los encargos podían ser visitar el sitio web de una revista de moda, una página de manualidades o Facebook. En general, pasar tiempo en Facebook hizo que las mujeres tuvieran un estado de ánimo más negativo. Para aquellas que ya tenían una cierta tendencia a hacer comparaciones de su aspecto físico, navegar por Facebook durante diez minutos también aumentó su deseo de cambiar partes de su aspecto, incluidos el pelo, la piel y la cara. Un estudio distinto de más de 800 estudiantes estadounidenses de nivel universitario descubrió que las mujeres que pasaron más tiempo en Facebook tuvieron más tendencia a pensar en sí mismas de forma objetificada y, cuanto más pensaban en sí mismas como objetos, más vergüenza sentían por su cuerpo, además de indicar menos asertividad sexual.[10] La asertividad sexual es hablar con firmeza y respeto de tus propios sentimientos y deseos sexuales, incluida la confianza en ti misma para decir «no» cuando no quieres hacer algo y evitar sentirte presionada para hacer cosas que no te gustan. Acabar pensando en ti misma como un objeto es un precio muy alto que pagamos por navegar por este tipo de páginas.

Para María, este concurso de belleza alimentado por las redes sociales cobró especial fuerza cuando se trasladó a Nueva York para seguir subiendo en su carrera profesional. Veía lo «arregladas» que iban sus amigas y compañeras de Nueva York, especialmente en sus espectaculares fotos de Instagram, y le costaba sentir que ella podía estar a la altura de los demás. Además de eso, gracias a un sinfín de publicaciones en las redes sociales, pudo ver en tiempo real cómo su exnovio seguía adelante con su vida y sin ella. Le pedí a María que me hablara más de esa temporada para intentar entender qué podía haberle pasado para que su autoimagen sufriera tal sacudida.

María respiró profundamente.

—Tenía la sensación de andar sobre arenas movedizas. Me sentía increíblemente infeliz. No tenía ninguna estructura, ningún marco de referencia, ningún soporte. Y nunca me paré a pensar que quizá estaba pasando por una mala época o algo así. Mi conclusión siempre era: «María, hay algo que tendrías que estar haciendo mejor». Algo así como: «Venga, ponte las pilas, podrías estar mejorando algo ahora mismo. Hay un millón de cosas que deberías cambiar».

Sus redes sociales eran un hervidero de recomendaciones implícitas sobre cómo «hacer las cosas mejor».

María me explicó su vivencia con una referencia a la cultura pop:

—Me sentía como si estuviera en *El diablo viste de Prada* y yo fuera Andy antes de que empezara a arreglarse y a vestir bien. De verdad que siempre estaba como: «Ay, madre mía, estoy feísima. Tengo que decidir de una vez qué estilo es el que quiero llevar». Yo sabía que mi ropa era de muy mala calidad comparada con la de los demás; empecé a fijarme mucho en todas estas cosas. Así que la ropa pasó a ser una cosa muy importante para mí, aunque nunca antes le había prestado atención.

Los cinéfilos quizá recuerden que el personaje de Andy era una graduada de Periodismo de la Universidad del Noroeste, así que esta comparación es especialmente buena.

Esta transformación total parecía suponer un esfuerzo enorme, y se lo dije a María. Ella asintió con entusiasmo, pero hablaba de ello como si todavía estuviera en proceso, no como algo que ya había dejado atrás.

—Pues sí. Y es muy, muy agotador. Si te dijera el tiempo que le he dedicado... O sea, yo ya hacía muchísimo ejercicio, pero empecé a entrenarme para correr medias maratones. Intenté ir al trabajo con distintos estilos. A ver qué peinado, qué maquillaje y qué ropa me sentaban mejor. Allá donde veía que no estaba a la altura, me ponía a mejorarlo con todas mis fuerzas. Me hice mechas y ahora voy a Sephora y me gasto bastante dinero en cosas. También voy a un dermatólogo. En resumen, todas esas cosas que antes habría pensado que eran una tontería o superficialidades. Cosas como, lo típico, hacerme las cejas a menudo y todo eso.

—¡Parece un dineral! —apunté.

—Pues sí, me sale carísimo, caro, caro —rio María—. Y todo eso para crear lo que a mí me parece que es un *look* neoyorquino... Cuando me miro en una foto o incluso cuando me veo en persona, solo soy capaz de fijarme en pequeños detallitos que me gustaría arreglar. Es como jugar al ratón y al gato con muchas cosas distintas que quiero evitar.

Además del dinero, María también tiene que invertir mucho tiempo para tener ese *look* «neoyorquino». Cada mañana se pasa casi una hora peinándose y maquillándose; un tiempo que podría dedicar a otras cosas. Ella a veces piensa en que sus dos hermanos no tienen que gastar tanto tiempo por las mañanas. Sabe que no es justo, pero lo explica así:

—¿Que si me gustan estas reglas del juego? Pues no. Pero ya que son estas, quiero jugar lo mejor que pueda.

Irónicamente, mientras escribía este capítulo, también estaba haciendo los preparativos para hacerme una foto profesional para salir en el libro. Para la experiencia tuve que sumirme precisamente en ese entorno que tanto me esfuerzo por evitar. Empecé a pasar una cantidad de tiempo ridícula pensando en lo que debería ponerme para salir en la foto. ¿Qué me pongo? ¿Algo formal, aunque en la vida real casi nunca voy así? ¿Y comprarme algo de ropa nueva? También me preocupaba el maquillaje. Lo normal es ponerte en manos de un equipo de profesionales para maquillarte para la foto. ¿Seguiré pareciendo yo con todo ese maquillaje en la cara? ¿Y si estoy más guapa que mi yo real? ¿Y si acaba por gustarme?

A pesar de que la fotógrafa fue increíblemente atenta y simpática —incluso se trajo a su perro al estudio para distraerme y animarme—, para mí toda la experiencia fue un ejercicio en la enfermedad de la belleza. Unos cuantos días después, tras haber examinado un par de centenares de fotos de mi cara para quedarme con las que más me gusten, ahora soy consciente de que mi ojo izquierdo es ligeramente más pequeño que el derecho, que cuando río se me ven mucho las encías y que, cuando intento sonreír con la boca cerrada, parezco un lobo a punto de atacar. No quiero saber ninguna de estas cosas —la mayoría de las cuales nadie detectaría en la vida real—, y desde luego que no me apetece pasar tiempo pensándolas. Publico muy pocas fotos de mí misma en las redes sociales precisamente por ese motivo. Simplemente, no me apetece que mi propia atención —ni la de los demás— se vea más atraída hacia mi aspecto físico. Es casi imposible posar para fotos y examinar el resultado sin acabar sepultada por una detallada lista de todas tus imperfecciones. Intento que estas experiencias solo estén en mi vida en la cantidad estrictamente necesaria.

Nunca me había dado cuenta de la enorme influencia que tiene en el comportamiento de las chicas jóvenes el hecho de tener que posar de forma constante para las imágenes de las redes sociales hasta que, algunos años atrás, un grupo de mis estudiantes me habló del «brazo delgado». Este término se refiere a posar con la mano en la cadera y con el codo hacia afuera para que tus brazos parezcan más delgados. Seguramente ya habrás visto esta pose antes; es difícil hacerle una foto a una chica joven hoy en día sin que aparezca mágicamente. En cuanto empiezas a buscar «la pose del brazo delgado», empiezas a verla por todas partes. Una persona amiga mía que se dedica a la contratación de personal me envió fotos con esta pose que encontró en LinkedIn. Un familiar me reenvió las fotos de una adolescente para el baile de otoño. En la foto grupal que se hizo en el patio de una de las chicas, todas y cada una de ellas estaba haciendo esta pose. No es una pose natural, pero ha acabado por convertirse en algo normal; tal es el miedo a que se nos vea un poquito más de carne en el brazo. Si miramos fotos de grupos de mujeres de hace diez o veinte años, casi nunca se ve esta pose. Mientras escribía este capítulo, la Universidad del Noroeste acababa de terminar las ceremonias de inicio de curso, así que mi Facebook estaba inundado de fotos de sonrientes graduados. Casi todas las mujeres que vi en las fotos posadas tenían la mano en la cadera y el codo hacia afuera. Pero no había ninguna uniformidad en las poses de los hombres. Yo me imagino que pocos de ellos se pararon siquiera a pensar que su postura podría afectar a la forma en que se percibe su cuerpo en las fotos.

Algunas compañeras que trabajan en mi laboratorio me hicieron una demostración de la serie de pasos mentales que siguen las mujeres antes de que les hagan una foto. El «brazo delgado» no es más que el principio. Primero, gírate ligeramente hacia un lado. Saca la barbilla y apúntala hacia abajo. Inclina un poquito la cabeza. Saca un poco la rodilla, solo un poquito.

Querer salir bien en las fotos no tiene nada de malo. El problema que tengo con el «brazo delgado» es que, además de glorificar la delgadez, representa una forma más en la que el mundo de las modelos profesionales y actrices se ha acabado infiltrando en el día a día de las chicas jóvenes a través de las redes sociales. Aquellas de nosotras que no posamos para ganarnos la vida no tendríamos que saber trucos como «el brazo delgado». Esta pose es un pequeño recordatorio de que tus brazos no acaban de ser aceptables tal cual están. Es un ejemplo más de cómo los estándares sobre el aspecto de las mujeres se nos escapan cada vez más de las manos.

Cuando en mi laboratorio posamos para la foto anual, yo grito: «¡Nada de brazos delgados!». Esta frase casi siempre provoca una carcajada. Me gusta mucho más que la foto plasme estas risas en vez de bracitos escuálidos. Si tenemos que hacernos una foto, transmitamos algo sobre quiénes somos y qué es importante para nosotros. Las fotos no tienen que ser una competición más en la batalla para ser la más atractiva o un intento más de imitar a las modelos de moda.

Sumergirse en el mundo reluciente y falsamente perfecto de las redes sociales puede acabar originando una reacción en cadena de dolor psicológico en las mujeres. María decidió luchar contra ese dolor creando una experiencia en la red distinta para ella y para los demás. No puede desentenderse por completo de las redes sociales porque las necesita para su trabajo. Pero ahora es mucho más exigente con los contenidos que se permite ver. Decide con cuidado a quién va a seguir y a quién no, y me asegura que le da absolutamente igual no seguir a gente que la sigue a ella si no le gusta lo que estas personas comparten. También ha podido liberarse de lo que ella denomina una «tendencia voyerista» de ver qué está haciendo la gente y qué aspecto tiene, aunque sean personas que no le importan. Ya no le parece divertido ni interesante estar al corriente de los cotilleos de quién se ha comprometido con quién. Ya no sigue a mujeres en Instagram a las que quiere parecerse. Se ha comprometido a vivir la vida que ella quiere, no una con la que «crear una narrativa guay para que la consuman los demás», según describe con sus propias palabras.

—¿Y qué te parecen ahora las redes sociales? —le pregunto a María.

—Pues creo que he acabado por darme cuenta de que es absolutamente imposible saber qué otras cosas les pueden estar pasando a los demás. Y me parece que esas personas que antes ponía en un pedestal o que pensaba que tenían unas vidas tan sofisticadas... Bueno, pues ahora finalmente se me ha encendido la bombilla y lo tengo claro. Nadie es así. Ese nivel de *glamour* no es real. Imposible. Por mucho que esa gente haga cosas así de sofisticadas, no hay forma de saber lo que realmente les pasa en su día a día. No sabes lo que les pasa por la cabeza. No lo sabes.

María me dice todo esto con muchísima seriedad. Para ella, ha sido una lección muy importante.

Y por eso, María no se limitó a usar menos las redes sociales, sino que también decidió hacer algo de forma activa para contrarrestar la forma en que distorsionan nuestras percepciones de cómo son realmente las vidas de los demás. Cuando descubrió que muchos otros se sentían igual que ella al usar las redes sociales, decidió que ella podía hacer algo para «mostrar la diferencia entre lo que la gente presenta en ese perfil social retocado y con contenidos seleccionados cuidadosamente y lo que realmente pasa entre bastidores». Junto con una amiga diseñadora de páginas web crearon un sitio llamado Cropped —wearecropped.com—. Cropped está dedicado a mostrar relatos en primera persona sobre las vidas que hay detrás de esos deslumbrantes perfiles de las redes sociales. Allí hay historias de las vidas reales de personas reales, sin recortar las partes menos bonitas.

—Crear Cropped rompió el hechizo de las redes sociales, y para mí fue algo importantísimo —recalcó María—. Me siento como que me ha enseñado que lo que la gente cuelga en las redes sociales no es su vida real, o al menos no es toda su vida real; tuve que leer varios ejemplos para poder entenderlo. Ahora que he leído todas esas historias, de verdad que pienso en las redes sociales de una forma muy distinta a antes.

—¿Sigues comparándote con el aspecto de otras mujeres?

María toma aire y medita en mi pregunta.

—En los últimos dos años, me he centrado en conseguir sentirme como que me da igual. Me digo a mí misma que no hay ningún motivo por el que tenga que tener un aspecto concreto. Intento pensar de forma objetiva: «¿Hay algún motivo por el que todo esto tenga que ser importante?». —María se detiene un momento y luego responde a su propia pregunta—. Pues cada vez más llego a la conclusión de que realmente no, y que hay personas en mi vida que se preocupan por mí y que no me están evaluando por mi aspecto físico. Solo intento recordarme a mí misma que, de todos los objetivos que tengo, este en concreto no merece que le dedique tanto tiempo.

CUATRO

Nuestros ataques contra la enfermedad de la belleza no funcionan

9

La educación mediática no es suficiente

HACE UN PAR de años, Sarah, una chica de quince años, me envió un correo electrónico. Sarah es una de las muchas estudiantes de instituto que se han puesto en contacto conmigo a partir de su propio activismo respecto a la imagen del cuerpo, ya que estaba haciendo un minidocumental sobre cómo la publicidad afecta a las chicas. Me envió un enlace de YouTube y me pidió si podía mirarlo. El vídeo empieza con un montaje de los sospechosos habituales: anuncios de maquillaje con pieles sobrenaturalmente perfectas, un anuncio de moda con una modelo atrozmente retocada con Photoshop, escenas del desfile de Victoria's Secret. A continuación, Sarah añadió una serie de impactantes entrevistas que había hecho a chicas de su escuela, de entre doce y diecisiete años.

Al principio de sus entrevistas, las chicas hablan de lo que la belleza significa para ellas. Sus respuestas enorgullecerían a cualquiera de sus progenitores o maestros. La belleza está en el interior, explican. Es tu personalidad. Es la definición que tú quieras darle. Una chica explica que a ella las personas le parecen guapísimas cuando hablan de algo que realmente las apasiona. Si detuviéramos el vídeo en este punto, quizá pensaríamos que todo va bien con esas chicas. Incluso mejor que bien. Pero, si miramos el vídeo unos minutos más, queda claro que no es el caso.

La siguiente sección del vídeo muestra a esas mismas chicas con un portátil y mirando varios anuncios donde aparecen mujeres. Las chicas van catalogando lo que ven: piel perfecta, delgadez extrema que incomprensiblemente coexiste con algunas curvas. *Barbies* humanas, como dice una. «¿Y cómo las hacen sentir esas imágenes?», pregunta la voz de Sarah de fondo. La respuesta es unánime: «Triste». No son chicas tontas. Saben que nunca se parecerán a las mujeres de las fotos y eso, sencillamente, las entristece. Reflexionan sobre las veces que los chicos de su escuela las han llamado «gorda», «vacaburra» o «tabla de planchar». Las veces que las han llamado «carapizza» por su acné, o que se han reído de ellas por parecer «demasiado judías», o que les han dicho que estarían más buenas si «perdieran unos kilitos». Su vulnerabilidad y franqueza me dejan boquiabiertas.

Una persona del cuerpo docente les puso el vídeo a sus alumnos. Varias chicas lloraron cuando lo vieron. Un chico pidió perdón directamente a Sarah por los comentarios despectivos que había hecho sobre su cuerpo. Los veinte minutos del vídeo fueron una experiencia conmovedora para todas las personas que participaron.

Las chicas que aparecían en las entrevistas eran bastante críticas con las imágenes que vieron. Las tildaron de «poco realistas». Una hizo un comentario especialmente agudo donde decía que el ideal que ve en los anuncios es «genéticamente imposible». Y aun así, ¿estas chicas listas y críticas siguen queriendo parecerse a esas imágenes retocadas? Sí. Sin la menor duda. Esta es una debilidad fundamental de lo que se denomina «educación mediática». Si nunca has oído este término antes, la educación mediática en este contexto implica varias cosas distintas. La primera es que es una concienciación acerca del tipo de mensajes sobre la belleza de las mujeres a los que estamos expuestos, además de los argumentos implícitos y explícitos de estos mensajes. La educación mediática también implica una evaluación cuidadosa del efecto de estos mensajes, además de respaldar el activismo para crear un entorno mediático más saludable. La idea básica es que cuanto más aprendemos sobre estos mensajes mediáticos, más podemos resistirnos a ellos.

La educación mediática es un paso en la dirección adecuada, pero nunca será suficiente para ganar la batalla contra la enfermedad de la belleza. Ser consciente de algo no es suficiente para protegernos del ideal de belleza; no si tantos otros elementos de nuestra cultura nos prometen que nuestra felicidad está atada a ese ideal.

Hace poco me pidieron que diera una charla ante un grupo de psicólogos clínicos. Decidí explicar la línea de investigación sobre la imagen corporal femenina que he seguido y dar una presentación con algunas de las lecciones que he aprendido. Mi presentación empezaba con una sección llamada «Tiempo atrás, cuando yo era joven y tonta...».

Tiempo atrás, cuando yo era joven y tonta —o quizá solo demasiado optimista e ingenua—, realmente creía que podía conseguir calmar el sufrimiento de las mujeres sobre su aspecto físico con las dosis oportunas de educación mediática. Hubo un tiempo durante el que realmente pensaba que esta sería la panacea. Mi razonamiento era el siguiente: si las mujeres fueran conscientes de lo falsas que eran esas imágenes, dejarían de compararse con las modelos de las imágenes. Sin el proceso clave de comparación social, las imágenes perderían su capacidad de influir en nuestra percepción de nosotras mismas.

Voy a dejarlo claro desde el principio: estaba equivocada.

¿Hasta dónde puede llegar la educación mediática?

Tras ver el vídeo de Sarah, le envié un correo electrónico para saber si le gustaría que la entrevistara para este libro. Cuando pude hablar con ella, acababa de empezar el equivalente a Bachillerato en un pequeño instituto de Hawái. Sarah es blanca, pero nació en Hong Kong. También había vivido varios años en Canadá antes de mudarse a Hawái. Aunque todavía no lleva demasiado tiempo viviendo en las islas, Sarah dice que es el sitio que más le ha gustado.

Como muchas mujeres jóvenes, Sarah ha tenido sus luchas psicológicas con lo que ve en el espejo. Cuando le pregunté si su imagen corporal era algo que la hubiera hecho sufrir, la historia que me contó era parecida a la de muchas de las mujeres con las que he hablado. De pequeña no había tenido ningún problema relacionado con su aspecto. Pero en cuanto llegó a la adolescencia, el espejo empezó a atraerla, aunque nunca le gustó demasiado lo que veía reflejado. Me lo explica en sus palabras:

—Yo creo que todas las chicas, en un momento u otro, se sienten cohibidas por algo de su cuerpo. A mí me daba absolutamente igual mi aspecto físico hasta que llegué a secundaria. Y cuando estuve en octavo grado empecé a sentirme cada vez más acomplejada, especialmente por mi peso. Y nunca tuve sobrepeso ni nada por el estilo. Siempre me sentí un poco acomplejada por mi cuerpo.

Las preocupaciones de Sarah con su aspecto físico cambiaron su comportamiento y su forma de distribuir su espacio mental. Le pregunté si se pasaba mucho tiempo delante del espejo con esa edad.

—Sí. Le prestaba muchísima atención a mi cuerpo. Entonces tenía el pelo rizadísimo y me lo alisaba cada día, y me maquillaba, y vigilaba lo que comía.

—¿Cómo crees que te influyeron todos estos complejos en tu vida? —le pregunté.

La respuesta de Sarah fue notablemente reflexiva. Me resumió todos los efectos.

—Esos complejos eran casi la única cosa en la que pensaba. Y eso, desde luego, tuvo un precio. Tampoco me gusta la persona que yo era entonces, porque estaba tan centrada en mi aspecto que también me fijaba en el aspecto de los demás y los juzgaba. Todo eso era una parte muy importante de mi vida. Me consumía la obsesión por mi aspecto físico y el aspecto físico de los demás, y no me centraba tanto en la forma de ser de los demás o en cómo era yo por dentro.

Irónicamente, aunque Sarah ahora lucha contra las imágenes mediáticas que contribuyen a formar estándares de belleza malsanos para las mujeres, cuando ella era muy pequeña apareció en algunas de estas imágenes. Desde los cuatro hasta los nueve años, cuando vivía en Hong Kong, Sarah hizo de modelo. Me explicó que había mucha demanda de modelos blancas y jóvenes. Por aquel entonces ella tenía la vaga sensación de que a los demás les parecía especial que ella fuera alta, blanca, delgada y que tuviera los ojos grandes. Pero era demasiado joven para ser consciente de los problemas que rodeaban a la exportación de los estándares de belleza blanca a otras culturas. Ella se siente conmocionada al pensar en cómo puede haber tenido un pequeño papel, en contra de su voluntad, a la hora de venderles a las mujeres asiáticas un ideal de belleza blanca inalcanzable.

Sarah rememora la experiencia y se pregunta de qué forma ha influido en ella.

—Ahora que soy consciente de todo esto pienso que, por dentro, desde luego acabó influyendo en mí —admite—, porque se pasaban todo el día diciéndome «Ay, qué bonita eres». Y cosas por el estilo. Y en vez de decirme «Qué lista eres, qué buena eres», me sentía como que eso era lo único que importaba, y basé todo mi valor en ese aspecto de mí, y al final fue la única cosa que me importaba como persona.

Sarah me explica que, de pequeña, siempre fue una niña «muy femenina». Estaba suscrita a la *Teen Vogue* y *Seventeen*. Su primera dosis de educación mediática, en el instituto, le cambió la vida. Fue un antes y un después. En sus propias palabras, «fue una de esas cosas donde no te das cuenta de lo que pasa en la sociedad hasta que lo descubres y entonces empiezas a verlo en todas partes». Me lo explicó con más detalle.

—Empecé a ver a mi alrededor que vivimos en una sociedad donde los medios de comunicación tienen un impacto enorme. Y nos afecta completamente en nuestras vidas diarias, en nuestra forma de sentirnos con nosotros mismos y otras personas.

—¿Qué tipo de efecto crees que tienen los medios de comunicación sobre ti? —le pregunté.

Sarah me aclaró que la comparación social era algo que antes la impulsaba en sus interacciones con los medios de comunicación.

—Pues, a ver —me respondió—. Antes de empezar con este proyecto, cada vez que veía fotos de chicas en las revistas y en la televisión yo las miraba y pensaba: «Ah, pues mira, yo no soy como ellas».

Pero las cosas han cambiado desde que hizo el vídeo. Sarah me explicó que el proceso de hacer el documental cambió su punto de vista sobre los medios de comunicación y la publicidad. Ahora es menos pasiva cuando ve estas imágenes. Pero, lo que es más importante, al criticar esta imágenes, tanto Sarah como sus amigas han pasado a plantearse por qué deberían pasarse tanto tiempo pensando en su aspecto físico.

Sarah me lo explicó con más detalle:

—Bueno, si te hablo de mi grupo de amigas, creo que antes nos quejábamos y soltábamos comentarios despectivos sobre nuestro cuerpo, y hablábamos de nuestro aspecto y de lo que no nos gustaba. Pero ahora intentamos evitarlo, y no queremos darle importancia. Así que ya no hablamos casi nada sobre nuestro aspecto.

—Entonces, ¿de qué habláis?

—¡Pues de todo! —soltó Sarah, orgullosísima.

Me gusta esta idea, la de que hablar menos sobre el aspecto propio y ajeno hace que las chicas tengan más opciones para hablar de todo lo demás.

Pero tampoco estoy convencida de que la educación mediática haya conseguido neutralizar del todo esta obsesión con el aspecto físico de Sarah y sus amigas, aunque algunos indicios respaldan lo que afirma. Seguimos hablando y descubrí que mi intuición era correcta. Sarah sigue batallando con la enfermedad de la belleza, a pesar de intentar escapar de ella con todas sus fuerzas.

Tras evaluar los programas de educación mediática impartidos a chicas en las últimas etapas de la escuela primaria y en la escuela secundaria, ha quedado demostrado que aumentar la habilidad de las chicas para analizar de forma crítica las imágenes mediáticas de las mujeres puede reducir sus preocupaciones sobre el peso y la forma de su cuerpo, además de disminuir la interiorización del ideal de belleza delgado. Algunos estudios incluso muestran que los programas de educación mediática pueden llevar a una disminución a largo plazo de comportamientos alimenticios desordenados. Aun así, el impacto de estos programas parece disminuir si se imparten solo cuando las chicas ya han llegado al instituto o a la universidad. Para entonces puede ser ya demasiado tarde; quizá las imágenes mediáticas ya han causado estragos en ellas. Así que si queremos extender la educación mediática, debemos hacerlo de forma temprana y frecuente.

Pero no debemos detenernos aquí, porque los programas de educación mediática, incluso aunque se hagan a tiempo y correctamente, no son suficientes. Sus efectos suelen ser reducidos.

La educación mediática es algo muy extendido hoy en día. Solo hace falta pasar algunos minutos en Internet y encontraremos docenas de sitios dedicados a desmontar las imágenes idealizadas de mujeres que vemos cada día. Las páginas donde se deja en evidencia el uso del Photoshop están por todas partes. Activistas y cineastas de mucho talento han hecho llegar sus potentes críticas a diestro y siniestro. Y, aun así, las mujeres de todo el mundo siguen sufriendo muchísimo ante la presión para llegar al estándar de belleza impulsado por los medios de comunicación. Necesitamos contraatacar con todas nuestras fuerzas, y eso implica reconocer que no podemos hacerlo con una sola arma.

Precaución: retoques

Los activistas de los Estados Unidos, el Reino Unido, Francia, Israel y Australia han estado haciendo presión para lograr una nueva herramienta en la batalla en contra de las imágenes mediáticas imposibles: rótulos informativos donde se avisa de que una imagen ha sido retocada o manipulada gráficamente. Este tipo de rótulos se ha utilizado ampliamente para mejorar la salud pública. En una iniciativa para reducir las enfermedades y muertes relacionadas con el tabaco, muchos países han hecho obligatorio el uso de rótulos de aviso en los paquetes de cigarrillos. Estos avisos suponen una potente contrapartida a los anuncios de cigarros donde se pueden ver fumadores felices y saludables. El ideal de belleza actual para las mujeres también podría conceptualizarse como un problema de salud pública. Contribuye a los desórdenes alimenticios, a la ansiedad y a la depresión en las mujeres. ¿Por qué no avisar a los consumidores de que lo que ven no es real?

El argumento tras esta forma de abordar el problema es muy razonable. La idea es que, si las modelos de este tipo de imágenes mediáticas se muestran como algo imposible, las chicas y las mujeres ya no las considerarán estándares adecuados con los que compararse. Si no nos comparamos con las imágenes, ya no tendremos ocasión de sentir que no estamos a la altura. Pero incluso una idea tan atractiva como esta necesita estar respaldada por pruebas científicas y, por desgracia, los estudios no afirman lo mismo. Varios grupos de investigadores han examinado el efecto de añadir recuadros con textos con un mensaje parecido a este: «Aviso: Esta imagen se ha alterado digitalmente».

Los estudios con oculómetros muestran que las mujeres sí detectan estos rótulos. Pero la mala noticia es que estos avisos no parecen tener un impacto positivo en la imagen corporal de la mujer. De hecho, algunos estudios muestran que, realmente, pueden aumentar el deseo de parecerse a la modelo de la imagen. También pueden aumentar el deseo de estar delgada, la insatisfacción con el propio cuerpo y los síntomas de desórdenes alimenticios. Un estudio incluso descubrió que, en comparación con las mujeres que veían los anuncios sin ningún rótulo, las que sí veían los avisos tenían más tendencia a autoobjetificarse. Una investigación especialmente preocupante que se llevó a cabo en Francia descubrió que las mujeres que veían estas imágenes con los rótulos de aviso experimentaban una tendencia mayor a tener pensamientos negativos.[1] Si las mujeres detectaban un rótulo de aviso mientras veían imágenes de una modelo femenina, identificaban más rápidamente palabras como «tristeza», «inútil», «malo» y «suicidio». Y lo que es más alarmante, el efecto de la etiqueta parecía permanecer con la imagen a largo plazo. Dos meses más tarde, cuando esas mujeres volvieron al laboratorio y vieron la misma imagen sin el rótulo, volvió a producirse el mismo efecto.

Una encuesta de 2015 de más de 1.500 personas británicas encontró la creencia extendida entre chicas y mujeres de que las imágenes retocadas tienen un efecto negativo en la imagen corporal —un 74 %

de las chicas y un 86 % de las mujeres se mostraron de acuerdo—.[2] Pero la misma investigación también se mostró significativamente escéptica respecto a la capacidad de los rótulos de aviso para mitigar el daño de estas imágenes. Algunas mujeres indicaron que sin una foto «del antes», realmente es imposible saber cómo y cuánto se ha alterado una imagen, por lo que un simple rótulo tampoco ofrece demasiada información. Además, algunas personas participantes también indicaron que una imagen siempre será más potente que las palabras que la acompañan; una lección que muchos publicistas conocen a la perfección y que utilizan en su favor cada día.

Algunos tipos de educación mediática pueden resultar contraproducentes

Hace algunos años, en mi laboratorio sentimos curiosidad por saber cuál es el nivel de educación mediática entre las mujeres hoy en día. También nos propusimos descubrir si la capacidad de crítica y argumentación contra las imágenes mediáticas femeninas idealizadas realmente protege a las mujeres ante la enfermedad de la belleza. Creamos una autoevaluación que medía lo a menudo que las mujeres procesan de forma crítica las imágenes de belleza que ven en los medios de comunicación. Tras recopilar información de cientos de mujeres y crear varias versiones de nuestro cuestionario, terminamos con tres conjuntos de elementos. El primer conjunto evalúa lo a menudo que las mujeres piensan lo falsas o imposibles que son las imágenes que ven en los medios de comunicación. En otras palabras, ¿piensan en elementos como los retoques o Photoshop? El segundo conjunto aborda específicamente el ideal de delgadez que vemos en los medios de comunicación. Contiene elementos donde se pregunta a las mujeres cuán a menudo piensan que las modelos que ven en las imágenes mediáticas están demasiado delgadas o incluso que pueden estar sufriendo desórdenes alimenticios. La última categoría contiene elementos que acusan directamente a los anunciantes de herir a las mujeres con el tipo de imágenes que usan y que cuestionan el porqué de tales imágenes. De forma global, estos elementos reflejan los tipos de contenidos que se enseñan en los programas de educación mediática centrados en las imágenes de mujeres.

Varios cientos de mujeres evaluaron cada frase en una escala que iba del 1 al 5, donde 1 era «Nunca tengo este tipo de pensamiento» y 5, «Siempre tengo este tipo de pensamientos». La siguiente tabla presenta algunos elementos de muestra de cada categoría. Puedes completar la tabla tú y ver cómo puntuarías estos elementos en esta escala del 1 al 5.

Cuando ves a una modelo en una revista, en la televisión o en un cartel, ¿cuán a menudo te pasan por la cabeza este tipo de pensamientos?

Las imágenes son falsas	Las modelos están demasiado delgadas	Los anunciantes les hacen daño a las mujeres con estas imágenes
Nadie es así de perfecto.	Está demasiado delgada como para estar sana.	Imágenes como esa hacen que las mujeres se sientan mal consigo mismas.
Tienes que tener un maquillador profesional para estar así.	Esta chica tendría que comer más.	Las fotos así hacen que las mujeres se sientan como que tienen que ser perfectas.
Hacen falta muchos trucos de la cámara para que alguien tenga este aspecto.	Es demasiado delgada.	¿Por qué tienen que tener un aspecto tan perfecto todas las modelos?
Nadie es así de guapo sin retoques de ordenador.	Parece que esté desnutrida.	Tener que mirar cosas como estas no es bueno para las mujeres.

Según tus respuestas a estos elementos, queda claro que hay una amplia gama de variabilidad en la frecuencia de procesamiento crítico de las imágenes mediáticas idealizadas de la belleza femenina. Por desgracia, lo que no queda claro es que tener este tipo de argumento crítico en la recámara sea algo que realmente ayude a las mujeres. Las primeras dos categorías de argumentos, «Las imágenes son falsas» y «Las modelos son demasiado delgadas», no hacían nada para proteger la imagen corporal de las mujeres. Tener un alto nivel de educación mediática no parecía ofrecer ningún tipo de inmunidad contra la enfermedad de la belleza. Lo que es más preocupante es que las mujeres con una puntuación alta en la última categoría, «Los anunciantes están haciendo daño a las mujeres», estaban menos satisfechas con su aspecto físico que aquellas con puntuaciones más bajas. Lo que sospecho es que muchos de los argumentos más sólidos que crean las mujeres en respuesta a estas imágenes no emergen hasta que el daño psicológico ya está hecho. No empezamos a contraatacar sin que el ataque previo de una imagen nos haya abofeteado antes.

La investigación de otros laboratorios indica de forma similar lo contraproducentes que pueden resultar algunas formas de procesamiento crítico de imágenes de belleza. Investigadores de la Universidad Estatal de Ohio y de la Universidad Estatal de Cleveland estudiaron a más de 200 padres y madres junto a sus hijos adolescentes. Descubrieron que cuando los progenitores hablaban con sus hijos para cuestionar la delgadez o la imposibilidad física de los personajes de televisión, sus hijos mostraban mayores niveles de problemas con su imagen corporal y de emociones negativas.[3] En un estudio hecho a chicas de instituto, el hecho de centrarse en el tamaño y la forma del cuerpo de las modelos de revistas se asociaba con niveles superiores de síntomas de desórdenes alimenticios, incluso aunque estas chicas se mostraran críticas con las imágenes.[4] Examinar de forma crítica estas imágenes implica que hay que prestarles atención, y la última cosa que queremos es que nuestras hijas presten todavía más atención a este ideal de belleza inalcanzable.

Otra forma de abordar este problema es estudiar el modo en que las mujeres con una actitud fuertemente feminista responden a las imágenes mediáticas de belleza femenina idealizada. No hay ninguna duda de que es más posible que las mujeres que se identifican como feministas cuenten con un punto de vista crítico sobre el modo en que se refleja a las mujeres en las imágenes mediáticas. Así que no sería descabellado suponer que el feminismo nos podría proteger ante la enfermedad de la belleza. Las investigaciones revelan una realidad más complicada. Un análisis de la Universidad Kenyon College de docenas de estudiantes descubrió que el feminismo parece disminuir la tendencia de las mujeres de interiorizar el ideal de belleza promovido por los medios de comunicación.[5] Lo cual está muy bien. Pero también había malas noticias. El feminismo tiene muy poco efecto, o directamente no tiene ninguno, sobre cómo se sienten realmente las mujeres respecto a su cuerpo y lo que piensan sobre él. En otras palabras, el feminismo hace que tengamos menos tendencia a estar de acuerdo con los estándares de belleza mediáticos, pero no parece ayudarnos demasiado cuando estamos delante del espejo.

En el capítulo 7 he hablado de un estudio que hice con un par de centenares de universitarias en el que tenían que escribir los pensamientos que les venían a la cabeza mientras miraban anuncios de revistas donde aparecían modelos femeninas. Puede que todavía recuerdes la larga y demoledora lista de pensamientos que tuvieron tras compararse con las modelos de los anuncios. Lo que no mencioné en ese capítulo es que esas mismas mujeres también se mostraron muy críticas con todas esas imágenes. Eran superestrellas de la educación mediática. Casi tres cuartas partes de ellas expresaron al menos un pensamiento que evidenciaba una evaluación crítica del mensaje de belleza que promovían esos anuncios.

Por ejemplo, más de la mitad de las mujeres se quejó de que la modelo estaba demasiado delgada como para estar sana. Escribieron cosas como estas:

- *El hueso de la cadera sobresale tanto que me preocupa; está tan delgada que parece que le tenga que doler.*
- *Es repugnante que las modelos estén siempre tan delgadas.*
- *Esta foto iría mejor con un anuncio de pérdida de peso.*
- *Uf, se le marcan las costillas, qué asco.*
- *¿Pero se puede saber por qué narices todas las modelos están como palillos?*
- *A mí me parece que esta modelo está desnutrida.*

Un tercio de las mujeres del estudio percibió que la imagen era «falsa» de una forma u otra:

- *La foto tiene que estar retocada digitalmente. Esto no es natural.*
- *Parece que a esta mujer la hayan retocado mucho con el ordenador.*
- *Nadie tiene los ojos de ese color tan verde.*
- *Cuanto más miro el anuncio, más tengo la sensación de que es una mujer pintada y no una foto de verdad; tiene la piel demasiado perfecta.*
- *Creo yo que casi es una imagen de ordenador y no una persona real.*
- *Una palabra: Photoshop.*
- *Nadie es así de guapa en la vida real. Seguro que han retocado esa foto mil veces para que salga así de bien.*

Algunas incluso acusaron a los anunciantes de lanzar mensajes destructivos sobre la belleza.

- *Siempre vemos a este tipo de chica en los anuncios; esto hace que las personas con otro tipo de cuerpos nos sintamos mal.*
- *Este anuncio es perfecto para machacar la autoestima de la gente.*
- *Este anuncio está hecho para calentar a los hombres y para que las mujeres que no están delgadas se sientan como una mierda.*
- *Esta foto y otras por el estilo son el motivo por el que muchas de mis amigas se matan de hambre.*
- *Me siento degradada porque las personas normalmente sienten que las chicas tenemos que tener este aspecto, pero la verdad es que es casi imposible.*
- *Si me pasara tanto tiempo intentando estar así de perfecta, me quedaría sin tiempo, dinero y energía.*
- *Esto no es un reflejo de lo que es una persona real. Nadie es así de perfecto. Así que espero que la sociedad no espere que yo sea así de perfecta.*

¿Suena bien, no? La verdad es que me encantó ver la vehemencia de estas mujeres a la hora de deconstruir estas imágenes. Pero como supongo que ya imaginas, también hay malas noticias. El hecho de generar argumentos críticos contra el estándar de belleza de los anuncios no supuso ninguna diferencia a la hora de evitar que estas mujeres se compararan con las modelos, y estas comparaciones no produjeron un resultado agradable.

Las mujeres del estudio despotricaron contra los anunciantes por usar modelos peligrosamente delgadas, pero acto seguido sus quejas se vieron sustituidas por un ferviente deseo de ser tan delgadas como la modelo. Estoy convencida de que estas mujeres criticaban de forma sincera estas imágenes por promover los desórdenes alimenticios.

Pero a la vez, ver a esas chicas superescuálidas parecía aumentar el asco que sentían hacia sus propios cuerpos, lo que las llevaba a desear querer parecerse precisamente a esas modelos a las que criticaban por su delgadez.

Una mujer escribió: «Esta mujer está demasiado delgada para estar sana. Se le marcan las costillas». A continuación de estas frases expresó: «Ojalá fuera como ella» y «¿Cómo puedo conseguir ser así?».

Otra escribió: «Es imposible estar así de delgada; se le ven todas las costillas. Esta foto hace que me baje la autoestima porque yo no estoy así de delgada. Ni tan morena. ¿Tendría que plantearme meterme en algún programa de pérdida de peso drástica y ponerme morena... aunque ponga en riesgo mi salud? Tengo tantas ganas de ser así... Ojalá fuera una modelo. A lo mejor, después de ver esta foto, no me apetecerá comer». Otra participante escribió: «Este anuncio me cabrea muchísimo. ¡La gente no debería estar así de esquelética! Aunque soy consciente de que estoy diciendo esto y a la vez quiero estar así de delgada».

Reconocer que las imágenes de las modelos eran una realidad imposible debido a los retoques tampoco consiguió evitar que las mujeres quisieran imitar lo que veían en la imagen. Una mujer escribió esto: «Nadie tiene una cara y una piel tan perfectas. Son todo retoques... ¿Pero por qué no puedo tener una piel así de perfecta?». Otras eran incluso más directas: «Ya sé que lleva pestañas postizas, pero ojalá tuviera unas pestañas como ella». Otra comentó lo siguiente: «Ya me gustaría a mí tener unos hombros tan perfectos como los que le han dejado a ella con el Photoshop». Detengámonos un momento para pensar bien en ese comentario.

Cuando dedicas mucho tiempo a examinar de forma crítica las imágenes mediáticas, un resultado es que pasas más tiempo procesando esas imágenes y lo haces más en profundidad. Este es probablemente el motivo por el que esos rótulos de aviso para indicar que una imagen está retocada no parecen tener la influencia que tantos desearían. Las etiquetas pueden hacer que examinemos más de cerca las imágenes de las mujeres y prestemos más atención a las áreas perfeccionadas del cuerpo o de la cara. La imagen se nos acaba quedando grabada en la mente; otro recordatorio más del ideal de belleza. El cartel de aviso no es suficiente para alejar esa imagen. De hecho, solo indica que el ideal de belleza es tan importante y valioso que las personas que han creado la imagen han tenido que hacer un esfuerzo para plasmarlo.

Ser conscientes de todo esto no es suficiente. Ser críticas con las imágenes mediáticas de las mujeres es un buen comienzo, pero no supone ninguna garantía de que no vayamos a encontrarnos sumidas en una espiral negativa de comparación social. Recordemos que las comparaciones sociales son, normalmente, algo automático y ultrarrápido, y a menudo se dan a un nivel subconsciente. Para cuando empezamos a deconstruir una imagen ofensiva, ya nos ha hecho daño. La educación mediática puede ayudarnos a curar un poco nuestras heridas psicológicas, pero no nos ayudará necesariamente a evitar que se produzcan. Este tipo de educación es maravillosa para hacernos ser más conscientes del entorno mediático que sufrimos las mujeres, pero este conocimiento no necesariamente reduce el efecto de estas imágenes. Cuando hablé con Sarah, la estudiante de instituto y cineasta en ciernes, me confirmó que aunque su recién descubierta educación mediática ha amortiguado un poco el golpe de las imágenes que ve, siguen teniendo mucha influencia.

—Creo que he podido reducir algo el impacto que tienen en mí y en cómo me hacen sentir —me explicó—. Pero a pesar de haber hecho tanta investigación para este proyecto y de haber visto todos esos documentales, siguen habiendo momentos en los que veo una foto y aunque sé que está retocada y que es falsa y que me estoy marcando un estándar imposible... sigue afectándome. Y no estoy segura de cómo... No creo que esto llegue a desaparecer jamás.

—¿Así que la educación mediática funciona un poquito, o solo a veces? —le pregunté—. ¿Tú qué crees?

Sarah me respondió con sinceridad.

—Sigo sintiéndome un poco acomplejada por mi peso, pero ya no tanto porque sé que estas imágenes a las que intento parecerme no son reales, y que estar así es peligroso para mi salud, y que no tendría que intentar estar así.

Sarah me explicó que, incluso aunque las fotos de los carteles o las revistas ya no la afectaban tanto, el estándar que estas imágenes habían creado en ella seguía ahí. Además de todo esto, tratar estas imágenes mediáticas de mujeres de forma crítica no la ha ayudado demasiado a la hora de evitar compararse con personas «reales» que ve en carne y hueso; estas mujeres no están retocadas.

—¿Así que igualmente sigues sintiendo que no estás a la altura —le pregunté, para entenderla mejor— porque te comparas con tus amigas o con alguien de la calle, o gente así?

La voz de Sarah sonaba resignada cuando me respondió.

—Sí, un poco. Pero estoy en ello, de verdad.

Vete

Cuando era pequeña mi familia me tomaba el pelo cantándome una canción famosa de finales de los 60, *Walk Away Renée* [Aléjate, Renée]. «¿Por qué no puede haber una canción mejor con mi nombre?», me preguntaba yo. Pero, hoy en día, la letra de esta canción me va muy bien a la hora de tratar con muchas de las imágenes mediáticas de las mujeres que veo a diario. De hecho, me es mucho más útil que la educación mediática. Cuando me topo con estas imágenes retocadas, me alejo de ellas. Cierro la revista. Dejo de mirar el cartel. Me voy a otro sitio web. Le doy al botón «Marcar como indeseado» para un anuncio. Anulo mi suscripción, dejo de seguir, pongo en silencio a quien sea. De todas las formas en que puedo, me alejo. Pongo la mirada en otras cosas, centro mis pensamientos en otras cosas.

Poder enfrentarme a estas imágenes es maravilloso. Estoy completamente a favor de ser consumidores informados de los medios de comunicación. Así podemos ser ciudadanos comprometidos y reflexivos. Pero en cuanto nos sabemos todos los argumentos de la educación mediática, ya no hay ningún buen motivo para taladrarnos las retinas con estas imágenes más de lo estrictamente necesario. Solo tenemos que alejarnos.

En un reciente arranque de activismo, mi laboratorio en la Universidad del Noroeste creó una página de Facebook para hacer llegar este mensaje a un contexto concreto: las cajas de los supermercados y los grandes almacenes. En muchas áreas de nuestras vidas tenemos cierto control sobre el tipo de medios sociales que podemos consumir. Pero cuando hacemos cola en la caja del supermercado, muchas veces se nos obliga a contemplar imágenes del peor tipo en las portadas de las revistas; imágenes que sabemos que hacen daño a las mujeres. Y lo que es incluso peor, las imágenes a menudo van acompañadas de las frases típicas: «Ponte en forma», «Pierde esos kilos», «La dieta del bikini», «Cómo deshacerte de ese defecto», «Cómo ocultar esa zona problemática». Y como estamos esperando a que llegue nuestro turno, nos convertimos en un público forzado. Incluso aunque sea una revista que jamás compraríamos, no podemos evitar mirarla. ¿Y cuál es la solución de mi laboratorio? Darles la vuelta. Está claro que en algunos casos la contraportada es incluso peor que la portada. En ese caso, puede taparse poniéndole delante otra revista que tenga una imagen más sana en la portada. Para mí, girar una o dos revistas puede evitar que las chicas y mujeres que hacen cola detrás de ti tengan que sufrir los efectos negativos de esas imágenes. Es una solución pequeña y temporal. Pero nos puede hacer sentir más fuertes. En más de una ocasión, cuando he terminado de girar las revistas, otras mujeres que también hacen cola me han dirigido una sonrisa de complicidad o me han chocado la mano.

Las imágenes mediáticas de belleza femenina que nos rodean se han diseñado para ser poderosas. Son dignas de crítica, pero no siempre son merecedoras de nuestro tiempo y atención. No digo que no tengamos que contraatacar: desde luego que sí; hay que hacerlo. Pero, a nivel individual, una de las mejores formas de despojar de su poder a estas imágenes es limitar la cantidad de veces que las vemos. En vez de luchar contra el veneno cuando ya se nos ha metido en el cuerpo, cambiemos lo que consumimos. Nuestra atención es un bien extremadamente precioso. Así que decidamos con mucho cuidado a qué queremos concederla y si en algún momento preferimos redirigirla a algo que valga más la pena.

Tras terminar su documental, Sarah ha aprendido muy bien a alejarse de este tipo de imágenes. No es una solución perfecta. No siempre podremos alejarnos. Y alejarnos de algo no siempre deshará los años de exposición a los medios de comunicación que han dado forma a nuestros ideales y los han reforzado. Pero es un paso en la dirección correcta.

Sarah admite que quizá nunca será capaz de hacer lo que le han recomendado en clase: que se mire en el espejo y crea que es bonita tal y como es. Pero Sarah cuenta con otra estrategia que me parece altamente recomendable. Así me la explicó.

—Una cosa que he aprendido es que no podemos poner tanto énfasis en nuestro aspecto físico; no podemos darle tanto valor. Tenemos que buscar algo más profundo. Así que he intentado empezar a no solo verme a mí misma desde una perspectiva externa, de cómo me ven los demás; ahora intento ir más allá y ver el tipo de persona que soy, intento darles más importancia y valor a las cosas que hago, a mi forma de actuar, a mis gestos y a mi personalidad.

—¿Y funciona? —le pregunto.

Casi puedo oírla asentir por teléfono.

—Sí, desde luego. Porque centrarme más en el tipo de persona que soy en vez de en mi aspecto físico me hace sentir mejor como persona. Y eso es realmente lo importante.

—¿Te sientes más feliz?

—Sí, muchísimo más. Creo que mi vida es mucho más positiva desde que aprendí a aceptar quien soy y a centrarme en cómo soy por dentro y qué quiero ser en el futuro.

Aunque no lo dijo exactamente con estas palabras, lo que transmite es que al alejarnos de las imágenes objetificadas, enfermizas y falsas de las mujeres, nos podemos acercar a otras cosas mejores. En el caso de Sarah, la educación mediática la ayudó a hacer esos primeros pasos, aunque no fuera suficiente para liberarla del todo. Al desviar un poco su atención de su aspecto físico, pudo centrarla en ser la persona en la que quiere convertirse. Me dijo que le gustaría estudiar medicina o psicología. Quiere ayudar a los demás. Quizá consiga hacer que el mundo sea mejor. Y eso me encantaría.

10

El problema de la «belleza real»

AHORA VOY A contar un cuento de hadas sobre la enfermedad de la belleza.

Había una vez una mujer que se miraba en el espejo y no le gustaba lo que veía. Suspiraba y le daba la espalda al espejo. Después volvía a girarse para verse reflejada en él, como si mirar un poquito más fuera a cambiar la imagen que este le devolvía.

Quizá lo que la disgustaba era el peso, la forma de su cara o su cutis. Quizá empezaba a ver algunas arruguitas porque se hacía mayor y fruncía el ceño ante ellas. Quizá no tenía el pelo como le hubiera gustado. Quizá no le quedaba la ropa tan bien como quería. Da igual el motivo; cualquiera nos irá bien para el cuento.

Nuestra mujer ve otra figura reflejada en el espejo, detrás de ella. ¡Su amiga acaba de llegar! O quizá su pareja. O un familiar. Lo que prefiramos. Cualquiera nos irá bien para el cuento.

—¿Qué te pasa? ¿Estás bien? —pregunta La Amiga, al ver la frustración que reflejan los ojos de la mujer.

—Soy fea —replica esta.

—¡No! —responde La Amiga—. ¡No eres fea! Eres preciosa tal y como eres.

La mujer se vuelve a mirar en el espejo, con la cara iluminada por una sonrisa.

—¡Pues sí, tienes toda la razón del mundo! —exclama—. ¡Es verdad! ¡Soy preciosa!

Y a partir de aquel momento, independientemente de lo que le dijeran, de las imágenes mediáticas que viera, de lo que los demás publicaran en Facebook o Instagram, de los anuncios de dietas que le pasaran por delante, nuestra protagonista nunca, nunca jamás volvió a cuestionarse su belleza. Vivió feliz por siempre jamás, confiada en su conocimiento de que era atractiva físicamente y que siempre lo sería. Fin.

¿Es realista?

Ya sea como la protagonista del cuento o como su bienintencionada amiga, seguro que nos hemos sentido identificadas con la primera parte de la historia. Esa parte es completamente realista. La parte que ya no lo es tanto viene al final, donde se nos intenta hacer creer que la solución a todas las penas del espejo es decirles a las mujeres que son bellas.

Si tu objetivo es ayudar a las mujeres a tener más confianza en sí mismas y a relacionarse con el mundo de una forma más significativa, decirles que son bellas no es la forma de hacerlo. A pesar de esto, muchas campañas, repletas de buenas intenciones, asumen que simplemente oír que alguien nos dice que somos atractivas puede hacernos cambiar nuestra percepción de nosotras mismas —y nuestra definición de belleza— y conseguir que estemos contentas para siempre jamás con nuestro reflejo. Por eso vemos carteles y vallas publicitarias con las frases «Eres preciosa tal como eres», o escritos en notas adhesivas pegadas en los espejos. Por eso Dove hace vídeos que nos hacen llorar. Por eso la canción *You are so Beautiful* nunca va a pasar de moda. Hay una parte de nosotros que quiere creer que esas palabras son la panacea universal para las mujeres. Desgraciadamente, en este caso, si parece una solución demasiado buena para ser verdad es porque lo es. Del mismo modo que con la educación mediática puede salirnos el tiro por la culata, también puede pasar lo mismo al decirles a las mujeres que son bellas. Pero hay otra solución.

BETH* ES UNA MUJER CHINA de veintitrés años que lleva viviendo en los Estados Unidos poco más de un año. Su idea es quedarse un par de años más para ganar experiencia laboral en relaciones públicas antes de volver a China. Una amiga suya me recomendó que la entrevistara, y me dijo que Beth era «el mejor ser humano en el mundo entero y, además, graciosísima». Esta amiga me dijo que Beth tenía una perspectiva completamente distinta sobre la belleza que me resultaría inspiradora. Y tenía toda la razón.

Beth y yo nos reunimos en mi oficina. Charlamos ante mi desordenado escritorio, con alguna que otra interrupción de los estudiantes que asomaban por la puerta para saludar. Beth me dijo que viene de una ciudad «de segunda» de China.

—Es un pueblecito —me explicó—; solo tiene unos seis millones de personas.

Abrí los ojos como platos y le dije a Beth que seguramente en los Estados Unidos no definiríamos su ciudad como «un pueblecito». Cuando las ráfagas de risa de Beth inundaron mi oficina descubrí lo maravilloso que es verla reír. Yo también solté una carcajada. Cuando estás con Beth, no puedes evitarlo. Tiene una sonrisa como un rayo de sol.

—Bueno, solo somos seis millones —prosiguió, intentando ahogar las risas que la sacudían—. No hay tanta gente que la conozca. Desde luego, de segunda.

Beth era pequeña cuando descubrió por primera vez la lección de que ser guapa es importante para la gente. Cuando tenía unos cuatro años, su madre, una estadista, la llevaba a restaurantes y la dejaba jugar con las camareras mientras trabajaba.

—Las camareras me decían cosas como «Ay, qué ojos más monos tienes». O «Tienes unas pestañas larguísimas». Cosas así —me explicó Beth.

—¿Y todavía te acuerdas de esto? ¡Si eras muy pequeña! —le pregunté.

—Sí, me acuerdo. Me decían que era monísima. Y luego me decían qué partes de mí se parecían a mis padres. Cosas como «¡Mira qué bien, te has llevado todo lo bueno, lo mejor de cada parte!».

—¿Lo mejor de cada parte? ¿Como qué? —quise saber.

Beth me dio una lista. Piel clara, ojos grandes, pestañas grandes, nariz fina, cuerpo delgado. Le pregunté a Beth si lo que buscaban era un ideal occidental.

—Sí —respondió—. Guapa como una estrella del cine. Una cara que te queda grabada en la memoria: la definición de la belleza.

Beth era pequeña cuando recibió todos estos elogios. Se tomó al pie de la letra todo lo que le decían las camareras.

—Me lo tragué completamente. Las creía a pies juntillas.

Pero a medida que Beth se hacía mayor, se dio cuenta de que los adultos siempre decían que las hijas pequeñas de sus amigos eran guapas.

Cuando empezó primaria, se fijó en que los docentes siempre elegían a las niñas más monas para cosas como subir al escenario a entregar un ramo de flores a los visitantes distinguidos. También se dio cuenta de que las chicas más bonitas recibían «cartas de amor de los chicos». Pero nunca elegían a Beth para subir al escenario con los ramos de flores. Y no recibía cartas de amor.

Puede que nos imaginemos un final triste para la historia, con Beth llorando ante el espejo y preguntándose por qué los demás no la veían guapa. Nada más alejado de la realidad. Beth no es la mujer del cuento que he contado antes.

El enfoque Dove

Este es el mensaje que creo que la mayoría de la gente —o al menos de la gente decente— le habría transmitido a Beth cuando empezó a advertir que sus facciones no coincidían con el ideal de belleza de su cultura: que es guapa tal y como es. Puede que incluso llegaran a decirle que solo necesita verse guapa para sentirse guapa, independientemente de lo que los demás digan o piensen. En resumen, puede que se sintieran tentados a seguir lo que yo denomino «el enfoque Dove».

No podemos hablar sobre la batalla en contra de la enfermedad de la belleza sin hablar de la campaña publicitaria «Belleza real» de Dove. Me imagino que a estas alturas la mayoría de las mujeres han visto al menos uno de sus espectaculares vídeos, pero puede que alguien no haya visto las vallas publicitarias con las que lanzaron la campaña. Estos anuncios eran retratos hechos muy, muy de cerca de varias mujeres quienes, por distintos motivos, no estaban dentro del ideal de belleza femenino. A los espectadores se les pedía que se detuvieran a mirar la foto y se decidieran por una de dos opciones y, después, votaran con sus móviles o en el sitio web de Dove. Los votos se contabilizaban en una valla publicitaria en Times Square. «¿Esta mujer de noventa y seis años está arrugada o es preciosa?», preguntaban por ejemplo. Estos anuncios vinieron seguidos de una campaña mucho más amplia donde aparecían mujeres de todos los tamaños —aunque, como muchos advirtieron, todas con cintura de avispa— vestidas en ropa interior blanca y promocionando una crema anticelulítica que, según lo que proclamaban, estaba testada «en curvas reales».

Después vinieron los vídeos virales de Dove. El primero, *Daughters*, se lanzó en 2006. Parecía una versión más pulida del inteligente vídeo que hizo Sarah, la chica de instituto de la que hablé en el capítulo 9. En este vídeo de Dove, una serie de chicas de distintas edades habla sobre qué las hace sentirse feas. En el segundo vídeo, el galardonado *Evolution*, se muestra a cámara rápida cómo se maquilla, peina y retoca digitalmente a una chica, de modo que pasa de ser una persona que podrías cruzarte por la calle a ser una mujer que solo podría existir en el mundo de fantasía de la publicidad. El tercer vídeo, *Onslaught*, ataca a los espectadores con una sucesión vertiginosa de imágenes de modelos, anuncios de belleza y escenas de cirugía plástica. Al final, anima a madres y padres a hablar con sus hijas antes de que lo haga la industria de la belleza. En otro anuncio más reciente se ven a varias mujeres describiéndose ante un dibujante para que les haga un retrato. Después, se comparan los dibujos resultantes con los retratos —mucho más atractivos— de la misma mujer a partir de la descripción que ha hecho un desconocido. Es un mensaje muy bonito. Eres más guapa de lo que piensas. Pero aunque el mensaje sea bonito, no tiene por qué ser efectivo.

La declaración de la misión detrás de la campaña por la «Belleza real» de Dove es muy loable: «Conseguir que las mujeres se sientan cómodas dentro de su propia piel y lograr crear un mundo donde la belleza sea una fuente de confianza, no de ansiedad». Los representantes de Dove afirmaron que la campaña se inspiró a partir de un dato estadístico chocante de una encuesta que realizaron: solo un 2 % de las mujeres de alrededor del mundo creen que son bellas.

Puedo creer que estos anuncios tienen una buena intención detrás, a pesar de que Unilever, la empresa matriz de Dove, también sea responsable de algunos de los anuncios más misóginos y objetificantes que se han visto. Sí, desodorante Axe, hablo de ti. Incluso puedo obviar el hecho inevitable de que Unilever perdería una enorme cantidad de ingresos si de un día para otro las mujeres nos levantáramos contentas con nuestro aspecto. Puedo dejar mi escepticismo a un lado e ignorar que estas campañas siguen relacionando la belleza con la felicidad y que nos dicen que estaríamos menos tristes si simplemente aceptáramos que somos bonitas.

Vamos a creernos lo que nos dice Dove: su objetivo es hacer que las mujeres se sientan guapas. Si es así, una pregunta clave que debemos hacernos es si este enfoque realmente tiene posibilidades de hacer que las mujeres se sientan más guapas. A mí me parece que no.

«Eres preciosa» puede ser contraproducente

Una de las hermandades de chicas del campus donde trabajo se ha dedicado con ahínco a combatir la negatividad hacia el propio cuerpo entre las jóvenes. Hace unos años, pusieron una pancarta en nuestro centro de estudiantes junto a una mesa llena de rotuladores. Después se dedicaron a pedirles a las personas que estaban en el campus que escribieran algo que les gustara sobre su cuerpo en la pancarta. Las encargadas del evento fueron muy generosas y permitieron que mi equipo de asistentes de investigación y yo nos quedáramos unas horas y entrevistáramos a las mujeres después de que escribieran su mensaje.

Durante un rato me limité a sentarme en la otra punta de la habitación y observar. No oía nada de lo que decían, pero el lenguaje corporal de las chicas era clarísimo. Una chica de la hermandad se acercaba a una universitaria, le explicaba qué estaban haciendo y le ofrecía un rotulador. Vi cómo docenas de chicas jóvenes se quedaban mirando la pancarta y jugueteaban nerviosamente con el rotulador en las manos, con carita de cordero degollado, intentando pensar frenéticamente en una parte de su cuerpo que les gustara mucho. Está claro que hubo excepciones. Vi cómo una chica, segura de sí misma, se acercaba a la pancarta y escribía «¡Me encantan mis piernas y mi trasero!». Otra apuntó: «¡Mis michelines son lo más!». Pero también hubo demasiadas chicas a las que pareció costarles muchísimo pensar en una sola parte de su cuerpo que les gustara. Algunas se rendían, devolvían el rotulador y se apartaban, claramente peor de lo que estaban antes de que les propusieran la idea. Otras se acercaban a la pancarta y escribían una referencia a una parte insignificante de su cuerpo con la letra más pequeña posible. «Me gustan mis cutículas».

Pedirles que dijeran qué era lo que más les gustaba de su cuerpo no era más que otro desencadenante que las llevaba a pensar en todas las cosas que odiaban de su cuerpo. Un 30 % de las mujeres a las que entrevisté y que escribieron en la pancarta dijeron que les fue muy difícil pensar en una cosa de su cuerpo que les gustara. Esta idea para «amar a tu cuerpo» estaba llena de buenas intenciones, pero parecía tener un efecto opuesto al que pretendía.

Diseñé un estudio muy sencillo para investigar este fenómeno. Pedí a varias chicas que vinieran a mi laboratorio y que se quedaran cinco minutos a solas para escribir los pensamientos y las sensaciones que tuvieran. Solo había una peculiaridad: cada veinte segundos sonaría un aviso. Pedimos a la mitad de las mujeres que pensaran «me gusta mi cuerpo» cada vez que oían el aviso. La otra mitad tenía que pensar «tengo dieciocho años». Inmediatamente tras este ejercicio de escritura, las mujeres tenían que indicar cómo se sentían respecto a su cuerpo y a su aspecto físico.

Las mujeres a las que se les pidió que pensaran «me gusta mi cuerpo» se sentían peor acerca de su aspecto físico que aquellas que solo tenían que indicar su edad. Al leer lo que habían ido escribiendo estas mujeres, empezó a emerger un patrón. A las mujeres que pensaban «me gusta mi cuerpo» inmediatamente les venían a la mente todos los motivos por los que esto no era del todo verdad. Por ejemplo, una mujer a la que le tocó pensar esto escribió: «Ahora mismo me pasa por la cabeza preguntarme de qué podrá ser este estudio. Me imagino que tendrá que ver con la imagen corporal. Y cada vez que tengo que pensar esto de "me gusta mi cuerpo", estoy mintiendo, pero tendré que seguir haciéndolo cada vez que suene el timbre. Intento que me guste, pero en realidad no me gusta, y cada vez que tengo que pensar eso, me recuerda que es mentira y que no me gusta ni una sola parte de mi cuerpo. Ahora mismo me estoy pellizcando los michelines».

Por otro lado, aquellas mujeres que tuvieron que pensar simplemente en su edad no se centraron en su aspecto físico. En vez de ello, escribieron que estaban aburridas, que tenían hambre o que tenían que estudiar. Hablaban de lo que iban a hacer más tarde. O sobre el tiempo que hacía. En poquísimas ocasiones hicieron algún comentario sobre su aspecto físico.

EN LA HISTORIA DE BETH nos habíamos quedado en el punto donde ella acababa de descubrir que quizá no era de las «guapas» de su clase. Beth me explicó que darse cuenta de eso no la decepcionó mucho.

—¡No me importa demasiado —dijo riendo—. Mi madre siempre me dijo que la belleza es la forma en que te comportas. Tu aspecto no es importante.

Beth me contó que esa idea la protegió. Para que lo entendiera mejor, me dio una metáfora deportiva: no le hizo falta «jugar al ataque» para intentar convencer a los demás de que ella era guapa, porque la idea de que el aspecto no era tan importante era «su defensa».

Aunque la madre de Beth tuvo un papel clave en dar forma a las actitudes de Beth sobre la belleza, también hubo otras influencias positivas. Los libros que leyó Beth en su infancia y adolescencia también le enseñaron que ser amable y agradable era lo más importante. El aspecto físico estaba tan abajo en la lista de cosas relevantes que no le llamaba demasiado la atención. En vez de ello, Beth se centró en esforzarse y aprender todo lo que pudiera.

—Estudié con todas mis fuerzas porque eso es lo que me hace sentirme orgullosa. No de mi aspecto físico, sino de lo que consigo.

Pero Beth no es ninguna ilusa. Está bastante convencida de que ser guapa siempre es una ventaja, independientemente de tu talento y esfuerzo. Recuerda una novela que leyó cuando tenía dieciséis años y que la dejó pensativa durante un tiempo. La protagonista era muy inteligente y, según Beth, «era muy buena en lo suyo». Pero además, la chica también era muy guapa. Los demás personajes elogiaban su aspecto. El novio de la protagonista «se sentía orgulloso de su aspecto», y sus amigos y amigas «presumían de ella».

Durante un tiempo, tras leer ese libro, Beth me contó que estaba «muy sensible ante la idea de que quizá el aspecto físico sí que es muy importante». Pero esa sensación acabó por desvanecerse.

—¿Y todavía te sientes así en alguna ocasión? —le pregunté.

—La verdad es que no —respondió Beth riendo.

De nuevo me sumé a las risas.

—Bueno, ya sabes lo que dicen —prosigue Beth—. Eso de que las chicas guapas tienen más oportunidades. Pero yo no me lo creo demasiado. Lo que yo pienso es que tienes que esforzarte más para ser mejor que estas personas.

Volvió a reír, para dejarme claro que no les desea ningún mal a las mujeres guapas que reciben favores inmerecidos. De hecho, se siente un poco mal por ellas porque, como me explica, tienen que gastarse más dinero en maquillaje y dedicar tiempo a estar a la moda, dos cosas que a Beth no le interesan lo más mínimo. En vez de ello, ella intenta centrarse en «cosas que realmente me importan y que me hacen ser mejor persona, que aportan algo a la sociedad».

Me preocupa un poco que mi descripción de Beth pueda hacerla sonar un poco crítica, como si condenara a las mujeres que se preocupan por su aspecto. Pero no es el caso; para nada. Cualquier persona que hubiera estado sentada con nosotras mientras hablábamos habría visto que en las palabras de Beth no había amargura ni malicia. A falta de una palabra mejor, yo la describiría como una persona libre. La capacidad de Beth para centrarse en cuerpo y alma en otras cosas más allá de su aspecto es algo inusual entre las chicas jóvenes. Sin duda, su carácter alegre y radiante también la ha ayudado a conseguir eso. Pero todas las personas podemos esforzarnos por parecernos un poco más a Beth.

Lo que más me gusta de su historia es lo rápidamente que deja de hablar de su aspecto físico para centrarse en las cosas que ella hace. Este cambio es el que tenemos que hacer si queremos combatir la enfermedad de la belleza. Los anuncios de Dove de los que hemos hablado antes se basan en la idea de que todas las mujeres deben sentirse guapas. Pero Beth parte de un marco de referencia distinto, uno que le indica que tiene que pensar menos en su cuerpo en vez de intentar verlo de forma más positiva. En este aspecto, Beth hace exactamente lo que las investigaciones sobre este tema apuntan que hay que hacer.

No necesitamos más recordatorios de que nuestro aspecto está bajo evaluación

Vamos a volver a hablar de esos anuncios de Dove para tratar una de sus campañas más recientes: «Elige tu belleza». Dove publicó unos carteles enormes delante de las entradas de edificios en cinco ciudades. Si alguien quería entrar, tenía que elegir entre una puerta con el cartel «Preciosa» o «Normal». El vídeo empieza mostrando a mujeres que al principio se quedan sorprendidas ante las dos opciones y que después entran, con tristeza, por la puerta para personas normales. Pero entonces una mujer entra con confianza a través de la puerta marcada como «Preciosa» y otras mujeres empiezan a seguirla, con la cabeza alta. Algunas arrastraban a sus madres o hijas a través de esta otra puerta.

Vamos a pararnos un momento a pensar qué es lo que pasa en este vídeo. Es un día normal para estas mujeres y van pensando en sus cosas cuando, de repente, Dove las enfrenta a unos carteles que las fuerzan a evaluar su aspecto. En el vídeo también hay la acusación implícita de que algo no va bien si una mujer elige la puerta «Normal». ¡Pobrecita, le falta confianza en sí misma!

Quizá sí que se trata de una mujer de aspecto normal —al fin y al cabo, estadísticamente es imposible que todos estemos por encima de lo normal—. Tener un aspecto normal no tiene nada de malo. De hecho, por definición, ese es el aspecto que tenemos la mayoría de nosotros. La idea condescendiente de que las mujeres pueden simplemente limitarse a «elegir» sentirse guapas también ignora que existen unos estándares de belleza culturales muy fuertes. Es poco probable que una campaña como «Elige tu belleza» tenga éxito en un ambiente donde solo ciertos tipos de cuerpos y caras se consideran bellos. Estos mensajes se lanzan dentro de un contexto.

Cada una de estas campañas que dice a las mujeres que son guapas, a la vez las lleva a pensar más en su aspecto físico. Pero no es que nos haga falta más ayuda para hacerlo, precisamente. Aunque seguro que no era la intención de los publicistas, estos anuncios en realidad incitan al análisis constante del cuerpo y a la autoobjetificación. El análisis constante del cuerpo casi nunca tiene resultados positivos para chicas y mujeres, aunque lo provoque un anuncio reconfortante que sugiere que todas las mujeres somos bellas.

Los efectos de este análisis del propio cuerpo pueden parecer ilógicos. Por ejemplo, puede que mucha gente piense que lanzarle un cumplido sobre su aspecto a una mujer la hará sentir mejor. Pero cualquier cosa que llame la atención de una mujer sobre su propio cuerpo o que la haga sentir que su cuerpo está siendo evaluado puede llevarla a sentirse acomplejada. Incluso cuando un comentario sobre el aspecto solo se hace con la intención de elogiar, sigue recordándole a la mujer que su aspecto se evalúa constantemente. Le trae de nuevo a la mente ese ideal de belleza omnipresente e inalcanzable. Es muy fácil pasar de pensar «¡Qué bien! Piensa que estoy buena» a «Ay, espera. Quizá me está mirando el estómago. ¿Esta camiseta me hace más barriga? Ay, ¿cómo se me ven las piernas? ¿Llevo el pelo bien?».

Hace algunos años hicimos un estudio algo inusual en mi laboratorio. Para el estudio contamos con la ayuda de lo que los psicólogos denominan «un confederado». Un confederado es, normalmente, alguien que se hace pasar como otro participante en la investigación pero que, en realidad, está colaborando con el investigador. En este estudio contratamos a un par de estudiantes para que hicieran de confederados. Su misión era sencilla. Solo tenían que hacer ver que ellos también participaban en el estudio. Después, cuando el investigador salía de la habitación un momento, lo que tenían que hacer era lanzarle un cumplido a la otra participante —que siempre era una mujer—. La cosa iba así.

Primero, el investigador encargaba una tarea al confederado y a la participante. Esta tarea no tenía nada que ver con la hipótesis del estudio. Solo era una búsqueda de palabras para que los participantes estuvieran ocupados. En un momento dado, el investigador abandonaba la habitación para que la participante y el confederado siguieran trabajando en su complicado encargo. Pasado un minuto, al confederado se le caía el bolígrafo al suelo «sin querer». La participante casi siempre lo recogía. En una serie de experimentos, el confederado respondía con un «Gracias, muy amable». En la otra serie de experimentos, ojeaba rápidamente a la participante de arriba abajo y después sonreía y le decía: «Gracias. Oye, te queda muy bien esa camiseta». Después ambos volvían a enfrascarse en la tarea.

El investigador volvía poco después de esta conversación y llevaba a la participante y al confederado a dos ordenadores distintos para que «hicieran la parte de medición de personalidad del estudio». Una de estas mediciones era una prueba de autoobjetificación y otra era una medición de autoestima sobre la propia imagen —en otras palabras, lo a gusto que te sientes con tu aspecto—. ¿Y qué pasó? De forma poco sorprendente, las mujeres a las que se les lanzó un cumplido sobre su aspecto físico indicaron una mayor autoobjetificación. Estaban más atentas a su aspecto. Pero, lo que es más importante —y aunque parezca ilógico—, también tenían la sensación de verse peor. En otras palabras, el hecho de que las repasaran con la mirada y les lanzaran un cumplido no solo las hizo autoobjetificarse sino que, paradójicamente, las hizo sentirse menos atractivas.

Un estudio de la Universidad Flinders de Australia descubrió que incluso un cumplido lanzado por una de las investigadoras —por ejemplo, «Me he quedado mirando tu camiseta y me encanta, te queda genial»— llevó a las mujeres a sentirse acomplejadas por su cuerpo.[1] Un estudio distinto de la Universidad de Siracusa descubrió que solo decirles a las participantes que iban a interactuar durante el estudio con otro estudiante masculino era suficiente para hacerlas sentir más acomplejadas.[2]

En una entrevista de 2016 con la bailarina Misty Copeland, el presidente de los Estados Unidos Barack Obama hizo algunos comentarios bienintencionados. Explicó que sus hijas tienen una madre «alta y preciosa, y curvilínea», y que seguramente eso ayudaría a sus hijas a ver que a él le gusta ese tipo de cuerpo. Es magnífico que se sienta atraído por su mujer y es maravilloso oír que le importa la imagen corporal que puedan tener sus hijas. Lo que no es tan bueno es la sutil implicación de que sus hijas tienen que aprender a amar sus cuerpos a partir de la idea de que a los hombres les gustan los cuerpos como los suyos.

Oímos este mensaje a todas horas. Un ejemplo reciente de esto es la famosa canción de Meghan Trainor, *All About That Bass*. El público acogió esa canción como himno de la positividad respecto a su propio cuerpo. Es difícil no dejarse llevar por la alegre canción y la letra, donde la cantante te explica que «cada centímetro de tu cuerpo es perfecto, de los pies a la cabeza». Y Trainor hizo un muy buen trabajo al usar la plataforma de la cultura popular para quejarse de la estupidez que supone el Photoshop. Pero aquí es donde las cosas se ponen un poco peliagudas: en un mundo ideal, las mujeres no deberían preocuparse por ser «perfectas de los pies a la cabeza». Si nos tomamos esta letra en serio, también tenemos que tener en cuenta que la cantante tiene permiso para no preocuparse por el tamaño de su cuerpo porque «a los chicos les gusta que haya un poco más de nalga donde agarrar» o porque tiene «un trasero al que le van detrás todos los chicos». Si la narrativa de la aceptación de las mujeres de su propio físico sigue descansando completamente en el hecho de que los hombres deseen un tipo de cuerpo en concreto, entonces no estamos avanzando nada. ¿No sería mejor si, en vez de ello, nos pudiéramos centrar en nuestro intelecto y nuestro carácter y no en el aspecto de nuestros cuerpos?

Le pregunté a Beth si su padre le transmitió alguna lección sobre las mujeres y la belleza. Su respuesta me pilló por sorpresa. Beth me dijo que no recibió ningún mensaje directo de su padre sobre la belleza en su infancia y adolescencia. Pero está convencida de que su padre piensa lo mismo que su madre sobre este tema. En otras palabras, está segura de que a su padre no le importaba demasiado la belleza física.

—¿Y cómo sabes qué pensaba tu padre? —le pregunté.

—Pues lo deduje por la forma en que trata a mi madre. No es como los demás hombres a los que les importa el aspecto de las mujeres. Y mi madre no se pasa demasiado tiempo comprando ropa o preocupándose por su estilo. Yo pienso que el comportamiento de mi padre, el modo de tratar a mi madre y su respeto por su forma de ser, el hecho de que nunca ha marcado un ideal al que hay que parecerse, eso a mí me transmite la idea de que el aspecto no es importante.

En otras palabras, las acciones del padre de Beth fueron mucho más potentes de lo que será jamás el mensaje de «eres preciosa».

De verdad que aprecio mucho las buenas intenciones que hay detrás de los mensajes del estilo «eres preciosa». Si tuviera que elegir entre los anuncios diseñados para hacer que las mujeres se sientan vulnerables y poco atractivas, o los anuncios de Dove que parecen diseñados para hacer que las mujeres se sientan mejor consigo mismas, me quedaría con Dove de cajón. Pero este enfoque de «eres preciosa», independientemente de las buenas intenciones que pueda tener detrás, puede seguir siendo problemático. Cuando las mujeres sufren como resultado de sentirse poco atractivas, lo natural es que nuestra tendencia sea curarles las heridas diciéndoles lo bonitas que son. Pero, aun así, hay muy buenos motivos para dudar de si esta forma de abordar el problema es efectiva. Los cumplidos al aspecto físico promueven una cultura donde se define a las mujeres por su aspecto. Centrarse en el aspecto, sea de la forma que sea, hace que las mujeres se miren en el espejo, independientemente de si es con un enfoque positivo o negativo.

Las mujeres que se sienten poco atractivas normalmente no creen a las personas que intentan asegurarles que son bellas. Si la enfermedad de la belleza fuera tan fácil de curar, yo no estaría escribiendo este libro. En vez de estos mensajes que refuerzan la idea de que la belleza física es una parte esencial de la mujer, sería mucho mejor que cambiáramos por completo el tema de conversación. Si queremos mejorar la salud mental y física de las mujeres, tenemos que pasar menos tiempo hablando de belleza y más tiempo hablando de otros problemas más relevantes. Lo que hay que hacer no es hablar de la belleza de forma distinta, sino hablar menos de ella.

Sentía curiosidad sobre cómo Beth aplicaba este deseo de ser indiferente hacia la belleza en su día a día, así que le pregunté si estaba en las redes sociales. Beth me confirmó que utiliza de forma activa tanto Facebook como Instagram.

—Y cuando ves todas esas fotos, ¿te fijas en cómo salen todas las demás mujeres? —le pregunté.

—Mucha gente y muchas de mis amigas íntimas se ponen a cambiar cosas. Se hacen más guapas con Photoshop —admitió—. Si quieres te enseño mis redes sociales. Ya verás que yo eso no lo hago. Sí que subo fotos de mí. Pero solo las que muestran realmente quién soy.

A Beth le encantó la idea de enseñarme sus fotos, así que sacó su móvil para mandarme una solicitud de amistad.

—Solo elijo las fotos donde salgo graciosa o donde se ve mi carácter. ¡Ay, vaya! Me he quedado sin batería —dijo entre risas, y me prometió que me agregaría más tarde a sus redes.

Cuando finalmente recibí su solicitud de amistad, me puse a mirar sus fotos y entendí lo que quería decir. Se ven muchas sonrisas

y abrazos, y muchas muecas graciosas. No son poses. No están diseñadas para provocar celos o atraer sexualmente a alguien.

En vez de ello, dejan entrever la personalidad de Beth y sus relaciones con los demás.

Beth me explicó su teoría de por qué las mujeres retocan las fotos
que suben a las redes sociales.

—Eso es lo que hace la gente con su persona virtual. Hay quien
intenta que este «yo virtual» se acerque a su «yo ideal». Quizá lo
hacen por eso. Pero en mi caso, yo lo que quiero es que mi «yo virtual» y mi «yo real» sean lo más parecidos posible. No quiero ser
dos personas distintas.

—¿Y cuál es tu «yo ideal»? —le pregunté.

—Pues mi yo ideal es capaz de estar ahí para las personas a las
que quiero, siempre que me necesiten. Es cumplir con mi responsabilidad como hija, mujer, madre o empleada. Es hacer las cosas
bien en mi trabajo, pero también hacer el bien a los demás. Así es
como me defino. Quiero pasar el tiempo en las cosas que realmente
importan. —Beth se detiene un momento y finalmente asiente con
la cabeza, como si estampara su sello de aprobación en la frase—. Sí.
Centrarme en las cosas que importan.

CINCO

Cómo combatir la enfermedad de la belleza

11

Bajemos el volumen

EN UNA DE las cafeterías que suelo visitar hablo a menudo con otro parroquiano, un caballero algo mayor a quien le gusta charlar de filosofía. Un día, mientras yo estaba pagando mi consumición, él se puso a hablar con la camarera. Inspirado por sus *piercings* y tatuajes, proclamó con atrevimiento lo siguiente:

—¿Sabías —empezó, con su voz retumbando en el acogedor local— que no hay una cosa que una cultura considere bella que no se considere horrible en otra? Ni tampoco hay nada considerado feo en una cultura que no se considere bello en otra.

—Eso no es así —respondí, quizá elevando un poco demasiado la voz.

¡No pude evitarlo! Soy una científica, y este hombre se había metido en mi territorio académico sin contar con la información suficiente.

—¿Cómo dices? —me preguntó, girándose hacia mí.

—Pues que eso no es verdad —repuse, encogiéndome de hombros y dedicándole una ligera sonrisa.

—Vale, pues ponme un solo ejemplo —exigió—. Dime una sola cosa que todas las culturas consideren bella en una mujer.

—Una piel sin manchas ni arrugas —dije.

Frunció el ceño, incapaz de rebatir mi ejemplo. La camarera intentó contener la risa, se dio unos toquecitos con el dedo en la piel de su cara, lisa y suave, y sonrió.

Yo empecé a calentar motores. Llevaba siendo profesora demasiado tiempo como para detenerme abruptamente en medio de una buena lección.

—Un pelo saludable y brillante —proseguí—. Ojos grandes, brillantes, y con el blanco de los ojos bien definido. Facciones y extremidades simétricas. Cintura fina.

—Bueno, vale —gruñó—. Pero ya sabes lo que quiero decir con eso.

Y sí, ya sabía lo que quería decir con eso. Básicamente estaba dándome otro argumento de que «cada persona percibe la belleza de una forma distinta». Oímos este tipo de mensaje a todas horas. Son la gasolina filosófica que impulsa el motor de la campaña «Belleza real» de Dove. Si aceptamos que la belleza física queda definida de forma idiosincrática por cada persona en cada momento, podemos llevar esa idea al extremo y declarar que todo el mundo es bello.

Y por muy bien que suene, esta afirmación tiene dos problemas. En primer lugar, si es así, lo que sugerimos es que realmente no existe la belleza. Y esto va claramente en contra de montones de pruebas científicas que demuestran lo contrario. Puede que hasta cierto punto la belleza dependa del color del cristal con que se mira, pero en gran parte no es así. En segundo lugar, esta idea ignora el hecho de que parte de lo que impulsa nuestra percepción de la belleza es su excepcionalidad. La belleza extrema destaca porque es poco común. Si todo el mundo es precioso, entonces nadie es precioso. Y aquí no estoy hablando de la belleza del alma o del carácter: yo veo belleza en el interior de casi todas las personas. Pero la belleza física no sigue las mismas reglas.

Hace unos años, Esther Honig, una periodista, causó sensación en Internet cuando pagó a varios artistas de veinticinco países distintos para que retocaran con Photoshop una foto de ella. Sus instrucciones, sencillamente, fueron: «Hacedme guapa». En la imagen original, Honig lleva el pelo recogido hacia atrás, no está maquillada —o, si lo está, solo ligeramente— y no muestra ninguna expresión particular. Cuando las fotos del antes y del después llegaron a las redes sociales, todo el mundo se centró en lo distintos que eran los cambios que los artistas de distintas culturas hicieron en el aspecto de Esther. Uno le pintó los labios de rosa brillante y otro, de rojo oscuro. Unos le pusieron una larga melena. Hubo uno que le puso un hiyab.

Pero lo que yo vi ahí no fueron diferencias culturales, sino de patrones homogéneos. Cuando miro esas fotos, veo que todos los artistas le dejaron una piel lisa, de tono uniforme y sin imperfecciones. Le quitaron las ojeras oscuras de debajo de los ojos y le dieron unas facciones más simétricas. Le agrandaron los ojos y se los definieron más. En resumen, todos parecían querer alcanzar esa lista de características que le di al filósofo de la cafetería. Las demás alteraciones que hicieron —colores de maquillaje, peinados, joyas— eran distintos glaseados para un mismo pastel.

Quiero dejar claro que no estoy diciendo que la cultura no tiene ningún efecto en nuestros ideales de belleza. De hecho, tiene un impacto enorme. La cultura es el motivo por el que me río del flequillo cardado y de la permanente que yo llevaba en los 80. La cultura es el motivo por el que la preferencia por cuerpos delgados y musculosos o blandos y curvilíneos ha ido variando en el tiempo y la zona geográfica. La cultura puede ayudarnos a explicar por qué las mujeres blancas de los Estados Unidos se meten en cabinas de bronceado y tantas mujeres de partes de Asia y África pagan cuantiosas sumas por cremas que aclaran la piel. Y en este libro hablo principalmente de la cultura. Pero la belleza es un tema complicado y no le haremos ningún favor si no estamos dispuestos a reconocer el papel de la biología en nuestras percepciones de atractivo físico.

La belleza siempre será algo relevante en la mente humana. Aun así, no debería dársele tanta importancia como se le da hoy en día. Gracias a la evolución humana, es posible que acabemos topando con nuestra propia biología cuando intentamos deshacernos por completo de la enfermedad de la belleza. Pero aunque no podamos desactivar por completo nuestra atención por la belleza, eso no significa que no podamos intentar silenciarla un poco.

Marina*, una abogada blanca de cincuenta y ocho años de Wisconsin, con una hija y un hijo, es experta en el tema de decidir deliberadamente bajar este volumen. La hija de veinticinco años de Marina, Chloe*, me envió un mensaje por Facebook como respuesta a una publicación que hice en la que buscaba a personas para entrevistarlas. Chloe se deshizo en alabanzas hacia su madre: «Me crio, milagrosamente, sin crearme ningún problema de imagen corporal». Quise indagar más sobre tal hazaña, así que Marina y yo hicimos una entrevista por teléfono. Me concedió amablemente una hora al mediodía, en su descanso del trabajo, y charló conmigo desde su despacho.

Normalmente empiezo preguntándoles a mis entrevistadas si tienen algún recuerdo concreto de su infancia sobre cómo el aspecto físico influyó en sus vidas. En el caso de Marina no había ningún recuerdo concreto. En vez de eso, lo que sí tiene presente son los años y años de enfrentamiento que tuvo con su madre sobre el aspecto físico. Los conflictos empezaron con la adolescencia de Marina, cuando se le empezaron a desarrollar los pechos y las caderas, y ganó peso.

—Yo me sentía muy incómoda —me explicó Marina—. No lo entendía demasiado, y veía que la ropa no me quedaba bien.

Además de ganar algo de peso, Marina también tenía que enfrentarse al hecho de que era excepcionalmente alta y patilarga. Cuando sus primas le pasaban su ropa para que la reutilizara ella, Marina me explicó que nada le quedaba bien.

—Siempre se me quedaba todo un palmo corto. Nunca me llegaban los pantalones a los tobillos, y las muñecas siempre me quedaban fuera de la camisa. Y ni se me pasó por la cabeza la idea de que fuera la ropa lo que no me estaba bien. Lo único que pensaba es que era mi cuerpo el que estaba mal.

—Cuando eras adolescente, ¿a qué pensabas que tenías que parecerte? —le pregunté.

—Pues no sé, ¿a una *Barbie*? —respondió, no del todo segura, y procedió a explicármelo mejor—. Yo era la primera generación que creció con las *Barbies*. Yo pensaba que quizá tenía que acabar pareciéndome a ella, o quizá a mi madre; era esbelta y estaba en forma; no tenía ni un kilo de más. Supongo que pensaba que tenía que acabar pareciéndome a ella. Pero no fue el caso.

La madre de Marina tenía una idea muy definida del aspecto que debería tener el cuerpo de su hija, y no dudó en dejársela bien clara.

—Me lanzaba muchos mensajes de que yo comía demasiado, y que estaba poniéndome muy grande, y que estaba muy gorda, y que tendría que ponerme una faja o meter barriga porque estaba enorme. Empecé a recibir esos mensajes en la adolescencia y así han seguido durante los últimos cuarenta y cinco años.

La madre de Marina ahora tiene ochenta y seis años. Le pregunté a Marina si sigue haciéndole comentarios sobre su peso.

—Ah, sí, desde luego —Marina alarga el «ah» y ríe con tristeza—. Sí, sí. Está constantemente diciéndome que mi cuerpo no está bien, que no es aceptable. Llevo oyendo eso alto y claro durante muchos, muchos años.

—Asumo por tu tono de voz que no son comentarios sutiles, ¿no?

—Qué va. Directísimos. «Estás demasiado gorda. No puedo aceptarte así». Para mi madre, el peso es muy importante. Realmente es la vara con la que mide a la mayoría de la gente. Si le presento a una amiga delgadita, sé que mi madre pensará que es una persona maravillosa. Y sí, si salimos a algún lugar, ella señala sin ninguna vergüenza a las mujeres con sobrepeso y habla de lo horribles que están. Para ella es algo muy importante.

—Has dicho que el peso es la vara con la que tu madre mide a todo el mundo. ¿Y tú también lo haces? —le pregunté.

—No, no. Para nada —responde con énfasis Marina—. Aunque como ya sabes bien, nuestra cultura obsesionada con el cuerpo nos dice constantemente que las mujeres delgadísimas y minúsculas son el ideal de cuerpo que deberíamos tener, y no sé cómo escapar a todo esto. Aunque lo tenga claro intelectualmente, no sé cómo liberarme de ello.

Le pregunté a Marina si ella creía que llegaría el momento en el que las mujeres no tendrán que preocuparse tanto por su aspecto ante los demás. Su respuesta me sorprendió.

—Bueno, si lo pensamos desde el punto de vista de la psicología evolutiva, seguramente no.

—¿El futuro no pinta bien?

—No pinta bien, no —confirmó Marina. Me reí un poco, asombrada por el hecho de que Marina hubiera sacado el tema de la psicología evolutiva. Es un comentario que esperaría oír de una persona en la universidad, no de una abogada. El pesimismo de Marina no le impidió esforzarse para crear un entorno positivo sobre el aspecto físico para su hija; solo la hizo ser más realista que la mayoría sobre las fuerzas a las que se enfrentaba.

Evolución y belleza

El relato evolutivo de la belleza humana que le provoca este pesimismo a Marina merece un poco de explicación. Pero antes de meterme en la ciencia que hay detrás de un marco de referencia evolutivo para la belleza, hablaré de una demostración que hago en mi curso «Psicología de la belleza». El primer día de clase les pido a los estudiantes que se dividan en grupos pequeños y que hagan una tarea algo desagradable. Le doy a cada grupo dos montones de fotos, uno de hombres y otro de mujeres, que he sacado de hotornot. com —un sitio web donde la gente sube sus fotos para que los demás las puntúen—. Después les pido que clasifiquen los dos montones según lo atractiva que es cada persona; de más a menos.

La verdad es que evaluamos constantemente y en silencio el atractivo de los demás, pero convertirlo en una actividad de clase hace que mis estudiantes se sientan incómodos. A pesar de las horas que puedan pasarse deslizando el dedo hacia la derecha o hacia la izquierda en Tinder, odian tener que clasificar a la gente en voz alta. Aun así, se trata de un ejercicio muy importante, porque los resultados son muy reveladores.

Las clasificaciones siempre varían un poco. Por ejemplo, normalmente hay dos mujeres que se consideran las más atractivas y puede que a los estudiantes les cueste llegar a un acuerdo de cuál de las dos ocupa el puesto número uno. Del mismo modo, algunos deciden que el más atractivo es un chico con unos tejanos rasgados y otros lo ponen en segundo o tercer lugar porque le ven cara de creído. Pero nadie, jamás, pone a ninguno de los tres candidatos favoritos hacia el final de la pila, y ninguno de los que se consideran menos atractivos está entre los más atractivos de otro grupo. Con excepción de algunas leves discrepancias, mis estudiantes están abrumadoramente de acuerdo en lo referente al atractivo físico.

De nuevo, me gustaría dejar claro que no estoy hablando de lo que a veces llamamos «la belleza interior». Estas evaluaciones son de personas desconocidas de las que no se sabe nada más que el aspecto que tienen. En el mundo real, a menudo sabemos cosas sobre el carácter de los demás que hacen que nuestra percepción de su atractivo cambie. Seguramente todos conocemos a personas que son auténticos cretinos y cuya actitud negativa influye en cómo los vemos físicamente. En la misma línea, me imagino que también hay personas que nos empezaron a parecer cada vez más guapas a medida que las íbamos conociendo y apreciando. Pero estas pequeñas variaciones de percepción no cambian el hecho de que nuestras mentes son espectacularmente buenas a la hora de juzgar el atractivo físico y que, en la mayoría de los casos, todos parecemos tener unos mismos criterios subyacentes para estas evaluaciones.

Hace ya décadas que los científicos llevan examinando sistemáticamente este tipo de consenso. Unas investigaciones realizadas por la Universidad de Texas donde se examinaron cientos de estudios publicados descubrieron que mostramos niveles remarcablemente altos de consenso en lo referente al atractivo físico de los demás.[1] En aquellos estudios donde los adultos de una cultura evaluaban el atractivo de otros adultos de la misma cultura, el acuerdo entre los votantes llegó al espectacular coeficiente de fiabilidad — un índice que mide cuántos votantes están de acuerdo— del 0,90. Para que nos hagamos una idea, un 1,0 sería un acuerdo unánime. Las evaluaciones interculturales, donde personas de unas culturas votaban la belleza de un individuo de otra cultura, llegaron a un nivel de acuerdo incluso más impresionante: un 0,94.

Podría decirse que los adultos están de acuerdo en la belleza porque todos se han alimentado de los mismos ideales y normas culturales. Pero incluso los bebés son capaces de identificar caras atractivas, y su elección coincide con la de los adultos. En un estudio se mostró a casi 200 bebés de entre seis y diez meses imágenes cuyo atractivo ya había sido evaluado por los adultos.[2] Los pequeños evidenciaron una clara preferencia por las fotos de personas atractivas y las observaban durante un tiempo significativamente más largo que las de los individuos menos agraciados. Este patrón se repitió independientemente de la raza de la persona de la fotografía, y apareció incluso cuando era poco probable que los bebés hubieran visto a muchas personas de esa etnia. Es complicado echarles la culpa a los anunciantes o a las redes sociales por este tipo de resultado. Los bebés no se ponen a leer la *Cosmo* ni pasan el rato en Instagram.

Hemos evolucionado para ser altamente sensibles hacia la belleza porque, durante millones de años, a los humanos les ha sido muy útil sentirse atraídos por los individuos bellos —y en especial, por las mujeres bellas—. Y no es ningún secreto que la belleza sigue pareciéndonos cautivadora hoy en día. Puede ser literalmente difícil apartar la mirada de una persona altamente atractiva. Cuando vemos caras bonitas, se activan áreas del cerebro implicadas en el procesamiento de estímulos agradables. Ver una cara bonita desencadena una descarga de dopamina que no se diferencia demasiado de la que experimentaríamos si tuviéramos muchísima hambre y alguien nos ofreciera un trozo de pastel. Pero esta reacción ante la belleza no es solo un impulso biológico. También se ha visto reforzada por una cultura que glorifica el ideal de belleza femenino en cada ocasión que se le presenta.

Aunque no hay ninguna duda de que cada individuo tiene sus preferencias por los distintos rasgos físicos —por ejemplo, a algunas personas les gusta el pelo moreno y a otras, el rubio—, hay unos cuantos determinantes subyacentes del atractivo físico humano que parecen ser universales. Pensémoslo así: nadie pedirá que lo maquillen de modo que se le vea un ojo más grande que el otro. Nadie va al cirujano plástico para que le añadan arrugas o imperfecciones. Eso no significa que no podamos mirar a una mujer con arrugas y verla atractiva. Lo que esto quiere decir es que, de media, una piel juvenil nos parece más bonita que una piel más vieja y menos suave. Nuestra cultura tiene gran parte de la culpa en lo referente a los estándares de belleza para las mujeres, pero la biología también los estimula. Si queremos liberar a las mujeres de las garras de la enfermedad de la belleza, nos toca enfrentar este estímulo —y su procedencia— con honestidad.

La evolución ha tenido dos grandes efectos en la percepción del atractivo físico humano. En primer lugar, tenemos que darle las gracias a la evolución por nuestra rapidez para detectar y evaluar la belleza humana. Nos lleva solo milisegundos decidir lo atractiva que es la otra persona. Es un proceso increíblemente rápido y normalmente se da de forma automática. Cuando conocemos a una nueva persona, advertimos su atractivo tan rápidamente como su origen étnico, su edad o su género. El segundo efecto es que lo que consideramos bello es, en parte, un producto de la evolución.

La premisa básica del argumento de que la belleza es algo evolutivo es fácil de entender. Cualquier rasgo que aumenta la capacidad de los humanos para reproducirse con éxito deberá pasarse a las generaciones sucesivas. A lo largo de la historia evolutiva del ser humano, la selección de una pareja sana —una que probablemente conlleve un éxito reproductivo— era una tarea muy importante. A algunos de los primeros humanos se les daba mejor que a otros.

¿Y qué hizo que algunas personas fueran mejor al seleccionar a sus compañeros? En lo referente a nuestros ancestros masculinos, una posibilidad bastante elevada es que los hombres de más éxito eran aquellos con sensibilidad para detectar y desear aquellos indicadores visuales que indicaban salud y fertilidad en una mujer. Nosotros somos sus descendientes, así que seguramente también hemos heredado su sensibilidad a esos indicios. Y seguramente todos habremos adivinado ya cuáles son esos indicadores. Los indicadores de salud y fertilidad en las mujeres son algunas de las mismas cosas que hoy en día nos parecen bellas. Juventud. Simetría. Piel sin manchas y saludable. Cintura delgada y caderas y pechos voluptuosos.

En este punto del argumento evolutivo muchas personas se pierden. En primer lugar, relacionar la salud con la belleza suena raro, incluso aunque no podamos ignorar la relación que hay entre la edad y la fertilidad. Pero estudios recientes muestran que consideramos que las personas atractivas son más saludables,[3] aunque esta evaluación se dé a nivel subconsciente. Así que aunque la belleza no sea un gran indicador de la salud hoy en día, parece que seguimos creyendo que sí.

El argumento de que la sensibilidad hacia la belleza de las mujeres puede tener algo que ver con el éxito reproductivo también deja pasmada a mucha gente. Al fin y al cabo, la mayoría de las mujeres de hoy en día se pasan sus años fértiles intentando no quedarse embarazadas. ¿Y acaso quedan todavía hombres cuyo objetivo principal en la vida sea engendrar tantos hijos como puedan y con tantas mujeres distintas como les sea posible? Pero este es el quid de la cuestión: realmente, da igual. Si ponemos nuestra cultura moderna en perspectiva dentro del paso del tiempo en la evolución humana, podemos ver que el mundo que nosotros conocemos hoy en día no es más que un suspiro. Representa un fragmento minúsculo de tiempo comparado con los millones de años de evolución que nos han llevado a convertirnos en quienes somos hoy en día.

La evolución de los humanos es un proceso rematadamente lento. Como suelen decir los psicólogos evolutivos, aunque vivimos en los tiempos modernos, nos hemos quedado con mentes de la edad de piedra. Nuestras mentes no han evolucionado para la versión actual de la vida porque las condiciones a las que se enfrentaban los primeros humanos se parecen muy poco a nuestra vida actual. A lo que nos enfrentamos ahora es a una discrepancia entre unas mentes extremadamente sensibles a las variaciones en el aspecto humano y una cultura que nos ahoga en un torrente de imágenes de belleza.

Sobredosis de belleza

No hay ninguna justicia en el repartimiento de la belleza ni en las respuestas rápidas y automáticas que genera. Pero entender las profundas raíces de nuestra sensibilidad hacia la belleza nos puede ayudar a gestionar cómo reaccionamos a ella. La psicología evolutiva tiene mucho que ofrecer a la hora de explicar cómo nos afecta el entorno mediático actual.

Innumerables imágenes de belleza femenina irreal y perfeccionada nos bombardean día a día. Estos *collages* continuos de caras y cuerpos de mujeres nos llevan a creer que la belleza extrema es mucho más común de lo que realmente es. Durante millones de años de evolución, ningún humano vio jamás una cara tan bella como las que podemos ver hoy cada día en los anuncios. Y ahora difícilmente podemos escapar a ese tipo de facciones. Del mismo modo que no hemos evolucionado para estar ciegos ante la belleza, tampoco hemos evolucionado para gestionar tales cantidades de belleza.

Para intentar explicar cómo nos afecta el entorno de belleza actual, algunos psicólogos evolutivos lo comparan con el azúcar. Hemos evolucionado para ser extremadamente sensibles al azúcar y para desearlo con pasión. Tiene sentido ya que, durante gran parte de la evolución humana, no había calorías en abundancia. Siempre valía la pena llenar las reservas antes de que llegara la próxima hambruna. Hoy en día, el azúcar es barato y fácil de conseguir. Del mismo modo que nos cuesta apartar la vista de una imagen de belleza, también nos cuesta rechazar una galleta. En un mundo ideal, nos atraerían las verduras en vez de los caramelos, y nuestra salud nos lo agradecería enormemente. Pero recordemos que nuestras mentes de la edad de piedra no fueron diseñadas para el mundo de hoy en día. Y al igual que estar rodeados de azúcar en abundancia puede tener un efecto negativo sobre nuestra salud, la abundancia de imágenes de belleza femenina altamente idealizada puede ponernos enfermos. Esta es una forma clave en la que nuestras tendencias evolucionadas interactúan con nuestra cultura hasta producir la enfermedad de la belleza.

La ciencia más avanzada sugiere que la belleza siempre ha sido un factor importante. Capta nuestra atención. Puede que esto sea natural. Pero nunca antes en toda la cultura humana hemos estado tan inundados incesablemente de imágenes y mensajes de belleza. El entorno de la belleza actual no tiene nada de «natural». La evolución humana no ofrece una excusa para esta cultura. Pero sí que subraya la importancia que tiene cambiarla. Del mismo modo que podemos conseguir que los niños coman menos azúcar en las escuelas, también podemos hacer que las preocupaciones por la belleza estén menos al alcance de nuestra mente.

No voy a intentar venderle la moto a nadie diciendo que, si nos esforzamos lo suficiente, la belleza física dejará de tener importancia en nuestras interacciones sociales diarias. La ciencia, directamente, no respalda una afirmación como esta. Del mismo modo, no voy a enfocar el problema igual que lo hace Dove, diciendo que si decidimos adoptar una mentalidad distinta, siempre nos gustará el aspecto que tenemos.

No podemos desactivar por completo esa parte de nuestra mente que nos hace ser tan sensibles a la belleza humana. Aun así, sí que podemos bajarle el volumen. Si preferimos otra metáfora que no sea el sonido, aquí tenemos una comparación con un ordenador: nuestra mente viene con un módulo de belleza de serie. Quizá no podamos desinstalarlo, pero cuanto más ejecutemos otros programas, menos memoria podrá utilizar el módulo de belleza. Así que, ¿por qué no empezamos a bajarle el volumen a la belleza y se lo subimos a otras cosas más importantes?

La vara con la que medimos el mundo

Marina, la abogada de la que he hablado al principio de este capítulo, es un magnífico ejemplo de alguien que intenta bajarle el volumen a la belleza. Parte de lo que la motiva es el daño que todavía le causan esos comentarios que su madre hizo sobre su cuerpo.

—Fueron muy dolorosos —me explica—. Muy, muy dolorosos. Tenía una opinión muy mala de mí misma. De verdad que durante muchos años sentí que nunca encajaría y que nunca me querrían.

Marina reconoce que su madre evalúa a todas las mujeres con la vara de medir del aspecto físico, pero ella quiere esforzarse para ver el mundo de otro modo.

En términos psicológicos, yo usaría la palabra «esquema» en vez de «vara de medir». Un esquema es algo que le da organización y estructura a tu conocimiento sobre ti mismo y sobre el mundo. Pero los esquemas no son solo unos marcadores pasivos que tenemos en la mente. Son algo que decide de forma activa a qué prestamos atención y cómo llenamos las lagunas cuando nuestra información es incompleta o ambigua. Por ejemplo, si una persona tiene un autoesquema negativo, es más posible que interprete un mensaje de móvil sin contestar como un indicador de que su amiga no la quiere o está enfadada. Alguien con un autoesquema más positivo seguramente supondría que la amiga está ocupada o que se ha olvidado de responder. En otras palabras, los esquemas no solo nos ayudan a organizar nuestras experiencias, sino que también cambian la realidad que percibimos.

Todos tenemos un esquema para el aspecto físico, pero no son iguales. Para algunos, todo lo que creen saber sobre sí mismos o sobre los demás está teñido por sus percepciones del atractivo físico. Parece que constantemente aplican su esquema para el aspecto físico, un filtro constante de sus evaluaciones y conocimientos. Otras personas no utilizan demasiado su esquema de apariencia. Está inactivo gran parte del tiempo.

Si nuestro esquema para el aspecto está activado de forma crónica, tenderemos a ver el mundo en base a la apariencia física. Cuando conocemos a personas nuevas, nos centramos en su aspecto. Si algo bueno o malo nos pasa, asumimos que tiene que ver con nuestro aspecto. Si vemos una película, prestamos más atención a cómo se ven los actores de lo que lo haría una persona con un esquema más relajado. Solemos dirigir más la mirada hacia el espejo. Es más fácil que nuestros pensamientos se centren en analizar constantemente cómo nos vemos.

Una forma de verlo es pensar en el esquema como una red que se extiende hacia otras áreas de conocimiento. La madre de Marina tenía un esquema para el aspecto físico extraordinariamente fuerte y bien desarrollado. Para ella, el aspecto físico estaba conectado a la personalidad, la moralidad, el valor como persona, el éxito. De todas las cosas del mundo a las que podía prestar atención, ella se centraba en el aspecto físico. Y esto era lo que impulsaba su forma de juzgar a los demás e influía en su propio comportamiento. Y también fue lo que hirió una y otra vez a su hija.

Marina intentó muchas veces cambiar esta obsesión de su madre con el aspecto físico. Intentó hacer que dejara de lanzar comentarios denigrantes, especialmente aquellos dirigidos a otras personas. La táctica que seguía Marina era reírse de estos comentarios e intentar contrarrestarlos con suavidad. En otras ocasiones, llevaba alguno de estos comentarios al extremo para que viera lo absurdo que era. Por ejemplo, si su madre decía que una mujer era gorda, Marina respondía sarcásticamente:

—Ay, sí, qué gorda está. Supongo que nunca nadie la va a querer y que no tiene ningún motivo para vivir. ¿No?

—A ver, que yo no quería decir eso —espetaba su madre.

Pero no tardaba en soltar otro comentario grosero sobre el peso de alguien.

Cuando Marina vio que responderle directamente a su madre no funcionaba, decidió pasar a centrarse en gestionar su propia vida y la de sus hijos de un modo más sano.

Cuando Marina dice que evita usar «la vara de medir» del aspecto físico que usa su madre, lo que realmente quiere decir es que no quiere un esquema basado en el aspecto físico para guiar sus interacciones con el mundo o con su forma de pensar sobre sí misma. Ella lucha de forma activa contra este esquema para romper la relación entre su aspecto físico y su percepción de su propia valía como persona. Por ejemplo, a veces se ve ante el espejo, quejándose por el tamaño de sus caderas. Cuando le pregunté cómo consigue salir de esta situación, me explicó que se dice a sí misma: «¿Sabes qué? Soy un ser humano aceptable, aunque me sobre algún kilito de las caderas». Su esquema para el aspecto físico ha quedado sustituido por otro esquema donde el valor se relaciona con el carácter, no con la forma del cuerpo.

Tampoco es que Marina haya abandonado por completo toda la atención hacia su aspecto. Ese no es el objetivo de la mayoría de las mujeres y, aunque lo fuera, sería casi imposible alcanzarlo.

—No estoy obsesionada con mi aspecto y mi belleza —me explicó—, pero sí que entiendo a nivel mental cómo influye mi aspecto en la forma en la que los demás me perciben. Simplemente, no me dejo atrapar por ese mundo.

El proceso para aprender a centrarse menos en su aspecto no ha sido fácil para Marina, y eso que ella ha tenido la ventaja de crecer sin estar rodeada de redes sociales. Si sus hijos deciden seguir el mismo camino que ella, les resultará un camino mucho más arduo.

Una forma en la que Marina ha decidido abandonar la carrera de la belleza ha sido negándose a llevar maquillaje. Me quedé impresionada con el hecho de que Marina consiguiera evitar el maquillaje en un ambiente corporativo, y así se lo dije. Como profesora, puedo dejar los cosméticos a un lado siempre que me apetezca sin más consecuencias que un «Oye, se te ve cansada hoy». Pero Marina es una abogada. Seguro que debe enfrentarse a la presión de cumplir con los ideales de belleza femenina tradicionales en un lugar de trabajo así.

—Sí, a ver —me responde—, me pongo brillo de labios. Un poquito. Es lo único que me permito. Pero no voy a ir con la cara entera maquillada. Las cosas son como son.

—¿Y eso ha sido una decisión consciente que tú has tomado? —quise saber—. ¿Llevabas maquillaje y después dejaste de llevarlo?

Marina calló un momento para pensarlo. Sí que había llevado maquillaje cuando era adolescente y como veinteañera.

—Cuando empecé a trabajar pensaba que debería llevar maquillaje porque, bueno, ya sabes, hay que parecer profesional, así que me maquillaba un poco. Y después me cansé y dejé de hacerlo. Así que sí, tengo muy, muy claro que estoy tomando una decisión consciente de no llevar maquillaje y de que estoy transgrediendo algunos de los estándares del aspecto femenino. Y entonces miro a mi alrededor y me tengo que decir: «¿Sabes qué? Me parece que la gente piensa que soy capaz de hacer mi trabajo aunque no lleve maquillaje. Así que venga, ¡adelante!».

Marina reconoce que a algunas mujeres les gusta jugar con el maquillaje, y que puede ser una expresión personal y artística.

—Pero algunas mujeres se sienten muy imperfectas —recalca—, y si no se tapan esa manchita que tienen en la cara, les da demasiada vergüenza salir de su casa.

Ese es el sentimiento que ella no quiere alimentar en sí misma. Y no quiere que su hija tenga miedo de salir de su casa sin maquillar. Jamás.

—Hay varios motivos por los que las mujeres usan cosméticos —reitera Marina—, y a mí no me parecen menos por maquillarse. Pero, como ya he dicho, yo no quiero entrar en ese juego.

Me imagino a Marina negando vigorosamente con la cabeza. Ella subraya su frase.

—No voy a entrar en ese juego.

El marido de Marina, con su compasión y comprensión, la ayuda en sus intentos de ver el mundo de una forma distinta a como lo ve su madre. Su cariñosa actitud y forma de actuar hablan más alto que cualquier comentario hiriente de su madre. Marina describe la amabilidad de su marido como «reparadora». Si tus caderas son anchas y aun así te sientes amada, esto acaba haciendo mella en la asociación que hay en tu mente entre el tamaño de tu cuerpo y tu valor como persona. Pero aun así, Marina no puede escapar completamente de su esquema para el aspecto físico, porque siempre hay algún elemento de la cultura que la rodea que intenta reactivarlo.

—Cuando salgo otra vez ahí fuera y veo las imágenes de las mujeres que presentan los medios de comunicación... Pues me cuesta alejarme de esas dinámicas tan críticas con el aspecto y de la sensación de que no soy suficiente. Son sentimientos muy fuertes y arraigados en mi interior.

Ya de por sí la mente humana se siente rápidamente atraída por la belleza. Y ese es uno de los motivos por los que centrarnos más en el aspecto físico diciéndonos que somos bellas es poco probable que solucione nuestros problemas con el espejo. Al fin y al cabo, nuestra imagen corporal no solo es lo contentas o descontentas que nos sintamos con nuestro aspecto. También es la importancia que consideremos que tiene; nuestro nivel de implicación con él como el constructo que nos sirve de guía en la vida. Si decidimos darle menos importancia al esquema del aspecto físico, podemos sentirnos mejor con nosotras mismas sin siquiera tener que cambiar nuestra apariencia.

El investigador de imagen corporal Thomas Cash y sus colaboradores desarrollaron una medida autoevaluativa de hasta qué punto el pensamiento de un individuo sobre sí mismo viene guiado por los esquemas para el aspecto físico.[4] Y de forma poco sorprendente, las mujeres superaron en puntuación a los hombres de forma significativa. Una mujer con una alta puntuación en esta medida tenderá a mostrarse muy de acuerdo con frases como «Mi aspecto es una parte importante de quien soy». También se mostrará fuertemente en desacuerdo con frases como «Nunca he prestado demasiada atención a mi aspecto físico» y «Pocas veces comparo mi aspecto físico con el de los demás». Cuanto más alto puntúan en esta medida, peor tienden a sentirse sobre su aspecto físico y, además, suelen tener también una autoestima más baja. También es más posible que muestren comportamientos de desórdenes alimenticios y que hagan ejercicio de forma compulsiva. Ver el mundo a través del filtro del aspecto físico no es bueno para tu salud psicológica o física.

Marina quería que la vida de su hija jamás se viera dominada por su esquema para el aspecto físico.

—Uno de mis objetivos como madre fue criar a una hija que se sintiera bien consigo misma, que no tuviera todos los complejos que tuve yo —me explicó—. Y desde luego, uno de mis objetivos como madre era criar a una hija más sana que yo. Me esforcé de la forma más explícita y consciente que pude para evitar caer en las mismas trampas que sufrí en el pasado.

—¿Y cómo te ha ido? —le pregunté.

Al fin y al cabo, esta entrevista vino a partir de una enérgica recomendación de su hija. Parecía que su forma de educarla en ese aspecto había funcionado bastante bien.

Marina se echó a reír.

—Pues mira, creo que me fijé en lo que mi madre había hecho y me dediqué a hacer todo lo contrario.

Cuando tenía que abordar el tema de la comida con Chloe, su hija, Marina evitaba los extremos. No insistió en que su hija siempre dejara el plato limpio, pero tampoco se metía con lo que comía ni le decía que comía demasiado.

—Intenté que la comida no fuera un campo de batalla o un problema, para que ella se sintiera libre de comer lo que quisiera y pudiera prestar atención a sus propias señales internas sobre cuándo estaba llena o tenía hambre, y aprendiera a comer de una forma más sana que como me habían enseñado a mí.

—Muchas personas con niñas pequeñas tienden a decirles mucho que son muy guapas o muy bonitas. ¿Tú acabaste haciendo eso con Chloe? —le pregunté.

—No, no mucho. De hecho, intentaba de forma consciente decirle cosas como: «¡Qué buena amiga eres! Eres una persona muy amable, y lista, y buena». Así que no le hablaba de forma específica sobre la belleza física, sino más bien le transmitía una serie de mensajes sobre sus demás cualidades.

Marina controlaba el tipo de programas de televisión que Chloe miraba para evitar que viera contenidos centrados en el aspecto físico o programas que pudieran llevarla a tener una autoimagen corporal negativa. Le compró a Chloe una suscripción a *New Moon*, una revista para chicas que se centra en ser un antídoto a la obsesión de la cultura pop con la belleza femenina y que muestra cosas interesantes que hacen mujeres y niñas.

Cuando Chloe llegó un buen día a casa y pidió una *Barbie*, para Marina fue un momento decisivo, puesto que sus propios problemas con la imagen corporal habían empeorado al jugar con estas muñecas. Como al parecer Chloe quería una *Barbie* principalmente porque sus amigas jugaban juntas con ellas, Marina y su marido decidieron no darle demasiada importancia. Tuvieron una breve charla con Chloe sobre la «imagen» de estas muñecas y lo que implicaba. Después le compraron a Chloe una y se pusieron a observar cómo la utilizaba su hija.

—Cuando sus amigas venían a jugar, sacaba la muñeca y jugaba con ella —me cuenta con orgullo Marina—. Y cuando se iban, guardaba la *Barbie* en el armario y ahí se quedaba.

Marina sabe lo difícil que es que una chica crezca con una imagen corporal sana en nuestra cultura, así que hizo todo lo posible para darle a Chloe un entorno en el que no influyeran los complejos con los que Marina había tenido que luchar. La forma que tenía Marina de abordar este asunto fue no centrarse tanto en decirle cosas concretas a Chloe, sino en evitar decirle. No comentaba nada sobre la comida. No comentaba nada sobre el peso. No comentaba nada sobre quién era atractivo o no.

—Lo que quería era intentar estar allí, para ella, sin transmitirle muchos mensajes sobre el físico. Mi idea era que ya recibiría suficientes del resto del mundo. Lo que ella necesita de sus padres es amor, apoyo y el mensaje de que está bien tal como es. Así que mi marido y yo realmente nos pusimos de acuerdo en todo esto y, juntos, le transmitimos el mismo mensaje de «estás bien como eres», igual que a su hermano. No teníamos conversaciones expresas para decirle que «eres perfecta tal y como estás», pero sí que intentamos transmitirle el mensaje positivo de que la queríamos. Intentamos criar a nuestros hijos para que se sintieran bien consigo mismos.

Debido a la relación entre el género y las dificultades con la imagen corporal, Marina pareció tomar estas decisiones teniendo en mente a Chloe. Pero ella y su marido siguieron actuando del mismo modo con su hijo. Al fin y al cabo, los chicos tampoco están libres de preocupaciones con su imagen corporal, y no hay ningún buen motivo para animar a la obsesión con el aspecto físico en ningún género. El hecho de que Marina y su marido formaran un frente unido en lo referente a este tema también supuso un potente mensaje para sus hijos. Les demostró que luchar contra la enfermedad de la belleza no es tarea exclusiva de las mujeres. Todos podemos y debemos colaborar.

Parte de lo que promueve la enfermedad de la belleza en las mujeres es la sensación de que la belleza es un ingrediente esencial para conseguir la felicidad. ¿Y cómo vamos a sentirnos de otra forma cuando tantos medios de comunicación refuerzan esta idea? La madre de Marina quizá se centraba tanto en el peso porque realmente pensaba que Marina solo podría ser feliz si era delgada.

Pero es importante advertir que no hay suficientes pruebas para respaldar la noción de que tenemos que parecernos a una modelo para poder ser felices. Un estudio de más de 200 estudiantes universitarios realizado por el investigador Ed Diener descubrió que los estudiantes más felices no eran más atractivos que aquellos que mostraban un nivel de felicidad promedio.[5] El atractivo físico sí que muestra una pequeña correlación con la felicidad general, pero hay que interpretar este dato con cuidado, puesto que las personas felices tienden a pensar que son más atractivas físicamente que las personas infelices. Incluso si reconocemos que hay una cierta relación constante entre el aspecto físico y la felicidad, esto tampoco sería significativo en nuestro día a día, puesto que hay predictores de felicidad mucho más fuertes que la belleza física. Las relaciones son más importantes. Sentirse significativo y tener un trabajo interesante y lleno de desafíos es más importante. Del mismo modo, aunque puede ser verdad que nuestro aspecto físico influye en el modo en que nos tratan los demás, estos efectos no son ni de lejos tan importantes como la mayoría de la gente parece creer. Los prejuicios basados en la belleza no favorecen o desfavorecen tanto como solemos pensar. La belleza no es una varita mágica.

Tomar la decisión

El investigador de la imagen corporal Eric Stice del Instituto de Investigación de Oregón ideó un nuevo enfoque para mejorar la imagen corporal de las mujeres y para animarlas a adoptar una alimentación y unos hábitos de ejercicio saludables.[6] Su intervención se basa en un concepto llamado «disonancia cognitiva». La idea básica tras la disonancia cognitiva es que queremos que nuestros pensamientos y comportamientos sean coherentes. Por ejemplo, nos resulta inquietante actuar de forma cruel o egoísta cuando nos consideramos personas generosas y amables. Si eso sucede, podemos solucionar esta disonancia y recuperar nuestra coherencia de varias formas distintas. Podemos decidir que realmente sí que somos personas crueles y egoístas. Otra solución sería modificar nuestro comportamiento para que esté en la misma línea que la percepción que tenemos de nosotros mismos.

Los programas de Stice aprovechan el poder de esta disonancia para cambiar las reacciones de las mujeres jóvenes ante las imágenes femeninas idealizadas. En estas intervenciones, las mujeres jóvenes practican cómo rechazar de forma abierta el ideal de belleza delgado a través de juegos de roles y debates en grupo. Por ejemplo, en uno de los ejercicios, el formador adopta el papel de una persona que se impone restricciones alimenticias severas y las mujeres que participan en el programa, por turnos, intentan poner en duda su creencia de que una delgadez extrema la llevará a ser feliz y estar sana. En otra actividad, las participantes le escriben una carta a una chica adolescente que tiene problemas con su imagen corporal. En esa carta, las participantes explican los peligros y costes de perseguir el ideal de belleza ultradelgado que promueven los medios de comunicación. En la siguiente reunión del grupo, las mujeres leen sus cartas en voz alta ante una cámara, y se les da la opción de publicar ese vídeo en las redes sociales para que el mensaje se difunda.

Si hemos invertido una cantidad significativa de energía en discrepar en público en contra de ese ideal de belleza, como hacen las mujeres en el programa de Stice, nos arriesgamos a sufrir una disonancia cognitiva si de repente nos encontramos aceptando ese mismo ideal. Una docena de ensayos controlados han descubierto que los programas basados en la disonancia cognitiva llevan, a largo plazo, a una reducción de la interiorización del ideal físico mediático en las mujeres jóvenes. Es necesario dejar claro que estas pruebas no muestran que las mujeres quedan inmunizadas ante los mensajes sobre la belleza femenina. Pero sí que sugieren que podemos atenuar el impacto de estos mensajes.

En unas investigaciones recientes sobre estas intervenciones se utilizó una resonancia magnética funcional —un sistema para tomar imágenes del cerebro— para examinar cómo reaccionaba el cerebro de las mujeres que habían pasado por el programa basado en la disonancia ante las imágenes mediáticas del ideal de belleza delgado. Los impresionantes resultados mostraron que esas mujeres, en comparación con un grupo de control, mostraban menos activación en el núcleo caudado, un área de la mente asociada con el procesamiento de recompensas.[7] En otras palabras, sí que es posible alterar nuestras reacciones ante los ideales de belleza opresivos.

Puede que no seamos capaces de eliminar la descarga de dopamina que recibimos cuando vemos imágenes de este ideal, pero podemos disminuir su intensidad.

Aun así, como nunca podremos deshacernos por completo de esta sensibilidad a la belleza humana, nuestra mejor opción no es solo intentar rechazar los ideales de belleza malsanos. Lo que también tenemos que hacer es limitar nuestra exposición a las imágenes y los temas centrados en la belleza. Como nuestras mentes han evolucionado para ser sensibles a la hipnótica canción de la belleza y como nuestra cultura alimenta esta vulnerabilidad, la responsabilidad de bajarle el volumen a esta canción recae sobre nosotros.

Es verdad que la mayoría de nosotros tiene que prestar atención a nuestro aspecto físico para evitar los costes sociales que acarrearía evitar por completo los espejos. Pero recordemos que el truco no es evitar la belleza por completo sino ponerla en el lugar que le toca, detrás del resto de las cosas que son más importantes para nosotros. Y si no estamos seguros de cuáles son, deberíamos parar un momento y hacer una lista. Si nos ponemos a enumerar nuestros valores más importantes, seguro que nos sorprenderá la cantidad de cosas que habrá antes de la belleza.

Poner la belleza en su lugar significará una cosa distinta para cada mujer, y eso no supone ningún problema. Lo que a mí me preocupa no es que la belleza tenga un papel en la vida de las mujeres. Lo que me preocupa es que ese papel sea mayor de lo que le corresponde. Como resultado, sufrimos psicológicamente y nos distraemos ante esas cosas que son más importantes que nuestro aspecto físico.

Poner a la belleza en el sitio que le corresponde implicará tomar una serie de decisiones conscientes una y otra vez hasta convertirlas en un hábito. En vez de dejarnos llevar mecánicamente por una oleada de enfermedad de la belleza, podemos practicar cómo intentar nadar a contracorriente. Podemos decidir hasta dónde estamos dispuestas a esforzarnos para llegar a un punto donde nuestras decisiones sobre la belleza se hagan de forma más consciente. Imaginemos que conseguimos nadar hasta un lugar donde las presiones sobre la belleza son solo un goteo que se oye de fondo en vez del rugido del océano entero.

CUANDO LE PREGUNTÉ A MARINA qué ve cuando se mira en el espejo, me describió a una mujer alta, rubia, de mediana edad y que empieza a tener alguna que otra cana. Marina admitió a regañadientes que todavía no ha terminado de aceptarlas.

—¿Y qué quieres decir con no aceptarlas? ¿Que te las tiñes? ¿O que psicológicamente te está costando aceptarlas? —le pregunté.

—Ah, no, no me las tiño. Estoy acostumbrándome a tenerlas. Yo soy quien soy, y soy alguien con un pelo que se está volviendo canoso, como le pasa a la mayoría de las personas en este punto de la vida —aclaró.

Le conté a Marina que una de las chicas jóvenes a las que entrevisté para este libro me dijo que, para ella, las mujeres consiguen ser finalmente libres en cuanto dejan que el gris les invada la melena. Esta chica, cuando ve a mujeres con canas, piensa: «Ese es el tipo de mujer mayor en la que me convertiré. Y seré libre».

Marina contempló la idea unos instantes.

—Ojalá tenga razón —respondió—. Ojalá pueda llegar yo a ese punto algún día.

Marina sigue su propio camino. Y cada paso que da marca una diferencia. Si todas las personas empezaran a hacer esos pasos juntas, acabaríamos teniendo un mundo más sano para chicas y mujeres. El resto de este libro explica cómo hacer estas elecciones y seguir estos pasos. Y también explica cómo crear un mundo en el que a los demás les sea más fácil hacer lo mismo. Este es el tipo de mundo que Marina quería encontrar tanto para sí como para su hija, pero todavía nos queda mucho trabajo por hacer.

12

Dejemos de criticar nuestro cuerpo

EN 1998, CUANDO estaba en mi primer año del posgrado, el programa de televisión *Sexo en Nueva York* sacó un episodio llamado «Modelos y mortales». En aquel momento no lo vi, pero en los años que siguieron, mis estudiantes me mandaron una y otra vez vídeos de una escena concreta de aquel episodio. Las cuatro amigas —Carrie, Miranda, Charlotte y Samantha— están sentadas en el apartamento de Carrie, comiendo comida para llevar y quejándose de vivir en una ciudad donde se ven tantas modelos por las calles. En un momento dado, empiezan a proferir insultos hacia todas esas modelos sin nombre.

—Son tontas, vagas y habría que eliminarlas en bloque —asegura Miranda, quien más tarde las describe como «jirafas pechugonas».

Y a continuación, todas estas mujeres empiezan un ritual que ya conocemos demasiado bien. Empiezan a contarse lo inseguras que se sienten con su propio aspecto. Descubrimos que Charlotte odia sus muslos. Y Miranda, su barbilla. A Carrie no le gusta nada su nariz. Pero entonces las cosas empiezan a ponerse interesantes. Todas se giran hacia Samantha, esperando que se suba al carro para despreciar ella también su cuerpo. Pero Samantha se niega.

—A mí me encanta el físico que tengo —dice, encogiéndose de hombros.

En vez de estar contentas por Samantha y celebrar la confianza que tiene en sí misma, las demás mujeres se quejan y hacen comentarios mordaces sobre que Samantha ha «pagado» para ser como es.

En caso de que ya nos hayamos perdido, aquí tenemos todo lo que ha pasado hasta ahora:

1. Una mujer ha insultado a las modelos basándose únicamente en su aspecto físico.
2. Tres de cuatro mujeres han insultado su propio aspecto físico.
3. Una mujer insulta el aspecto físico de otra y las otras dos se ríen, mostrando que están de acuerdo con el insulto.
4. A las tres mujeres les incomoda que la cuarta se sienta realmente a gusto con su aspecto.

Sí, solo es una serie de televisión. Pero el hecho de que tantas mujeres se identifiquen con esta escena apunta a un hecho muy triste. En vez de usar nuestra voz para contraatacar una cultura que socava nuestro propio valor, demasiadas de nosotras la utilizamos para atacar nuestros cuerpos o los de otras mujeres.

Saber cómo hemos llegado hasta este punto no es ningún secreto. Hemos crecido oyendo un coro de voces que degradan los cuerpos de las mujeres. Y como resultado, suelen pasar dos cosas: en primer lugar, acabamos por interiorizar estos mensajes y los apuntamos hacia adentro, hacia nosotras mismas. Nos tildamos de feas, señalamos nuestros defectos físicos y les decimos a los demás que nuestro cuerpo es repugnante. En segundo lugar, aprendemos que denigrar el aspecto de otras mujeres es una norma cultural, y nos subimos al carro como si no fuera más que un ritual inofensivo para estrechar nuestra relación con las demás. Ambos tipos de conversaciones, tanto las que tenemos con nosotras mismas como las que dirigimos a otras mujeres, añaden leña al fuego de la enfermedad de la belleza. Y ya es hora de pararnos a pensar cómo podemos detenerlas.

Ahora me gustaría hablar de dos mujeres distintas de treinta y nueve años con una historia que contar sobre el efecto de estas conversaciones en su vida. El cuerpo de Nique recibió a menudo las críticas de otras mujeres, mientras que Stephanie* todavía lucha para acallar los reproches al propio cuerpo que se hacen las mujeres de su familia. A ambas les podría ir bien tener unas nuevas normas que eviten las conversaciones centradas en el aspecto de las mujeres.

STEPHANIE ES UNA MUJER BLANCA de treinta y nueve años que vive en un barrio residencial de Phoenix. Pronto celebrará su décimo aniversario de boda y tiene dos pequeños, un niño y una niña. Stephanie trabaja en el desarrollo de una organización sin afán de lucro y tiene la suerte de poder trabajar desde casa algunos días a la semana. Pude coincidir con ella en uno de esos días, mientras disfrutaba del tiempo libre que tenía al ahorrarse el viaje de vuelta del trabajo.

A Stephanie le costó mucho pensar cuál fue exactamente el momento en el que la forma en que la veían los demás pasó a ser, en sus propias palabras, «algo muy, muy importante en mi mente en el día a día». Pero sí que tiene presente que, a lo largo de su infancia, se le recordó constantemente que chicas y mujeres tienen que prestar especial atención a su aspecto físico.

Stephanie tiene dos hermanos más pequeños, ligeramente más jóvenes que ella. Cuando los tres eran niños, jugaban a librar batallas campales a ver quién ganaba a los demás. Uno de los ataques preferidos de su hermano era arañarle la cara a Stephanie durante estas peleas. Stephanie recuerda que su abuela siempre le decía a su madre:

—Pero bueno, ¡no dejes que la arañe en la cara! ¡Su piel es demasiado importante! No puede tener marcas; no puede ir por ahí con cicatrices en la cara.

A la joven Stephanie no se le escapó el doble rasero.

—No pasaba nada si era yo la que le arrancaba la cara a arañazos a mi hermano, daba igual —me explica. Stephanie se preguntaba por qué su cara era más importante que la de su hermano.

Le pedí que se imaginara qué pasaría si volviéramos atrás en el tiempo y ella le preguntara a su abuela: «Abuela, ¿por qué te preocupa que me arañen a mí la cara pero no que yo se la arañe a mis hermanos?». ¿Cuál sería la respuesta?

A Stephanie no le supuso ningún problema pensar cuál podría haber sido la explicación de su abuela.

—Pues me imagino que me diría lo mismo que si se lo preguntara hoy. Empezaría explicándome que «la cara de una mujer tiene que ser así y asá», y después lo típico de que «la piel de una mujer tiene que ser suave y tersa». Lo que vendría a decir es que los chicos no tienen que preocuparse con esas cosas.

Para cuando llegó a la adolescencia, Stephanie tenía una «constitución atlética», según su descripción. También era más bien bajita, y contaba con más pecho que las demás chicas de su edad. Tenía la sensación de que todas las otras chicas de su escuela tenían cuerpos «más grandes y estilizados», y estaba enfadada por no tener el mismo tipo de figura. Al recordar esto, Stephanie ahora está segura de que no es cierto que todas sus compañeras de clase fueran altas y estilizadas, pero cuando era adolescente sí que se lo parecía.

Quise saber de dónde había sacado Stephanie la idea de que su constitución no era atractiva.

—¿Y por qué crees que tenías tantas ganas de tener un cuerpo más alto y delgado? En algún momento tuviste que aceptar esta idea de que era más agradable estéticamente, ¿no? —le pregunté.

A diferencia de muchas mujeres, Stephanie no dice que su ideal de belleza se formó a partir de las *Barbies* o de las imágenes mediáticas. Para ella, el origen fue otro. Su ideal de belleza se formó al escuchar a las mujeres de su familia hablando sobre sus propios cuerpos.

En el clan familiar de Stephanie todos están muy unidos. Su abuela, su madre y dos de sus tías pasan mucho tiempo juntas. Stephanie las describe como «un pequeño matriarcado». Se pasó años y años escuchando las conversaciones de todas estas mujeres e interiorizando sus palabras.

—Esta idea la oía muy a menudo entre las mujeres adultas de mi familia. Siempre me trataron muy bien, pero también oía la forma en que hablaban de sus propios cuerpos y de los cuerpos de los demás; constantemente. Yo siempre estaba con ellas; mi madre, mi abuela y mis tías. Y, a partir de lo que decían, yo acabé aprendiendo que cuanto más alta y delgada fuera una mujer, mejor. De algún modo, acabé quedándome con esa idea.

—¿Lo aprendiste a partir de las críticas que hacían de sus propios cuerpos? —le pregunté.

—Sí, desde luego. Era una cosa que estas cuatro mujeres tenían en común. A la que más oía decir esto era a mi madre, pero también a mi abuela y a mis tías. Estaban constantemente quejándose de sus cuerpos.

Stephanie remarca que, a partir de unos estándares realistas, no podría considerarse que ninguna de ellas tuviera sobrepeso. Todas tenían el mismo tipo de cuerpo; el mismo que Stephanie. Así que, cuando criticaban sus propios cuerpos, era como si estuvieran criticando al de Stephanie.

—Era de lo más normal oírlas decir cosas como: «¡Ay, me rozan los muslos!». Mi madre, por ejemplo, siempre se quejaba de sus brazos. De verdad, si por aquel entonces me hubieran dado un dólar por cada vez que mi madre se quejaba de sus brazos, ahora sería millonaria.

Stephanie me explicó que el aspecto de sus cuerpos era el tema de conversación alrededor del cual se centraban la mayoría de sus interacciones. Estuvieran donde estuvieran, daba igual: no hacían más que hablar del físico, todo el día.

—Por ejemplo, nos íbamos a cenar a casa de alguien o a una barbacoa o a lo que fuera. Daba igual, siempre hablaban de lo mismo. La mayoría de las veces las mujeres se reunían cerca de la isla de la cocina y se ponían a explicar cómo estaban «trabajando» en sus cuerpos. O empezaban a comentar lo que no les gustaba del cuerpo de otra.

No hay ninguna duda de que estas conversaciones formaron la noción que Stephanie tenía de cómo debería ser su aspecto físico. Para cuando llegó al instituto, Stephanie me dijo que «odiaba completamente» su cuerpo.

—Recuerdo que me ponía a hacer aeróbic cada noche, después de clase, en la sala de estar; ahora me parece una cosa absurda si pienso en lo atlética que era. Me obsesioné con la comida e intentaba de todas las formas posibles no comer carbohidratos. Mi madre siempre estaba obsesionada con la idea de que «los carbohidratos son lo peor». Aunque a mí me encantaban. De verdad que incluso intenté ser bulímica, te lo juro. Me dije: «Pues va, voy a probarlo», ¿sabes? Pero odiaba vomitar.

Stephanie también probó con pastillas para adelgazar, pero por suerte la idea tampoco le duró demasiado.

—¿Pensabas que podías conseguir que tu cuerpo tuviera la forma que tú querías? ¿Te parecía una idea realista? —le pregunté.

—Buena pregunta. Pues sí. No sé exactamente cuándo se me pasó, cuándo me di cuenta de que no podía conseguirlo. Pero estuve un tiempo enfadadísima conmigo misma porque no conseguía llegar a tener lo que a mí me parecía que era un buen cuerpo. Un tipo de cuerpo que, simplemente, no es el que tengo yo.

—Tendrías que haber crecido más, ¿no?

—¡Tendría que haber hecho un millón de cosas! —respondió Stephanie, riendo.

Qué gorda. Qué fea. Qué vieja

En 2010, en mi laboratorio empezamos a estudiar la forma en que las mujeres hablan de sus cuerpos. Por aquel entonces se utilizaba el término *fat talk* para referirse a las conversaciones en las que las mujeres critican sus propios cuerpos. Una de las hermandades femeninas del campus organizó «La semana del *fat talk*», pero en aquellos tiempos no parecía que hubiera demasiados datos sobre lo usuales que son este tipo de conversaciones o por qué las mujeres actúan de este modo.

Lo primero que hicimos fue una encuesta para hacerles algunas preguntas básicas sobre este tema a unas 150 universitarias. Los resultados fueron reveladores. Para empezar, un 90 % de las mujeres dijeron que en alguna ocasión habían criticado su propio cuerpo al hablar con otras personas. Y un 30 % dijo que lo hacía de forma frecuente. No les supuso ningún problema escribirnos un guion de ejemplo sobre cómo podría ser una conversación de este tipo con sus amigas.

Todas tenían que empezar a partir de esta frase: «Imagina que tú y una de tus mejores amigas están en el aula, esperando a que empiece la clase. Tu amiga se pellizca el muslo. "Ay, me estoy poniendo como una foca", dice. Por favor, escribe el diálogo entre tú y tu amiga tras este comentario». Cuando terminaron de escribir sus guiones, les pedimos a estas mujeres que nos dijeran cómo creían que terminaría la conversación.

Esto es un ejemplo de lo que escribió una de las participantes:

Amiga:
Ay, me estoy poniendo como una foca
Tú:
Madre mía. Pero ¿qué dices? No estás NADA gorda.
Amiga:
Anda, calla, fíjate en mis muslos.
Tú:
¡Fíjate tú en los míos!
Amiga:
Venga ya. Si estás como un palo.
Tú:
Bueno, pues tú también.

¿Cómo terminará esta conversación? Pues que las dos pensaríamos que estamos gordas pero seguiríamos sin estar de acuerdo en que la otra lo está.

Otro ejemplo:

Amiga:
Ay, me estoy poniendo como una foca
Tú:
Pero qué dices, para nada... No te sobra ni un gramo.
Amiga:
Pero es que me he comido una rosquilla para desayunar.
Tú:
Bueno, no pasa nada. De vez en cuando te hace falta una.

Amiga:

Ya lo sé. No pasa nada, solo soy la persona más fea del universo.

Tú:

Eso es mentira total, si eres requeteguapa.

Amiga:

Sí, vale, lo que tú digas; no me apetece hablar más del tema.

Tú:

Vale, si quieres hablamos de otra cosa, pero de verdad que no te ves nada gorda.

¿Cómo terminará esta conversación? Mi amiga se siente mal porque le he hecho un cumplido.

Cuando les enseño estos guiones a otras mujeres se ríen porque saben de qué va el tema. Quizá ellas mismas se han soltado estos reproches ante sus amigas. Quizá son ellas las que han tenido que decir «¡No, no estás gorda! Si eres guapísima», aunque supieran que no las iban a creer. Muchas han representado ambos papeles. Si nos paramos a mirar los resultados que las mujeres predecían para estas conversaciones, queda claro que no llegan a buen puerto. Ni una sola mujer en nuestro estudio dijo que ella y su amiga se sentirían mejor después de esta conversación, y muchas creyeron que acabarían sintiéndose incluso peor.

Aunque ese estudio en concreto se centraba en chicas universitarias, el *fat talk* no es solo un pasatiempo de las jóvenes. En una encuesta de más de 3.000 mujeres adultas que hicimos en mi laboratorio, alrededor de un 90 % dijo que criticaba su cuerpo ante otras personas al menos de vez en cuando. Esa proporción únicamente descendió de forma algo significativa al llegar a edades de más de sesenta, pero solo hasta un 83 %.

Descubrir que tantas mujeres hablan de esta forma de sus cuerpos no tiene nada de sorprendente. Si creamos una cultura que constantemente dirige la atención de las mujeres hacia el aspecto de sus cuerpos, es evidente que acabarán por hablar de sus cuerpos. Y como nuestra cultura abraza un ideal de belleza al que pocas mujeres pueden acercarse, no es sorprendente que la mayoría de estas conversaciones sean negativas.

En otro estudio de mi laboratorio pedimos a varias universitarias que se imaginaran distintas situaciones en las que estaban con una amiga. Para cada situación tenían que escribir un guion del tipo de conversación que seguramente tendrían con su amiga. Una de las situaciones era estar probándose ropa en un probador de una tienda. Un contundente 76 % de las mujeres escribió guiones para el probador que incluían algún tipo de comentario negativo sobre su propio aspecto. Para decirlo de otra forma, menos de una cuarta parte de las participantes podía imaginarse estar probándose ropa en un probador sin verbalizar su disgusto con su aspecto físico. Encontraban innumerables fuentes de descontento:

«Estoy desproporcionada».

«Me veo gorda y con poquísimo pecho. No tengo tetas. Esto es fatal, de verdad».

«Uf, con esto se me ve un barrigón enorme».

«Tengo grasa en la espalda. Ya sé que no estoy gorda ni nada de eso, pero tengo grasa en la espalda».

«¿Has visto qué patas de pollo tengo? Demasiado delgadas».

«Vaya muslamen se me está poniendo».

«No me voy a comprar esto. Me queda fatal. Estoy feísima».

Recordemos que estas mujeres no estaban realmente en un probador. Pero ya sabían cómo va la cosa. Probarse ropa puede ser una experiencia directamente traumática. Para empezar, implica mirarse en el espejo una y otra vez. Para continuar, puede que salgamos con la sensación de que nuestro cuerpo debe de tener algún tipo de defecto si las prendas no nos quedan bien, o si ese conjunto no nos queda igual a nosotras que a esa maniquí esquelética.

Muchas de las mujeres a las que hemos entrevistado en el laboratorio explican que critican su cuerpo para intentar sentirse mejor sobre su aspecto. En un estudio, un 60 % dijo que pensaban que el *fat talk* era útil, porque así ven que no son la única mujer que se siente mal con su cuerpo. En otras palabras, las penas compartidas no son tan amargas. Pero uno de los mayores problemas de criticar tu cuerpo con las demás es que no hay ninguna prueba de que realmente sea una forma de sentirse mejor. De hecho, hay bastantes pruebas que indican que nos hace sentir peor, ya seamos la que se queja o la que está escuchando las quejas. Y, a cierto nivel, parece que las mujeres son conscientes de esto. En las palabras de una joven de diecisiete años cuando le hicimos una encuesta sobre el *fat talk*: «Incluso aunque mis amigos me intentan convencer de que no estoy gorda, pocas veces funciona y casi nunca me hace sentir mejor».

Cuanto más hablan las mujeres sobre estar gorda y cuanto más oyen a las demás haciéndolo, más acomplejadas se sienten, además de mostrar más comportamientos de desórdenes alimenticios y de analizar más su propio aspecto. Una estudiante de diecinueve años dio su opinión tras uno de nuestros estudios: «Criticar mi cuerpo y escuchar a mis amigas criticando los suyos me hace percibir más problemas con mi físico de los que veía antes». Las mujeres que participan en este tipo de conversaciones también indican mayores niveles de comparación física con los demás.

Criticar el propio cuerpo con los demás hace más que limitarse a reflejar el descontento con el físico que sentimos las mujeres: lo intensifica. Además de todo esto, uno de los efectos más nocivos del *fat talk* es que hace daño a las otras mujeres que lo oyen, aunque no quieran participar o ni siquiera formen parte de la conversación.

Imaginemos que vamos pensando en nuestras cosas cuando oímos a dos mujeres comentando sus defectos físicos. Sin comerlo ni beberlo, nos pondremos a pensar directamente en nuestro cuerpo y pronto empezará a emerger el descontento. En este aspecto, el *fat talk* puede ser contagioso. Además, está claro que es peor cuando las mujeres a las que oímos hablar de este modo son más delgadas que nosotras. ¿Qué vamos a pensar en ese caso? Como dijo una de las participantes en la investigación: «Si tú estás gorda, ¡entonces yo estoy enorme!».

Para poner a prueba esta idea de que el *fat talk* es contagioso, en mi laboratorio llevamos a cabo un experimento en el que pedimos a las mujeres que pasaran y comentaran anuncios de revistas con otras dos mujeres. Lo que nuestras participantes no sabían era que las otras dos mujeres no eran participantes reales, sino que se trataba de dos de mis ayudantes de investigación, Megan y Heather. Los dos primeros anuncios que las tres jóvenes comentaron eran inofensivos y no aparecía ninguna modelo. En el tercero se veía a una modelo despatarrada en un bikini Calvin Klein. Preparamos la habitación de modo que Megan y Heather siempre fueran las primeras en dar su opinión sobre los anuncios, seguidas por la participante real. En las situaciones de control, Megan y Heather solo hacían comentarios vagos sobre el diseño visual del anuncio del bikini que no tenían nada que ver con la modelo. Pero en las situaciones donde sí había *fat talk*, Megan miraba a la modelo, gemía y decía:

—Pero mirad qué piernas de palillo. Me siento gordísima.

Heather la seguía al instante:

—Sí, yo igual. Ojalá tuviera un vientre la mitad de plano que el de ella.

Y entonces llegaba el turno de la participante. ¿Qué crees que dirías tú si hubieras estado en el estudio? ¿Te apuntarías a las críticas?

En la situación de control, donde ni Megan ni Heather criticaban su propio cuerpo, tampoco lo hizo ninguna participante. Ni una. A pesar de que ninguna de las mujeres del estudio conocía a Heather y Megan y todas tenían un índice de masa corporal relativamente bajo, si oían a alguna de mis dos ayudantes criticar sus propios cuerpos, un 35 % de ellas se unía a la conversación con un «yo también» o lanzando comentarios despectivos sobre su cuerpo. Lo que es más, en todos los casos, las mujeres que oyeron a Megan y Heather criticar sus propios cuerpos después se sintieron peor respecto a su físico, incluso aunque no hubieran participado en la conversación. También se sentían más acomplejadas. Pero las mujeres que oyeron esas críticas y se apuntaron indicando sus propios defectos fueron las que lo pasaron peor.

Desde ese primer estudio, en mi laboratorio hemos pasado a usar el término *negative body talk* [crítica negativa hacia el propio cuerpo] en vez de *fat talk* [hablar sobre estar gordo]. Aunque las preocupaciones de las mujeres sobre su aspecto físico a menudo se centran en el peso, no solo se limitan a este tema. Otros investigadores han estudiado el fenómeno del *old talk* entre las mujeres —las conversaciones que se centran en la ansiedad por mostrar indicios físicos de envejecimiento— y descubrieron que este tipo de conversaciones son comunes a lo largo de la vida de las mujeres.[1] Aunque este tema de conversación aumenta de forma predecible a medida que las mujeres envejecen, un 50 % de las chicas de entre dieciocho y veintinueve años admiten que ya hablan de estos temas con otras personas. Hasta que leí ese estudio no me había dado cuenta de lo a menudo que comento con los demás las señales de que me hago mayor. Nos quejamos de las arrugas incipientes como si fueran una enfermedad. Estamos al acecho de las canas que puedan aparecer. Pero desde entonces me he prometido a mí misma reducir ese tipo de charlas. No quiero que las chicas jóvenes a las que doy clase reciban jamás el mensaje de que el valor de las mujeres disminuye con la edad, o que las señales naturales de envejecimiento son algo que hay que temer. La sociedad entera ya se encarga de decirles todo esto a las mujeres, y desde luego que a mí no me apetece sumarme a ese mensaje.

Stephanie, la mujer de treinta y nueve años y madre de dos hijos de la que he hablado al principio de este capítulo, ya oyó este tipo de conversaciones en su familia: me hago vieja, estoy gorda, soy fea. Cualquier defecto era un buen motivo para quejarse.

—¿Alguna vez te preguntaste por qué hablaban de esa manera? —le pregunté.

—No —respondió Stephanie—, pero ahora sí que lo pienso mucho, sobre todo porque tengo a mis hijos. Especialmente por mi hija. Pero por aquel entonces ni me lo planteaba. De hecho, más bien pensaba que era bastante normal. Que eso era de lo que hablaban las mujeres, el tema de conversación.

¿Te crees guapa?

En psicología hablamos de dos tipos distintos de norma cultural. La primera es una norma descriptiva. Cuando digo que a muchas mujeres les cuesta sentirse felices con sus cuerpos, eso es una norma descriptiva. Es simplemente una constatación de algo que es típico. El segundo tipo de norma son las normas prescriptivas. Una norma prescriptiva conlleva la posibilidad de que la persona que no la cumpla sufra un rechazo social o un castigo. Si examinamos atentamente la investigación sobre las críticas negativas hacia el propio cuerpo, hay pruebas de que el descontento de las mujeres con su cuerpo empieza a entrar en el territorio de las normas prescriptivas. En otras palabras, hay mujeres que parecen sentir la obligación de sentirse mal con su propio aspecto. De forma similar, otras se apuntan a la crítica hacia su propio cuerpo no porque realmente les apetezca, sino porque tienen la sensación de que tienen que hacerlo para encajar en su entorno. Recordemos esa escena de *Sexo en Nueva York*. A ninguna de las mujeres les gustó que Samantha se negara a criticar ella también su propio cuerpo y que, además, expresara que su físico le gustaba.

Por ejemplo, vamos a pensar en la película *Chicas malas*, ya convertida en todo un clásico. En una escena, las tres «chicas malas» están delante de un espejo, criticando sus defectos físicos. Caderas, gemelos, hombros, arrugas, poros, uñas. Nada era lo suficientemente bueno. Queda claro que el personaje principal de la película, Cady —interpretada por Lindsay Lohan—, se siente presionada para unirse al ritual. Pero para ella es algo desconocido, ya que ha crecido en una cultura distinta. Sin tener ningún defecto físico al que recurrir rápidamente, ella menciona con nerviosismo que su problema es tener mal aliento matutino y las demás responden con caras de asco. Otra característica notable de esta escena es que las chicas que participan en la conversación donde critican sus cuerpos están notablemente delgadas. Pero, en realidad, es algo que también indican las investigaciones de mi laboratorio. Hemos descubierto que la frecuencia con la que una mujer critica su cuerpo guarda poca relación con su peso real. A menudo, el *fat talk* tiene más que ver con sentirse gorda que con verse gorda.

En mi laboratorio sentimos curiosidad por la idea de que las mujeres rechazaran a aquellas que se negaran a participar en este tipo de conversación, así que diseñamos un estudio con el fragmento de *Sexo en Nueva York* que he mencionado antes. Buscamos participantes que nunca hubieran visto ese programa —para que no tuvieran ya ninguna impresión formada de los personajes— y les mostramos la escena, junto con una transcripción donde se veía quién decía qué. Después, les preguntamos quién había gestionado mejor la situación y por qué. La elegida por una mayoría aplastante fue Carrie, ya que respaldó a sus amigas e intentó decirles que todas eran guapas. Se quejó también de los estándares de belleza injustos para las mujeres. Pero también criticó su propio aspecto. Cuando les preguntamos cómo había actuado Samantha, el personaje que se siente contenta con su aspecto físico, la mayoría de participantes la describió como una creída, arrogante y presumida.

En *Chicas malas* también quedó muy claro este tipo de situación. Cuando una de las chicas malas le dice al personaje de Lindsay Lohan que es muy guapa, Lohan responde con un «Gracias» incómodo. Regina George, la reina abeja de las chicas malas, responde, desagradablemente: «¿Estás de acuerdo? ¿Te crees muy guapa?».

Últimamente se ha hablado bastante de la decisión de varias chicas jóvenes de mostrarse de acuerdo con los cumplidos gratuitos que les lanzan los hombres por Internet. Fuera en la plataforma que fuera, Twitter, Tinder o Tumblr, todas decidieron aceptar educadamente el halago. La mayoría de las respuestas ante este experimento social fueron las que ya nos imaginamos. Los hombres inmediatamente retiraban el cumplido o les decían a las chicas que eran unas creídas por mostrarse de acuerdo. Cuando un hombre le dijo a una chica de dieciocho años que era preciosa, ella respondió con un «Gracias, lo sé». La respuesta del hombre fue llamarla zorra y decirle que ser una presumida no iba a llevarla a ninguna parte.

La verdad es que las mujeres en esta cultura reciben mensajes ridículamente contradictorios sobre la confianza en el propio cuerpo. ¡Ama tu cuerpo! Pero cuidado, no demasiado. ¡Ten confianza en ti misma! Pero sé humilde a la vez. Siéntete cómoda en tu propia piel, pero no lo admitas ante nadie más, porque puedes hacer que otras mujeres se sientan mal. Predicamos el que nos guste nuestro cuerpo, pero vivimos en una cultura que no sabe exactamente qué hacer con una mujer a la que realmente le gusta su aspecto físico. Se considera algo arrogante e incluso poco femenino. Pongamos por ejemplo la famosa canción de los One Direction donde afirman que una mujer es bonita precisamente porque no sabe que lo es. Tenemos que poner en entredicho una cultura que les dice a las mujeres que tienen que ser bonitas para ser amadas, pero que realmente no tienen que sentirse guapas: de lo contrario, las consideraremos unas creídas.

Un resultado de este conjunto de estándares paradójicos es que a las mujeres se nos da especialmente mal aceptar un cumplido. Es otro de los motivos por los que decirle a una mujer que es guapa no es la mejor idea para abordarla. La mayoría de las veces, en vez de dar las gracias, nos limitaremos a expresar nuestro desacuerdo. Otro resultado de estos estándares contrapuestos es que algunas mujeres sienten que tienen que decir cosas negativas sobre su propio aspecto para ser aceptadas por las demás.

Tiro al blanco

Además de estos ataques verbales contra el propio cuerpo, todos hemos sido testigos en alguna ocasión de la hostilidad abierta con la que algunas mujeres pasan a comentar y evaluar los cuerpos de otras. Del mismo modo que chicas y mujeres son blanco de los comentarios masculinos sobre su aspecto físico, también suelen recibir a menudo ataques negativos y críticos de otras mujeres por esto mismo En las chicas adolescentes y mujeres adultas, escuchar este tipo de comentarios sobre el físico se asocia con mayores niveles de comportamientos alimenticios desordenados y con sufrimiento psicológico.

Aunque a menudo pensamos que el principal comentario negativo sobre el físico que puede recibir una mujer es por causa del sobrepeso, la verdad es que casi ninguna mujer se ha librado de recibir un comentario negativo sobre su aspecto en alguna ocasión: así de estrechos son estos ideales de belleza para las mujeres. Un estudio de casi 5.000 adolescentes de Minnesota descubrió que, aunque las chicas con sobrepeso recibieron la mayor cantidad de burlas relacionadas con el aspecto físico, las chicas muy delgadas tampoco se quedaban atrás.[2] Nique, una mujer negra de treinta y nueve años que vive en el área de la Bahía de San Francisco, puede hablarnos de este patrón de primera mano. En el primer correo electrónico que me mandó, Nique me dijo que quería hablar conmigo porque tenía una historia que contarme «desde el otro extremo de la balanza». Durante gran parte de su vida, las demás mujeres han criticado a Nique por ser demasiado delgada.

Nique actúa en producciones teatrales de su comunidad y durante el día tiene un trabajo en una oficina. Cuando empezamos nuestra entrevista telefónica, le pregunté cómo se describiría a sí misma si alguien tuviera que reconocerla entre una multitud.

—¡Les diría que buscaran a la niña marrón, alegre y menuda! —respondió afablemente—. Marrón oscuro. El marrón oscuro del chocolate a la taza.

Nique es menudísima. Siempre lo ha sido. Cada verano, cuando era pequeña, su madre la llevaba tres veces al día a tomarse un batido enorme para que ganara peso. Cuando se hizo algo mayor, Nique era la única que esperaba con ansia ganar esos kilos de más que, según la tradición, suelen acompañar al primer año como universitaria. Pero ni los batidos funcionaron ni llegaron los proverbiales kilos de bienvenida a la vida universitaria. Nique me dice que ha intentado de todo.

—He probado con complementos alimenticios. Con proteínas en polvo. He probado un montón de cosas, ¿sabes? Pero nada, soy pequeñita y ya está.

Detecto un toque defensivo en la voz de Nique. Está acostumbrada a intentar justificar el tamaño de su cuerpo ante otras personas, incluso aunque no sea necesario.

Igual que centrarse en el cuerpo de las mujeres abre la puerta a humillarlas por no estar delgadas, esto también explica por qué la expresión *skinny bitches* [zorras flacuchas] se ha convertido en usual en el inglés. Como hay tantas mujeres que se sienten dolidas por pesar más de lo que les gustaría, es fácil desquitarse en las mujeres delgadas. Así que se abre la veda contra aquellas que consiguen cumplir el ideal de belleza de nuestra cultura, como si merecieran ser castigadas por el dolor de los demás a pesar de vivir bajo los mismos requisitos opresivos. Esto también se ve en el mismo episodio de *Sexo en Nueva York* del que he hablado antes. Miranda expresa su deseo de atar a las modelos y meterles un kilo de grasa por la boca. Sus amigas se ríen ante la idea.

La crueldad hacia las mujeres delgadas simplemente por serlo tiene que ser igual de inaceptable que la crueldad hacia las mujeres gordas por el hecho de tener sobrepeso. Eliminar a las mujeres delgadas de las imágenes mediáticas no es una cura mejor para la enfermedad de la belleza de lo que sería prohibir las imágenes de mujeres con mucho peso. Ambos enfoques se centran en decirles a las mujeres qué tipo de cuerpo es aceptable.

Desde pequeña, Nique ha sido el blanco de la crueldad de los demás solo por estar delgada.

—La gente piensa que puede plantarse en tu cara y decirte que estás tan delgada que das asco —me cuenta—. O decirte que te vayas a comer algo, que los pones enfermos. No tienen ni idea del efecto que tiene en ti como persona, del impacto que tiene en tu autoestima el hecho de que alguien se te ponga delante y te diga lo asquerosa que eres.

—¿La gente te dice eso? ¿A la cara? —pregunté, sin aliento—. Ojalá pudieras verme ahora mismo para que vieras lo conmocionada que estoy.

—Sí, bueno, ya ves. A mucha gente le sorprende que me pase eso —respondió Nique con tristeza—. Quiero decir, la mayoría de las veces me lo dicen en broma, pero no ven que no hace nada de gracia.

—¿Y cómo te afecta oír ese tipo de comentarios?

—Pues duelen, ¿sabes? —repuso Nique, sinceramente—. Es duro que te digan eso.

—¿Crees que lo que intentan decirte es que tienes suerte de estar tan delgada? —quise saber.

—A veces sí. Y otras veces lo que pasa es que son directamente mala gente —explica Nique como si no acabara de creérselo.

Independientemente de la cantidad de veces que le haya pasado, sigue sin entender por qué alguien querría hacerle daño de esa forma.

Cuando la madre de Nique la llevaba a tomarse un batido, no era porque estuviera preocupada por el tamaño de su hija.

—A ella no le preocupaba que yo fuera así. Pero como sabía lo mal que me sentía yo, intentó hacer todo lo que pudo por mí.

—Ya sé que a veces puede ser complicado ver la diferencia —le dije a Nique—, pero ¿crees que te preocupaba el tamaño de tu cuerpo por los comentarios despectivos de los demás, o realmente tú querías que tu cuerpo fuera diferente?

Nique pensó unos segundos en mi pregunta y después respondió quedamente:

—Creo que era principalmente por los comentarios de los demás. Soy un poco marimacho, así que nunca me ha importado todo eso de la imagen corporal. Yo iba a lo mío y a pasármelo bien. Solo que quería que mi cuerpo fuera distinto porque los demás se reían de mí todo el rato.

Nique me explicó que, cuando era joven y salía por ahí, siempre que veía a dos o más personas reírse, asumía que se estaban riendo de su cuerpo.

—Al final acabas por pensar que cualquier persona que te mira está pensando algo terrible o riéndose de ti. Y sentirse así en todo momento es una sensación horrible.

Las palabras son importantes

A Nique le gustaría que desaparecieran las conversaciones incesantes sobre el cuerpo de las mujeres. Esta crítica constante de su cuerpo se ha cobrado un precio en la vida de Nique. Aunque muchas mujeres ansían ser más delgadas, Nique a menudo pensaba que le encantaría tener más curvas, que ojalá no tuviera un cuerpo «de niño pequeño». Cuando estaba creciendo, las demás chicas le decían que era una anoréxica y una bulímica, y que era feísima. Los desconocidos la abordaban para decirle «que se comiera una hamburguesa». Nique cree que mucha gente realmente no se da cuenta de lo mucho que duele que te digan eso. «Niña, tienes que comer más. Toma, cómete esto» y «Chica, ¿pero se puede saber qué te pasa? ¿Cómo puedes ser tan delgada? ¡Puaj!». Y claro, yo les digo que lo siento, pero que yo no puedo hacer nada.

Al final de nuestra entrevista, cuando le pregunté a Nique si quería añadir algo más, me dijo que quería que las personas que leyeran este libro supieran que la humillación corporal puede ser por tener peso de más como de menos, y que en ninguno de ambos casos está bien.

—Más que nada, quiero que todo el mundo sepa que los comentarios sobre el cuerpo de una chica joven tienen un impacto tremendo, que dejan huella. Quizá te piensas que estás lanzándole un cumplido a alguien si le dices: «Vaya, ¡qué delgada estás! Madre mía». Pero ¿te crees que no lo saben ya? Puede que pienses que no tiene importancia, pero si se lo dices a alguien que ya tiene una autoestima baja, puedes destrozarle. ¡Ten cuidado con lo que dices a los demás!

Ahora Nique se siente mucho mejor en general. Me cuenta que ha llegado a un punto donde «le importa una mierda» lo que piensen los demás sobre su cuerpo.

—¿Y cómo has llegado a ese punto? —le pregunté.

Nique reflexionó un momento antes de responder.

—Pienso que, primero que todo, tenemos que dejar de fijarnos en lo que los demás creen que son nuestros defectos y dedicarnos a encontrar lo que nos gusta de nosotros mismos. Y centrarnos en esas cosas. A mí medio me gusta ser así, pequeñita. Y también me gusta ser marrón chocolate. He aprendido a amar mi piel en vez de querer tener una piel blanca o ser de otra etnia. Y también me doy cuenta de que todos los demás, todo el mundo que quiere echarme mierda encima, pues que ninguna de estas personas es perfecta tampoco. Yo simplemente he aprendido a fijarme en las cosas de una forma distinta.

—¿Y cómo aprendiste a mirarte a ti misma de forma distinta? —le pregunté.

—Pues un día estaba mirándome de verdad en el espejo y me di cuenta de que tengo el mismo físico que mi abuela. Y yo adoraba a mi abuela. Así que me dije: «Mira, ¿sabes qué? Tengo la misma complexión que mi abuela y así es como me ha hecho Dios; las cosas son así, y si a alguien no le gusta, pues que no mire».

La madre de Nique también le enseñó una importante lección.

—Para ella —me explicó Nique— lo que importa es el interior. Lo que te hace ser quien eres es el interior. Eres una persona bella cuando eres amable y compasiva con los demás. Así que decidí dejar de fijarme tanto en mi cuerpo y centrarme de verdad solo en las cosas importantes, como alegrarle el día a alguien. Preocuparme más por los demás y menos de mí misma.

El método de Nique para luchar contra la obsesión cultural con el aspecto femenino seguramente le suena a Stephanie, quien intenta transmitirle a su hija, Ella*, lecciones similares.

—¿Cómo desearías que fuera la relación de Ella con su cuerpo? —le pregunté a Stephanie.

—Pues lo que quiero es que no piense demasiado en él. Dudo mucho que tenga una salud mental tan robusta e ignore tanto el resto de la sociedad como para que no piense nada en su cuerpo. Soy lo suficientemente realista como para saber que probablemente ese pensamiento acabará por aparecer alguna que otra vez en su mente, pero lo que yo quiero es que tenga otras cosas que le importen, como yo cuando me hice un poco mayor. Otras cosas que atrajeron más mi interés y mi tiempo, hasta el punto que acabaron por enterrar un poco mis preocupaciones por mi cuerpo.

Le pregunté a Stephanie si Ella se ha quejado alguna vez sobre su físico. Según ella, su hija no parece fijarse demasiado en su propio aspecto. Stephanie no está del todo segura de que se deba completamente a sus esfuerzos, pero está contenta con el resultado.

—No hacemos ningún tipo de comentario sobre el aspecto físico delante de Ella. No hay ninguna necesidad. Yo no quiero que Ella pase por lo mismo que tuve que pasar yo de pequeña.

Me gusta la forma en que Stephanie intenta romper este ciclo: negándose a transmitir lo que su madre y abuela le transmitieron a ella. Stephanie me sorprende diciendo que ella cree que es posible que su madre se sintiera del mismo modo; que no habría querido pasarle sus preocupaciones por su cuerpo a Stephanie. Yo había supuesto que, con lo usual que era la crítica sobre el aspecto físico entre las mujeres de su clan, la madre de Stephanie no había hecho demasiado por proteger la imagen corporal de Stephanie. Pero Stephanie me aclaró que, en realidad, no era así.

—Mi madre pasó mucho tiempo intentando transmitirme confianza en mí misma. Estas críticas jamás iban dirigidas contra mí. En algún momento debió de pensar: «No quiero que Stephanie se obsesione tanto como yo por su aspecto físico». Ella siempre ha odiado su cuerpo. Y no creo que ella quisiera que a mí me pasara lo mismo.

Stephanie siente empatía por su madre.

—Si lo supiera, se le rompería el corazón. Se moriría si supiera que sus críticas hacia su propio cuerpo o hacia otras personas han tenido este efecto secundario, este efecto indirecto sobre mí. Pero no creo que se haya dado cuenta. Y sigue comportándose igual. A veces empieza a decir que está gorda delante de Ella y siempre me la quedo mirando y le digo: «Por favor, para. Sobre todo, no lo hagas delante de Ella».

Le pregunté a Stephanie qué haría si, cuando Ella se haga un poco mayor, llegara a casa un día después de la escuela y dijera: «Estoy gorda. Soy fea».

Stephanie responde primero bromeando.

—Le preguntaría que dónde ha oído eso —gruñe, con voz amenazadora—, y entonces me iría a la casa del culpable y... —Ríe—. No, es broma.

De hecho, Stephanie ya se ha planteado esta situación, aunque todavía piensa que le queda tiempo antes de que llegue. Está convencida de que llegará el día en que Ella entrará en casa y pronunciará esas palabras. Lo cree con total seguridad.

—¿Piensas que es inevitable que Ella tenga que pasar por algo así? ¿Que en algún momento a Ella no le gustará su aspecto y se sentirá disgustada?

—Sí, lo pienso. Desde luego —afirma Stephanie—. Pienso que es algo normal por lo que pasan las chicas jóvenes, y creo que hoy en día es incluso más duro debido a las redes sociales. Los niños tienen una capacidad especial para humillar a alguien por su cuerpo.

—¿Y cómo abordarías la situación? —le pregunto.

—Pues yo creo que hay que hacer dos cosas —Stephanie habla con energía, concisa y directa al grano. Está trazando un plan de ataque—: lo primero es reconocer el problema. No quiero ponerme a decirle: «Pero qué dices, no, no eres fea, para ya, si eres preciosa». Eso es lo que hacía siempre mi familia. Además, intentaría entender un poco mejor por qué se siente así y le diría algo como: «Sí, bueno, hay mucha gente que pasa por esta etapa y que se siente así». Y después intentaría dejar el tema y centrarme más en las cosas positivas de mi hija; reforzar su confianza en sí misma después de haber escuchado cómo se siente.

Stephanie también me dice otra cosa importante que haría:

—La segunda cosa que creo que también es importante sería dejarle claro, en ese momento, que eso no es algo que pueda decirse jamás a otra persona. Creo que las chicas pueden destrozarse entre sí —me aclara—, y no quiero que mi hija haga eso. Así que intentaría ayudarla a superar ese momento, pero también me aseguraría de que jamás le haga eso a otra persona.

Stephanie no tiene ninguna duda de que las chicas jóvenes aprenden a hablar negativamente —ya sea de sus propios cuerpos o de los de los demás— de las mujeres mayores que hay en sus vidas, especialmente de sus madres.

—No debería decir esto tres días antes del Día de la Madre —suelta, riendo—, pero bueno. ¡Feliz Día de la Madre! ¡Dejen de hacer que sus hijas se vuelvan locas con sus cuerpos! ¿De dónde creen que lo han aprendido todas estas niñas? Es lo mismo que me pasaba a mí, cuando me iba al lado de la mesa y oía a mi propia familia hablar así.

Cambiemos de tema

Si degradamos nuestros cuerpos, transmitimos a los demás la idea de que es aceptable que ellos también lo hagan. Al criticar negativamente el propio cuerpo también le enviamos a todo el mundo el mensaje de que las mujeres siempre deberían estar preocupadas por su aspecto físico y que es algo «normal» que las mujeres odien su cuerpo. Esta es la mala noticia.

Pero la buena noticia es que podemos controlar las palabras que salen de nuestra boca. Una de las formas más fáciles de contraatacar ante nuestra cultura enferma de belleza es cambiar las conversaciones que tenemos sobre nuestro propio aspecto. Pasar a hablar de otra forma sobre nuestros propios cuerpos es un paso hacia adelante para mejorar cómo pensamos y nos sentimos al respecto. No hay ninguna prueba de que lamentarnos en compañía de otras mujeres sobre nuestro aspecto nos haga sentir mejor o nos lleve a tener hábitos más saludables. Con este tipo de conversación nadie sale ganando, así que nuestra mejor apuesta es cambiar completamente de tema. Las mujeres tenemos muchísimas cosas importantes de las que hablar. No tenemos por qué ponernos a comentar nuestro aspecto físico.

Puede que conseguirlo cueste algo de práctica, pero no es necesario decir en voz alta cada pensamiento negativo sobre nuestro cuerpo que nos venga a la mente. Imaginemos que estamos hablando con un amigo y nos viene a la cabeza una crítica contra él. No tenemos por qué decírsela. De hecho, me imagino que no es algo que nadie haga normalmente. Tenemos que ser tan amables con nosotras mismas como lo seríamos con este amigo.

Cuando oigamos a otras mujeres criticando sus propios cuerpos y los de las demás, no tengamos miedo de pedirles —eso sí, con amabilidad— que cambien de tema. Muchas veces, este tipo de conversaciones se han convertido en una costumbre, pero es una costumbre que puede romperse fácilmente. Cuando veamos que estamos a punto de soltar un comentario despectivo acerca de nuestro cuerpo, aprovechemos esta oportunidad para darle fuerza a la voz de nuestro interior que nos dice: «No, hoy no me voy a hacer esto a mí misma». Animémonos con frases como: «Hoy me voy a centrar en cosas más importantes que mi aspecto». U: «Hoy voy a tratar mi cuerpo con cariño, porque es el lugar donde vivo». No solo nos estaremos haciendo un favor a nosotras mismas, sino que estaremos ayudando a cualquier chica o mujer que pudiera habernos oído decir estas cosas.

Cambiar el modo en que hablamos de nuestro propio cuerpo no es suficiente porque, en un mundo obsesionado por el aspecto de las mujeres, las críticas a nuestro físico no terminan en el espejo. En vez de ello, a menudo dirigimos estas críticas hacia otras mujeres en un intento de sentirnos nosotras mejor. Hay innumerables artículos de revistas, programas de televisión y foros de Internet dedicados a crear puntuaciones y evaluaciones sobre el aspecto de otras mujeres: a quién le queda mejor el vestido, quién tiene que ganar o perder peso, quién tiene celulitis o qué ropa tienen que llevar o no las mujeres según su edad y tipo de cuerpo. Las mujeres conseguiremos mucho más si nos vemos como compañeras de equipo en vez de competidoras en la batalla de la belleza. Liberémonos de estos contenidos mediáticos y atrevámonos a hablar sobre cosas más importantes que el aspecto de las mujeres.

Las palabras tienen su peso y su significado. A menudo tienen más poder del que podemos imaginar. Hagamos que nuestras palabras sean un bálsamo curativo para esta cultura enferma de belleza. Hablemos de nosotras mismas y de otras mujeres de una forma que ponga en relieve las cosas que realmente nos importan. Dejemos que nuestras palabras señalen el camino hacia una cultura que vea a las mujeres no como objetos que hay que contemplar, sino como seres humanos preparados y capaces para cambiar el mundo de forma remarcable.

13

La función sobre la forma

EL LABORATORIO QUE dirijo en la Universidad del Noroeste está lleno de personas brillantes e implicadas que se dedican a mejorar las vidas de mujeres y chicas. Nuestras reuniones semanales están llenas de ideas buenísimas y risas estrepitosas. Pero, dicho esto, tengo que reconocer que durante muchos años los resultados de nuestros estudios no consiguieron indicarnos la forma de mejorar las cosas. En vez de ello, parecíamos estar dedicando demasiado tiempo centrándonos en describir la problemática de la enfermedad de la belleza, intentando fotografiarla desde todos los ángulos. Conseguimos recopilar datos que mostraban por qué las formas actuales de luchar contra la enfermedad de la belleza eran insuficientes o partían de una base errónea. Logramos entender el problema, pero no podíamos ofrecer demasiadas soluciones.

A lo largo de los años, en mis charlas a grupos de mujeres jóvenes, las preguntas que más me han hecho han sido: «¿Y qué hacemos con esto?» y «¿Cómo podemos arreglarlo?». Estas chicas querían saber cómo luchar contra la enfermedad de la belleza en sus propias vidas. Querían proteger a las niñas y mujeres a las que veían sufrir. Me di cuenta de que no tenía demasiadas soluciones para ellas, aparte de una lista de cosas que no hay que hacer.

Era una lista de prohibiciones bastante larga. No consultes medios de comunicación donde haya imágenes femeninas objetificadas e idealizadas. Si encuentras estas imágenes, dales tan poca atención como puedas. No te compares con las imágenes mediáticas femeninas. No participes en conversaciones donde se critica tu cuerpo o el de los demás; si puedes, ni siquiera las escuches. No fomentes las críticas negativas hacia el cuerpo de otras personas. No hables acerca del aspecto de otras mujeres. No te pongas ropa que te exija tanta atención constante sobre tu aspecto que acabes distrayéndote de lo que pasa a tu alrededor. No dejes que te absorban los contenidos de redes sociales que se centran en el aspecto físico. No presiones a tus hijas sobre su peso. No. No. No.

Hasta hace poco, cuando me lanzaban la pregunta de «¿Y qué tenemos que hacer?», mi respuesta, muy sincera, era: «Pues no lo sabemos seguro. Estamos en ello. Hemos encontrado muchas cosas que hacen que la enfermedad de la belleza empeore, incluidas algunas cosas que *a priori* parece que deberían hacer lo contrario. Pero no hemos tenido demasiado éxito a la hora de descubrir cómo curarla».

Hace unos años, gracias en parte a la inspiración de una de mis estudiantes eternamente optimistas, empezamos a ir por un camino más positivo. Esta estudiante en concreto no quería otro estudio con unos resultados de aquellos que te dan ganas de tirarte del pelo y ponerte a llorar. Ella quería ir en busca de unos datos más alegres; buscar una forma de hacer que las cosas fueran más positivas. Así que nos sentamos en mi oficina y empezamos a repasar nuestras listas de «No hagas esto» hasta que conseguimos encontrar un «Haz esto» que sí que era proactivo y prometedor.

En este capítulo hablaré de una alternativa realista a ver nuestro cuerpo como un objeto de exposición para los demás. Esta alternativa es volver a conectar con la espectacular variedad de capacidades que tiene nuestro cuerpo. Es pasar de centrarnos en nuestro cuerpo como algo pasivo, que los demás tienen que evaluar, a considerarlo un instrumento que hace que tengamos un impacto en el mundo que nos rodea. Es pasar a darle más importancia a la función que a la forma.

Pero antes quiero hablar de Amy. No conocí a Amy hasta después de haber empezado con nuestro estudio de «función sobre forma»; habría sido un caso práctico muy inspirador.

En este libro he hablado de muchas mujeres. Algunas todavía están en las garras de la enfermedad de la belleza. Otras parecen haber encontrado caminos relativamente sencillos para estar mejor, con algún que otro obstáculo que las hace desviarse aquí y allá. Pero es complicado situar a Amy en un punto de este espectro. Creo que ella sería la primera en admitir que todavía no ha ganado su batalla contra la enfermedad de la belleza. Pero si nos imaginamos a la enfermedad de la belleza como un muro de ladrillos enormes, Amy sería esa mujer que se acerca a esa pared cada día y le arrea con todas sus fuerzas, con cualquier cosa que tenga a mano. Es una luchadora.

Amy es una mujer blanca, casada, de cuarenta y tres años, con unos ojos chispeantes y una sonrisa endiablada. Vive en Chicago, pero viaja muchísimo por su trabajo como investigadora independiente. Amy y yo quedamos en un enorme restaurante griego. Nos sentamos a la mesa justo cuando la mayoría de la gente empezaba a irse de vuelta al trabajo. Tuvimos una parte entera del restaurante casi dos horas para nosotras solas, mientras los camareros limpiaban los restos del ajetreado mediodía y preparaban las mesas para la cena. Entre bocado y bocado de humus y pan de pita, Amy me contó los altibajos a los que se ha tenido que enfrentar como resultado de vivir en una cultura que no parece querer dejar de decirle que su cuerpo no es como debería ser.

Hace poco, Amy estaba paseándose por casa de su madre en Los Ángeles y recogiendo recuerdos de cuando ella y sus dos hermanas eran pequeñas. Entonces encontró un proyecto que había hecho cuando tenía ocho o nueve años. Amy y sus compañeras de clase escribieron cada una una redacción y la ilustraron, y el colegio las encuadernó y convirtió en unos libritos para que se los llevaran a casa. Amy abrió su libro y leyó su redacción. ¿Y cuál fue el tema que había elegido? «Ojalá no fuera gorda».

Amy dice que no tiene ningún recuerdo de su infancia que no se viera influido de algún modo por el conocimiento de que «no tenía el mismo aspecto que los demás niños».

—No solo era una cuestión de ser distinta —me explicó—, sino de no tener un cuerpo correcto. No tenía el aspecto que debería tener. Era como si yo fuera una decepción.

—Imagínate que vuelves a estar en segundo de primaria, cuando hiciste ese librito. ¿Qué cosas piensas que tu yo de por aquel entonces creía que podrían ser diferentes de no haber sido gorda?

Amy parece triste al pensar en esa pregunta.

—Pues que le gustaría más a la gente. Que mi madre sería más feliz, que a los demás niños les gustaría más y que todo en general sería más fácil.

Esta historia empieza dos generaciones antes de Amy, con sus abuelos maternos.

El abuelo de Amy era «guapísimo, como una estrella del cine», y estaba abiertamente enamorado de la abuela de Amy quien, en las propias palabras de Amy, «fue gorda toda su vida». Amy recuerda las muestras de afecto físico que veía entre sus abuelos. Besos robados, palmaditas en el trasero. Le encantaba ver lo mucho que su abuelo «adoraba a su abuela, tanto física como emocionalmente». Amy me explicó que el sobrepeso nunca pareció suponer un problema para su abuela. Nunca se puso a dieta y jamás pareció importarle demasiado el tamaño de su propio cuerpo. Parece la receta perfecta para un final feliz de cuento de hadas. Puede que cualquier persona que observara a esta familia acabara aprendiendo la lección de que una mujer voluminosa es perfectamente capaz de ser feliz y activa, y de recibir amor, pero eso no es lo que la abuela de Amy le transmitió a la madre de Amy.

En vez de ello, la abuela y el abuelo guapísimo le enviaron a su hija un mensaje completamente distinto. Amy me lo explica.

—Ni siquiera eran implicaciones sutiles. En palabras literales, lo que le decían era: «Si estás gorda, nadie te va a querer. Y tienes que estar delgada para poder tener una buena vida, porque las personas gordas sufren discriminación y te costará encontrar una casa o un trabajo, y nadie te va a querer. Ningún hombre te va a querer». —Amy suelta esta lista de consecuencias con una intensidad que corta el aliento, como si la estuviera leyendo directamente de algún tipo de edicto oficial.

De algún modo, a pesar de que la abuela de Amy tenía una fachada de tener sobrepeso y ser feliz, la obsesión con el peso se convirtió en una obsesión familiar.

—Mi abuela estaba muy obsesionada con el peso de mi madre. Y mi madre, a su vez, se obsesionó con nuestro peso. A mamá se le hacía muy duro que sus hijas fueran gordas.

Amy creció en Los Ángeles, así que el mensaje que recibía fuera de casa no era demasiado diferente al que recibía en el hogar. Entre su madre y la cultura que la rodeaba, Amy aprendió que «hay que tener un aspecto concreto, y si no lo tienes es que eres una persona vaga o con defectos morales. Y no es solo que no puedes esperar encontrar el amor si tienes sobrepeso, sino que, directamente, no te lo mereces».

Amy no solo se ha tenido que enfrentar a presiones sobre el tamaño de su cuerpo, por supuesto. Me explica que, especialmente en Los Ángeles, tener un aspecto concreto es un indicador de estatus social.

—El estándar de belleza que se promueve en Los Ángeles lleva consigo muchísimas otras exigencias elitistas. Es como que, si tienes un aspecto concreto, estás por encima de las otras personas. Son ideales de belleza a los que realmente solo pueden aspirar las mujeres de clase media-alta.

—¿Quieres decir que solo puedes ser así si tienes el tiempo, el dinero y los productos necesarios? —le pregunté.

—Exacto —confirmó Amy—. El dinero, el tiempo, los productos, la ropa y los cirujanos. Así que, en realidad, al conseguir ese aspecto, lo que haces es proclamar tu estatus social, tu valor y muchas más cosas.

La madre de Amy deseaba con ansia llegar a ese estándar, y también quería eso para Amy. Pero Amy nunca llegó a cumplirlo; tenía la sensación de «nunca estar a la altura». Los abuelos de Amy trabajaron muchísimo para entrar en la clase media. Vivieron toda su vida al límite, a duras penas dentro de ese nuevo estatus social. Y del mismo modo que la abuela de Amy luchó para sentir que encajaba entre sus vecinos de clase media del Medio Oeste, la madre de Amy pasó por lo mismo en Los Ángeles.

—Mi madre estaba delgadísima, pero para ella no era suficiente —me contó Amy—. Siempre tuvo la sensación de ser esa niña regordeta del Medio Oeste que acababa de llegar a Los Ángeles, donde todas las madres tenían un físico envidiable.

Como la madre de Amy se sentía forastera en su nueva ciudad se esforzó mucho para conseguir tener el aspecto de las lugareñas. Amy dice que su madre transmitía la sensación de que «forzarte a ti mismo a ser algo que no eres de forma natural es algo normal. Es, simplemente, el precio que hay que pagar».

El cuerpo de Amy y sus dos hermanas siempre ha sido más voluminoso de lo normal.

—Si te fijas en nuestras fotos de cuando éramos pequeñas, éramos bebés rollizos. Fuimos niñas rellenitas y adolescentes gordas. Pero comíamos los mismo que los demás y éramos activas dentro de lo razonable, ¿sabes? Simplemente éramos así, regordetas y adorables.

Amy se arrellana en su silla y sonríe un poco.

—Yo siempre digo en broma que mis hermanas y yo estamos hechas para darle calor humano a nuestro hombre en las congeladas estepas rusas, en medio de una hambruna. Yo les solía decir a los chicos: «Sí, vale, pero si te quedas conmigo, cuando llegue una mala cosecha, esa chica que te parece que está buenísima se morirá en un abrir y cerrar de ojos y tú seguirás teniendo a una esposa bien robusta». Estamos hechas para resistir.

No dejes que las bromas de Amy sobre el tamaño de su cuerpo te convenzan de que todo es un camino de rosas. El hecho de que le haya tocado en suerte un tipo de cuerpo que su cultura no respeta la llena de ira. Es una injusticia que tiene que sufrir una y otra vez.

—En algunos aspectos es muy, muy frustrante —Amy se desahoga un poco—. Por ejemplo, yo hago senderismo. A veces salgo de ruta con otra gente y cuando acabamos todos empiezan a decir «Ay, ¡me bailan los pantalones!» porque han perdido unos tres kilos caminando. Pero yo jamás pierdo peso cuando salimos. Mi cuerpo es eficientísimo, y es genial porque no tengo que llevar tanta comida encima como los demás. Vaya, que me irá genial si hay una hambruna porque seré la última superviviente. Pero por otro lado, hace que me cueste muchísimo perder peso.

—¿Y eso te da rabia? —le pregunto.

Me da un poco de miedo oír su respuesta. Yo soy una de esas personas de las que habla. No he hecho nada para tener el metabolismo que tengo, y soy consciente de ello. Justo acababa de decirle a Amy que lo había pasado fatal durante el trimestre anterior; me había puesto enferma y además no había podido hacer ejercicio en un par de meses. Amy está siempre haciendo ejercicio.

—Sí, me enfado muchísimo —dice Amy, con seriedad pero sin dejar de ser amable—. Es como que es muy injusto, ¿sabes?

Me mostré de acuerdo:

—Desde luego, muy injusto. Muy injusto.

Amy menea la cabeza.

—Eso era uno de los temas recurrentes de mi infancia, esta sensación de lo injusto que es que te juzguen por algo que no puedes evitar. Y nada de lo que hagas, por mucho que lo intentes, es suficiente. Y es tan fácil para los demás...

Amy es una de las personas más saludables que conozco. Es increíblemente activa. Es pescatariana. Cuando quedamos en el restaurante, me comí todo lo que había en mi plato sin pensármelo demasiado. Amy guardó gran parte de su comida para llevársela a casa y compartirla con su marido para cenar. Amy no deja de ver este desequilibrio.

—Yo no comía de forma distinta a mis amigas —señala—. De hecho, comía mejor que la mayoría de ellas. Y sigo comiendo mejor que la mayoría de las personas que conozco. Hago más ejercicio que la mayoría de las personas que conozco. Y sigo estando gorda. Al final he acabado acostumbrándome a la idea, pero todavía me resulta irritante.

Amy muestra una combinación de sonrisa y ceño fruncido.

—A ver, Renee, yo te quiero mucho —empieza—, pero cuando vienes y me dices que no has hecho ejercicio en dos meses y que tienes ese cuerpo... a veces me entran ganas de matarte. Comes como una persona normal y no haces nada especial para tener el físico que tienes, y mientras yo estoy aquí, matándome para conseguir tener un cuerpo que esté, ya ves, solo un 40 % por encima del índice de masa corporal que debería tener.

La madre de Amy tuvo a todas sus hijas a dieta desde que Amy tiene uso de razón.

—E íbamos a nutricionistas y a campamentos para adelgazar. Todo, todo lo que estuviera en sus manos —rememora.

—¿Seguiste con las dietas incluso cuando ya no era por obligación de tu madre? —le pregunté.

Amy dice que sí pero, a la vez, menea la cabeza.

—De vez en cuando. Iba probando. Y mira, el problema con las dietas es que son horribles y estás todo el rato hambrienta. Y cuando estás hambrienta todo el rato, después estás de mal humor. Es un juego al que no puedes ganar. Es como un pez que se muerde la cola; todo el mundo quiere que estés delgada, pero mis amigos se quejaban de que yo estaba de mal humor porque siempre tenía la cabeza a punto de explotar. Yo me sentía como que todo era muy injusto, porque estaba haciendo lo que tenía que hacer para conseguir tener el aspecto que debería tener, pero tampoco me respaldaba nadie. Nadie será más amable contigo porque estés de mal humor, y hambrienta, y desconcentrada. A todo el mundo le encanta cuando soy esa chica con una personalidad agradable, y cuando soy superdulce, y graciosa, y alegre, pero es muy complicado ser agradable, dulce, graciosa y alegre cuando te mueres de hambre.

Cuanto más se esforzaba Amy por convertir a su cuerpo en lo que los demás querían, peor se sentía dentro de él. Su cuerpo luchaba contra los intentos de Amy por cambiarlo.

Amy me contó una historia dolorosa de una vez que fue a ver a una nueva doctora. La doctora le sacó sangre y le hizo algunas pruebas, pero no le preguntó nada de nada sobre su estilo de vida, como qué comía o cuánto ejercicio hacía. Aun así, la doctora acabó preguntándole a Amy: «¿Alguna vez te has planteado perder peso?».

Amy todavía sigue estupefacta al recordar ese momento.

—Me limité a mirarla y le dije: «Soy una mujer y vivo en los Estados Unidos. ¿Tú qué crees?».

Una alternativa a la objetificación

Recordemos que la esencia de la objetificación es pensar en los cuerpos de las mujeres como si fueran cosas a las que hay que mirar. La autoobjetificación, en su definición más simple, es lo que sucede cuando tenemos esa perspectiva de nosotros mismos; cuando empezamos a vernos como si solo fuéramos un objeto al que mirar. Pero la autoobjetificación es, en realidad, un poco más complicada, porque no solo implica pensar en tu cuerpo en función de su aspecto, sino también dejar de considerarlo en función de lo que hace.

Cuanto más sientas que tu cuerpo es una cosa pasiva y decorativa, menos en contacto estarás con la sensación subjetiva de lo que puede llegar a hacer. Cuando te autoobjetificas, puede que te centres tanto en la forma de tu cuerpo que ni siquiera adviertas cosas como tu nivel de energía o tu aguante. En las palabras de un grupo de investigadores, pierdes respeto por tu cuerpo como «recurso físico».[1]

A partir de esta idea, mis estudiantes y yo creamos una breve intervención en línea que diseñamos para recordarles a las mujeres que su cuerpo es un recurso físico, y llevarlas a ser conscientes y estar agradecidas por todo lo que hace. Con esta intervención queríamos ayudar a las mujeres a sentirse de una forma más positiva respecto a sus cuerpos. Más de mil mujeres de entre dieciocho y cuarenta años completaron nuestro estudio. Tras aceptar participar, se les asignó de forma aleatoria un conjunto de frases que tenían que completar. En la condición de objetificación, la actividad animaba a las mujeres a pensar de forma positiva sobre su cuerpo, pero esos pensamientos positivos se formulaban en términos del aspecto que tiene su cuerpo para los demás. Por ejemplo:

La parte más atractiva de mi cuerpo es...
La parte más sexi de mi cuerpo es...
Me suelen lanzar cumplidos por el aspecto
de esta parte de mi cuerpo:...
Me encanta ponerme ropa que destaque mi...
La parte que se ve mejor de mi cuerpo es...

En resumidas cuentas, esta condición se reducía a un ejercicio de «eres bella», donde se anima a las mujeres a pensar en las partes de su cuerpo que les parecen atractivas. Sin el capítulo 10 de este libro, seguramente pensaríamos que estas frases supondrían una inyección de confianza sobre el propio cuerpo para estas mujeres. Pero recordemos que hay dos formas distintas en las que actividades como esta pueden acabar siendo contraproducentes. En primer lugar, si alguien tiene complejos sobre su cuerpo, puede que le cueste responder de forma sincera a estas frases. Podemos acabar sintiéndonos incluso peor que anteriormente. En segundo lugar, incluso aunque no nos cueste completar las frases, al hacerlo seguimos centrándonos en pensar en nuestro cuerpo y en analizar constantemente el aspecto que tiene para los demás. Y este tipo de análisis constante raras veces lleva a buen puerto. En vez de ello, deja a la mayoría de las mujeres al borde de un precipicio psicológico, debajo del cual hay un océano lleno de complejos y decepción.

Las mujeres en otra condición de este estudio recibieron otro tipo de frases muy distintas, diseñadas para hacerlas pensar en lo que sus cuerpos pueden hacer en vez del aspecto que tienen. Por ejemplo:

Uso mis brazos para...
Mi cuerpo me ayuda a...
Me encanta que mi cuerpo pueda...
Mis piernas me permiten...
Siento que mi cuerpo está al máximo de su fuerza cuando...

Las respuestas a ese conjunto de frases fueron los datos más alegres que hemos visto jamás en mi laboratorio. Solo leerlas es un bálsamo para la enfermedad de la belleza. Las mujeres en esta condición nos dijeron que usan sus brazos para escribir, cocinar, llevar bolsas, dibujar, comunicarse y abrazar a los demás. Que con sus cuerpos pueden expresarse, hacer amigos, triunfar, sentirse poderosas, viajar, moverse. Que les encanta que su cuerpo pueda bailar, cambiar, correr, ir a trabajar, llevarlas a donde quieren ir y practicar deporte. La frase de una mujer fue: «Me encanta que mi cuerpo pueda vivir la vida con la que siempre he soñado».

Tras completar la actividad de las frases, las mujeres en la condición funcional —la que se centraba en lo que los cuerpos pueden hacer— se sentían más satisfechas con sus cuerpos que las mujeres en la condición de objetificación. Centrarse en lo que sus cuerpos podían hacer sí que las llevó a sentirse mejor con el aspecto de sus cuerpos. Amy, la mujer de la que he hablado antes, encarna perfectamente el mensaje final de este estudio. Cuando se dedica a atacar con todas sus fuerzas al muro de la enfermedad de la belleza lo hace con el poder que tiene su cuerpo para lograr cosas, e incluso llega a olvidar, a veces, los problemas que los demás puedan tener con su aspecto.

Amy pasó la mayor parte de su adolescencia evitando constantemente hacer ejercicio.

—Todo el mundo quiere que hagas ejercicio pero, cuando vas a una clase de un gimnasio, da mucha vergüenza y los demás no te respaldan nada. Lo típico: oyes que hablan de ti y se ríen, y acaba siendo incómodo. Tienes la sensación de que no podrás hacerlo, y no solo porque no lo hayas hecho nunca, sino porque estás gorda.

Amy era bastante deportista cuando era pequeña, pero cuando los demás la miraban, no veían a una posible atleta. Solo a una niña gorda. Amy me describió cómo funcionaba esta dinámica:

—Mi madre solía llevarnos al parque a jugar a béisbol, y a mí se me daba bastante bien. Atrapaba las bolas y les daba con el bate, pero aun así siempre me elegían la última, aunque la semana antes ya me hubieran visto darle bien a la pelota. Conseguía llegar a la base mucho más que la mayoría de la gente, pero incluso así, me quedaba la última al elegir equipos. Semana tras semana, siempre lo mismo. Como si les costara demasiado recordar que se me daba bien.

A lo largo del tiempo, Amy acabó por interiorizar esas actitudes. Acabó por achacar cualquier tipo de dificultad física al tamaño de su cuerpo, incluso aunque fueran problemas normales para cualquier otra persona. Si no podía hacer algo, asumía de inmediato que era porque estaba gorda. Cuando Amy estaba en primaria, unos compañeros de clase le pidieron en el último momento si podía correr con su equipo en una carrera de obstáculos en el gimnasio de la escuela. Al principio, recuerda que se negó en redondo. Pero sus amigos le dijeron que los iban a descalificar si les faltaba una persona, así que Amy acabó por hacerlo.

—Así que, mira, acabé por hacer la carrera de obstáculos. Y lo hice fatal, ¿vale? Pero bueno, lo hice. Y después me fui inmediatamente a los lavabos y me encerré en uno y empecé a llorar a moco tendido, porque acababa de hacer un ridículo espantoso delante de toda la escuela.

Los amigos de Amy no entendieron por qué estaba llorando. Por lo que ellos habían visto, su amiga lo había hecho bien. Nadie se había estado riendo de ella.

—Simplemente, tenía la sensación de que, como era gorda o fea, seguro que la gente lo pasó fatal con solo tener que verme haciendo todo eso. Como ver un accidente de coche. Así de mal lo debían de haber pasado viéndome. Como cuando ves un desastre a punto de pasar, ¿sabes? Estaba disgustadísima.

Como mucha otra gente, Amy aprendió a ir en bici cuando era una niña. Pero después pasó años sin volver a montar. Cuando finalmente volvió a subirse a una bici cuando era adulta, lo primero que hizo fue estrellarse en unas zarzas.

—¿En unas zarzas? —repetí, sacudiendo la cabeza.

A mí no se me da demasiado bien ir en bici, y cuando lo intenté por primera vez siendo ya adulta, acabé por chocar contra un árbol y me caí. Me identifico completamente con el dolor de Amy en este caso.

—Pues claro, ¿qué otra cosa mejor que unas zarzas? —repuso Amy, crítica consigo misma—. Estuve literalmente sacándome los pinchos del pelo y de las orejas casi un día entero. Y me sentó fatal, y mi novio de por aquel entonces no entendía por qué estaba tan disgustada. No es que me hubiera hecho daño de verdad, y la gente siempre se cae de la bici cuando están aprendiendo. No podía explicarle que, en el fondo, estaba segura de que el motivo por el que me costaba tanto era porque estaba gorda. Si no hubiera estado tan gorda, habría sido más grácil, no me habría caído de la bici, no habría hecho el ridículo delante de él. Para él, el incidente no tuvo la menor importancia. Pero yo no podía evitar la sensación de que eso había sido otra cosa más que no podía hacer o que se me daba mal porque estaba gorda. Incluso aunque haya muchísimos gordinflones que van por ahí en bici sin ningún problema, ¿sabes?

Ahora, Amy se ríe al recordarlo.

A partir de cierto momento, las cosas empezaron a cambiar para ella. En parte lo que la ayudó fue que tenía un novio al que le gustaba tantísimo el senderismo que Amy no pudo evitar acabar probándolo. Sus aventuras senderistas empezaron con mal pie. De nuevo, Amy asumió que cualquier problema que surgía era debido al tamaño de su cuerpo.

—Una vez me puse a sudar muchísimo y perdí una lentilla, y de nuevo me puse a pensar: «Ay, si estuviera delgada y en forma, todo esto no pasaría». Y fue raro porque, a la vez que me pasan estas ideas por la cabeza, mi parte racional sabe que no es verdad, pero tengo estos pensamientos tan metidos en la cabeza que, aunque acabe por racionalizarlos, no puedo evitar sentirme como me siento.

Con el paso del tiempo, Amy acabó aprendiendo que el senderismo implica encontrarse con obstáculos, tengas el cuerpo que tengas.

—Caerme era algo normal. Claro, si vas montaña arriba y abajo, ¡de vez en cuando te caerás!

Pero lo que es más importante, Amy descubrió que le gustaba salir a la montaña. Y acabó por ver su cuerpo como algo útil y capaz de darle alegrías.

—Me lo pasaba tan bien... Descubrí que podía hacer cosas. Podía saltar troncos, y subir montañas, y un montón de cosas geniales. Me encantaba. Ahí fue cuando empecé a sentirme orgullosa de poder mover mi cuerpo por el espacio. Puedo subir la ladera de una montaña, y encaramarme a árboles enormes que han caído en medio del camino, y puedo pedirle a mi cuerpo que haga cosas y quizá no lo haré con gracia ni rapidez, pero lo haré. Y puedo llegar a sitios, sitios bonitos que no podría ver si no le hubiera pedido a mi cuerpo que me llevara, ¿no? Unas vistas preciosas... Campos silvestres llenos de flores y ríos diminutos que bajan por las montañas y cosas que no puedes ver si no haces que tu cuerpo te lleve a ese lugar concreto.

Como lo describió Amy, aprender a centrarse en lo que su cuerpo podía hacer no solo cambió su musculatura. La hizo sentirse «fuerte en muchos aspectos». Su cuerpo ya no era un enemigo que le impedía alcanzar sus objetivos. Era un aliado que la llevaba a actividades divertidas y que la llenaban de alegría. Empezó a ser más atrevida.

Unos años después de graduarse, Amy empezó a trabajar en San Francisco. Cada día, camino de la oficina, pasaba por delante de una escuela de *jiu-jitsu*. Una tarde decidió asomar la cabeza. Un chico del gimnasio le dijo que la primera lección era gratis y la invitó a pasar. Cuando Amy repuso que no iba vestida adecuadamente, el chico le dijo que tenían un traje que le podían prestar. Amy quedó enganchada desde la primera lección.

Según ella, el *jiu-jitsu* es un poco como la lucha libre. No puedes hacerlo sin tocar el cuerpo de los demás y que los demás te toquen a ti.

—Y no puedes ponerte a preocuparte de si te van a rozar una lorza —dice Amy—, porque estás ocupadísima y concentradísima todo el rato.

—¿No te importaba que los demás te tocaran? —le pregunté.

—Pues no, aunque parezca extraño —responde ella—. Y mira, es raro, porque incluso cuando salía con alguien siempre había esos momentos donde no quieres que el otro te toque porque quizá ahí estás fofa o se te sale el michelín o los pantalones te aprietan las chichas o lo que sea. Pero lo del *jiu-jitsu* tenía algo que me hacía sentir bien desde el primer momento. Les daba igual que yo fuera bajita, que estuviera gorda o que fuera una chica. Lo único que importaba era que fueras a clase, que lo intentaras y que lo dieras todo siendo tú misma.

Incluso en mitad de una pelea de *jiu-jitsu*, Amy no se había deshecho del todo de su anterior forma de pensar en sí misma. Un día, cuando Amy salía de clase de *jiu-jitsu*, uno de sus compañeros le dijo:

—Anda, Amy, ¡estás marcada!

Amy pensó que lo que quería decir era que se había hecho daño y empezó a inspeccionarse a ver si encontraba la herida. En la mesa donde comíamos, Amy me enseñó cómo había empezado a mirarse el brazo, girándolo hacia adelante y hacia atrás, revisándolo.

—¿Estabas buscándote un moratón? —le pregunté.

—Sí, eso mismo —respondió entre risas—. Después me di cuenta de que lo que me estaba diciendo era que se me marcaban los músculos.

Para liberarse de la obsesión de nuestra cultura con el tamaño del cuerpo de las mujeres, Amy lucha para fijarse más bien en lo que su cuerpo le ofrece.

—Me he entrenado para centrarme en sentirme mejor, en estar más sana, en las actividades físicas que hago, en sentirme bien por poder marcarme logros claros. He bajado por el Gran Cañón del Colorado, lo he cruzado y lo he subido otra vez. ¡Es casi un kilómetro y medio de inclinación vertical! Y es complicado. No hay mucha gente que pueda hacerlo; incluso a las personas delgadas les cuesta. También hice el Wonderland Trail en diez días; es un recorrido de 150 kilómetros con 600 metros de desnivel cada día.

—¿Qué? ¿Tanto? —comenté, asombrada.

—¡Sí! ¡Y con la mochila encima! —respondió alegremente Amy.

MÁS O MENOS A LA vez que estaba haciendo las entrevistas para este libro, una mujer de Texas me envió un correo electrónico en respuesta a una charla TEDx que yo había dado. Me dijo que quería presentarme a Jodi Bondi Norgaard, una de las fundadoras de la Brave Girls Alliance. Esta mujer de Texas supuso que seguramente tendríamos mucho de lo que hablar, y tenía razón. Jodi está en la primera línea de la batalla en contra de la enfermedad de la belleza, y su misión es crear un mundo más sano para las niñas.

Amy y Jodi no se conocen, pero tengo la sensación de que tienen muchísimo en común.

Jodi describió dos incidentes que la hicieron percibir con intensidad la ventaja que supondría que las chicas de nuestra cultura pudieran centrarse más en lo que su cuerpo puede hacer y menos en el aspecto que tienen. El primer incidente fue positivo. Jodi empezó a colaborar con Girls on the Run, una organización que utiliza actividades basadas en correr y en carreras para que las niñas de primaria y secundaria ganen confianza en sí mismas y adquieran conocimientos prácticos. El broche final del programa es una carrera de 5 kilómetros que las niñas corren junto a sus acompañantes adultos. Como parte de este programa, Jodi fue la mentora de una niña. Y recuerda el momento en que la niña la miró al final de la carrera y dijo:

—Ahora sé que lo puedo conseguir todo.

Para Jodi, ese momento fue una prueba de que enseñar a las niñas pequeñas a desafiarse a sí mismas con actividades sanas puede ayudarlas a crearse «una armadura»: una protección que pueden tener mientras crecen en un mundo que les lanzará tantos mensajes objetificantes y degradantes.

Poco después de esa carrera, Jodi estaba en una tienda de juguetes con su hija, que en ese momento tenía nueve años. Mientras iban paseando por los pasillos en busca de una muñeca, Jodi se quedó cada vez más asombrada ante el tipo de juguetes para niñas que veía. Agarró una muñeca que tenía, según me contó, «un *piercing* en el ombligo, un top corto, una melena exuberante, los ojos maquilladísimos, unos tacones desmesurados y unos pechos enormes». La muñeca, según la etiqueta, se llamaba «Lovely Lola». Jodi pensó para sí: «Ay, madre mía. No me cabe en la cabeza que haya una sola persona que quiera que sus hijos acaben pareciéndose a Lovely Lola, que quieran que Lovely Lola sea su inspiración». Jodi no estaba solo perpleja; estaba enfadada. Me dijo:

—Estaba hartísima de todas las imágenes que se ven por ahí y con las que bombardean a las niñas pequeñas. Objetifican a las mujeres. Les dicen que tienen que ser sexis ya desde bien pequeñas. No es sano.

La hija de Jodi la vio con la muñeca en la mano y le preguntó:

—Mamá, ¿esa muñeca es para que yo juegue?

«Buena pregunta», pensó Jodi.

Acabó por comprar la muñeca, tras dejarle bien claro a la persona que estaba en la caja que era un juguete horrible y que solo la compraba para ir a enseñársela a su marido. Jodi no estaba dispuesta a olvidarse del asunto. Vio un problema claro y decidió hacer algo al respecto. Tras dos largos años dibujando y diseñando, Jodi creó la primera muñeca de una nueva línea llamada Go! Go! Sports Girls. A diferencia de Lola, que parecía haber sido creada para ser poco más que un objeto sexual, Jodi diseñó sus muñecas para animar a las chicas jóvenes a ser personas saludables y activas. Jodi basó las medidas de esas muñecas en su propia hija y sus amigas para que tuvieran las proporciones que realmente tienen los cuerpos de las niñas. La primera de las muñecas se llamó Grace en honor a su hija. Ahora Grace es toda una jovencita, pero las Go! Go! Sports Girls siguen en marcha. Jodi está decidida a conseguir que lleguen a las manos de tantas niñas como sea posible.

Ir al gimnasio, para bien o para mal

El ejercicio es una de las formas más potentes para sentirse más conectada al propio cuerpo y apreciarlo. También es positivo para la mente en aspectos que solo ahora los científicos empiezan a entender. Pero como dijo Amy, el ejercicio puede ser un tema complicado para las mujeres que no tienen el aspecto de una modelo deportiva. Si miramos los anuncios de la mayoría de los gimnasios, parece que solo son bienvenidas las mujeres jóvenes y delgadas con abdominales marcados. Pero, por supuesto, en la vida real los gimnasios están llenos de mujeres de todas las formas y los tamaños. Aunque eso no quiere decir que todas las mujeres se sientan igualmente bienvenidas. En 2016, una mujer conocida por ser la Playmate del Año de la revista *Playboy* atrajo la furia de Internet cuando le sacó una foto a una mujer desnuda en el vestuario de su gimnasio y la compartió por Snapchat. En la publicación, esta chica se tapa la cara haciendo ver que está horrorizada y bromea diciendo que «no podrá borrar esa imagen de su mente». ¿Y qué problema tenía la mujer del vestuario? Al parecer, se había atrevido a estar desnuda sin tener el tipito ultradelgado y sin celulitis que estamos acostumbrados a ver en las imágenes mediáticas. La chica que publicó esta foto estúpida —y posiblemente ilegal— recibió una desaprobación rotunda y la expulsaron de su gimnasio, pero me pregunto si esto será de mucha ayuda para todas las mujeres que vieron la historia en las noticias y recordaron, una vez más, que incluso en los sitios diseñados para promover la salud no puedes escapar del aspecto que tiene tu cuerpo.

Demasiados establecimientos de forma física son, sin quererlo, un caldo de cultivo de la autoobjetificación. Espejos en todas partes; ropa ajustada y escasa; innumerables oportunidades para comparar nuestro cuerpo con el de todas las personas que están haciendo ejercicio a nuestro alrededor. Y además de todo eso, muchos de estos espacios se centran específicamente en la necesidad de lograr ese ideal de belleza femenino extremadamente delgado y en gran parte inalcanzable. En los carteles y demás anuncios no se ve otra cosa que abdominales marcados y brazos y piernas sin un gramo de grasa. Los monitores y monitoras a menudo animan a las mujeres a que se esfuercen para conseguir un «cuerpo bikini», lo que sugiere que solo ciertos tipos de cuerpos son dignos de un bikini y que la motivación para hacer ejercicio debería ser alterar el aspecto físico.

Este tipo de contexto objetificado no supone más que problemas para la mayoría de las mujeres. Diversos estudios han mostrado que las mujeres que se autoobjetifican más son las que tienen menos posibilidades de seguir haciendo ejercicio de forma regular. También tienen menos tendencia a dejarse llevar por esa agradable sensación que invade nuestro cuerpo cuando hacemos una actividad física intensa.

El motivo por el que haces ejercicio es importante. Las mujeres que hacen ejercicio principalmente para cambiar su aspecto físico tienen más tendencia a indicar descontento con su cuerpo y desórdenes alimenticios, independientemente del tamaño de su cuerpo.[2] Un estudio de mujeres de mediana edad dirigido por investigadores de la Universidad de Míchigan descubrió que las mujeres que hacen ejercicio principalmente para cambiar la forma de su cuerpo no solo participaban en menos actividad física en general, sino que se sentían peor cuando hacían ejercicio.[3] Si hacemos ejercicio solo para transformarnos físicamente en otra persona, es demasiado fácil que acabemos desanimándonos. Por otro lado, si haces ejercicio para sentirte mejor, para ser más fuerte, para gestionar el estrés o para conectar con los demás, es más probable que sigas perseverando.

Nuestro modo de hablar del ejercicio —y en especial, del ejercicio físico femenino— refuerza demasiado a menudo que el motivo principal para poner nuestro cuerpo en marcha es tallarlo y esculpirlo en algo más agradable a la vista para los demás. Los monitores y monitoras de *fitness* a menudo caen en la trampa de criticar el cuerpo de las mujeres para intentar motivarlas. Una de mis monitoras favoritas del gimnasio al que voy suelta bromas diciéndonos que tenemos que «odiar nuestros michelines», y les dice a las mujeres de sus clases:

—¿Así que quieren una liposucción? Pues yo seré su doctora. Yo seré su cirujana.

Me gusta especialmente esta chica como profesora; está llena de energía, es graciosa y sus clases son fenomenales. Pero no quiero oír la palabra «odio» asociada con mi cuerpo mientras estoy haciendo ejercicio. Y no puedo imaginar ninguna situación donde pueda ser una buena idea que las mujeres estén pensando en liposucciones en entornos que, en teoría, promueven un cuerpo saludable.

Mi laboratorio ha hecho hace poco una encuesta donde han participado más de 300 mujeres de todos los Estados Unidos y que toman clases de *fitness* a menudo. Les preguntamos qué tipo de comentario motivador hacen las personas que dirigen la clase, y cuáles son los comentarios que más y que menos les gustan. Después hicimos una encuesta a más de 500 monitores y monitoras de *fitness* en grupo y les preguntamos qué tipo de motivación usaban a la hora de dar clase. Lo que descubrimos fue una clara discrepancia entre las mujeres que asisten a las clases y las personas que las dirigen. En primer lugar, las mujeres dijeron que oían que sus monitores y monitoras les lanzaban comentarios centrados en el aspecto físico —cosas como «¡Machaquemos esa celulitis!» o «¡Consigue un cuerpo bikini!»— mucho más a menudo de lo que indicaban los propios instructores. Y las participantes no solo dijeron que les lanzaban este tipo de comentarios a menudo, sino que no era algo que ellas apreciaran. Cuando les pedimos que nos dijeran las frases de motivación que menos les gustaban, más de la mitad de las mujeres dijeron algo relacionado con presionarlas para lograr un aspecto concreto o para perder peso. Por ejemplo, una mujer dijo que odiaba oír la frase «¡Venga, que el verano y los bikinis están al caer!». Cuando le preguntamos por qué, respondió que esa frase la hacía sentirse más acomplejada por su cuerpo en bikini. Y que, aunque ella se sentía cómoda con su propio cuerpo, ya no se sentía tan a gusto en cuanto oía esa frase.

Otras mujeres escribieron sobre lo poco que les gustaba cuando el instructor o la instructora se centraban en la pérdida de peso, como si esa fuera la única razón por la que se hace ejercicio y el único indicador adecuado de una buena forma física. Una mujer dijo que el comentario que menos le gustaba oír era «¡Vamos a deshacernos de esos michelines!» porque, según ella, «¡SIEMPRE tendré algo de grasa en la barriga! Ahora mismo corro diez kilómetros cada día, como equilibradamente y, aun así, sigo teniendo un poco de michelín. ¿Y qué?».

También les pedimos, tanto a participantes como a monitores de clases de *fitness*, que indicaran sus preferencias en una escala de razones por las que hacer ejercicio.[4] En esta escala hay que evaluar hasta qué punto haces ejercicio por tres tipos de motivos: aspecto físico; salud y forma física; y disfrute y bienestar. En vez de pedirles a los instructores que indicaran sus propios motivos, les pedimos que lo hicieran desde la perspectiva de las mujeres que van a sus clases. Y de nuevo, la diferencia entre ambos grupos fue notable. Los monitores sobrevaloraron de forma significativa hasta qué punto las mujeres de sus clases se sentían motivadas por el aspecto, y subestimaron hasta qué punto las motivaba la forma física y la salud.

Si los monitores creen que las mujeres de sus clases hacen ejercicio principalmente para acercarse al ideal cultural femenino de belleza, está claro que esta creencia se verá reflejada en su forma de hablar a sus alumnas a la hora de hacer ejercicio. Pero mi opinión es que las mujeres no necesitan más recordatorios de que nuestra cultura les exige que sean delgadas. Y no les hacemos ningún favor a las mujeres cuando nos centramos en hacer ejercicio para tener un buen cuerpo y no para sentirse bien. Nos va mucho mejor cuando nos fijamos más en cómo nos sentimos al hacer ejercicio que en cómo nos veremos tras hacer ejercicio.

Sentir tu cuerpo en vez de verlo

Vamos a volver con Amy, nuestra luchadora de *jiu-jitsu* y excursionista de cuarenta y tres años. Me encantó oír las historias de Amy de esos momentos en los que ella sentía que conseguía derrotar la obsesión de nuestra cultura con el tamaño del cuerpo, además de la reafirmación de esa obsesión por parte de su madre. Ya fueran grandes o pequeñas victorias, todas parecieron estar marcadas por la capacidad de Amy de conectar con las sensaciones que le transmitía su cuerpo; no por su aspecto. Un día, dos años después de terminar la universidad, Amy pasó por una tienda que había puesto unas cajas en la calle con artículos rebajados. Vio que había una caja enorme con ropa interior femenina 100 % algodón. Se paró en seco. Era un sitio raro para tener un momento trascendental, pero no es algo que se pueda elegir. Resulta que, aunque Amy ya era una adulta, nunca se había comprado ella su propia ropa interior. La encargada de hacerlo era su madre, quien siempre elegía, en palabras de Amy, «braguitas diminutas, casi siempre de una talla que no era, muy incómodas». En ese momento Amy iba de camino a una reunión. Entró en la tienda, se compró un par de braguitas de algodón y se las puso en el lavabo antes de entrar en la reunión. Recuerda ese momento con evidente alegría.

—¡Me puse mis primeras bragas enormes de algodón de abuela!

—¿Y cómo te sentiste? —quise saber, extrañamente feliz por ella.

—¡Genial! Estaba tan cómoda... Y me di cuenta de que siempre me había sentido ligeramente incómoda y eso hacía que estuviera un poco de mal humor. Mi ropa me quedaba siempre un poquito apretada porque siempre quería llevar la talla más pequeña que me cupiera, o quería llevar cosas apretadas para parecer más pequeña. Y cuando me puse esas bragas negras y de vieja, estuve tan a gusto... Tan cómoda.

Amy se ríe al recordar ese día.

—¿Seguiste llevándolas? —le pregunté.

—Vaya que sí —repuso ella—. Anda que no. Y fue un acto de caridad hacia mí misma. Fue aceptación; decidí no embutir mi cuerpo en ropa que no es para mí.

Es difícil apreciar nuestros cuerpos cuando vivimos en una cultura que nos dice que nunca serán lo suficientemente buenos. Pero recordar lo que nuestros cuerpos hacen por nosotros es un primer paso esencial para ser capaces de sentirnos cómodas dentro de nuestra propia piel. Aunque me he centrado mucho en la actividad física, recordemos que pensar en nuestro cuerpo en función de lo que puede hacer no solo implica hacer ejercicio. No tenemos que ser personas sin ninguna discapacidad física para poder sentirnos agradecidas por lo que nuestro cuerpo puede hacer. No tenemos que correr maratones o superar desafíos de CrossFit para ser personas valiosas. Nuestro cuerpo no solo tiene estas capacidades. Nuestro cuerpo es el hogar de todas las habilidades que hemos desarrollado a lo largo de nuestra vida. Nos permite tener interacciones sociales. Las expresiones de nuestra cara expresan nuestras emociones más profundas. Y las funciones internas de nuestro cuerpo, aquellas que no se ven directamente, son también una fuente de inspiración. Nuestro cuerpo extrae los nutrientes de los alimentos y los usa para darnos energía, para que podamos movernos por el mundo. ¿Cómo puede ser que un cuerpo que hace todas estas cosas sea algo repugnante o vergonzoso? Es el coro de voces que nos objetifican lo que nos hace estar ciegas ante estas maravillas.

En un estudio que hicimos en mi laboratorio, pedimos a varias mujeres que escribieran una carta a su cuerpo donde le dieran las gracias por todo lo que hace para ellas. Sus respuestas fueron recorridos exultantes por la miríada de funciones corporales que tenemos durante el día a día. A continuación hay un fragmento de una de mis cartas favoritas de ese estudio que escribió una mujer de diecinueve años.

Querido cuerpo:

Gracias por permitirme conseguir todo lo que he querido hacer en la vida. Me permites levantarme de la cama cada día, incluso antes de estar completamente despierta. Gracias, piernas, por permitirme ir andando a clase cuando tengo tiempo e ir corriendo cuando voy tarde. Sin vosotras me habría sido imposible bailar, jugar al baloncesto o salir a andar por la montaña. Nunca habría sabido lo que es correr como una niña pequeña, completamente despreocupada.

Gracias, manos, por permitirme pintar, escribir y teclear esta mismísima carta. Sin vosotras, nunca habría podido saber lo que es darle la mano a una persona querida. Gracias, ojos, por permitirme ver el mundo, tanto lo bueno como lo malo. Sin vosotros, nunca habría visto las caras de mis padres, mis hermanos o mis amigos. Nunca habría podido contemplar una puesta de sol, o un arco iris, o cualquiera de las vistas que he tenido la suerte de presenciar.

Sin mi cuerpo, nunca habría conocido esa sensación de dejarme caer sobre la cama al final de un día larguísimo, o de estar en la playa tomando el sol. Nunca podría haber disfrutado de los abrazos de mi madre. Te pido disculpas por aquellas veces en las que no te he valorado tanto como debería, porque eres increíble. Intentaré cuidar de ti lo mejor que pueda, y estoy muy agradecida por todo lo que me permites hacer cada día.

Mientras que sí podemos bajarle el volumen a nuestra obsesión por el aspecto físico, no debemos y no podemos ignorar nuestros cuerpos. En vez de ello, necesitamos una forma distinta de pensar en nuestro cuerpo de modo que seamos personas con más salud y menos enfermedad de la belleza. Pensar en nuestro cuerpo en función de todas las cosas que puede hacer es reparador y, a la vez, nos da alas. Nos ayuda a luchar contra los complejos físicos y el descontento con nuestro físico. Si recordamos que nuestros cuerpos están para hacer cosas nos sentiremos más motivadas a cuidarlos, independientemente del aspecto que tengan.

A VECES A AMY SE le hace difícil creer que ella fue esa chica adolescente que lloró tras terminar una carrera de obstáculos delante de sus compañeros de clase.

—Diez años después estaba haciendo una carrera de obstáculos de veinte kilómetros llamada Tough Mudder por diversión. Ahí estaba yo, saltando y subiéndome a cosas, y los demás me encaramaban y me subían para llegar a los sitios.

—¿Y ahí estabas acomplejada? —le pregunto—. ¿Te preocupaba tu aspecto en esos momentos?

—No —responde con seguridad Amy—. Ahí lo único importante es lo bien que me lo estaba pasando, y estar ahí con mis amigos. Si con dieciséis años me hubieras dicho que algún día estaría participando en una carrera de obstáculos para pasármelo bien...

—¿Te habrías quedado boquiabierta? —le pregunté.

—¡Me habría muerto de la risa! Para mí hubiera sido inconcebible que yo pudiera hacer algo así por placer. Amy me habló de uno de los obstáculos, una pared altísima de seis metros inclinada hacia adelante. La llaman «el Everest».

—¿Y cómo puedes subirte a eso? —le pregunté.

Amy sonrió y se inclinó hacia mí.

—La idea es que tienes que pillar carrerilla y correr tanto como puedas pared arriba, y entonces te agarras al borde y te subes a fuerza de brazos. Y la gente se pone a esperar arriba y lanza cuerdas, y saca los brazos para intentar ayudarte, pero aun así, es un obstáculo muy difícil y la mayoría de la gente no consigue superarlo. Y la primera vez que hice el Tough Mudder, mis amigos ya habían llegado al Everest y estaban ahí, arriba, y yo me puse a correr. Empecé a subir por esa rampa y pegué un brinco y conseguí agarrarme al brazo de alguien y me subieron y llegué arriba. Fue un sentimiento que no puedo describir. Me puse a gritar a todo pulmón y a sacudir los puños a lo *Top Gun*. Fue increíble saber que podía hacerlo. Y lo hice estando gorda.

—Vaya, que no tenías que convertirte en otra persona para hacerlo.

—Exacto, no tenía que ser otra persona —confirmó Amy—. No tenía que cumplir con ese ideal. No tenía que ser lo que los demás esperaban que fuera. Y nunca lo seré, porque no quiero serlo. Porque el precio que tendría que pagar para estar delgadita es demasiado alto. No habría lugar para nada más en mi vida.

Amy tiene una sobrina que acaba de entrar en la adolescencia. Le pregunté a Amy cómo desearía que fuera la relación de su sobrina con su propio cuerpo.

—Pues espero que encuentre algo físico que le guste hacer para que pueda sentir la alegría de hacer cosas con tu cuerpo de modo que te sientes fuerte. Principalmente deseo que se dé cuenta de que es una persona genial, tenga el peso que tenga. Pero la verdad es que ni siquiera sé si eso es posible.

Entiendo lo que Amy dice. Dado el mundo en el que vivimos, esta idea de que se puede aceptar el cuerpo propio, sea como sea, parece un poco ingenua. Amy suspiró un poco.

—Creo que lo mejor que se puede esperar es que consiga llegar a un punto donde se pueda sentir así de vez en cuando. Que se sienta así lo suficientemente a menudo como para tenerlo presente en los momentos en que no esté tan bien.

—Creo que es un deseo muy bonito —repuse yo.

—Es lo que yo también quiero para mí —dijo Amy.

14

Aprendamos a querer a nuestro cuerpo y enseñémosles a los demás cómo hacerlo

HACE ALGUNOS AÑOS, una de mis ayudantes me preguntó que por qué no estudiábamos a mujeres que se sintieran bien con sus cuerpos. Nuestro laboratorio estudiaba la imagen corporal, pero ¿por qué siempre teníamos que fijarnos en las imágenes corporales negativas? Tenía toda la razón. Tenemos mucho que aprender de las mujeres que consiguen nadar contracorriente y que encuentran formas de tener una mentalidad sana en esta cultura enferma. Así que mi laboratorio decidió salir en busca de estas jóvenes para pedirles una entrevista. Marcamos una serie de requisitos muy claros. Queríamos hablar con mujeres que tuvieran un nivel bajo de descontento con su cuerpo y que no mostraran comportamientos de alimentación desordenada. Parecía un plan sencillo, pero la búsqueda no salió exactamente como habíamos previsto.

Examinamos a cientos de universitarias, pero no encontramos exactamente lo que queríamos. Algunas veces había alguna candidata que, a partir de la puntuación de su encuesta, parecía tener una mentalidad sana, pero cuando la traíamos al laboratorio para entrevistarla nos decía: «Pues en realidad no me gusta mi cuerpo. Lo que pasa es que, como sé que sentirse así no está bien, no lo quise admitir al hacer el cuestionario». Otras mujeres nos decían que les encantaba su aspecto físico, pero después admitían que se mataban de hambre para conseguir estar así.

Cuando ahora me paro a pensar en nuestra forma de realizar la investigación me doy cuenta de que nuestra búsqueda no era la forma correcta. En vez de buscar a mujeres que se sintieran bien con sus cuerpos, buscábamos a mujeres que no se sintieran mal. Y esta forma de abordar la búsqueda tiene un problema de base. No odiar tu cuerpo es algo distinto a apreciar tu cuerpo de forma activa. Y no sufrir ningún desorden alimenticio no implica necesariamente que una persona cuide bien de su cuerpo. Pensémoslo así: solo porque no estemos deprimidas un día concreto no significa que seamos felices.

Y, además, nuestro enfoque tenía otro problema. No habíamos pensado en que es posible apreciar y amar tu cuerpo en general pero, a la vez, sentirse insatisfecha con algunas de sus partes, igual que alguien puede ser una persona alegre en general aunque de vez en cuando se sienta deprimido. Del mismo modo que en mi laboratorio nos habíamos pasado demasiado tiempo documentando el problema de la enfermedad de la belleza sin encontrarle demasiadas soluciones, tampoco nos habíamos fijado bien en las mujeres que más nos podían enseñar sobre cómo superar la enfermedad de la belleza. Queríamos que las mujeres dejaran de odiar sus cuerpos, pero no habíamos pensado demasiado en la importancia que podría tener para ellas el hecho de disfrutar realmente de ellos y de cuidarlos sin tener que pasarlo mal.

La diferencia de la que estoy hablando en este caso es la que hay entre una imagen corporal positiva y otra negativa. Siempre es mucho más fácil centrarse en lo negativo. Es más visible, más preocupante. Y, en algunos aspectos, más claro. Pero si queremos saber cómo combatir la enfermedad de la belleza, tenemos que pensar en el otro lado de la moneda. Tenemos que examinar el modo en que algunas mujeres aprenden a tener una imagen corporal realmente positiva y cómo podemos enseñarles estas actitudes y comportamientos saludables a los demás. Si queremos crear un mundo mejor para niñas y mujeres, no solo tenemos que bajarle el volumen a lo negativo, sino que tenemos que subírselo a lo positivo.

Empezaremos con Hannah*, una profesora blanca de veintinueve años de Denver. Como la mayoría de las mujeres, Hannah tiene esos días en los que no está contenta con la imagen que ve en el espejo. Pero gracias a la alimentación, el ejercicio sano y la educación que ha recibido sobre cómo ver su cuerpo, Hannah tiene más días buenos que malos. Podemos aprender muchas cosas a partir de las sutilezas que hay en su forma de pensar sobre su cuerpo.

Hannah ha vivido en muchísimos sitios distintos. Fue al instituto en Nueva Inglaterra y después se fue a vivir un año a Jerusalén, donde dio clases de inglés a niños de quinto de primaria. Su primer trabajo como profesora en los Estados Unidos fue en Misisipi, y después estuvo dos años en el Medio Oeste para sacarse un máster. Ahora Hannah se ha instalado en Denver con su pareja para disfrutar del buen tiempo y de las actividades al aire libre.

Hannah y yo nos entrevistamos en un Dunkin' Donuts al final de una tarde. Yo me bebí un té helado gigante sentada en una mesita del establecimiento, casi vacío, mientras charlaba con Hannah de su relación con su cuerpo a lo largo de su vida. Empecé preguntándole cuáles eran las primeras lecciones que aprendió sobre el aspecto físico, lo que rápidamente nos llevó a hablar del pelo.

—Como puedes ver —empezó Hannah con una sonrisa, haciendo una floritura con la mano—, tengo un pelo muy rizado.

Se tiró de uno de los rizos y este rápidamente recuperó la forma, como un muelle.

Hannah me contó que, cuando era una niña, no tenía ni idea de cómo peinarse esa maraña de rizos. La madre de Hannah también tenía el pelo rizado, pero lo llevaba tan corto que seguramente no le tenía que prestar demasiada atención. La joven Hannah intentó alisarse el pelo, pero los resultados no fueron demasiado buenos. Un día, su profesora de séptimo grado la llevó aparte y le dijo:

—Mira, Hannah, tú tienes el pelo rizado; prueba a peinártelo así.

—¿Te dio una clase de cómo llevar el pelo rizado? —le pregunté.

—¡Sí! —Hannah sonrió—. Me dio algunos consejos. Cuando yo llegaba al cole, iba y le enseñaba cómo me lo había hecho. Y entonces ella me decía: «Bien, te ha quedado bien. Para mañana, mira a ver si tienes gomina o espuma para el pelo y te la pones, a ver qué tal te queda».

Y el proceso siguió durante una semana o así, hasta que Hannah consiguió dominar sus rizos. Hannah recuerda estos intercambios con mucho cariño, pero me cuesta mucho entenderlo. Algo no me acababa de cuadrar con la idea de que una profesora se preocupara tanto de cómo llevaba el pelo una niña preadolescente. ¿Por qué tendría que preocuparse una niña de lo que piense su profesora sobre sus rizos?

Pero Hannah me aclaró que no había entendido bien la situación. Ella iba a una escuela judía muy pequeña y familiar. Los estudiantes estaban muy unidos, tanto entre sí como con los profesores. Esa profesora también tenía el pelo rizado y seguramente sabía que Hannah se pasaba horas intentando alisarse el pelo cada día. Así que, para Hannah, la intervención de su profesora fue un acto amable. Esta maestra intentaba enseñarle a Hannah cómo sentirse cómoda con su pelo. Y resultó ser un regalo maravilloso, ya que le ahorró a Hannah tiempo y energía, además de un montón de sufrimiento innecesario. Hoy en día, Hannah le dedica muy poco tiempo a su pelo; eso es lo que más le gusta, que requiera tan poca atención.

Sentirse cómoda con sus rizos no siempre fue fácil para Hannah. Recuerda que, cuando era pequeña, veía un montón de anuncios de champú y que en muchos aparecía la frase «un pelo como la seda». Hannah aprendió que el pelo liso, y en especial el pelo liso rubio, era lo que a nuestra cultura le gusta más en una mujer.

—Yo nunca tendré el pelo «como la seda». Cuando era pequeña me pasaba el día pensando en todas esas mujeres con melenas que les caen por la espalda como una cascada. —Hannah hace un gesto fluido mientras me dice eso, desde la parte de arriba de la cabeza hasta los hombros—. Y en los anuncios van sacudiéndose el pelo de aquí para allá. Parece tan suave. Además, siempre me ha gustado cómo quedan esos recogidos improvisados con el pelo liso.

Por un tiempo Hannah siguió alisándose el pelo para las ocasiones especiales, incluso después de que su maestra le enseñara cómo llevar los rizos. Nos reímos del hecho de que las mujeres con el pelo rizado se lo alisan cuando quieren estar más guapas, y las mujeres como yo, con el pelo completamente lacio, queremos llevarlo rizado para las ocasiones especiales. Y yo he tenido la misma suerte al intentar rizarme el pelo liso que la que tuvo Hannah cuando quiso alisarse los rizos. Ambas estuvimos de acuerdo en que algo le pasa a una cultura cuando, si quieres estar guapa, tienes que estar distinta a como estás normalmente.

Hannah se casará en unos meses y está buscando a alguien que sepa hacerle un peinado para el gran día con su pelo rizado de forma natural. Por supuesto, quiere estar lo más guapa posible. Pero también se gusta como es, así que no quiere dejar de parecer ella. No quiere que su prometido vea a una completa desconocida cuando suba al altar. No quiere tener que «hacer» de novia.

Hannah lleva siete años sin alisarse el pelo.

—Ya no lo quiero liso. Me queda raro. No parezco yo. Ahora me encanta mi pelo.

Hannah le da una palmadita a su cabellera, sonriente.

Una cosa que sorprende mucho en la forma de hablar de Hannah sobre su aspecto es la amabilidad que desprenden sus palabras. No es que se mire en el espejo y le encanten todas las cosas que ve. Por ejemplo, le encantaría perder unos tres kilos. Pero Hannah no parece guardarle ningún rencor a su reflejo. Habla de su cuerpo con una aceptación amable que pocas veces oigo en las chicas jóvenes.

Al crecer, Hannah era consciente de que el ideal de belleza en las imágenes mediáticas era contrario a algunas partes de su propio aspecto, pero ella tenía una capa de protección que evitó que estas imágenes le hicieran demasiado daño. Hannah forma parte de una familia muy unida; eran cuatro hermanas de edades parecidas. Creció rodeada de chicas y mujeres con un aspecto muy parecido al de ella.

—En los medios de comunicación ves a mujeres bronceadas, delgadas y rubias, pero eso no es lo que yo veía en mi día a día.

En los momentos en que se cuestionaba su físico, Hannah no podía ser demasiado dura consigo misma sin criticar también a sus hermanas y madre, de aspecto similar. Ella adoraba a las mujeres de su familia y ni se le pasaría por la cabeza hacerles comentarios despectivos sobre su aspecto físico. Esta preocupación por cuidar a los demás parece que también acabó influyendo en su preocupación por cuidarse a sí misma.

Hannah ha pensado mucho en la forma en que muchas chicas y mujeres luchan con la imagen corporal, con la comida y con las preocupaciones sobre su aspecto. Ella percibe este dolor a través de las chicas adolescentes a las que enseña. Aunque ella y sus hermanas pasaron por sus breves momentos de preocupación por algún aspecto de su imagen corporal, Hannah dice que las cuatro mujeres acabaron por tener «una buena dosis de autoestima». Cuando le pregunté a Hannah de dónde habían sacado esa autoestima, otorgó gran parte del mérito a su madre.

Durante los últimos años, los investigadores han empezado a explorar de forma más completa lo que implica tener una relación saludable con el propio cuerpo. La imagen corporal positiva es polifacética, y se compone de una variedad de actitudes y comportamientos. En primer lugar, las mujeres con una imagen corporal positiva tienden a pensar en sus cuerpos en función de lo que pueden hacer. Del mismo modo que Amy —esa mujer de la que hablé en el capítulo anterior que no dudaba en hacer rutas por la montaña, subir paredes o encaramarse a una bici—, estas mujeres cuentan con lo que se llama una orientación funcional hacia su cuerpo. Reconocen todas las cosas que su cuerpo hace y responden con gratitud. Como resultado, piensan en su cuerpo como algo que hay que cuidar bien, no como algo a lo que hay que someter a golpe de dieta, ejercicios odiosos o palabras crueles.

Todos a la mesa

A Hannah nunca le han enseñado, como a tantas mujeres, a ver la comida como el enemigo.

—Mi madre fue un muy buen ejemplo a seguir. Nunca ha estado delgadísima, pero nos enseñó a comer de forma saludable y, de vez en cuando, a darnos algún capricho que nos apetezca. Recuerdo oírla decir varias veces: «Ahora voy a disfrutar de esta comida con mi familia. No voy a preocuparme por las calorías que pueda tener». Y tampoco es que se pegara atracones, sino que era como que quería disfrutar de lo que comía; para ella era más importante que estresarse por lo que comía y lo que no.

—¿Así que creciste con la idea de que puedes permitirte disfrutar de la comida? —le pregunté.

—Sí, exacto —confirmó Hannah—. Desde luego que gran parte del mérito lo tiene mi madre, porque me enseñó a tener una relación sana con la comida, ¡y a mí me encanta comer! La educación que me han dado es que la comida es algo que lleva a las personas a estar juntas; es algo en lo que se basa la hospitalidad y la sensación de comunidad. Muchas veces tengo invitados. Y me encanta cocinar.

—¿Es una forma de mostrarles amor a los demás? —le pregunté.

—Sí. Desde luego. Y esta era la forma de demostrar amor de mis dos abuelas; haciendo comida y pasteles.

Puede que Hannah no sea consciente de ello, pero estaba diciendo algo muy importante. Las mujeres que se someten a dietas estrictas no solo se enfrentan a la carga emocional que supone el hambre crónica. También corren el riesgo de perder el contacto con su comunidad y las relaciones sociales que tan a menudo se afianzan al comer con los demás. Las dietas pueden ser una receta para la soledad y el aislamiento.

Las mujeres con una imagen corporal positiva tienen la capacidad de disfrutar de la comida sin atiborrarse o hacer dietas de choque para «compensar» lo que han comido. Cuando un grupo de investigadores llevó a cabo unas entrevistas en profundidad con mujeres que tenían una imagen corporal positiva, descubrieron que esas mujeres eran expertas en la práctica de comer de forma intuitiva.[1] Comer de forma intuitiva implica prestar atención a tu cuerpo para ver si hay indicios de hambre e interpretarlos para saber qué comer y cuánto, en vez de comer para gestionar las emociones o solo porque los demás también lo hacen. Comer de forma intuitiva tiene un componente de atención plena. Requiere prestar atención a los procesos de tu cuerpo y respetarlos.

Aunque ella no usó este término, a mí me parece que Hannah come de forma intuitiva. Es sensible a lo que le dice el cuerpo; presta atención a sus señales. Hannah me dice que nunca se pesa. Me cuesta no ver una contradicción entre esto y su comentario anterior sobre que le gustaría perder los tres kilos de peso que ha ido ganando hace poco.

—¿Y cómo sabes que has ganado tres kilos si nunca te pesas? —le pregunté.

—Pues porque conozco mi cuerpo —repuso ella—. Me lo noto en cómo me siento, en cómo me sienta la ropa. No voy contando calorías. No me peso. En mi familia nadie lo hace, así que como nunca lo vi al crecer, tampoco lo hago ahora. Nunca lo hemos hecho.

Le pregunté a Hannah de qué forma, si no iba contando las calorías, quería intentar volver a su peso normal.

—Pues sé lo que es saludable y lo que no. O sea, no necesito saber cuántas calorías tiene una rosquilla. Ya sé que no es especialmente sana.

Miré el mostrador repleto de rosquillas que había a mi izquierda y me reí con su ejemplo.

Familias juntas ante el espejo

Aunque las actitudes de las niñas hacia la imagen corporal, la comida y el ejercicio se ven determinadas por varios factores, a menudo las madres pueden tener un papel decisivo. Cuando oigo a chicas jóvenes hablar de una forma especialmente negativa sobre el físico, suelo preguntarles dónde han aprendido a hablar así. Y nunca me dicen que lo han aprendido de una película, un programa de televisión o una amiga. Me dicen que lo han aprendido al escuchar a sus propias madres hablar así de sí mismas.

Mi laboratorio realizó un estudio donde descubrimos que, independientemente del tamaño del cuerpo de una mujer, las mujeres que creen que sus madres no estaban contentas con su cuerpo tenían más tendencia a no gustarse físicamente. Cuando las madres critican su propio aspecto ante sus hijas, les enseñan que el odio hacia el cuerpo no es solo algo aceptable, sino que forma parte de ser una mujer.

En un estudio reciente hecho en el Reino Unido y Australia de más de 200 madres y sus hijas de cinco a ocho años, los investigadores descubrieron que cuanto más se autoobjetificaban las madres, más probable era que sus hijas pequeñas participaran en una cultura de belleza más típicamente asociada a adolescentes y mujeres.[2] Estas niñas tan pequeñas ya habían aprendido la lección de que ser mujer implica mostrarse como algo bello para los que las rodean y, a la vez, sentirse descontenta con su propio reflejo. Era más probable que las hijas de mujeres que se autoobjetificaban ya llevaran maquillaje y tacones altos, hicieran comentarios sobre su propio cuerpo o el de los demás y se preocuparan de cómo salían en las fotos. Todavía no eran ni adolescentes y ya sufrían la carga de la enfermedad de la belleza.

La famosa autora Jennifer Weiner hace poco escribió una editorial abierta para el *New York Times* donde describía la fricción que suponía la discrepancia de querer criar a sus hijas de modo que no sean personas centradas en el aspecto físico sin ella misma haber conseguido ser así. «¿Cómo queremos predicar el evangelio de la positividad corporal cuando nos cuesta respirar con la faja que llevamos?», escribió. «¿Cómo les vamos a decir a nuestras hijas que lo que importa es el interior cuando se lo escribes en un mensaje desde la silla de tu esteticista?».

La madre de Hannah hizo algo muy importante a la hora de fomentar una imagen corporal positiva entre sus hijas. No solo mostró aceptación por su propio cuerpo, sino que evitó hacer comentarios sobre el peso de sus hijas.

En un momento, la hermana menor de Hannah, Alyssa, pasó por una «etapa algo regordeta», según describió Hannah. La gente no paraba de decirle a la madre de Hannah que cuándo iba a hablar con Alyssa sobre su peso. Y la respuesta de su madre fue:

—Pues nunca. Si no es que ella decide hablarlo conmigo. Entonces, lo hablaremos.

A Hannah le pareció una decisión acertadísima.

—Mi hermana era una niña muy, muy alegre, como unas castañuelas. ¿Para qué iba a sacar ese tema mi madre? ¿Para qué?

Esta reacción instintiva de Hannah sobre la decisión de su madre coincide con lo que apuntan las investigaciones sobre las interacciones entre padres e hijos sobre el peso. Aunque es una idea genial enseñarle a tu hijo sobre cómo hacer ejercicio y comer de forma saludable, centrarse en su peso suele ser contraproducente. Es más probable que el resultado sea que se sienta herido en vez de que adopte hábitos más sanos. Un estudio reciente de la Universidad Cornell descubrió que las mujeres cuyos padres comentaban su peso cuando eran pequeñas tenían mucha menos propensión a sentirse satisfechas con sus cuerpos de adultas, independientemente del peso que tuvieran.[3] No aprendieron a ser más delgadas, sino a estar más descontentas con lo que veían en el espejo.

Es posible que oír a nuestros padres lanzar comentarios negativos sobre el aspecto de otras mujeres produzca un resultado similar. Este tipo de comentarios sugiere, tanto a niños como a niñas, que es aceptable juzgar a las mujeres a partir de su aspecto físico y denigrar a aquellas cuyo cuerpo no encaja en el ideal. Cuando los padres critican de forma abierta el cuerpo de otras mujeres, eso les transmite a las niñas una lección especialmente poderosa. Les sugiere que el amor de un hombre depende de tu belleza, y que las mujeres existen para estar guapas ante los hombres.

En lo referente a la relación entre madres e hijas, los comportamientos son incluso más aceptables que las palabras. Las hijas observan con atención el modo de actuar de sus madres y lo imitan, incluso cuando son cosas inadecuadas, malsanas o peligrosas. Un estudio de la Universidad Estatal de Pensilvania y de la Universidad de Washington descubrió que, independientemente de su peso, las mujeres tenían más tendencia a empezar a hacer dietas antes de los once años si sus madres estaban a dieta.[4]

Este dato es más serio de lo que parece. Las dietas en la infancia temprana están relacionadas con la depresión y los desórdenes alimenticios y, contrariamente a lo que puede parecer, es un mayor predictor de obesidad en la edad adulta. Y no parece deberse al hecho de que las personas con tendencia a ganar peso empiezan a hacer dieta de forma más temprana. Un fascinante estudio reciente hecho en Finlandia examinó a parejas de gemelos idénticos para probar si las dietas pueden llevar a un aumento de peso real en etapas posteriores.[5] Los investigadores se centraron en las parejas de gemelos con diferencias en sus intentos de pérdida de peso. En otras palabras, que un gemelo se había puesto a dieta y el otro no. Descubrieron que, a lo largo de los años, aunque estos gemelos compartieran unos genes idénticos, el gemelo que hacía dieta tenía más tendencia a ganar peso que el gemelo que no.

Del mismo modo que las madres pueden enseñarles a sus hijas pequeñas a odiar sus cuerpos, también les pueden enseñar a quererlos y apreciarlos. En un estudio de la Universidad Estatal de Arizona de 151 madres y de sus hijas, con edades de entre cinco y siete años, se separó a madres e hijas y se las llevó a habitaciones distintas.[6] Los investigadores les pidieron que se pusieran de pie ante un espejo de cuerpo entero y que miraran todo su cuerpo, de pies a cabeza. Después les pidieron a madres e hijas que describieran en voz alta qué les gustaba y les disgustaba de distintas partes de su cuerpo, incluido el pelo, la cara, las piernas y el vientre. Tras completar esta tarea de forma individual, volvieron a reunir a madres e hijas y las pusieron ante un espejo para que repitieran el ejercicio, esta vez juntas. Primero se les dio a las madres la oportunidad de comentar sobre su cuerpo y después era el turno de las hijas.

Lo que sucedió es que la mayoría de las niñas cambió de respuestas para ir acorde con lo que decían sus madres. Las niñas que inicialmente habían dicho cosas buenas sobre su vientre, por ejemplo, pasaron a decir cosas negativas tras oír a sus propias madres quejarse de ello. Pero, lo que es más importante, las madres que dijeron cosas positivas sobre sus propios cuerpos provocaron que sus hijas dijeran lo mismo.

Le pregunté a Hannah si creía que su madre las había tratado expresamente de esa forma para fomentar su positividad o si más bien se trataba de una forma natural de actuar que reflejaba su forma de ser. Hannah se lo pensó durante un momento y después respondió.

—Pienso que fue más bien lo segundo, su forma de ser, pero sí que lo hizo un poco a propósito. Es consciente de todas las presiones y expectativas que hay, y quería que nos sintiéramos a gusto en nuestra piel, en nuestros cuerpos.

Hannah me contó una historia muy bonita sobre un momento de imagen corporal positiva que ha acabado por convertirse en un clásico en su familia. Un día Alyssa, la hermana pequeña de Hannah, llegó a casa muy triste de la escuela. Tenía la sensación de que todas sus compañeras de clase eran muy delgadas y que ella era la única que tenía un cuerpo distinto. Fue llorando a su madre, diciéndole que no era como las demás niñas. Alyssa era normalmente una persona muy alegre, y su tristeza era incluso peor por el hecho de ser algo tan anómalo en ella.

—Estaba tan, tan triste —me relató Hannah—. Y mi madre le dijo: «Bueno, Alyssa, tiene que haber algo que sí te guste de ti. ¿Qué cosa te gusta de tu cuerpo?». Y Alyssa respondió con sinceridad: «Pues me gusta mi cara entera». Mi madre estaba radiante de orgullo. «¿Te gusta tu cara entera? ¡Pues seguro que las demás niñas no pueden decir que les gusta su cara entera, tal como está!».

Hannah me contó que ella y sus hermanas todavía dicen «Me gusta mi cara entera» y sonríen ante ese chiste tan suyo.

—¿Y crees que a Alyssa todavía le gusta su cara entera? —le pregunté a Hannah.

—¡Sí! Yo creo que sí —repuso, asintiendo alegremente con la cabeza.

Las ventajas de apreciar nuestro cuerpo

Hannah describe a su madre como una persona que, al día de hoy, es capaz de apreciar su propio cuerpo.

—Me parece que ella diría que se siente a gusto en su cuerpo —dice Hannah—. Creo que a veces sigue costándole, y pienso que cuanto más avanzan los años se hace más complicado estar en tu peso. Además, hacer ejercicio es más difícil porque todo te duele... Cosas así. Pero creo que es una persona atractiva, que se siente a gusto consigo misma y que se enorgullece de su aspecto.

A Hannah su madre siempre le pareció una mujer bella, incluso aunque nunca tuviera el cuerpo esbelto de una modelo o los brillantes tirabuzones sedosos de los anuncios de champú. Y aunque Hannah nunca recibió ningún mensaje directo de su padre acerca de la belleza, sí que pudo observar cómo este trataba a su madre.

—Mi padre expresa ciertas cosas con mucho más que palabras. Él era muy cariñoso con mi madre y yo lo veía; percibía su reacción positiva, aunque no fuera algo explícito y verbal.

—Debió de ser muy bonito ver eso en tu infancia y adolescencia.

—Pues sí, mucho.

No es que a las mujeres con una imagen corporal positiva no les importe su aspecto; ellas siguen disfrutando de esos momentos donde se sienten atractivas. Sencillamente, no basan su percepción de su propio valor como personas en lo que los demás piensen sobre su atractivo, ni totalmente ni en parte. Cuando estas mujeres hacen cosas como maquillarse o ir a la peluquería, consideran estos comportamientos como una forma de cuidarse, no como un modo de representar el papel de «mujer bella» ante el resto del mundo. Eligen su ropa por la comodidad y la personalidad que les aporta, no por la necesidad de hacer que los demás las deseen o las envidien.

Aman sus cuerpos, pero no de forma narcisista o vanidosa. Su percepción de sus cuerpos no depende de si los demás las consideran atractivas. Evitan hablar negativamente de su cuerpo y del de los demás, y son un modelo a seguir activo para chicas y mujeres a la hora de apreciar positivamente el propio físico. Respetan sus cuerpos incluso cuando difieren de los ideales de belleza que vemos en las imágenes mediáticas. Se centran en los puntos fuertes de su físico y no se toman demasiado a pecho sus defectos.

Los investigadores de la Universidad Estatal de Ohio identifican la «apreciación por el cuerpo» como un elemento clave de la imagen corporal positiva.[7] Para evaluar la apreciación corporal de las mujeres les piden que digan cuán de acuerdo están con preguntas como «Respeto mi cuerpo» y «A pesar de sus imperfecciones, sigue gustándome mi cuerpo». En estudios donde participaron cientos de mujeres, descubrieron que esta capacidad para apreciar el propio cuerpo es un predictor de muchísimos resultados positivos.

Se relaciona directamente con una autoestima y un optimismo mayores, además del uso de estilos proactivos y sanos para enfrentarse a los problemas. La apreciación corporal también está asociada con una menor insatisfacción con el cuerpo y menos hábitos alimenticios desordenados. Una encuesta reciente de unas 250 mujeres en Australia descubrió que las mujeres con mayor apreciación de su cuerpo tenían más tendencia a cuidar del propio cuerpo de varias formas concretas. Usaban protección solar más a menudo, tenían más tendencia a hacerse pruebas de detección de cáncer de piel y se sentían más cómodas a la hora de buscar atención médica cuando creían necesitarla.[8]

La apreciación corporal también puede actuar como una importante defensa que protege a las mujeres ante los insistentes recordatorios de que sus cuerpos no cumplen con el ideal cultural. En las entrevistas con mujeres que tenían una imagen corporal excepcionalmente positiva, los investigadores descubrieron que estas mujeres habían aprendido a bloquear los mensajes que podrían poner en peligro su capacidad para apreciar sus cuerpos.[9] Ellas percibían con claridad estos mensajes, pero se esforzaron para crear un filtro para amortiguar su impacto. Se centraron en permitirles la entrada a los mensajes corporales positivos y en alejar los mensajes negativos. En un estudio distinto, se mostró a más de 100 mujeres de Inglaterra imágenes mediáticas femeninas idealizadas ultradelgadas. Aquellas mujeres con una alta puntuación en apreciación corporal parecían estar protegidas ante los efectos negativos de la exposición a estas imágenes.[10]

A medida que las mujeres envejecen, sus cuerpos tienden a alejarse de este ideal cultural. Pero aun así, los investigadores han descubierto de forma constante que el descontento con el propio cuerpo tiende a conservarse en los mismos niveles a medida que las mujeres se hacen mayores. Una explicación clave para este descubrimiento es que, a medida que las mujeres envejecen, aprenden a apreciar más sus cuerpos por lo que son capaces de hacer. Incluso aunque se parezcan menos a las mujeres de las portadas de las revistas, han tenido más años para maravillarse ante todas las cosas que sus cuerpos han logrado hacer.

De forma paradójica, al sentir que su cuerpo va perdiendo funcionalidad a medida que envejecen, las mujeres pasan a adoptar la mentalidad de apreciar lo que todavía sí pueden hacer. En un estudio de casi 2.000 mujeres de cincuenta años en adelante,[11] los investigadores descubrieron que, aunque muchas seguían sometidas a la presión social de estar delgadas y ser atractivas de forma tradicional, había otras que, con la edad, se sintieron más libres al centrarse en la funcionalidad de sus cuerpos. Estas mujeres apreciaban sus cuerpos a pesar de reconocer sus debilidades y defectos. Algunas de ellas expresaron su remordimiento por haber pasado sus años de juventud sintiéndose feas o descontentas con sus cuerpos. Al mirar atrás, les parecía una pérdida de tiempo.

Hannah se esfuerza en apreciar más lo que tiene al pensar en su cuerpo. Ella explica:

—No es que me encante mi cuerpo en todo momento. Pero cuando me miro ante el espejo, intento pensar igual que cuando estoy haciendo yoga. Intento ser agradecida por tener un cuerpo que funciona. Intento pensar en mi cuerpo como algo que va bien en vez de algo que es bonito. En algunos días que estoy un poco desanimada esta idea me hace sentir mejor. Tener un cuerpo con el que poder hacer cosas es una bendición. La idea es volver a fijarme en eso en vez de obsesionarme con tener un cuerpo bonito.

Hannah se enfrenta a la lucha de seguir apreciando su cuerpo a medida que va cambiando con la edad. Empezaron a salirle canas cuando tenía unos veintitrés años, y lo describió como algo que todavía la obsesiona de vez en cuando. Cuando Hannah me explicó esto, la miré y tuve que admitir que no podía verle ni un cabello blanco en su melena. Pero Hannah me aseguró que ahí estaban. Parte del problema de Hannah con sus canas era que, al ser tan joven todavía, la pillaron completamente por sorpresa. Ella pensaba que las mujeres empezaban a encanecer a partir de los cincuenta. Resulta que, aunque muchas de las mujeres de la vida de Hannah son grandes ejemplos de aceptación corporal, no lo son tanto con las canas. Hannah no tenía ni idea de que todas llevaban décadas tiñéndose el pelo. Y por eso sus primeras canas la conmocionaron.

—¿Vas a teñirte el pelo, pues? —le pregunté.

—Pues no lo sé —repuso ella, con un leve toque de preocupación—. La verdad es que me considero el tipo de persona que intenta centrarse en sus valores antes de actuar. En esta situación, mis valores serían no teñírmelo, pero hay una parte de mí que seguiría queriendo hacerlo.

—¿Y qué valores hacen que no quieras teñirte el pelo? —le pregunté.

—Pienso que es la idea de sentirme cómoda con hacerme mayor y no tener la necesidad de hacer todo lo que hacen los demás. También es un gasto y, si me paro a pensar en mis valores, no sé si es en lo que me quiero gastar el dinero cada mes.

Entonces Hannah me contó una anécdota muy bonita de una vez en que uno de sus primos la pilló mirándose las canas en el espejo.

—Mi primo tenía una profesora en el instituto que le encantaba, era maravillosa. Era como que transmitía una sensación muy agradable. La señora Klein. Y entonces él me dijo: «¡Hannah! ¿Quieres parar ya de preocuparte por tus canas? ¡Si así podrás parecerte a la señora Klein!».

—¿Y te gustaría parecerte a ella? —le pregunté.

—Bueno, tiene una melena gris. La verdad es que no está mal; le queda bien. Y fue bonito porque mi primo admira muchísimo a esta mujer y va y me dice que me pareceré a ella, ¡y que será genial!

Hannah sonríe ante el recuerdo.

Bastante genial

Incluso si padres y madres se esfuerzan para crear un hogar rebosante de apreciación por el cuerpo, no siempre es fácil contraatacar ante el poder de la enfermedad de la belleza. Los padres bienintencionados siguen teniendo que luchar contra el bombardeo de la influencia mediática. Además de esto, el refuerzo social de la belleza fuera del hogar empieza muy temprano, cuando lo primero que ven los demás en las niñas pequeñas y lo primero por lo que las elogian es por ser guapas por encima de cualquier otra cosa que hagan, digan o sean.

El instinto de muchos padres y madres es hacer que las niñas se sientan más seguras de sí mismas diciéndoles lo bonitas que son. Pero, como ya hemos hablado, los cumplidos por el aspecto físico realmente no parecen conseguir que chicas y mujeres se sientan mejor con su aspecto. En vez de ello, solo son recordatorios constantes de que el aspecto importa. La poeta Rupi Kaur capturó este sentimiento a la perfección cuando escribió lo siguiente:

quiero pedir perdón a todas las mujeres
a las que he llamado guapas.
antes de llamarlas inteligentes o valientes.
siento que haya parecido que
algo tan sencillo como aquello con lo que naces
es de lo que más orgullosa tienes que sentirte

En un estudio de mi laboratorio, les pedimos a varias universitarias si podían recordar alguna ocasión en la que se hubieran quejado a sus madres de que las mujeres que salían en la tele eran mucho más guapas o delgadas que ellas. Si las chicas recordaban este tipo de interacción con sus madres —cosa que pasó en la mayoría de los casos—, les pedíamos que nos contaran más sobre esa conversación. Primero nos explicaron cuál fue la reacción de sus madres ante la situación. A continuación les preguntamos qué reacción les habría gustado ver en sus madres. Después nos fijamos en las diferencias entre ambas respuestas.

La mayoría de las mujeres de nuestro estudio dijeron que sus madres respondieron a sus quejas diciéndoles que eran guapas tal como eran. Las jóvenes del estudio no consideraron que esa respuesta fuera terrible, pero sí nos dijeron que les habría gustado que sus madres hubieran contestado de otra forma. Les hubiera gustado que sus madres destacaran la importancia de otras cosas que no son la belleza.

Cuando les preguntamos a estas chicas jóvenes cómo responderían si en el futuro tuvieran una hija con un problema similar, algunas respondieron cosas como: «Yo intentaría recordarle a mi hija algunas de las cosas maravillosas de su vida que no podrían ser iguales si ella solo se concentrara en su cuerpo». Otra escribió que le diría a su hija lo siguiente: «Para poder ser realmente atractiva, tienes que aceptar y cuidar tu cuerpo, y atesorar y nutrir tu mente. Tienes que preocuparte por los demás y ansiar saber más cosas. Un cuerpo bonito no lo es todo».

Tanto madres como padres tienen la oportunidad de crear un hogar que sea un antídoto ante las poderosas fuerzas culturales que buscan influir en sus hijas. Las chicas ya reciben suficientes mensajes en el mundo exterior de que su valor está determinado por su aspecto. El desafío al que se enfrentan los progenitores es lograr un ambiente familiar que se centre en cosas que no sean el aspecto de las personas. A las niñas no les ayuda que les lancen cumplidos sobre su aspecto, sino poner el foco de atención de forma constante en cosas que importan más que el físico. Si queremos elogiar a una niña o a una mujer, hagámoslo por algo que realmente pueda controlar. Reforcemos la idea de que ser una persona trabajadora, centrada, amable, creativa y generosa es importante. Para todas estas cualidades no hace falta tener un cuerpo o un peinado específicos. Digámosle que vemos lo mucho que se esfuerza por las cosas que le importan. Digámosle que nos gusta pasar tiempo con ella porque es interesante. Digámosle que nos inspira y expliquémosle cómo o por qué.

En nuestra conversación, Hannah me comentó que esperaba tener hijos algún día. Le pedí que intentara imaginarse que llegaba un día en que tenía una hija de doce años que volvía de la escuela y esta le decía: «Mamá, qué fea y gorda soy».

—¿Qué le dirías a tu hija? —le pregunté.

Hannah clavó la mirada en la mesa, compungida ante la idea de que su propia hija pudiera sufrir así.

—Primero la abrazaría y hablaría con ella de lo que le pasa —respondió con lentitud.

Hannah recuerda unas palabras que oyó en clase: «Lo mejor que puedes hacer con tus hijos no es decirles que no son ni gordos ni feos, porque estás negando sus sentimientos». En vez de ello, Hannah dijo que les haría hablar de lo que realmente les gusta de sí mismos y de las cosas que ella aprecia de ellos.

Esta pregunta hizo que Hannah recordara un incidente de cuando era adolescente y fue a un campamento de verano. Una de las amigas de Hannah en el campamento, Abby*, era una chica que todo el mundo decía que «estaba buenísima».

—Recuerdo que Abby me dijo una vez: «No siempre es divertido ser tan atractiva, porque nunca sabes si le gustas realmente a los demás por ser quien eres». —Hannah ahora se ríe al pensar en su reacción—. Yo me puse en plan «Vaya chorrada, Abby».

Desde el punto de vista de Hannah, para Abby todo era facilísimo.

—¿Y tú creíste lo que te dijo tu amiga? ¿Eso de que a veces ser tan atractiva es difícil? —le pregunté.

—¡No! —repuso Hannah—. Para mí era un concepto totalmente nuevo, eso de que los demás no se fijaran realmente en otras partes de Abby porque no veían más allá de su físico. Nunca se me habría pasado por la cabeza.

Ahora, Hannah se pregunta si quizá Abby podía tener algo de razón.

Le pregunté a Hannah si ella tenía la sensación de que la gente era capaz de verla a ella en todos sus aspectos. Hannah asintió. A menudo los demás le contaban sus secretos porque veían que era una persona fiel, de confianza y comprensiva, y ella describe esas cualidades como una parte esencial de quien es. Hannah acabó por convertirse en consejera en el mismo campamento al que iba de niña. Pasó cinco veranos haciéndolo.

—Un montón de chicas vinieron a hablar conmigo y me decían: «¿Algún día alguien se fijará en mí? ¿Algún día alguien me va a querer?».

—¿Y qué les decías tú? —le pregunté.

Hannah respondió con entusiasmo.

—Yo les respondía cosas como: «¡Pero si eres genial!». —Soltó un silbido entusiasta—. Eran chicas listas y maravillosas. Y era muy triste ver eso; se me rompía el corazón. Yo las escuchaba y las animaba, y destacaba todas las cualidades por las que eran magníficas.

Básicamente, Hannah describe una forma de abordar el problema que muchos investigadores habrían recomendado.

—Les decía: «Párate un momento a pensar en cómo eres. ¡Fíjate en todos los aspectos de tu persona!». Les decía que fueran ellas mismas porque, a medida que te vas haciendo mayor, lo más atractivo para los demás es ver lo cómoda que te sientes contigo misma, tanto con tu cuerpo como con tu identidad.

La compasión como herramienta para la aceptación del cuerpo

Es fácil hablar de apreciar tu cuerpo de forma abstracta pero, en los momentos de duda más oscuros, puede ser difícil llevarlo a la práctica. Mostrarse compasivo con uno mismo, una práctica que los psicólogos han empezado a incorporar de forma reciente en los tratamientos de ansiedad y depresión, puede ser un buen punto de partida para tener una visión más positiva de tu cuerpo. La compasión por ti mismo implica que te trates con calidez y amabilidad, y aceptar que parte de ser un ser humano es tener defectos e imperfecciones.[12] Es una forma de conectar con los demás, reconociendo que todos somos imperfectos.

Las mujeres que tienen compasión por sí mismas pueden apreciar más rápidamente la diversidad de los cuerpos humanos y lo únicas que son ellas mismas. A diferencia de la autoestima, que generalmente depende de las evaluaciones de los demás, la compasión por uno mismo no requiere la aprobación o la opinión de otros. No es necesario tener ninguna herramienta especial para ser compasivo con uno mismo. Solo hace falta práctica. Hannah fue un ejemplo a seguir en este aspecto cuando explicó cómo esperaba poder interactuar con sus propios hijos algún día.

A Hannah le han recomendado varias veces que se opere la nariz, pero nunca ha cedido y está contenta de no haberlo hecho. Le pregunté cómo reaccionaría si un día viniera su hija y le dijera: «Mamá, de verdad que quiero operarme la nariz. Odio mi nariz».

La respuesta de Hannah sería: «Ya, yo también pensaba eso antes. Pero mi nariz es parte de quien soy, y ya me está bien así. Hay partes de nosotros que nos gustan más que otras, y es normal». Una de mis ayudantes de investigación dirigió una serie de estudios donde intentaba averiguar si este tipo de compasión por uno mismo podría cambiar el modo en que las mujeres se sienten respecto a su aspecto físico.

Trajimos a varias mujeres a nuestro laboratorio y les asignamos aleatoriamente un tipo de carta para que se la escribieran a sí mismas. Tenían que escribir una carta a su cuerpo mostrándose compasivas con él, una carta centrada en el funcionamiento de su cuerpo, una carta neutra donde se describían a sí mismas o una carta neutra donde describían su cuerpo. Ya he mostrado una de estas cartas maravillosas que se centran en el funcionamiento del propio cuerpo en el capítulo 13. Tras asignarles la tarea, las dejamos solas en un ordenador durante diez minutos para que escribieran la carta. Después les pedimos que pasaran cinco minutos más repasándola y haciendo los cambios que quisieran. Lo que más nos interesaba era el posible efecto de escribirle una carta al propio cuerpo mostrando compasión hacia él. Basamos las instrucciones para esas cartas en los ejercicios que hay en el sitio web de la investigadora Kristin Neff, self-compassion.org.

Les pedimos a las mujeres que estaban en la condición de compasión por el propio cuerpo que escribieran una carta sobre su cuerpo desde la perspectiva de «una persona amiga imaginaria que las amara de forma incondicional». Les indicamos que tenían que imaginarse que esa persona conocía los defectos de sus cuerpos, pero que también era consciente de sus puntos fuertes. También les pedimos que escribieran lo que esa persona les diría para mostrarles aprecio por sus cuerpos tal y como son.

Las cartas que escribieron las participantes fueron muy inspiradoras. Cuando las leímos juntas en una reunión del laboratorio, nos dejaron sin aliento. A continuación transcribo una de mis favoritas:

> Bueno, amiga, vamos allá. Ya escuchas lo que te dicen las imágenes, los medios de comunicación, las voces que te dicen que tu cuerpo está mal y es indeseable e imperfecto. Pero ahora, escúchame a mí.
>
> Tu cuerpo es maravilloso. Tú ves imperfección, pero yo veo poder. Veo unos músculos que funcionan exactamente para lo que están diseñados; da absolutamente igual si se te marcan o no. Veo un vientre que se encoge de la risa y brazos que dan consuelo. Veo unos hombros blandos donde recostar la cabeza y unos dedos elegantes para tocar música. Veo unos ojos comprensivos y una sonrisa que puede iluminar una habitación entera. Veo una piel morena, sin estar quemada por el sol, y que brilla en cualquier tonalidad. Unas curvas que, lejos de ser feas, son fascinantes y útiles. No hay ninguna necesidad de castigar a este recipiente de tu alma; solo tienes que cuidarlo.

Para las mujeres de este estudio, solo fue necesario un breve párrafo de instrucciones para abrir las compuertas de la compasión por el propio cuerpo. Otra mujer escribió:

> Querida yo:
>
> Sé que tienes muchos problemas con tu aspecto; siempre ha sido así —y a ver, seamos sinceras, ¿quién no?—. Estás en una relación de amor-odio con el espejo y la balanza desde que estabas en séptimo grado. Te vuelves loca con el más incipiente michelín, con la más leve sombra de ojeras, con la verruga rara que te ha salido en el pie. Pero ninguna de estas cosas te definen; ninguna de estas cosas realmente se merece todo el espacio mental que

ocupan en tu cabeza. Tu cuerpo te lleva por la vida; es el vehículo eterno que te dirige para conseguir tu carrera, tu boda con el chico quizá más maravilloso con el que has estado jamás... las posibilidades son infinitas. Tu cuerpo —esquelético, delgado, curvilíneo o regordete— es el que te llevará por todas estas experiencias. Le va a dar igual. Todas las dificultades que has sufrido, todo el dolor emocional y físico por los que has pasado por odiar tu piel y ese michelín extra han sido innecesarios para tu salud mental. Cuando te miro a los ojos veo vida. Veo a alguien ahí que es más que un cuerpo. Es una persona amante, que merece verse a sí misma de esta forma. Todo lo que hay en este planeta acabará por desvanecerse o morir, y tú no eres una excepción. Pero la cosa más maravillosa sobre la existencia es que tienes un tiempo finito para crear y amar, así que, ¿para qué vas a gastar este tiempo precioso flagelándote cuando simplemente podrías abrazar la luz infinita que brilla a través de cada poro de tu piel? Te lo digo yo, es la única manera. Cuando mires más allá de esta cáscara donde vive tu alma empezarás a ver a los demás del mismo modo. Menos juzgar, más aceptar. Más amar.

Otra mujer escribió abiertamente de su dolorosa lucha:

Sé que solías autolesionarte porque no te sentías lo suficientemente bella, y recuerdo las horas que pasaste triste porque no encajabas en la idea de la belleza que tiene la sociedad. Si hay una cosa que quiero que recuerdes de esta carta es que siempre te querré. Da igual lo que hagas, lo que digas, en lo que te conviertas; nada va a cambiar eso y yo estaré apoyándote y cuidándote incondicionalmente. Así que quizá no eres la chica más delgada del mundo ni tienes una piel perfecta, pero al menos eres tú. Y todas esas cosas, esas imperfecciones y defectos, es lo que hacen que tú seas tú. Preferiría que fueras quien crees, sientes y quieres ser en vez de ser una copia de lo que la sociedad dicta. No tengas miedo de quererte y de recibir ese mismo amor incondicional de los demás.

Con amor,
Alguien que te quiere muchísimo.

Todas las cartas son tan bonitas que es difícil detenerse aquí. Podría llenar un libro solo con las palabras que esas mujeres escribieron a sus propios cuerpos. Pero lo que es incluso más importante que las palabras que escribieron es el efecto que tuvieron. Comparadas con las demás mujeres en condiciones de control, las que escribieron esas cartas compasivas acabaron mostrando una satisfacción corporal significativamente mayor y un estado de ánimo mucho más positivo.

Otras investigaciones han llegado a conclusiones similares. En un estudio australiano de más de 200 mujeres de entre dieciocho y treinta años, los investigadores descubrieron que mostrar más compasión por una misma estaba relacionado con una mayor apreciación del propio cuerpo.[13] También se asoció con un consumo inferior de medios de comunicación centrados en el físico, una menor autoobjetificación y menos comparaciones sociales relacionadas con el aspecto.

Podemos y debemos colaborar con nuestras comunidades de personas queridas para erradicar la enfermedad de la belleza, porque es maravilloso que se formen imágenes corporales positivas al recibir mensajes de aceptación de nuestros seres queridos. Pero incluso cuando no podemos convencer a nuestro círculo íntimo para actuar de esta forma más positiva, seguimos teniendo la capacidad de decidir ofrecerle compasión a nuestro cuerpo. La compasión por uno mismo es la herramienta perfecta para sustituir las críticas hacia el propio cuerpo —y el de los demás— que oímos tan a menudo. Si queremos hablar de nuestro cuerpo, hagámoslo con este tipo de cariño y comprensión.

Cuando somos compasivas con nosotras mismas, también mostramos a los demás la compasión que nos gustaría que tuvieran. No solo nos cuidamos a nosotras mismas, sino que cuidamos a muchísimos otros que puede que vean nuestro ejemplo y lo sigan. Cuanto más compasivas seamos con nuestro cuerpo, más fácilmente podremos darle la espalda al espejo y mirar al mundo a los ojos.

15

Démosle la espalda al espejo y enfrentémonos al mundo

TENER QUE ESTAR representando un papel en vez de vivir nuestra vida es una carga. Nos cambia. Hace que dirijamos nuestra energía a evaluar constantemente cómo reaccionan los demás en vez de centrarnos en nuestros propios sentimientos, necesidades y deseos. Pero si nos sentimos cómodas en un entorno concreto, deberíamos tener menos sensación de tener que representar un papel y más de ser libres para, simplemente, vivir.

La enfermedad de la belleza es problemática porque, en parte, evita que nos sintamos en casa en nuestro propio cuerpo. Hace que consideremos nuestros cuerpos como algo para los demás en vez de para nosotros. Cuanto más nos sintamos como en casa en nuestro propio cuerpo, menos sensación tendremos de tener que estar desempeñando el papel de «guapas» ante el mundo. Cuando dejamos de actuar, liberamos recursos mentales para poder hacer otras cosas.

La cosa va en serio y nos jugamos mucho. No podemos vivir nuestras vidas con plenitud cuando nuestro aspecto físico está bajo una evaluación constante, y no podemos acercarnos a nuestros objetivos si creemos que cualquier tipo de éxito y felicidad depende del resultado de esa evaluación. Esa sensación de examen continuo de nuestros cuerpos crea un espejo en nuestra mente. Y mirarnos demasiado a menudo en ese espejo es lo que nos hace estar enfermas de belleza.

La enfermedad de la belleza es algo grave, en parte, porque hace daño. Pero lo que es aún más importante es el hecho de que es difícil cambiar el mundo cuando estamos ocupadísimas intentando cambiar nuestro cuerpo, nuestra piel, nuestro pelo y nuestra ropa. Es difícil implicarse en el estado de la economía, de la política o del sistema educativo si estamos demasiado preocupadas por el estado de nuestros michelines, de nuestra celulitis o de nuestro maquillaje. Hay muchas cosas por hacer en este mundo. Dejar el mundo mejor de lo que estaba es más importante que la forma de nuestro cuerpo.

Las mujeres que conozco se dedican en cuerpo y alma a combatir los problemas que las preocupan. Quieren crear comunidades más seguras, sanas, justas y vitales, tanto para ellas mismas como para los demás. La enfermedad de la belleza hace que sea más difícil lograr estos objetivos. Pero para poder cambiar las cosas tenemos que alejarnos del espejo. No podemos dirigir una reunión de negocios si estamos preocupadas por cómo nos queda la falda o si llevamos bien el pelo. No podemos desafiar las estructuras de poder si ganar unos kilos nos hace sentir que no valemos nada. Y es difícil defender lo que es justo si en nuestro interior nos estamos derrumbando ante la sensación de ser feas e invisibles. Cuando estás enferma de belleza siempre vas a medio gas. Nunca irás a toda máquina.

No se me ocurre nadie mejor que Colleen para contar la historia de cómo deshacerse de la enfermedad de la belleza puede liberarnos para dejar nuestra huella en el mundo. Hoy en día, Colleen cambia vidas allá donde va, dejando a su paso una estela de emociones

positivas. Pero no siempre ha sido así. Durante varios años, Colleen dedicaba cada gramo de su energía a acumular kilómetros
en la cinta de correr o a calcular calorías. Durante este periodo, su
desorden alimenticio le arrebató todo lo que tenía. Atrapada en el
espejo, ya no tenía nada más que ofrecer al mundo que la rodeaba.

Colleen es una mujer blanca de veinticuatro años. Vive en Washington D.C. pero es originaria de Carolina del Norte. Colleen
es una enamorada de su estado natal: norcarolinesa de los pies
a la cabeza. Al hablar todavía se le nota un poco el acento del sur,
especialmente cuando se emociona por algo, cosa que sucede a
menudo. Tras pasar casi dos meses intentando encontrar un momento para reunirnos, Colleen irrumpió en mi oficina un buen
día de primavera.

Cuando hablamos por primera vez, Colleen estaba estudiando
un máster sobre comunicaciones estratégicas. Me dijo que quería
hablar sobre la imagen corporal, pero resulta que no solo quería
limitarse a hablar: también quería hacer algo al respecto. A Colleen
la preocupaba especialmente la forma en que los espacios para
mejorar la forma física a menudo promueven los complejos en las
mujeres. Quería saber si yo tenía alguna prueba específica que ella
pudiera mostrar a los profesores y profesoras de *fitness* para demos-
trarles que no deberían centrarse en el aspecto físico cuando estén
formando y entrenando a otros. Le dije que todavía no contaba con
este tipo de datos, pero le expliqué el tipo de estudios que harían
falta para obtenerlos ¿Y cuál fue la respuesta de Colleen?

—¡Genial! ¿Cuándo empezamos?

Para cuando acabó nuestra primera reunión, yo me había comprometido a realizar dos estudios de investigación distintos con
Colleen y ella, no sé cómo, había logrado convencer a la persona
correspondiente de la Facultad de Periodismo para que aprobara
nuestro trabajo juntas como un curso de estudio independiente.

Colleen es una persona que hace que los planes cobren vida, y a menudo con tanta rapidez que te deja la cabeza dando vueltas.

Colleen es un torbellino de energía y entusiasmo. Desgrana las palabras con rapidez, con una intensidad que quita el aliento. Da golpes en la mesa para recalcar sus palabras. Echa la cabeza atrás para soltar estrepitosas risotadas. Estuvimos bromeando sobre la pobre persona a quien le tocara transcribir su entrevista; seguro que le resultaría muy difícil decidir de qué forma reflejar sus distintas formas de reír.

La Colleen que conozco no es tan distinta a la que conoceríamos si viajáramos a su infancia. Pasó la mayoría de su niñez felizmente libre del tipo de preocupaciones por el físico que acosan a tantas niñas y mujeres. Hacía deporte cada temporada, pero no era excesivamente competitiva. Comía lo que le apetecía. Simplemente, no se paraba a pensar en cómo se presentaba a sí misma o a su propio cuerpo ante los demás. Lo único relacionado con el aspecto físico que recuerda de verdad de su infancia tiene que ver con el color de sus ojos, de un azul penetrante. Colleen se quedó contentísima cuando le dije que sus ojos eran del mismo azul que caracteriza a la Universidad de Carolina del Norte.

—Recuerdo que, de pequeña, me enfadaba mucho porque tanto mi hermana como yo teníamos los ojos muy azules —explicó Coleen—. Las dos. Y lo único que la gente nos sabía decir era «Ay, ¡qué ojos más bonitos!». Era muy frustrante.

—¿Por qué era frustrante? —le pregunté.

—Pues porque ya acababa harta de oírlo. Era una niña con muchísima personalidad, y muy movida. Me habría encantado que me dijeran cosas como «Ay, qué graciosa eres» o «Qué bien me lo paso contigo» o «Qué valiente eres».

Colleen articula un mensaje que nuestra cultura justo ahora empieza a oír. Cuando nos limitamos a lanzarles alabanzas a las niñas pequeñas por su físico, les transmitimos el mensaje de que los demás aspectos importan menos. Lo que es aún peor es que puede que, sin querer, les estemos sugiriendo que ni siquiera vemos el resto de las cosas que las convierten en quienes son. La pequeña Colleen debía de preguntarse si los demás no veían lo valiente y divertida que era. ¿No eran más importantes esas cosas que el color de sus ojos? Y si era así, ¿por qué solo oía hablar del color de sus ojos?

Más allá de esos comentarios, Colleen no recuerda haber prestado demasiada atención a su aspecto cuando era pequeña.

—Cuando eras pequeña, si alguien te hubiera preguntado si te gustaba tu cuerpo, ¿qué le habrías respondido? —quise saber.

—Es que es algo que jamás me planteé —respondió ella, encogiéndose de hombros—. Literalmente. Me habría parecido una pregunta muy rara.

Como la mayoría de las niñas, Colleen ganó peso al pasar por la pubertad. Y como les pasa a demasiadas, esos cambios corporales trajeron consigo una perspectiva nueva y preocupante sobre su cuerpo. A medida que se acercaba el final de las clases del instituto, Colleen pesaba más que nunca, aunque no llegaba a la definición médica de sobrepeso. Colleen empezó a perder esa sensación de comodidad con su cuerpo que la había acompañado durante su infancia. La sensación, leve y desconocida al principio, empezó a ocupar cada vez más y más espacio en su mente.

Más o menos por aquel entonces, Colleen se fue de campamento con otros alumnos del instituto. En un momento dado, su grupo decidió bañarse en un lago, así que todas las chicas se quedaron solo con el sujetador deportivo que llevaban debajo. Pero Colleen se quedó petrificada. Se quedó mirando al resto de las chicas mientras se tiraban al agua.

—En ese momento me di cuenta de que me sentía increíblemente incómoda con mi cuerpo, comparada con las demás —recuerda Colleen.

—¿Y por qué te sentiste incómoda? —le pregunté.

—Por la barriga —respondió Colleen, sin dudar—. Lo demás me daba igual. Ni los muslos, el trasero, los hombros, las manos, los brazos... Nada. Solo la barriga. Recuerdo que pensé: «No me puedo quitar la camiseta porque no quiero que nadie me vea los michelines».

Al mirar atrás, Colleen admite que realmente lo que tenía no podía considerarse un michelín; solo tenía lo suficiente como para poder agarrar un poco de carne. Pero eso da igual. Lo que realmente importa es que Colleen recuerda ese momento como la primera vez que pensó: «Otras personas estarán mirando mi cuerpo y eso me preocupa». Es la primera vez que empezó a pensar en su cuerpo como algo que los demás iban a evaluar.

A medida que Colleen veía su cuerpo cada vez más a través de los ojos de los demás, también empezó a sentir que su cuerpo era más bien un objeto en vez de un instrumento. Y, en la misma línea que lo que apuntan todas las investigaciones que he expuesto en este libro, esa sensación de que la observaban interrumpía sus pensamientos y acciones. La sacaba del presente y la dejaba encerrada en un espejo mental.

Al final Colleen sí que acabó bañándose en el lago, pero sin quitarse la camiseta. Tiene un recuerdo de ese día, una foto que ella describe como «una fotografía rarísima, donde yo salgo con la camiseta y todos los demás van sin».

—Si pudieras volver atrás y hablar con la joven Colleen de aquel día, ¿qué le dirías? —le pregunté.

—¡Pues que se sacara la camiseta! ¡De cabeza! —Colleen empezó a hablar cada vez más alto; tanto, que otro docente asomó la cabeza para ver qué pasaba. Ella prosiguió con su explicación, sin inmutarse—. Me habría puesto en plan: «Chica, estás en medio de un bosque nacional en una de las experiencias más transformadoras de tu vida. ¡Disfruta del momento y deja ya de preocuparte! Estás en medio de una aventura increíble y tú te estás fijando en lo que los demás van a pensar de tu cuerpo... ¡Y eso que no les importa una mierda! Hay un montón de cualidades en las que te podrías centrar en este viaje: tener más confianza en ti misma, salir de tu zona de confort, mejorar en la escalada, tener mejor relación con los demás... Y tú vas y te pones a pensar en tu barriga. Es triste, muy triste».

El siguiente incidente importante para Colleen llegó cuando empezó la universidad, donde se inscribió a un curso, «*Running* intermedio». El nombre me arrancó una risa. Cuando yo estaba en la universidad también teníamos ese tipo de cursos. Le expliqué a Colleen cómo intenté sobrevivir a un curso de introducción a las acrobacias cuando estaba en mi segundo año. La Universidad de Carolina del Norte, donde asistía Colleen, obligaba a los estudiantes a hacer al menos un curso de ejercicio, aunque podían elegir cuál preferían.

Una de las actividades de la clase de *running* de Colleen era pesarse al principio de la semana, llevar un registro de ejercicio y comida a lo largo de la semana, hacer una estimación de las calorías que habían ingerido y las que habían consumido y, finalmente, pesarse de nuevo al final de la semana. Colleen se considera una persona perfeccionista con una ética de trabajo altísima. Así que, al enfrentarse a esa actividad, se propuso hacerla a la perfección, igual que haría con cualquier otro trabajo de clase. A pesar del hecho de que Colleen estaba extraordinariamente en forma en aquel momento, la persona que dirigía la actividad le dijo que su índice de masa corporal estaba al límite de la obesidad.

Colleen recuerda que pensó que debía de haber algún problema con su cuerpo, así que se propuso esforzarse todavía más. Y eso es lo que hizo, con la ayuda de la aplicación que les ofrecía la clase para esa actividad.

—Voy a hacer tanto ejercicio como pueda y voy a comer tan poco como pueda para que la diferencia de calorías sea negativa, porque la aplicación te premia cuando consigues estar en negativo —me explicó Colleen.

Así que conseguir el máximo de diferencia calórica negativa acabó convirtiéndose en un desafío. Se pasaba días y días seguidos consiguiendo estar en negativo. Negativo. Negativo. Colleen siguió con este comportamiento durante casi un año. En su peor temporada llegó a pasarse seis horas diarias en el gimnasio.

Igual que en el caso de Rebecca, la chica de la que hablé en el capítulo 4 y que nadaba en competiciones, un solo comentario desinformado sobre el IMC de un entrenador hizo que Colleen se perdiera y enfilara el camino de la destrucción de su salud física de forma sistemática. Colleen siguió llevando ese registro mucho después de que la actividad acabara, de forma muy similar al modo en que Rebecca pasó años controlada por la hoja de cálculo mental que su profesor de salud le había hecho crearse en un instante en una clase.

Cuando Colleen volvió a casa para el verano, su pérdida de peso le granjeó los cumplidos y elogios de los demás. Los demás le decían cosas como: «¿Pero se puede saber qué te ha pasado? ¡Madre mía, se te ve genial!». Ella recuerda pensar: «Anda, eso es que estoy haciéndolo bien de verdad». Así que siguió haciendo lo mismo.

Tanto Colleen como yo nos mostramos de acuerdo en que este es uno de los motivos por los que hay que reducir la cantidad de comentarios que hacemos a las mujeres sobre su aspecto físico. Nunca puedes saber cómo le afectarán tus palabras de elogio por su cuerpo. Puede que algo que a primera vista parezca simple no lo sea tanto. Cuando alabas a alguien por su pérdida de peso, ¿eso implica que no era aceptable antes de adelgazar? ¿Significa que las mujeres que pesan más que ella no son atractivas? Cuando le dices a una mujer que la envidias por lo delgada que está siempre sin esfuerzo, ¿te planteas si quizá puede ser alguien como Nique, de la que hablé en el capítulo 12, cansada de oír decir a los demás que tiene que ganar peso? ¿O que quizá está luchando con un desorden alimenticio? ¿O que eso es exactamente lo que le pasa a otra mujer que esté escuchando la conversación?

Una vez, cuando estaba cursando mi posgrado, pillé una gripe tremenda y perdí mucho peso en muy poco tiempo. Cuando volví a clase, una profesora me dijo:

—Eh, ¡qué bien se te ve! ¿Has perdido peso?

Cuando le respondí que había adelgazado tanto porque me había puesto muy enferma, se limitó a encogerse de hombros y decirme:

—Bueno, sea por lo que sea, ¡te has quedado genial!

Ese momento para mí es un claro ejemplo de lo mucho que solemos esgrimir la salud como argumento en lo referente al peso de las mujeres cuando en realidad no existe esa preocupación. No es más que otra forma mal disimulada de mostrarse de acuerdo con una cultura que nos dice que nuestro valor queda determinado por el tamaño de nuestro cuerpo; que menos siempre es más, independientemente del cómo.

El mismo verano en que Colleen recibió esos cumplidos por su pérdida de peso también se enteró de que una de sus archienemigas de primaria y secundaria, una chica a la que describió como «la abeja reina de la escuela», había ganado peso en la universidad.

—Odiaba a esa chica con toda mi alma. Su misión en primaria, secundaria y parte de bachillerato fue torturarme. Todavía le guardo rencor.

—¡Se nota! —exclamé.

—Pues eso, que ganó mucho peso al empezar la universidad —prosiguió—. Y claro, todo el mundo me felicitaba por perder peso y, a la vez, se reían de ella por haber engordado.

—¿Y te gustaba la sensación? —pregunté con suavidad.

Colleen clavó la vista en el suelo.

—De todas las cosas que he hecho o dicho en mi vida, esta es la que me da más vergüenza reconocer. Yo estaba pletórica. Recuerdo tener la sensación de que yo había ganado, de que era mejor que ella. Se me cae la cara de vergüenza, especialmente si tengo en cuenta todo lo que defiendo ahora.

Me es muy difícil imaginarme a Colleen regodeándose en el dolor psicológico de otra persona, porque hoy en día es una chica que está centradísima en motivar a los demás. Pero me creo todo lo que me dice. Su vergüenza es palpable.

Durante ese tiempo, Colleen solo tenía fuerzas para dedicar a su desorden.

—Evitaba las situaciones sociales y me pasaba la vida entera en el gimnasio. Me levantaba, iba al gimnasio, iba a clase, volvía al gimnasio, volvía a ir a clases, volvía al gimnasio, cenaba, volvía por última vez al gimnasio y a dormir.

Colleen no disfrutaba haciendo todo ese ejercicio. Seguía unas normas muy estrictas; hacía casi únicamente cardio y, si entrenaba algo de musculación, lo consideraba un «extra».

Parecía horrorizada ante la idea de que ella hubiera podido tener esa actitud con el ejercicio. Intenté ver si había interpretado bien su expresión.

—¡Sí! —me respondió—. Exacto, estoy horrorizada. Horrorizada.

Aunque su desorden siempre formará parte de ella, parece que me esté hablando de una persona completamente distinta cuando me describe esa temporada de su vida. Tiene cierto sentido porque, en palabras de Colleen, «cuando tienes un desorden alimenticio pierdes de vista tu propia personalidad o tus valores».

Colleen comenzó a aislarse cada vez más. Los eventos sociales le costaban porque se había marcado unas normas muy estrictas sobre lo que podía comer y lo que no. Se inventaba excusas para no comer, como que era intolerante a la lactosa o que no podía tomar azúcar. Aunque el caso de Colleen es extremo, tiene parecidos muy claros con las dietas crónicas que se imponen tantas mujeres con la esperanza de conseguir un «cuerpo diez». Las restricciones alimenticias excesivas se comen nuestra energía mental y nos alejan de las personas que nos importan. Relacionarse con los demás es más difícil cuando tenemos la mente sumida en contar y planificar cada caloría.

Colleen me lo resumió:

—Soy divertida, extrovertida, escandalosa y me encanta la gente, y había perdido todo eso. Me pasaba el día en el gimnasio y, si no estaba ahí, estaba pensando en hacer ejercicio o en la comida, y no podía mantener una conversación normal porque tenía la cabeza dándole vueltas a todo eso. No valía la pena quedar conmigo porque estaba muy distraída.

—¡Es imposible imaginarte siendo así! —exclamé.

Colleen asintió y prosiguió.

—Recuerdo una noche que no podía dormir. Y que no me dormía, que no me dormía, que no me dormía, hasta que me di cuenta de que tenía tanta hambre que mi propio cuerpo no me dejaba dormir. Me levanté, me comí una pera y me dormí inmediatamente. Y fueron estas cosas las que me hicieron darme cuenta de que había perdido el contacto completamente con mi cuerpo y con mis sentidos.

—¿Era como que no sabías qué te pedía el cuerpo, o qué necesitaba? —le pregunté.

—Es que no tenía ni idea —asintió Colleen—. Ni idea.

Colleen está hablando de la conciencia interoceptiva, un concepto que ya hemos visto en el capítulo 4. La conciencia interoceptiva nos hace sensibles a lo que necesita nuestro cuerpo y a cómo se siente en cada momento. El cuerpo de Colleen había quedado reducido a algo con una forma agradable o desagradable. Lo trataba como un objeto de exhibición en vez de como un medio de interactuar con el mundo. Cuanto más lo convertía en un objeto, menos conciencia tenía ella de lo que realmente necesitaba su cuerpo. Y los cumplidos que recibía por su pérdida de peso tampoco ayudaban. Pero, lo que es todavía peor, incluso cuando Colleen se estaba consumiendo, había quien todavía conseguía hacerla sentir demasiado pesada.

En medio de la agonía de su enfermedad, Colleen se compró un vestido nuevo que me describió como «precioso, precioso, precioso».

Una mujer le dijo a Colleen que estaba estupenda con ese vestido pero añadió que, para lo delgada que estaba, «tenía tripita». Ese comentario destrozó a Colleen. La mujer intentó arreglar lo que había dicho y dijo que, como Colleen comía tantas verduras, seguro que solo eran gases. Pero Colleen se sintió todavía más avergonzada.

Durante esa temporada, Colleen estaba de recepcionista en un gimnasio. Una de sus entrenadoras favoritas, que se mudaba a otro lugar, se detuvo ante el mostrador el último día. Miró a Colleen a los ojos y le dijo:

—Colleen, por favor, cuídate.

Ese comentario fue tan reparador como destructivos habían sido los comentarios que criticaban su aspecto.

—En ese momento brevísimo consiguió transmitirme todo lo que necesitaba, y con tanta compasión... Y justo ahí me di cuenta de que tenía un problema.

La amabilidad de esa mujer, además de la insistencia del padre de Colleen para que empezara a comer y de una seria conversación que quisieron tener con ella dos amigas, justo a tiempo, consiguieron que finalmente Colleen buscara ayuda.

No fue nada mágico ni instantáneo. Colleen me explica que intentar dejar atrás su desorden alimenticio fue agotador, como intentar escalar una montaña. Pero pronto se dio cuenta de que no estaba sola. Otras mujeres estaban escalando la misma montaña, y Colleen no podía dejar de pensar en formas de poder ayudarlas.

Nunca olvidará esas palabras: «Por favor, cuídate». Después se enteró de que personas cercanas a ella querían ayudarla a cuidarse, pero que a menudo no sabían qué decir o hacer. Así que Colleen decidió que, si iba a empezar a escalar esa enorme montaña, pensaría un sistema para ponérselo más fácil a aquellas personas que siguieran su mismo camino. Se juntó con algunos amigos y empezó a diseñar un programa para formar a los estudiantes a ayudar a las personas con desórdenes alimenticios. Los inicios de este movimiento fueron, según ella, algo caóticos. Nadie sabía exactamente cómo conseguir su objetivo, pero Colleen no quiso rendirse.

—Teníamos asambleas en clases vacías y hablábamos de cómo conseguir hacer esta formación.

Finalmente, Colleen y su grupo empezaron una colaboración con el centro de tratamiento de trastornos alimenticios de su universidad, el Center of Excellence for Eating Disorders de la Universidad de Carolina del Norte, y el programa se convirtió en una realidad. Este movimiento que encabezó Colleen ahora se llama Embody. Está en las primeras etapas para pasar a implementarse a nivel nacional.

Colleen necesitaba el activismo de Embody para seguir avanzando en su recuperación.

—Embody me permitió tener control de mi propia situación. Y no solo eso: también pude empezar a ayudar a los demás. Me di cuenta de lo importante que era cuidar de mí misma. Porque no puedo ayudar a los demás si yo sigo enferma. Quería que la gente me viera como una persona recuperada, una persona fuerte.

—¿Así que, por lo tanto, tenías que ser así realmente? —le pregunté.

—Exacto, tenía que ser así de verdad —repuso Colleen.

La enfermedad de la belleza nos aleja del mundo y nos arrebata la compasión por los demás. Nos deja encerradas en nuestras cabezas, atadas al reflejo del espejo. Una de las mejores formas de romper esa dinámica es echándoles una mano a los demás. No hay espacio para darle vueltas a tu cuerpo si tus pensamientos están enfocados en respaldar a otras personas. Cuando eres compasiva con los demás, parte de ese cuidado acabará por quedarse contigo; los complejos y vacilaciones se sustituirán por esperanza y claridad mental.

Para Colleen, una parte de ser una persona fuerte y recuperada era encontrar un nuevo modo de relacionarse con el ejercicio. Tenía que convertirse en algo divertido en vez de ser un castigo. Tenía que ser una cosa sana, no una forma de alimentar su enfermedad. Cuando le pregunté a Colleen cómo consiguió pasar de hacer ejercicio compulsivamente a ser una monitora de forma física que defiende un enfoque corporal positivo para hacer ejercicio, empezó a reír.

—Es una historia graciosa.

Una compañera de clase de Colleen le preguntó si alguna vez había probado zumba. «Es aeróbic con baile latino», le explicó su amiga.

Colleen recuerda que pensó que era la cosa más estúpida que había oído en su vida. Se lo imaginó como esos vídeos de aeróbic de los 80 pero aún más estúpido. «¡Ni loca me pongo a hacer eso!». Pero se planteó que quizá podría ser una buena forma de hacer amigos, así que fingió estar entusiasmada y aceptó ir:

—¡Qué buena idea! ¿Mover el cu-cu en una clase para hacer ejercicio? ¡Pues claro que sí!

Y se lo pasó bien de verdad. Para cuando terminó su segunda clase, le anunció a su amiga que se iba a convertir en profesora de zumba.

—¡Seguro que eras la monitora más animada que ha habido jamás! —exclamé.

Colleen me dijo que, cuando comenzó, era animada y desastrosa a partes iguales. Pero descubrió que le encantaba enseñar zumba. Empezó a ampliar su repertorio para saber dar otro tipo de clases y consiguió un puesto de trabajo en su gimnasio local. Pero aunque estuviera predicando un enfoque saludable a los demás, sus antiguos comportamientos y actitudes seguían en el fondo de su mente.

Cuando Colleen estaba en el gimnasio, todos sus compañeros le dijeron que tenía que hacer una clase con una monitora que se llamaba Melanie. La gente hablaba de Melanie como si fuera una diosa y, según Colleen, «el gimnasio entero estaba bajo su hechizo». Colleen finalmente decidió probar una de sus famosas clases.

—Así que voy y entro en la clase y estoy ahí mirando a toda la gente para ver si encuentro a alguien con el cuerpo atlético de una amazona, a ver si encuentro a esa tiarrona que va a dejarme hecha polvo.

—¿Buscabas a alguien con una tableta de chocolate y unos bíceps grandes como tu cabeza? —le pregunté.

—Sí, eso mismo —Colleen prosigue—. Una mujer mazadísima. Pero la habitación estaba llena de personas normales. No veía a nadie que fuera especialmente atlética. Pero entonces empieza la clase y una mujer algo rellenita con una maraña de rizos y gafas… ¡Vaya, para nada una amazona! Pues se planta delante de todos y nos dice: «Hola, me llamo Melanie». Y claro, yo pensando: «No puede ser». Pues ja-más me he tenido que tragar mis palabras tan rápido.

Hacia el final de su explicación, Colleen habla cada vez más despacio, como si la palabra «jamás» tuviera algunas sílabas más.

A pesar de sus recelos iniciales, tras esa primera clase Colleen decidió que Melanie era «la mujer más espectacular del planeta».

Melanie forzó a Colleen a enfrentarse a su propio menosprecio por las personas gordas y a los prejuicios que solía tener hacia ellas.

—Con solo verla es imposible entender hasta qué punto es importante para los demás. El modo en que la quieren. La comunidad que ha conseguido crear. Cómo se deja la piel. No hay una sola cosa de esta mujer que no sea excepcional; es tan buena y graciosa como fuerte. Y eso es lo que yo quiero ser. Prefiero ser mil veces una Melanie que una amazona. Lo que me hacía falta era tener un ejemplo a seguir que me mostrara que la forma física va mucho más allá de tu aspecto. Porque todo el mundo te dice lo contrario.

Colleen señaló que los anuncios que se ven para los gimnasios y las clases de *fitness* son engañosos e incompletos.

—En el anuncio no ves cómo te hará sentir el monitor. Ni si será amable contigo. No se ve si hace que todo el mundo se sienta parte de la clase, si te motivará. Solo ves abdominales marcados, sujetadores de deporte y mallas ajustaditas. Y con eso quieren transmitir la idea de esfuerzo y determinación.

Suelta un resoplido, como si dijera «¡Y una mierda!».

Colleen empezó a reflejar la forma de ser de Melanie en las clases donde ella era monitora.

—Empecé a aconsejar a mis estudiantes que no hicieran demasiado ejercicio, que se aseguraran de beber y comer bien para tener fuerzas, y les daba consejos buenos porque creía que era lo mejor que podían hacer. Nunca hablé negativamente del cuerpo de nadie.

Finalmente, Colleen empezó a aplicarse sus propios consejos. Al curar a los demás, se había curado a sí misma.

Cuando conocí a Colleen por primera vez, lo que ella quería era encontrar datos que la ayudaran a convencer a los monitores y profesores de *fitness* para que se centraran menos en el aspecto físico al trabajar. Yo no tenía ese tipo de datos pero, con la ayuda de Colleen, encontramos un modo de conseguirlos. Reclutamos a más de 200 mujeres para que hicieran una clase de ejercicio de dieciséis minutos y rellenaran unas encuestas justo antes y justo después de la clase. Para este estudio, Colleen dio cada vez la misma clase con los mismos ejercicios. Pero asignamos aleatoriamente a las participantes a uno de los dos guiones que hicimos para la clase.

En la clase centrada en el aspecto físico, Colleen usó expresiones verbales centradas en el aspecto de las mujeres o en cómo podrían cambiar su físico. Durante una serie de abdominales, decía cosas como: «¡Estos movimientos están diseñados para quemar la grasa y ayudarnos a conseguir esos abdominales bien marcaditos! ¡Qué bien nos va a quedar el bikini!». En la clase centrada en la funcionalidad del cuerpo, ese comentario pasaba a ser algo así: «Estos músculos son esenciales para todo lo que hacemos. ¡Nos dan poder! Ustedes son superfuertes y tienen muchas cosas geniales por hacer, así que venga, ¡a trabajar!».

Colleen será la primera en decir que no le fue nada fácil dar una clase centrada en el aspecto físico. Le estoy muy agradecida por creer tanto en el método científico como para sacrificarse por este estudio. Cuando me envió las grabaciones de audio de cada clase que hizo para el estudio, aprovechó para rebelarse un poco y etiquetar las grabaciones de las clases donde se centra en la función del cuerpo como «profe guay» y las que se centra en el aspecto físico como «profe necia». Todavía me río cuando veo esas grabaciones en mis archivos.

La buena noticia es que los esfuerzos de Colleen dieron resultado. Obtuvimos datos muy buenos que respaldaban el método que ella prefería. La clase centrada en el aspecto físico llevó a una mayor autoobjetificación y una menor satisfacción con el propio cuerpo de las participantes. Tras la clase centrada en la función del cuerpo, las mujeres participantes salieron más felices y satisfechas con su cuerpo. Cuando se les pidió que describieran la clase en tres palabras, las que estuvieron en la condición centrada en el aspecto físico usaron palabras como «acomplejada», «triste», «gorda», «débil» y «avergonzada». Las que estuvieron en la clase donde Colleen se centró más en la función utilizaron palabras como «motivada», «fuerte», «orgullosa», «satisfecha» y «entusiasmada».

Colleen está utilizando las pruebas obtenidas con este estudio y otros para crear un programa de entrenamiento formal para profesionales del *fitness* para demostrar cómo y por qué hacer clases sin objetificación, que se centren en apreciar lo que tu cuerpo puede hacer. Su deseo es romper con la idea de que nuestro cuerpo «solo tiene el valor que le otorga su aspecto físico». Es un mensaje perfecto para las clases de forma física, pero que también puede ampliarse a algo mucho más general. Necesitamos romper con la noción de que el valor de las mujeres solo depende del aspecto que tengan. Cuando ya no creamos más eso, nuestras vidas serán más sanas y más libres. Seremos más capaces de enfrentarnos a los desafíos del mundo.

La perspectiva de Colleen respecto a la forma física no solo viene dada por todos los años que se pasó abusando del ejercicio o de su experiencia dando clases. En todo esto también hay un elemento personal. La madre de Colleen, su hermana y su hermano tienen un tipo de distrofia muscular que aparece en un punto más avanzado de la vida y que provoca el deterioro lento de los músculos. Empieza por la cara y va bajando por los hombros, brazos y piernas. Tarde o temprano, la madre de Colleen acabará en una silla de ruedas. Y es probable que les pase lo mismo a su hermana y a su hermano.

Para Colleen es muy doloroso pensar en los años en los que no cuidó de su cuerpo, cuando pensaba que no era lo suficientemente bueno.

—Yo estaba abusando de mi cuerpo, lo hacía trabajar demasiado, lo sobreejercitaba y no lo apreciaba por todas las cosas que podía hacer. Me centraba en el aspecto físico mientras mi hermano y mi hermana estaban luchando contra la sensación de que nunca,

nunca jamás podrán volver a hacer las cosas que puede hacer la mayoría de la gente.

Hoy en día, Colleen está entrenándose para una maratón con el equipo Team Momentum, un grupo que recauda dinero para una asociación de distrofia muscular.

—Correr esta maratón con Team Momentum es muy, muy impactante porque te hace darte cuenta de que tienes que estar agradecida por todas las cosas de las que tu cuerpo es capaz. Es algo que muchas personas no pueden hacer. —La voz de Colleen se apaga y después repite lo que acaba de decir—. Muchas personas no lo pueden hacer.

En vez de preocuparse por su aspecto, ahora Colleen aprecia lo que ella describe como «el increíble don de la vitalidad física». No quiere abusar de ese regalo.

Apreciar lo que tu cuerpo puede hacer no significa que tengas que ser una atleta o pasarte el día entero en el gimnasio. Y tampoco significa que no puedas tener algún impedimento físico. Incluso aunque sientas que tu cuerpo te decepciona en algunos aspectos, sigue siendo importante reconocer las mil y una formas en las que sí te ayuda. Colleen me contó una conversación preciosa que tuvo con su madre, quien todavía sigue apreciando su propio cuerpo, incluso aunque la distrofia muscular esté arrebatándoselo poco a poco.

—Un día mi madre y yo estábamos subiendo por una montaña. Y que conste que esa subida no era un paseo, para nada —añade Colleen, orgullosa—. Yo vengo de Asheville, en Carolina del Norte, ¡y te cagas con las montañitas que tenemos ahí! —se detiene y prosigue—. Pues eso, que iba caminando con mi madre y me dijo: «Vale, ya sé que no puedo hacer todo lo que me apetece. No puedo jugar al tenis. No puedo. Pero si al menos tengo suficiente forma física como para subir esta montaña con el perro, pues estaré contenta». Y después me dijo: «Llegará el día en que tampoco podré hacer esto. O que quizá iré demasiado lenta. Pero mira, estaré contenta con lo que pueda hacer en ese momento».

El recuerdo le arranca una sonrisa a Colleen.

—¿Y cómo te sientes ahora con tu cuerpo? —pregunté.

Se detuvo un momento antes de responder.

—A ver, ¿que si paso por malos días? ¿Que si tengo recaídas? Pues sí. Siempre hay momentos donde resbalas y caes pero, como siempre, tienes dos opciones. O vas hacia adelante o hacia atrás. Y yo seguiré hacia adelante, pase lo que pase.

Luchar contra la enfermedad de la belleza es esto, principalmente: seguir adelante. Y lo que es más importante, es seguir adelante sin la presencia de ese espejo mental distrayéndonos constantemente. Merecemos la oportunidad de ver cómo podrían ser nuestras vidas si quitáramos ese espejo de en medio más a menudo. La enfermedad de la belleza es una cosa distinta para cada mujer. Para algunas es como si fuera un resfriado: molesta pero no preocupante. Pero las vidas de otras mujeres se ven tan perturbadas por la enfermedad de la belleza que, como Colleen, su obsesión por el aspecto físico les puede hacer perder de vista quiénes son. Aun así, estemos en el punto en el que estemos, siempre podremos acercarnos un poco más a la persona que realmente queremos ser.

Una vez un grupo de estudiantes me pidió que diera una breve charla para aconsejar a los universitarios. Tras intentar pensar, sin éxito, en qué consejos podrían ser útiles y para todo tipo de estudiantes, decidí cambiar el tema que me habían asignado. Siempre me ha parecido mucho más interesante hacer preguntas que dar consejos. Así que, en vez de dar una charla al estilo tradicional, les pedí a esos estudiantes que reflexionaran sobre una pregunta: ¿qué tipo de persona quieres ser?

Ya he lanzado esta pregunta a miles de mujeres. Y aunque me han dado muchas respuestas y muy distintas, ninguna me ha dicho: «Yo quiero ser el tipo de persona que a los demás les parece guapa». En vez de ello, me han dicho que quieren ser el tipo de persona que hace que los demás rían y sean felices, que cura a los enfermos, que explora nuevas tecnologías sin miedo, que alimenta a los que lo necesitan, que crea arte que inspira a los demás, que escribe palabras conmovedoras, que lucha por aquellos que no pueden luchar por sí mismos. Entonces, después, les hago otra pregunta importante a estas mujeres: «¿Cómo quieres hacer que este mundo sea distinto cuando te vayas?». Y entonces hablan sobre luchar contra el calentamiento global, la pobreza o el racismo. Hablan de dejar este planeta mejor de lo que estaba cuando llegaron a él. Y si nos hacemos estas preguntas a nosotras mismas, dudo que encontremos respuestas que tengan demasiado que ver con nuestro aspecto físico.

Nuestras respuestas a estas dos preguntas pueden ser un primer paso para empezar a soltar el espejo y para que el espejo nos empiece a soltar a nosotros. Decidamos qué es más importante para nosotras. ¿Qué es lo que más queremos? ¿A qué le queremos dedicar nuestro tiempo y dinero, que no son ilimitados? ¿Dónde queremos invertir nuestra energía emocional, también limitada? Si tras responder a estas preguntas descubrimos que nos gustaría bajarle el volumen a la belleza para poder subirle el volumen a las cosas que son más importantes para nosotras, quizá las siguientes formas de hacerlo nos pueden ser útiles.

Inventario de belleza

Para empezar, quiero dejar una cosa bien clara: mi intención no es que las mujeres abandonen todas las prácticas de belleza. Eso no es ni realista, ni necesario. Y tampoco es lo que querrían la mayoría de las mujeres. Siempre nos preocupará nuestro aspecto, y los demás también se fijarán en él. El problema no es ese. El problema es que la preocupación por nuestro físico nos aleje de otros objetivos importantes. Podemos preocuparnos por nuestro aspecto físico y, aun así, no tener el volumen de la belleza demasiado alto en nuestra cabeza.

Si no abordamos de forma consciente la cantidad de tiempo y dinero que dedicamos a la enfermedad de la belleza, nuestras prácticas de belleza acabarán por controlarnos a nosotras en vez de ser al revés. Una forma de hacerlo es llevar un diario de la cantidad de tiempo y dinero que dedicamos a la belleza. En cuanto tengamos estos datos, podremos decidir si tiene sentido reasignar algunos de nuestros recursos a otras cosas y ver qué tal nos sentimos al hacerlo.

La verdad que a menudo no reconocemos es que a nadie le importa nuestro aspecto físico tanto como a nosotras. Probablemente descubriremos que nuestro mundo no cambia para peor como imaginamos que será cuando no pasemos tanto tiempo arreglándonos. Y puede que, incluso, el cambio sea para mejor.

Trátate bien a ti misma

Las mujeres no pueden evitar oír la crueldad despreocupada con la que la cultura habla de sus cuerpos. Es casi imposible no acabar interiorizando esas voces hasta cierto punto. De esta forma, demasiadas de nosotras acabamos oyendo nuestra propia voz diciendo que no somos lo suficientemente delgadas, lo suficientemente guapas, lo suficientemente buenas. Os prometo que ese tipo de monólogo interno no nos ayudará a ser más felices o saludables. Debemos poner fin a esa forma de hablarnos a nosotras mismas, con la práctica.

La forma de cuidar mejor nuestro cuerpo es siendo amables con él y siendo agradecidas por todas las cosas que hace por nosotras.

Del mismo modo que cuidamos bien a las personas a las que amamos, también podemos aprender a cuidar bien de nuestros cuerpos sintiendo compasión por ellos, no denigrándolos. No podemos escuchar a aquellas personas que afirman que tenemos que odiar el aspecto de nuestro cuerpo para motivar unos comportamientos sanos. No son más que tonterías. Ningún tipo de dato científico respalda este tipo de afirmación. Solo las defienden aquellos que quieren una excusa para justificar su crueldad innecesaria o su supuesta superioridad moral. Si queremos ayudar a una mujer que intenta mejorar la salud de su cuerpo, lo último que tenemos que decirle es algo referente a su aspecto físico.

Pasa a pensar en tu cuerpo como un instrumento, no como un objeto de exposición

Hace unos años entrevisté a mujeres profesionales del patinaje en línea para un proyecto de investigación. Todavía recuerdo lo que me respondió una de estas patinadoras cuando le pregunté qué pensaba de su cuerpo.

—Mi cuerpo es un vehículo para hacer lo que más quiero.

A veces nos resulta complicado recordar eso, cuando tanto de lo que vemos en nuestra cultura nos dice que nuestros cuerpos solo existen para que los demás los miren y evalúen.

Uno de los contextos más claros en los que aplicar esta lección de «ser un vehículo» es el del ejercicio físico. Si hacemos ejercicio físico, centrémonos en hacerlo por placer, para reducir el estrés y estar más sanas. Si nos centrarnos en hacer ejercicio para cambiar nuestro aspecto físico, es menos probable que sigamos haciéndolo con regularidad. Evitemos los gimnasios, las clases o los compañeros que nos animan a hacer ejercicio para que nuestro cuerpo tenga otra forma. En vez de ello, intentemos encontrar monitores como Colleen o Melanie, que nos hagan sentir fuertes en vez de inseguras. Hagamos ejercicio para poder ser más capaces de hacer lo que queremos, no para tener el aspecto que los demás quieren.

Otra forma de respetar el hecho de que nuestro cuerpo no solo existe para que los demás nos miren es vistiéndonos de una forma que no nos distraiga de lo que estamos haciendo. Si la ropa que llevamos no nos deja sentarnos con comodidad, eso nos garantiza que nos robará un espacio mental importante.

Compremos ropa que nos haga sentirnos magníficamente pero, antes de ir al mostrador a pagar, preguntémonos también si nos dejará movernos con libertad. Comprometámonos a no comprar prendas que tengamos que estar controlando constantemente o que nos hagan tener que meter tripa o posar de una forma concreta para que nos queden bien.

Pienso mucho en esas chicas que vi hace unos años, con sus vestiditos para el baile de otoño. Entiendo perfectamente que, para la mayoría de las chicas, parte de la diversión de ir a un baile del instituto sea vestirse para salir y sentirse atractivas. Todavía recuerdo lo emocionada que estaba cuando yo tenía esa edad e iba a elegir un vestido para ir al baile. Pues claro que quería estar guapa con ese vestido. No creo que sea un problema que esas chicas adolescentes quieran sentirse atractivas. Pero recordemos que esas chicas llevaban unos vestidos tan cortos que ni siquiera se podían sentar cómodamente para cenar. Con solo unos centímetros más de tela podrían haber recuperado bastante espacio mental sin tener que quitarles la alegría de estar guapas para la ocasión. Estoy bastante segura de que hay un punto medio asequible, donde podamos sentirnos atractivas sin tener que estar distraídas por nuestra propia ropa. La vida ya nos pone suficientes obstáculos por delante. No necesitamos crearnos más eligiendo ropa que nos resta capacidad para estar completamente presentes en nuestras vidas.

Cuidado con los medios de comunicación

Si una imagen o un titular destructivos de una revista nos llaman la atención, practiquemos cómo alejar la vista al momento —¡o darle la vuelta a la revista!—. Si sentimos que los sitios web, artículos y programas de televisión centrados en la belleza y los cotilleos están absorbiéndonos, apaguemos el televisor o el ordenador. Si estamos publicando imágenes nuestras en las redes sociales, preguntémonos por qué estamos publicando cada imagen y qué intentamos comunicar. Asegurémonos de sentirnos cómodas con nuestras respuestas antes de publicar estas imágenes. Las redes sociales son muy mala medicina para la falta de confianza en una misma. Una foto picante no es ninguna cura para una autoestima baja.

Cuidado con lo que dices

Quizá no nos apetezca cambiar nada de nuestros hábitos de belleza. Quizá nos guste dedicarle tiempo y dinero al aspecto físico. Si estamos contentas con nuestros hábitos, perfecto. Pero aun así, me gustaría pedirle a todo el mundo que se planteara hacer una cosa en concreto para luchar en contra de la enfermedad de la belleza. Démosles a otras chicas y mujeres la libertad para sentir que son mucho más que una bonita fachada: evitemos hablar sobre el propio cuerpo y el de los demás y limitemos las conversaciones sobre el físico.

Puede que hayas oído hablar del test de Bechdel. Apareció por primera vez en una tira cómica de Alison Bechdel en 1985. Este test formula tres preguntas que ayudan a determinar si un contenido —normalmente una película— incluye a las mujeres y las representa más allá de su papel como romance heterosexual. En primer lugar, hay que preguntarse si la película tiene al menos dos personajes femeninos. Después hay que ver si, durante la película, estas dos mujeres hablan entre sí. Y finalmente, hay que preguntarse si hablan de algo más entre ellas que no sea sobre un hombre.

Me gustaría proponer una ampliación del test de Bechdel que pueda aplicarse a las conversaciones entre mujeres. «Si dos o más mujeres hablan entre sí, ¿hablan de algo que no sea su aspecto físico?». Mi intención no es, para nada, intentar humillar a las mujeres que quieran hablar de moda o de otras cosas relacionadas. Estoy convencida de que hay un momento y un lugar para este tipo de conversación. Pero si el único tema de conversación que hay entre nosotras —ya sea en los medios de comunicación o en la vida real— es el aspecto físico, estamos transmitiendo el mensaje de que las mujeres tampoco van mucho más allá. Que no tenemos más cosas de las que hablar.

Las conversaciones sobre el físico hacen que todas las mujeres que pueden oír la conversación se pongan a pensar sobre su aspecto. Ayudemos a las mujeres con las que pasamos tiempo a escapar del espejo interno hablando de otros temas. Que las mujeres hablen sobre su aspecto físico con las demás es una norma cultural muy fuerte. Es una forma muy fácil y rápida de llevarnos bien con otra mujer: solo tenemos que elogiar su peinado o su ropa. Es un hábito que puede costarnos romper, pero vale la pena. Volvamos a pensar en nuestra lista de cosas más importantes. Recordemos que cada mujer tiene una lista así. Intentemos hacer preguntas sobre esa lista, o elogiarlas, en vez de alimentar esta obsesión extendida por el aspecto femenino.

Vota con tu cartera

Hace tiempo que los anunciantes han advertido que las mujeres son las que están detrás de la mayoría de las decisiones de compra, ya sea a través de cosas que compran para sí como de su influencia en las compras de los demás. Eso implica que las mujeres están en una muy buena posición para cambiar las cosas al votar con sus carteras. Evitemos respaldar a esas empresas o marcas que, para promocionar sus productos, lanzan mensajes o imágenes destructivos sobre mujeres y chicas. Y lo que es más importante, premiemos a las empresas y marcas que tengan un mensaje positivo y saludable sobre las mujeres.

No dudemos en usar nuestra influencia en las redes sociales para denunciar los anuncios que humillan o ridiculizan a las mujeres. Los últimos años han estado repletos de mujeres que han conseguido cambios reales a través del poder de las redes sociales. En 2013, unos grandes almacenes Harrods estuvieron en el ojo de un huracán vertiginoso en Twitter en respuesta a dos libros de su sección de juguetes. En el primero, titulado *How to Be Gorgeous* [Cómo ser guapísima] aparecía una niña leyendo revistas tumbada en su cama. El libro de la misma colección dedicado a los chicos mostraba a un niño triunfante sobre un podio y se llamaba *How to Be Clever* [Cómo ser listo]. Como respuesta al activismo de las redes sociales, Harrods retiró los libros de sus estanterías.

GoDaddy, una empresa proveedora de dominios web líder, es otro ejemplo de los resultados positivos de este tipo de activismo. Tras años de mostrar anuncios sexistas con mujeres ligeritas de ropa, GoDaddy acabó recapacitando ante miles de tuits con el *hashtag* «#notbuyingit» [#nolocompro] y la presión de diversas empresarias. Abandonaron su campaña de anuncios objetificantes y su director ahora habla abiertamente en contra del sexismo.

También tenemos la posibilidad de doblar nuestro impacto a la hora de comprar regalos para niñas pequeñas. Además de gastar de forma estratégica nuestro dinero en empresas que lancen un mensaje positivo sobre las mujeres y las chicas, también podemos elegir transmitirles a las niñas un mensaje que no se centre en su aspecto físico. Para su cumpleaños, muchas niñas pequeñas reciben una lluvia de regalos que promueven la enfermedad de la belleza en una forma u otra. Planteémonos elegir un regalo que anime a las niñas a ser valientes o curiosas en vez de solo ser guapas. Las niñas ya reciben suficientes mensajes sobre el valor de su aspecto, así que podemos darles un regalo que se salga un poco de esta norma.

Seguir adelante

Decidí acabar *Enfermas de belleza* con la historia de Colleen porque es una demostración clarísima de lo bueno que es que una mujer gane esta batalla para recuperar su energía y su tiempo, antes atrapados bajo el poder de una obsesión irrefrenable con la forma de su cuerpo. Pero Colleen también dijo algo muy importante cuando hablamos de cómo cada pequeño paso puede acabar llevando a algo mucho más grande.

—¿Crees que eres alguien que quiere cambiar el mundo? —le pregunté a Colleen, aunque ya sospechaba qué respondería.

—Por descontado —confirmó Colleen, alargando cada vocal de su respuesta—. Con solo decirles a los demás que sus sueños y deseos son mucho más importantes que cualquier cosa que pueda esperar la sociedad de ellos, eso ya de por sí es un acto radical en contra de estas mismas expectativas. Y es una cosa muy sencilla y fácil de hacer, así que si puedo hacerlo, lo haré.

Y entonces Colleen dijo algo muy importante:

—Un conjunto de incidentes que pueden parecer irrelevantes pueden acabar creando un todo muy peligroso.

Colleen me puso como ejemplo las imágenes mediáticas. Una sola imagen en una revista no destroza la imagen corporal de una chica. Una sola conversación criticando tus propios michelines no provoca un desorden alimenticio. Una publicación en las redes sociales no hace que pierdas de vista tus objetivos en la vida. Pero, en palabras de Colleen, «es la acumulación de un montón de cosas lo que va haciendo que el problema sea cada vez mayor».

Del mismo modo que mil cortes minúsculos de una cultura enferma de belleza pueden acabar derrumbando a una chica o a una mujer, mil pasos en la dirección correcta pueden hacer que recuperen su confianza en sí mismas. Podemos provocar un cambio cultural significativo si avanzamos paso a paso en nuestras propias vidas para reducir esta fijación con el aspecto de las mujeres y animamos a los demás a hacer lo mismo. Podemos lograr incluso un cambio mayor si nos esforzamos en que las empresas se responsabilicen ante comportamientos o campañas publicitarias objetificantes. Podemos ofrecer más a chicas y mujeres que tenemos alrededor y, a la vez, exigir más a la cultura que nos rodea.

Si nos ponemos a imaginar un futuro donde chicas y mujeres están menos objetificadas, tanto por los demás como por ellas mismas, veremos un mundo que ha cambiado completamente. En ese mundo haríamos cosas de otra forma. Nos sentiríamos más nosotras mismas y menos definidas por lo mucho que los demás disfrutan mirándonos. Dedicaríamos nuestro tiempo y dinero a otras cosas. Nuestros cuerpos estarían más sanos. Las depresiones y ansiedades serían menos comunes o menos graves.

Ha llegado la hora de centrarse en mirar hacia adelante en vez de intentar conseguir que los demás nos miren. Hay mucho por ver. Y mucho por hacer.

Agradecimientos

ESCRIBIR ESTE LIBRO habría sido imposible sin la generosidad y los ánimos de tantos estudiantes, compañeros, amigos y familiares. Les estoy especialmente agradecida a aquellas personas que han leído los primeros borradores de los capítulos y que me han dado su opinión, como Liz Morey Campbell, David Condon, Colleen Daly, Alice Eagly, Amberly Panepinto y Jennifer Piemonte. También quiero darles las gracias a mis compañeros Bill Revelle —por los datos estadísticos y las historias— y a Dan McAdams —por no fallarme nunca cuando le pedía consejo—.

Gracias a la Universidad del Noroeste por el tiempo, el espacio y el respaldo necesarios para escribir este libro.

A los amigos de mi «facultad en la sombra», que conocen mis neurosis y les gusto igual, gracias por escucharme. Al Nerd, por editar todos los capítulos, a menudo varias veces. Te debo incontables chocolatinas y una gratitud eterna.

También tengo una deuda enorme de gratitud hacia el personal, presente y pasado, del laboratorio Body and Media Lab de la Universidad del Noroeste. A todos los del BAM, quiero que sepan que me inspiran cada día cuando se preocupan por las cosas que importan y dejan que esta preocupación guíe lo que hacen. Gracias también a todos mis estudiantes, pasados y presentes, tanto en la Universidad de Loyola como en la Universidad del Noroeste. Me han enseñado mucho más de lo que piensan. Cautivan completamente mi atención. Tengo claro que abrirán el camino hacia un futuro más brillante.

Mi madre se merece una nota de agradecimiento especial por permitirme contarle al mundo que se maquillaba mientras me llevaba en auto al colegio cada mañana. Tuve la suerte de que nunca tuviéramos un accidente, pero tengo incluso más suerte de tener una madre que se ríe con tanta facilidad y tan a menudo.

Para todos los empleados de la cafetería Starbucks que hay en la esquina de Sherman y Clark, muchas gracias por aprenderse mi nombre, acordarse de cómo me gusta el té y nunca molestarse por la cantidad de horas que me pasé monopolizando mi asiento favorito, tecleando a toda velocidad en mi portátil. La gran mayoría de este libro se ha escrito con sus sonrisas y palabras amables como música de fondo.

Muchas gracias al equipo de HarperCollins por decidir darle una oportunidad a una autora primeriza y por guiarme en todo el proceso. Gracias especialmente a Lisa Sharkey, Alieza Schvimer y Amanda Pelletier.

No es ninguna hipérbole decir que este libro no habría existido sin Marcy Posner de la agencia Folio Literary Agency, porque creyó que yo tenía que escribir un libro mucho antes de que yo misma lo creyera. Muchas gracias por ser mi pitbull, Marcy.

Y lo más importante: muchas gracias a todas las chicas y mujeres que fueron tan valientes como para compartir sus historias conmigo. Sus palabras son importantes.

Notas

Capítulo 1: ¿Seré guapa?

1. Damiano SR, Paxton SJ, Wertheim EH, McLean SA, Gregg KJ, «Dietary restraint of 5-year-old girls: Associations with internalization of the thin ideal and maternal, media, and peer influences», *International Journal of Eating Disorders*, 48, 8 (2015): pp. 1166–1169.
2. Dohnt H, Tiggemann M, «The contribution of peer and media influences to the development of body satisfaction and self-esteem in young girls: A prospective study», *Developmental Psychology*, 42, 5 (2006): p. 929.
3. Shapiro S, Newcomb M, Burns Loeb T, «Fear of fat, disregulated restrained eating, and body-esteem: Prevalence and gender differences among eight- to ten-year-old children», *Journal of Clinical Child Psychology*, 26, 4 (1997): pp. 358–365.
4. Bearman SK, Martinez E, Stice E, Presnell K, «The skinny on body dissatisfaction: A longitudinal study of adolescent girls and boys», *Journal of Youth and Adolescence*, 35, 2 (abril 2006): pp. 217–229.

Capítulo 2: Como una mujer

1. Rodin J, Silberstein L, Striegel-Moore R, «Women and weight: A normative discontent», *Nebraska Symposium on Motivation*, artículo presentado en el Nebraska Symposium on Motivation, 32 (1984): pp. 267–307.
2. Feingold A, Mazzella R, «Gender differences in body image are increasing», *Psychological Science*, 9, 3 (1998): pp. 190–195.
3. Inchley J y otros (eds.), «Growing up unequal: Gender and socioeconomic differences in young people's health and well-being», *Health Behavior in School-Aged Children Study: International Report from the 2013/2014 Survey*, vol. 7 (Copenhagen: WHO Regional Office for Europe, 2016).

4. Bearman SK, Presnell K, Martinez E, Stice E, «The skinny on body dissatisfaction: A longitudinal study of adolescent girls and boys», *Journal of Youth and Adolescence*, 35, 2 (2006): pp. 217–229.

5. Frederick DA, Peplau LA, Lever J, «The swimsuit issue: Correlates of body image in a sample of 52,677 heterosexual adults», *Body Image*, 3, 4 (2006): pp. 413–419.

6. Gabriel MT, Critelli JW, Ee JS, «Narcissistic illusions in self-evaluations of intelligence and attractiveness», *Journal of Personality*, 62, 1 (1994): pp. 143–155.

7. Halliwell E, Dittmar H, «A qualitative investigation of women's and men's body image concerns and their attitudes toward aging», *Sex Roles*, 49, 11–12 (2003): pp. 675–684.

8. Fredrickson BL, Roberts T-A, Noll SM, Quinn DM, Twenge JM, «That swimsuit becomes you: Sex differences in self-objectification, restrained eating, and math performance», *Journal of Personality and Social Psychology*, 75, 1 (1998): p. 269.

9. Furnham A, Badmin N, Sneade I, «Body image dissatisfaction: Gender differences in eating attitudes, self-esteem, and reasons for exercise», *Journal of Psychology*, 136, 6 (2002): pp. 581–596.

Capítulo 3: Yo, objeto

1. Mulvey L, «Visual pleasure and narrative cinema», *Screen*, 16 (1975): pp. 6–8.

2. Fredrickson BL, Roberts TA, «Objectification theory:Toward understanding women's lived experiences and mental health risks», *Psychology of Women Quarterly*, 21, 2 (junio 1997): pp. 173–206.

3. Kozee HB, Tylka TL, Augustus-Horvath CL, Denchik A, «Development and psychometric evaluation of the Interpersonal Sexual Objectification Scale», *Psychology of Women Quarterly*, 31, 2 (junio 2007): pp. 176–189.

4. LaForce M, «Unpopular opinion: Gimme more blurred lines», *Thought Catalog* (22 agosto 2013).

Capítulo 4: Tu mente en tu cuerpo y tu cuerpo en tu mente

1. McKinley NM, Hyde JS, «The Objectified Body Consciousness Scale: Development and validation», *Psychology of Women Quarterly*, 20, 2 (1996): pp. 181–215.

2. Fredrickson BL, Roberts TA, Noll SM, Quinn DM, Twenge JM, «That swimsuit becomes you: Sex differences in self-objectification, restrained eating, and math performance». *Journal of Personality and Social Psychology*, 75, 1 (julio 1998): pp. 269–284.

3. Quinn DM, Kallen RW, Cathey C, «Body on my mind: The lingering effect of state self-objectification», *Sex Roles*, 55, 11–12 (diciembre 2006): pp. 869–874.

4. Quinn DM, Kallen RW, Twenge JM, Fredrickson BL, «The disruptive effect of self-objectification on performance», *Psychology of Women Quarterly*, 30, 1 (marzo 2006): pp. 59–64.

5. Gapinski KD, Brownell KD, LaFrance M, «Body objectification and "fat talk": Effects on emotion, motivation, and cognitive performance», *Sex Roles*, 48, 9–10 (marzo 2003): pp. 377–388.

6. Martin KA, «Becoming a gendered body: Practices of preschools», *American Sociological Review*, 63, 4 (agosto 1998): pp. 494–511.

7. Murnen SK, Greenfield C, Younger A, Boyd H, «Boys act and girls appear: A content analysis of gender stereotypes associated with characters in children's popular culture», *Sex Roles*, 74, 1–2 (2016): pp. 78–91.

8. Fredrickson BL, Harrison K, «Throwing like a girl: Self-objectification predicts adolescent girls' motor performance», *Journal of Sport & Social Issues*, 29, 1 (2005): pp. 79–101.

9. Myers TA, Crowther JH, «Is self-objectification related to interoceptive awareness? An examination of potential mediating pathways to disordered eating attitudes», *Psychology of Women Quarterly*, 32, 2 (2008): pp. 172–180.

Capítulo 5: Es una vergüenza

1. Grabe S, Hyde JS, Lindberg SM, «Body objectification and depression in adolescents: The role of gender, shame, and rumination», *Psychology of Women Quarterly*, 31, 2 (junio 2007): pp. 164–175.

2. Monro F, Huon G, «Media-portrayed idealized images, body shame, and appearance anxiety», *International Journal of Eating Disorders*, 38, 1 (2005): pp. 85–90.

3. Cramer P, Steinwert T, «Thin is good, fat is bad: How early does it begin?», *Journal of Applied Developmental Psychology*, 19, 3 (1998): pp. 429–451.

4. Davison KK, Birch LL, «Predictors of fat stereotypes among 9-year-old girls and their parents», *Obesity Research*, 12, 1 (2004): pp. 86–94.

5. Roehling MV, Roehling PV, Pichler S, «The relationship between body weight and perceived weight-related employment discrimination: The role of sex and race», *Journal of Vocational Behavior*, 71, 2 (2007): pp. 300–318.

6. Jasper CR, Klassen ML, «Stereotypical beliefs about appearance: Implications for retailing and consumer issues», *Percept Motor Skill*, 71, 2 (1990): pp. 519–528.

7. Pingitore R, Dugoni BL, Tindale RS, Spring B, «Bias against overweight job applicants in a simulated employment interview», *Journal of Applied Psychology*, 79, 6 (1994): p. 909.

8. Miller BJ, Lundgren JD, «An experimental study of the role of weight bias in candidate evaluation», *Obesity*, 18, 4 (2010): pp. 712–718.

9. Sheets V, Ajmere K, «Are romantic partners a source of college students' weight concern?», *Eating Behaviors*, 6, 1 (2005): pp. 1–9.

10. Vartanian LR, Shaprow JG, «Effects of weight stigma on exercise motivation and behavior: a preliminary investigation among college-aged females», *Journal of Health Psychology*, 13, 1 (2008): pp. 131–138.

11. Sutin A, Robinson E, Daly M, Terracciano A, «Weight discrimination and unhealthy eating-related behaviors», *Appetite*, 102 (julio 2016): pp. 83–89.

12. Neumark-Sztainer D, Falkner N, Story M, Perry C, Hannan PJ, Mulert S, «Weight-teasing among adolescents: correlations with weight status and disordered eating behaviors», *International Journal of Obesity and Related Metabolic Disorders*, 26, 1 (2002): pp. 123–131. Haines J, Neumark-Sztainer D, Eisenberg ME, Hannan PJ, «Weight teasing and disordered eating behaviors in adolescents: Longitudinal findings from Project EAT (Eating Among Teens)», *Pediatrics*, 117, 2 (2006): pp. e209–e215. Fairburn CG, Welch SL, Doll HA, Davies BA, O'Connor ME, «Risk factors for bulimia nervosa: A community-based case-control study», *Archives of General Psychiatry*, 54, 6 (1997): pp. 509–517. Storch EA, Milsom VA, DeBraganza N, Lewin AB, Geffken GR, Silverstein JH, «Peer victimization, psychosocial adjustment, and physical activity in overweight and at-risk-for-overweight youth», *Journal of Pediatric Psychology*, 32, 1 (2007): pp. 80–89.

13. Sutin A, Robinson E, Daly M, Terracciano A, «Weight discrimination and unhealthy eating-related behaviors», *Appetite*, 102 (julio 2016): pp. 83–89.

14. Arcelus J, Mitchell AJ, Wales J, Nielsen S, «Mortality rates in patients with anorexia nervosa and other eating disorders. A meta-analysis of 36 studies», *Archives of General Psychiatry*, 68, 7 (julio 2011): pp. 724–731.

15. Berg KC, Frazier P, Sherr L, «Change in eating disorder attitudes and behavior in college women: Prevalence and predictors», *Eating Behaviors*, 10, 3 (2009): pp. 137–142.

16. Laberg JC, Wilson GT, Eldredge K, Nordby H, «Effects of mood on heart rate reactivity in bulimia nervosa», *International Journal of Eating Disorders*, 10, 2 (1991): pp. 169–178.

17. Green MW, Rogers PJ, Elliman NA, Gatenby SJ, «Impairment of cognitive performance associated with dieting and high levels of dietary restraint», *Physiology & Behavior*, 55, 3 (marzo 1994): pp. 447–452.

18. Tiggemann M, «Dietary restraint as a predictor of reported weight loss and affect», *Psychological Reports*, 75, 3 parte 2 (diciembre 1994): pp. 1679–1682.

19. Mann T, Tomiyama AJ, Westling E, Lew A-M, Samuels B, Chatman J, «Medicare's search for effective obesity treatments: Diets are not the answer», *American Psychologist*, 62, 3 (2007): p. 220.

20. Wildman RP, Muntner P, Reynolds K y otros, «The obese without cardio-metabolic risk factor clustering and the normal weight with cardiometabolic risk factor clustering: Prevalence and correlates of 2 phenotypes among the US population (NHANES 1999–2004)», *Archives of Internal Medicine*, 168, 15 (2008): pp. 1617–1624.

21. Bazzini DG, Pepper A, Swofford R, Cochran K, «How healthy are health magazines? A comparative content analysis of cover captions and images of women's and men's health magazine», *Sex Roles*, 72, 5–6 (2015): pp. 198–210.

22. Hankin BL, Abramson LY, Moffitt TE, Silva PA, McGee R, Angell KE, «Development of depression from preadolescence to young adulthood: emerging gender differences in a 10-year longitudinal study», *Journal of abnormal psychology*, 107, 1 (1998): p. 128.

23. Grabe S, Hyde JS, Lindberg SM, «Body objectification and depression in adolescents: The role of gender, shame, and rumination», *Psychology of Women Quarterly*, 31, 2 (junio 2007): pp. 164–175.

24. Brausch AM, Muehlenkamp JJ, «Body image and suicidal ideation in adolescents», *Body Image*, 4, 2 (2007): pp. 207–212.

25. Miner-Rubino K, Twenge JM, Fredrickson BL, «Trait self-objectification in women: Affective and personality correlates», *Journal of Research in Personality*, 36, 2 (2002): pp. 147–172.

26. Muehlenkamp JJ, Saris-Baglama RN, «Self-objectification and its psychological outcomes for college women», *Psychology of Women Quarterly*, 26, 4 (2002): pp. 371–379.

27. Impett EA, Henson JM, Breines JG, Schooler D, Tolman DL, «Embodiment feels better: Girls' body objectification and well-being across adolescence», *Psychology of Women Quarterly*, 35, 1 (marzo 2011): pp. 46–58.

Capítulo 6: Tu dinero y tu tiempo

1. YWCA, «Beauty at any cost», (2008): http://www.ywca.org/atf/cf/%7B711d5519-9e3c-4362-b753-ad138b5d352c%7D/BEAUTY-AT-ANY-COST.PDF.

2. «100 Million Dieters, $20 Billion», artículo de ABC News, (2012): http://abcnews.go.com/Health/100-million-dieters-20-billion-weight-loss-industry/story?id=16297197.

3. Mattingly MJ, Blanchi SM, «Gender differences in the quantity and quality of free time: The US experience», *Social Forces*, 81, 3 (2003): pp. 999–1030.

Capítulo 7: Los malvados medios de comunicación

1. Banksy, *Cut It Out*, «Weapons of Mass Disruption» (2004).

2. Fouts G, Burggraf K, «Television situation comedies: Female body images and verbal reinforcements», *Sex Roles*, 40, 5–6 (1999): pp. 473–481.

3. Greenberg BS, Eastin M, Hofschire L, Lachlan K, Brownell KD, «Portrayals of overweight and obese individuals on commercial television», *American Journal of Public Health*, 93, 8 (2003): pp. 1342–1348.

4. Stice E, Shaw HE, «Adverse effects of the media portrayed thin-ideal on women and linkages to bulimic symptomatology», *Journal of Social and Clinical Psychology*, 13, 3 (1994): pp. 288–308.

5. Owen PR, Laurel-Seller E, «Weight and shape ideals: Thin is dangerously in», *Journal of Applied Social Psychology*, 30, 5 (2000): pp. 979–990.

6. Ballentine LW, Ogle JP, «The making and unmaking of body problems in *Seventeen* magazine, 1992–2003», *Family and Consumer Sciences Research Journal*, 33, 4 (2005): pp. 281–307.

7. Wasylkiw L, Emms A, Meuse R, Poirier K, «Are all models created equal? A content analysis of women in advertisements of fitness versus fashion magazines», *Body Image*, 6, 2 (2009): pp. 137–140.

8. Groesz LM, Levine MP, Murnen SK, «The effect of experimental presentation of thin media images on body satisfaction: A meta-analytic review», *International Journal of Eating Disorders*, 31, 1 (2002): pp. 1–16.

9. Harrison K, «Television viewers' ideal body proportions: The case of the curvaceously thin woman», *Sex Roles*, 48, 5–6 (2003): pp. 255–264.

10. Sperry S, Thompson JK, Sarwer DB, Cash TF, «Cosmetic surgery reality TV viewership: Relations with cosmetic surgery attitudes, body image, and disordered eating», *Annals of Plastic Surgery*, 62, 1 (2009): pp. 7–11.

11. Becker AE, «Television, disordered eating, and young women in Fiji: Negotiating body image and identity during rapid social change», *Culture, Medicine and Psychiatry*, 28, 4 (2004): pp. 533–559. Becker AE, Hamburg P, «Culture, the media, and eating disorders», *Harvard Review of Psychiatry*, 4, 3 (1996): pp. 163–167.

12. Goffman E, *Gender Advertisements* (Nueva York: Harper and Row, 1979).

13. Copeland GA, «Face-ism and primetime television», *Journal of Broadcasting & Electronic Media*, 33, 2 (1989): pp. 209–214. Archer D, Iritani B, Kimes DD, Barrios M, «Face-ism: Five studies of sex differences in facial prominence», *Journal of Personality and Social Psychology*, 45, 4 (1983): p. 725.

14. Smith LR, Cooley SC, «International faces: An analysis of self-inflicted face-ism in online profile pictures», *Journal of Intercultural Communication Research*, 41, 3 (2012): pp. 279–296.

15. Archer y otros, «Face-ism», 45, 4: pp. 725.

16. Bernard P, Gervais SJ, Allen J, Campomizzi S, Klein O, «Integrating sexual objectification with object versus person recognition the sexualized-body-inversion hypothesis», *Psychological Science*, 23, 5 (2012): pp. 469–471.

17. Milburn MA, Mather R, Conrad SD, «The effects of viewing R-rated movie scenes that objectify women on perceptions of date rape», *Sex Roles*, 43, 9–10 (2000): pp. 645–664.

18. Yao MZ, Mahood C, Linz D, «Sexual priming, gender stereotyping, and likelihood to sexually harass: Examining the cognitive effects of playing a sexually-explicit video game», *Sex Roles*, 62, 1–2 (2010): pp. 77–88.

19. Heflick NA, Goldenberg JL, «Objectifying Sarah Palin: Evidence that objectification causes women to be perceived as less competent and less fully human», *Journal of Experimental Social Psychology*, 45, 3 (2009): pp. 598–601.

20. Cikara M, Eberhardt JL, Fiske ST, «From agents to objects: Sexist attitudes and neural responses to sexualized targets», *Journal of Cognitive Neuroscience*, 23, 3 (2011): pp. 540–551.

21. Greenberg BS, Eastin M, Hofschire L, Lachlan K, Brownell KD, «Portrayals of overweight and obese individuals on commercial television», *American Journal of Public Health*, 93, 8 (2003): pp. 1342–1348. Fouts G, Burggraf K, «Television situation comedies: Female weight, male negative comments, and audience reactions», *Sex Roles*, 42, 9–10 (2000): pp. 925–932.

Capítulo 8: Redes (anti)sociales y obsesiones en línea

1. Slater A, Tiggemann M, Hawkins K, Werchon D, «Just one click: A content analysis of advertisements on teen web sites», *Journal of Adolescent Health*, 50, 4 (2012): pp. 339–345.

2. Boepple L, Thompson JK, «A content analytic comparison of fitspiration and thinspiration websites», *International Journal of Eating Disorders*, 49, 1 (2016): pp. 98–101.

3. Custers K, Van den Bulck J, «Viewership of pro-anorexia websites in seventh, ninth and eleventh graders», *European Eating Disorders Review*, 17, 3 (2009): pp. 214–219.

4. Chua THH, Chang L, «Follow me and like my beautiful selfies: Singapore teenage girls' engagement in self-presentation and peer comparison on social media», *Computers in Human Behavior*, 55 (2016): pp. 190–197.

5. Kapidzic S, Herring SC, «Gender, communication, and self-presentation in teen chatrooms revisited: Have patterns changed?», *Journal of Computer-Mediated Communication*, 17, 1 (2011): pp. 39–59.

6. Berne S, Frisén A, Kling J, «Appearance-related cyberbullying: A qualitative investigation of characteristics, content, reasons, and effects», *Body Image*, 11, 4 (2014): pp. 527–533.

7. Lydecker JA, Cotter EW, Palmberg AA y otros, «Does this Tweet make me look fat? A content analysis of weight stigma on Twitter», *Eating and*

Weight Disorders— Studies on Anorexia, Bulimia, and Obesity, 21, 2 (junio 2007): pp. 229–235.

8. Buckels EE, Trapnell PD, Paulhus DL, «Trolls just want to have fun», *Personality and Individual Differences*, 67 (2014): pp. 97–102.

9. Fardouly J, Diedrichs PC, Vartanian LR, Halliwell E, «Social comparisons on social media: The impact of Facebook on young women's body image concerns and mood», *Body Image*, 13 (2015): pp. 38–45.

10. Manago AM, Ward LM, Lemm KM, Reed L, Seabrook R, «Facebook involvement, objectified body consciousness, body shame, and sexual assertiveness in college women and men», *Sex Roles*, 72, 1–2 (2015): pp. 1–14.

Capítulo 9: La educación mediática no es suficiente

1. Selimbegović L, Chatard A, «Single exposure to disclaimers on airbrushed thin ideal images increases negative thought accessibility», *Body Image*, 12 (2015): pp. 1–5.

2. Paraskeva N, Lewis-Smith H, Diedrichs PC, «Consumer opinion on social policy approaches to promoting positive body image: Airbrushed media images and disclaimer labels», *Journal of Health Psychology* (2015): 1359105315597052.

3. Nathanson AI, Botta RA, «Shaping the effects of television on adolescents' body image disturbance: The role of parental mediation», *Communication Research*, 30, 2 (2003): pp. 304–331.

4. Botta RA, «Television images and adolescent girls' body image disturbance», *Journal of Communication*, 49, 2 (1999): pp. 22–41.

5. Murnen SK, Smolak L, «Are feminist women protected from body image problems? A meta-analytic review of relevant research», *Sex Roles*, 60, 3–4 (2009): pp. 186–197.

Capítulo 10: El problema de la «belleza real»

1. Tiggemann M, Boundy M, «Effect of environment and appearance compliment on college women's self-objectification, mood, body shame, and cognitive performance», *Psychology of Women Quarterly*, 32, 4 (diciembre 2008): pp. 399–405.

2. Calogero RM, «A test of objectification theory: The effect of the male gaze on appearance concerns in college women», *Psychology of Women Quarterly*, 28, 1 (marzo 2004): pp. 16–21.

Capítulo 11: Bajemos el volumen

1. Langlois JH, Kalakanis L, Rubenstein AJ, Larson A, Hallam M, Smoot M, «Maxims or myths of beauty? A meta-analytic and theoretical review» *Psychological Bulletin*, 126, 3 (2000): p. 390.
2. Langlois JH, Ritter JM, Roggman LA, Vaughn LS, «Facial diversity and infant preferences for attractive faces», *Developmental Psychology*, 27, 1 (1991): p. 79.
3. Rhodes G, Yoshikawa S, Palermo R y otros, «Perceived health contributes to the attractiveness of facial symmetry, averageness, and sexual dimorphism», *Perception*, 36, 8 (2007): pp. 1244–1252. Nedelec JL, Beaver KM, «Physical attractiveness as a phenotypic marker of health: An assessment using a nationally representative sample of American adults», *Evolution and Human Behavior*, 35, 6 (2014): pp. 456–463.
4. Cash TF, Melnyk SE, Hrabosky JI, «The assessment of body image investment: An extensive revision of the Appearance Schemas Inventory», *International Journal of Eating Disorders*, 35, 3 (2004): pp. 305–316.
5. Diener E, Seligman ME, «Very happy people», *Psychological Science*, 13, 1 (2002): pp. 81–84.
6. Stice E, Rohde P, Shaw H, *The Body Project: A Dissonance-Based Eating Disorder Prevention Intervention* (Nueva York: Oxford University Press, 2012).
7. Stice E, Yokum S, Waters A, «Dissonance-based eating disorder prevention program reduces reward region response to thin models: How actions shape valuation», *Plos One*, 10, 12 (2015): p. e0144530.

Capítulo 12: Dejemos de criticar nuestro cuerpo

1. Becker CB, Diedrichs PC, Jankowski G, Werchan C, «I'm not just fat, I'm old: Has the study of body image overlooked "old talk"?», *Journal of Eating Disorders*, 1, 1 (2013): p. 1.
2. Neumark-Sztainer D, Falkner N, Story M, Perry C, Hannan PJ, «Weight-teasing among adolescents: Correlations with weight status and disordered eating behaviors», *International Journal of Obesity and Related Metabolic Disorders*, 26, 1 (2002).

Capítulo 13: La función sobre la forma

1. Noll SM, Fredrickson BL, «A mediational model linking self-objectification, body shame, and disordered eating», *Psychology of Women Quarterly*, 22, 4 (1998): pp. 623–636.
2. Cash TF, Novy PL, Grant JR, «Why do women exercise? Factor analysis and further validation of the Reasons for Exercise Inventory», *Percept Motor Skill* (1994). Tylka TL, Homan KJ, «Exercise motives and positive body image in physically active college women and men: Exploring an expanded acceptance model of intuitive eating», *Body Image*, 15 (2015): pp. 90–97.
3. Segar M, Spruijt-Metz D, Nolen-Hoeksema S, «Go figure? Body-shape motives are associated with decreased physical activity participation among midlife women», *Sex Roles*, 54, 3–4 (2006): pp. 175–187.
4. Silberstein LR, Striegel-Moore RH, Timko C, Rodin J, «Behavioral and psychological implications of body dissatisfaction: Do men and women differ?», *Sex Roles*, 19, 3–4 (1988): pp. 219–232.

Capítulo 14: Aprendamos a querer a nuestro cuerpo y enseñémosles a los demás cómo hacerlo

1. Wood-Barcalow NL, Tylka TL, Augustus-Horvath CL, «"But I like my body": Positive body image characteristics and a holistic model for young-adult women», *Body Image*, 7, 2 (2010): pp. 106–116.
2. Slater A, Tiggemann M, «The influence of maternal self-objectification, materialism and parenting style on potentially sexualized "grown up" behaviours and appearance concerns in 5–8 year old girls», *Eating Behaviors*, 22 (2016): pp. 113–118.
3. Wansink B, Latimer LA, Pope L, «"Don't eat so much": How parent comments relate to female weight satisfaction», *Eating and Weight Disorders—Studies on Anorexia, Bulimia, and Obesity* (2016): pp. 1–7.
4. Coffman DL, Balantekin KN, Savage JS, «Using propensity score methods to assess causal effects of mothers' dieting behavior on daughters' early dieting behavior», *Childhood Obesity* (2016).
5. Pietiläinen K, Saarni S, Kaprio J, Rissanen A, «Does dieting make you fat?; A twin study», *International Journal of Obesity*, 36, 3 (2012): pp. 456–464.

6. Perez M, Kroon Van Diest AM, Smith H, Sladek MR, «Body dissatisfaction and its correlates in 5- to 7-year-old girls: A social learning experiment», *Journal of Clinical Child & Adolescent Psychology* (2016): pp. 1–13.

7. Avalos L, Tylka TL, Wood-Barcalow N, «The Body Appreciation Scale: Development and psychometric evaluation», *Body Image*, 2, 3 (2005): pp. 285–297.

8. Andrew R, Tiggemann M, Clark L, «Positive body image and young women's health: Implications for sun protection, cancer screening, weight loss and alcohol consumption behaviours», *Journal of Health Psychology*, 21, 1 (2016): pp. 28–39.

9. Wood-Barcalow NL, Tylka TL, Augustus-Horvath CL, «"But I like my body": Positive body image characteristics and a holistic model for young-adult women», *Body Image*, 7, 2 (2010): pp. 106–116.

10. Halliwell E, «The impact of thin idealized media images on body satisfaction: Does body appreciation protect women from negative effects?», *Body Image*, 10, 4 (2013): pp. 509–514.

11. Hofmeier SM, Runfola CD, Sala M, Gagne DA, Brownley KA, Bulik CM, «Body image, aging, and identity in women over 50: The Gender and Body Image (GABI) study», *Journal of Women & Aging* (2016): pp. 1–12.

12. Neff K, «Self-compassion», edición de Mark Leary y Rick Hoyle, *Handbook of Individual Differences in Social Behavior* (Nueva York: Guilford Press, 2009).

13. Andrew R, Tiggemann M, Clark L, «Predicting body appreciation in young women: An integrated model of positive body image», *Body Image*, 18 (2016): pp. 34–42.

Índice

Acerca de la autora

LA DOCTORA RENEE Engeln es una galardonada profesora de Psicología en la Universidad del Noroeste. Su trabajo ha aparecido en diversas conferencias y revistas académicas, y da charlas por todo el país. Concede entrevistas de forma regular al *New York Times*, el *Chicago Tribune*, *Today.com*, el *Huffington Post*, *Think Progress* y otros medios nacionales, además de aparecer en publicaciones estudiantiles y otros medios locales. Su charla TEDx en la Universidad de Connecticut tuvo más de 250.000 visualizaciones en YouTube. Actualmente reside en Evanston, Illinois.